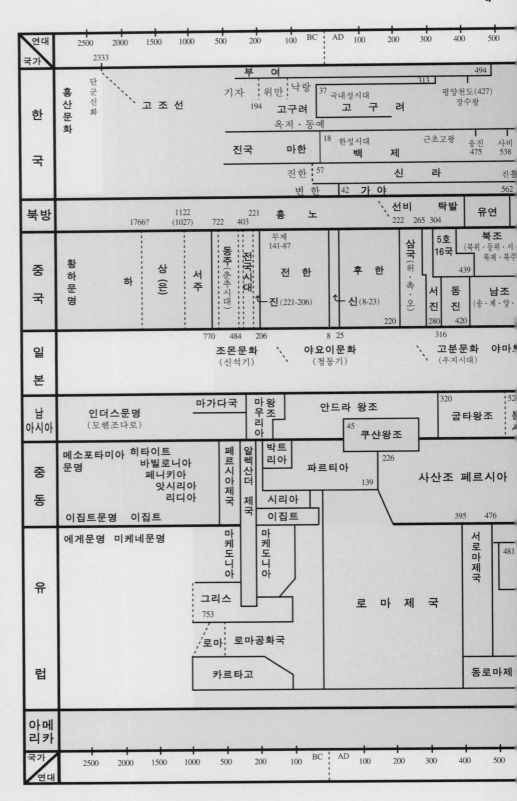

표

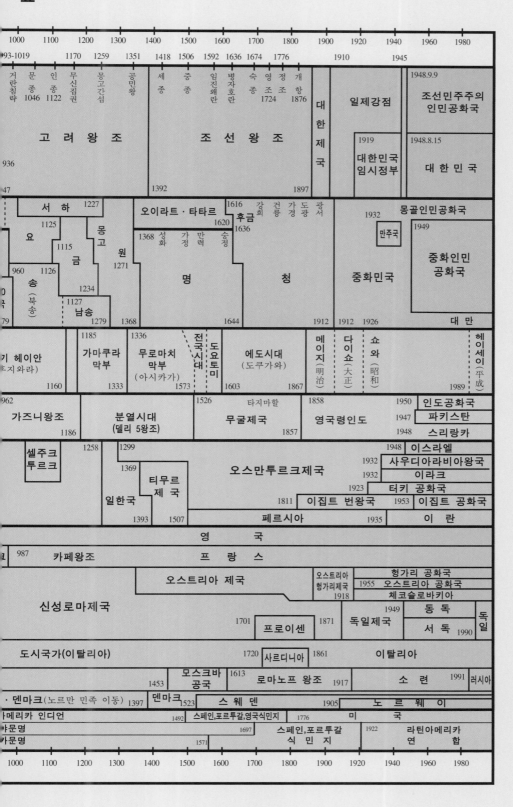

다시찾는
우리역사

제 2 전 면 개 정 판

한영우

경세원

빗살무늬토기 신석기 시대, 서울 암사동 출토,
국립중앙박물관 소장

융기문토기 보물 597호
높이 12.0cm, 부산 영선동패총 출토
동아대학교 박물관 소장

홍산문화유물 紅山文化遺物

기원전 3,000년 전후 요서지방 우하
의 홍산문화는 신석기시대임에
옥玉으로 만든 조각품 규모가 큰 적석
신전, 성채 비슷한 마을이 형성되
있어 국가규모를 보여주고 있다. 특
돌이나 토기로 만든 여신상(웅녀, 熊女)
곰의 발모양 토기가 여럿 발견됐

옥으로
만든 여신상
요령성 우하량 출토

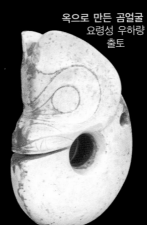

옥으로 만든 곰얼굴
요령성 우하량
출토

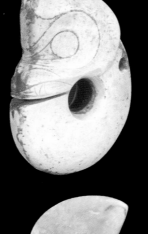

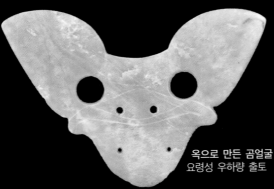

옥으로 만든 곰얼굴
요령성 우하량 출토

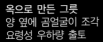

옥으로 만든 그릇
양 옆에 곰얼굴이 조각
요령성 우하량 출토

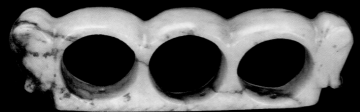

옥으로 만든 남자상
요령성 우하량 출토

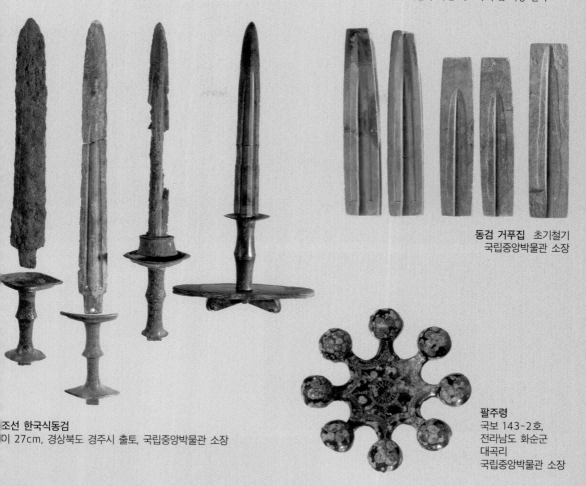

동검 거푸집　초기철기
국립중앙박물관 소장

조선 한국식동검
이 27cm, 경상북도 경주시 출토, 국립중앙박물관 소장

팔주령
국보 143-2호,
전라남도 화순군
대곡리
국립중앙박물관 소장

뼈피리
청동기시대,
길이 17.2cm,
함경북도
선봉군
굴포리

고창 고인돌 사적 391호,　2000년 UNESCO 세계문화유산 등록, 전북 고창군 죽림리 매산

대행렬도 안학 3호분 동쪽 벽면에 250명이
넘는 사람들로 구성된 대행렬도, 1948년 조사
357년 축조설과 4세기설이 있음
전체길이 10.13m, 높이 2.1m
황해남도 안악군 오국리 소재

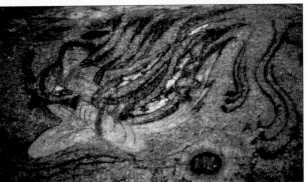

장고를 두드리는 선인
지린성 지안시 대왕촌 오회분 4호묘

고구려 일월신선도
6세기 말~7세기 초, 여자 모습의 달신과
남자모습의 태양신선이 하늘로 올라가는 모습
고구려의 하늘 숭배·신선사상이 보인다
지린성 지안시 대왕촌 오회분 4호묘 소재

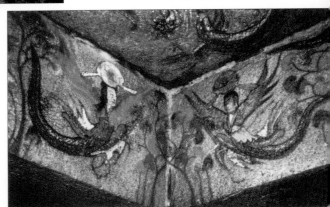

환도산성 무덤떼 집안시 일대에 12,000여기의 무덤떼
중의 일부. 중국 지린성 지안시(사진 서길수교수)

연가7년명 금동여래입상
고구려 539년
높이16.2cm,
경상남도 의령 출토
뒷면 46자 명문,
1,000불을 만들어
세상에 배포(일본, 중국포함)
29번째 부처상이다

광개토호태왕비
고구려 장수왕 2년(414)에 세움. 높이 6.39m 4면에 1,775자
중국 지린성 지안시(사진 서길수 교수)

연가7년명 금동일광삼존상
고구려 539년, 높이 32.7cm
뒷면 46자 명문,
평양 고구려왕궁터 출토
평양 조선중앙역사박물관 소장

6

세발까마귀(씨름무덤) 머리에는 공작형 벼슬을 달고 등에는 두꺼비 2마리가 입에서 화염을 뿜어내고 있다. 중국 지린성 지안시 소재

현무도(사신총 거북과 뱀이 뿜어내는 기운으 하늘의 구름도 좌우로 갈린다 중국 지린성 지안시 소자

청룡도 6세기 중엽, 평안남도 강서군 강서면 우현리 강서대묘

고구려 백암성 석축길이 2.5km, 6세기경 축성, 고구려 성벽 가운데 가장 견고하고 웅장하다. 요령성 등탑현 서대묘향 관둔촌(사진 서길수 교수

산마애삼존불상 국보 84호, 백제 7세기, 높이 2.8m
남 서산시 운산면 용현리

금동미륵보살반가사유상
국보 83호, 6세기 후반, 높이 93.5cm
국립중앙박물관 소장

목제미륵보살반가사유상
일본 국보 1호, 7세기, 높이 147cm
일본 교토 고류지 소장

8

무령왕의 금제관장식 국보 154호,
1971년 충남 공주시 금성동 출토, 공주박물관 소장

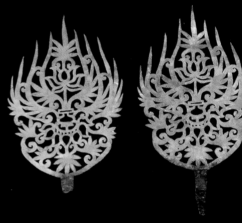

무령왕비의 금제관장식 국보 155호,
1971년 충남 공주시 금성동 출토, 공주박물관 소장

백제 금동대향로
국보 287호, 7세기, 높이 64.0cm, 부여 능산리사지 출토
부여박물관 소장

미륵사지 석탑 사리구와 봉안기
백제 639년, 사리호 7.7×13.0cm, 국립문화재연구소

가야 모자모형 투구
높이 20.0cm. 고령 지산동 1 - 3호분 출토

가야 말얼굴가리개
길이 51.6cm, 부산 동래구 복천동 10호분 출토.
국립중앙박물관 소장

가야 판갑옷과 투구
높이 47.5cm, 고령 지산동 32호분 출토,
국립중앙박물관 소장

고구려 금은입사주머니형 발걸이마구
높이 24.4cm, 황해도 평산 출토, 국립중앙박물관 소장

발해 금동판 1988년 6월 발굴,
길이 41.5cm, 너비 18.5cm,
두께 0.3~0.5cm,
판독가능 113자,
함경남도 오매리 절골터 출토

발해의 불상 머리 1972년 발해 솔빈부.
연해주 우스리스크 보리소브카 절터 출토,
러시아 과학아카데미 시베리아 분소 고고민족학연구소 소장

발해 석등 1933년 출토, 높이 6.3m
상경성 제2절터

발해 영광탑 높이 13m, 5층 벽돌탑, 1984년 보수
중국 지린성 장백진 탑산(사진 서길수 교수)

굴암 본존불 국보 24호, 8세기 중엽, 불상높이 345cm, 머리길이 117.5cm, 무릎너비 259cm, 어깨너비 167.5cm, 95년에 유네스코 세계문화유산으로 지정. 경상북도 경주시 토함산 기슭

국사 신라 경덕왕 10년(751)에 당시 재상이었던 김대성이 짓기 시작하여, 혜공왕 10년(774)에 완성. 이후 조선 선조 26년(1593)에 왜 침입으로 대부분의 건물이 불타버렸다. 1995년에 유네스코 세계문화유산으로 지정. 경상북도 경주시 토함산 기슭

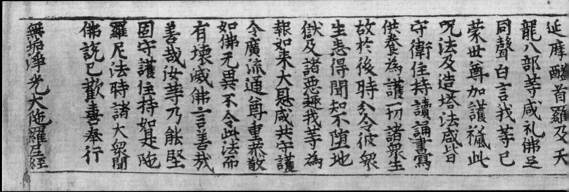

무구정광대다라니경(부분) 세계최초목판인쇄물, 통일신라 751년 이전, 6.7×648cm, 석가탑사리함에서 발견(1966), 불국사 소유, 국립중앙박물관 소장

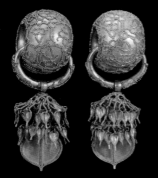

신라 금귀걸이 국보 90호, 길이 8.7cm, 경주 보문동 부부총 출토

신라 금제허리띠 길이 74.1cm, 경주 금령총 출토

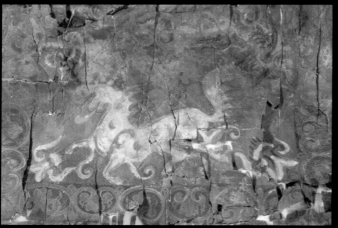

천마도 국보 207호, 자작나무껍질에 채색, 53×75×0.6cm, 경상북도 경주시 천마총에서 출토된 신라시대의 말그림. 국립중앙박물관 소장

광개토대왕명 청동그릇 높이 19.4cm, 廣開土地好太王(광개토지호태왕)이란 글씨로 보아 장수왕 3년(415)년 고구려에서 만들어졌다고 추측된다. 경주시 노서동 고분군 호우총 출토

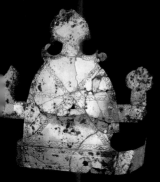

백제 금동관 높이 25.5cm.
전남 나주시 신촌리 9호분 출토,
국립중앙박물관 소장

야 금동관 높이 19.5cm,
령 지산동 32호분 출토,
립중앙박물관 소장

신라 금관 높이 27.5cm
경주 황남대총 북분 출토
국립중앙박물관 소장

가야 금동관 국보 138호, 5~6세기,
이 11.5cm, 너비 20.7cm
북 고령 출토, 호암미술관 소장

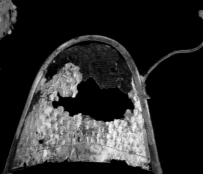

백제 관모
높이 13.7cm, 전북 익산 입점리 출토,
전주박물관 소장

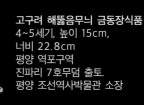

신라 은관 높이 20.5cm.
경주 황남대총 남분 출토
국립경주박물관 소장

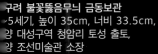

구려 불꽃뚫음무늬 금동보관
5세기, 높이 35cm, 너비 33.5cm,
양 대성구역 청암리 토성 출토,
양 조선미술관 소장

고구려 해뚫음무늬 금동장식품
4~5세기, 높이 15cm,
너비 22.8cm
평양 역포구역
진파리 7호무덤 출토.
평양 조선역사박물관 소장

14

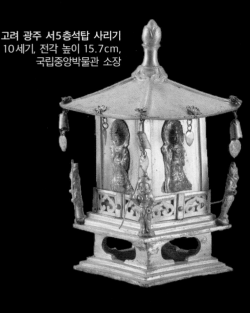

고려 광주 서5층석탑 사리기
10세기, 전각 높이 15.7cm,
국립중앙박물관 소장

신라 경주 감은사 사리함 내함
보물 366호, 682년, 높이 16.5cm,
내함은 불단(佛壇)과 같은 수미산 구조로
기단부, 기단상부, 천개부로 구성되어 있고,
그 안에 수정으로 만든 사리병이 모셔져 있다.
1996년 경주 감은사 동쪽 3층 석탑에서 발견,
국립중앙박물관 소장

고려 은제소형 불함
12세기, 6.7×4.5cm,
다귀문 높이 4.8cm,
국립중앙박물관 소장

고려 수종사부도 사리구
보물 259호, 14세기,
높이(탑) 12.9cm, 은제감 17.4cm,
금탑신 무게 205.3g
금 83% 은 16% 동 1%
(2003. 12. 12. 국립중앙박물관 발표)

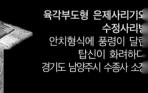

육각부도형 은제사리기와
수정사리병
안치형식에 풍령이 달린
탑신이 화려하다
경기도 남양주시 수종사 소장

용머리 모양으로 조각된 종을 매다는 걸개와 음관(상),
비천상(하)

…라 성덕대왕신종 국보 29호, 통일신라시대, 771년,
…이 330cm, 밑지름 227cm, 윗부분이 음관임.
…주 봉덕사지, 경주박물관 소장

청자 상감동채모란문 매병
보물 346호, 13세기, 높이 34.5cm,
입지름 5.8cm, 밑지름 13.2cm
국립중앙박물관 소장

고려 청동태안이년 장생사명 범종
1086년, 높이 50.6cm, 밑지름 30.0cm
전남 여천 여산리 출토, 광주박물관 소장

고려 나전금은상감 쌍조사자문 소병 10세기, 높이 4.8cm,
몸체지름 7.4cm, 구경 4.5cm, 국립중앙박물관 소장

나전대모국당초문 염주함 고려, 12세기,
높이 4.5cm, 직경 12.4cm, 일본 중요문화재,
일본 당마사 소장

화각함(쇠뿔장식함) 조선 말기, 나무·쇠뿔
37.7×71.0cm×37.3c
국립고궁박물관 소

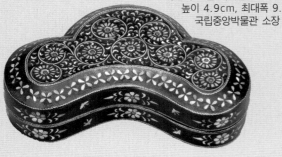

나전대모 칠 국화넝쿨함 고려, 12세기,
높이 4.9cm, 최대폭 9.5cm,
국립중앙박물관 소장

장조비 헌경왕후 책상
조선, 1795년, 나무에 붉은
24.0×33.5cm×34.5c
국립고궁박물관 소

영조임금 책상자
조선, 1721년,
나무에 옻칠,
26.8×41.0×
27.0cm
국립고궁박물관
소장

나전주칠 십장생 2층농
조선, 20세기 초, 높이 140.5cm, 폭 87.0×44.9cm
국립고궁박물관 소장

고구려 나팔입 항아리
몽촌토성
서울 송파구 풍납동 출토
서울대학교 박물관 소장

고구려 청동네귀 항아리
6세기, 높이 49.5cm,
경주 금관총 출토
국립중앙박물관 소장

신라 토우장식 항아리
5세기, 국보 195호
높이 34.0cm,
경주 계림로 30호분 출토
국립경주박물관 소장

백제 그릇받침대
높이 73.0cm,
충남 공주시 송산리 출토,
공주박물관 소장

가야 사슴장식구멍단지
5세기, 출토지 불명
국립경주박물관 소장

가야 '대왕' 새김목항아리
높이 19.6cm
6세기 전 합천 삼가 출토
(○ 친 곳은 대왕 글씨 부분)
충남대학교 박물관 소장

고려 청자 투각 칠보무늬 향로
국보95호, 12세기,
높이 15.3cm
국립중앙박물관 소장

조선 백자 용무늬 항아리
19세기 분원리 관요 것으로
힘차게 그려진 용그림이 일품이
다. 높이 65cm
평양 조선중앙역사박물관 소장

조선 분청사기
구름 용무늬 항아리
국보 259호, 높이 48.5.3cm
국립중앙박물관 소장

고려 청동은입사
포류수문금문 정병
12세기, 높이 37.5cm
국립중앙박물관 소장

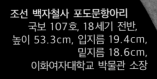

조선 백자철사 포도문항아리
국보 107호, 18세기 전반,
높이 53.3cm, 입지름 19.4cm,
밑지름 18.6cm,
이화여자대학교 박물관 소장

검사 4사자 3층석탑 국보35호, 높이 5.5m
와 선덕여왕 14년(645) 자장 율사가 당나라에서 부처님 사리
과를 모셔와 연기 조사의 공덕과 부처님의 가르침을
외기 위해 조성한 탑

백제 미륵사지석탑 국보 11호, 높이 14.24m, 익산 미륵사지

일사 삼층석탑·석등 국보 44호, 통일신라(870년)
남 5.4m, 북탑 5.9m, 석등 3.12m, 전남 장흥 소재

조선 원각사 10층탑 국보 2호, 높이 12m,
서울 종로구 종로 2가 탑골 공원 소재

수월관음도
1310년,
419.5×
254.2cm,
크기 4m가
넘는
대형 그림으
필체가 섬세
화려하여 수
관음도
중에서도
걸작으로
꼽힌다.
일본 가가미진
소장

달마도
김명국, 조선,
83.0×57.0cm,
국립중앙박물관 소장

윤두서 자화상　국보 240호, 조선 17세기
38.5 X 20.5cm, 종이, 담채

화엄사 영산회상도 괘불
국보 301호, 조선(1653년),
7.76×11.95m,
삼베채색, 화엄사 소장

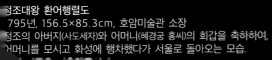

정조대왕 환어행렬도
1795년, 156.5×85.3cm, 호암미술관 소장
정조의 아버지(사도세자)와 어머니(혜경궁 홍씨)의 회갑을 축하하여,
어머니를 모시고 화성에 행차했다가 서울로 돌아오는 모습.

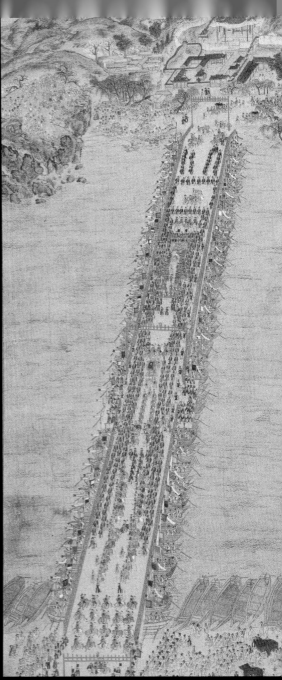

한강주교도
1795년(정조 19) 정조대왕이 화성에 가서 어머니의 회갑잔치를 벌이고
서울로 돌아오기 위해 한강에 배다리를 놓고 건너오는 모습.
노량진 명수대에 구경꾼이 인산인해를 이루고 있다.

영조정순후 가례도감의궤 중의 반차도 1759년(영조 35) 영조가 김한구의 딸 정순왕후와 결혼하면서, 김한구의 집으로 찾아가
왕비를 데리고 궁으로 돌아오는 행렬, 50쪽의 그림 중 두 쪽 그림

왕세자 입학도 1817년(순조 17) 지본채색 37.8×50.cm 순조의 아들 효명세자(익종)가 성균관입학을 위해 창경궁을 나서는 장면

금강산내산전도 겸재 정선, 33X54.3cm, 비단에 색, 다른 금강전도에서 볼 수 없는 경내사찰과 만폭동이 비중있게 그려진 점이 특징이다. 사찰들의 4대부중이 불을 밝히고 예불하는 염원을 진한 빨강색으로 표시한 정선의 사색이 드러난다. 금강산을 음양으로 구분하여 토산은 음으로 바위부분은 양인 백색으로 108봉을 창끝처럼 여러 겹으로 표시하여 108 나한상을 그림에 담아냈다. 왜관 베네딕토수도원 소장

통신사 일행을 환영하는 에도(江戶, 도쿄) **시민들** 1747년(영조 22), 羽川藤永 그림, 69.5×91.3cm, 어린이를 안은 여자, 술잔을 나누는 자들, 멀리 후지산이 보인다. 천으로 가드레일을 쳐서 구경꾼들이 행렬을 방해하지 않게 배려하고 있다. 일본 神戶시립박물관 소장.

환구단 중 황궁우
사적 157호, 환구단은 고종이 1897년 10월 12일 문무백관을 거느리고 하늘에
제사를 지내고 황제로 즉위한 후 국호를 대한으로 선포한 곳이다. 조선총독부는
자주독립의 상징인 환구단을 1913년 헐고 철도호텔을 건립했다.
그 후 1968년 지금의 조선호텔로 재건축됨. 황궁우(皇穹宇)는 환구단 북쪽에 지
은 건물로 천지와 역대 임금들의 신위를 봉안한 곳이다.
이 사진은 환구단 남문에서 바라 본 모습이다.

고종 어진　1901년 채용신이 그렸다고 전해짐, 70×137cm, 비단에 채색
오른쪽 상단에 광무황제 49세어용이라는 題字와
무릎 사이에 홀과 호패도 그려져 있음. 원광대학교 박물관 소장.

종묘 정전　국보 227호, 조선시대에 역대 임금과 왕비의 위패를 모시던 왕실의 사당. 태조 3년(1394) 착공하여 정전을 짓고
세종 3년(1421)에 영년전을 세웠으나 임진왜란 때 타 버리고 광해군 1년(1608) 재건. 1995년 UNESCO 세계문화유산 등록

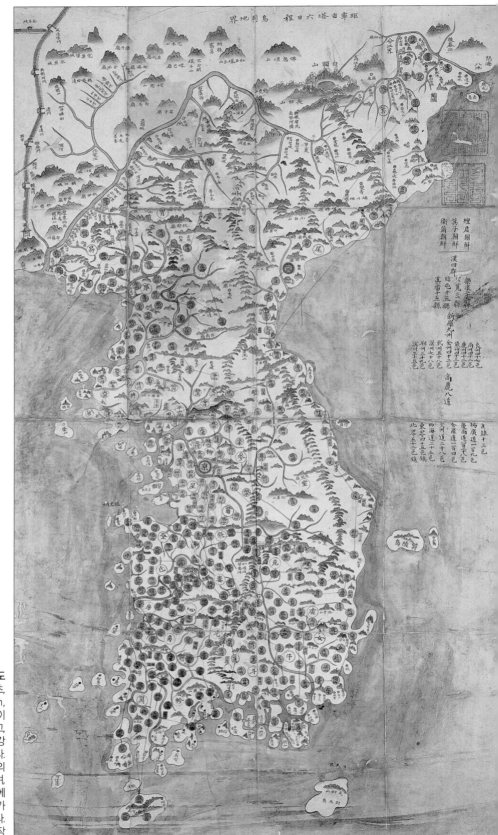

조선전도
19세기 초,
57.0×98.7cm,
윗부분에 백두산이
그려져 있고,
토문강이 두만강
북쪽에 보인다.
각 도는 오행의
색깔로 칠해졌으며,
울릉도 옆에
우산도(독도)가
그려져 있다.
국립중앙도서관 소장

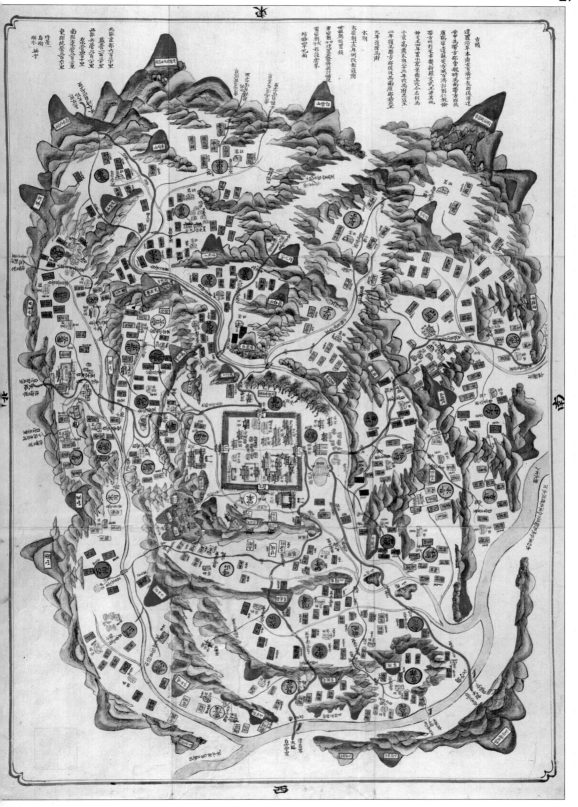

원부지도 1872년, 103.5×82.9cm, 서울대학교 규장각 한국학연구원 소장. 지도 중심부에 읍성·광한루·오작교가 그려져 있고, 그 변에 장시·향교·사창(社倉)·사찰 등 각종 시설이 상세하게 묘사되어 있다.

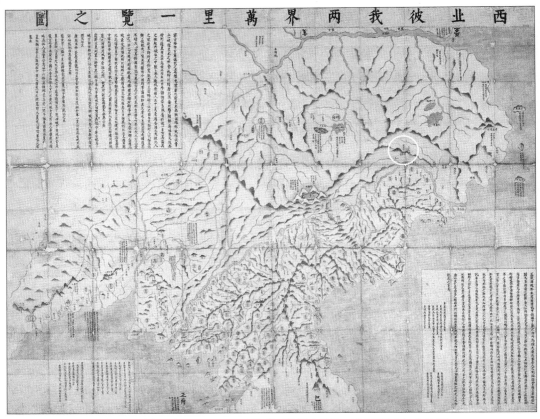

서북피아양계만리일람지도 18세기 중엽, 142×192cm, 백두산, 선춘령비 등이 그려져 있다.(동그라미 부분)
서울대학교 규장각 한국학연구원 소장

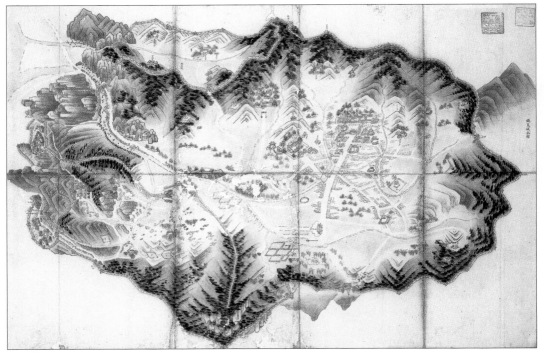

영변 철옹성전도 채색사본, 18세기 후반, 79.0×120.0cm, 왼편 절벽이 진달래로 유명한 약산 동대(東臺)이다.
국립중앙도서관 소장

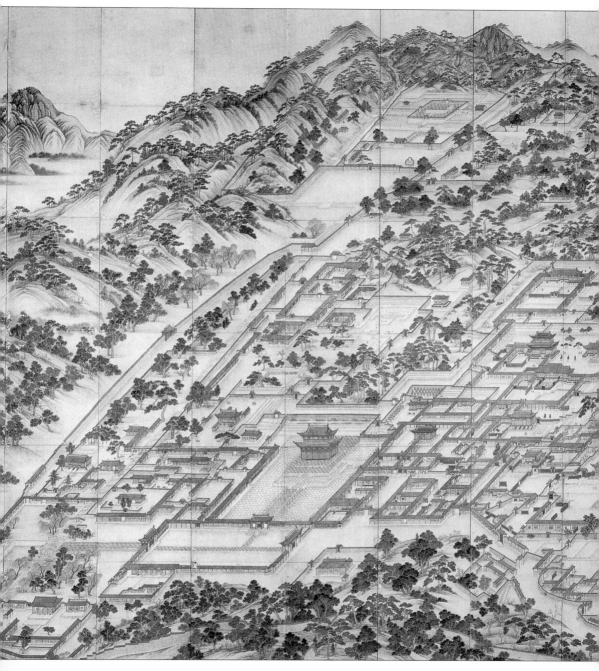

손기정 **청동투구** 보물 904호, 기원전 6세기,
1936년 베를린 올림픽 마라톤 우승자
손기정 선수(1912~2002)에게 부상으로 주어진 투구.
독일 올림픽위원회가 보관하고 있다가 1986년
손기정 선수에게 전달됨. 국립중앙박물관 소장

안중근 기념관
기념관 외벽 벽면에는
거사 시간인 105년 전
오전 9시 30분에 고정된
대형 벽시계가 걸렸고
200㎡ 규모의 전시실에는
흉상을 비롯 안중근의 사진과
사료 수백 점이 전시되어있다
중국 하얼빈역

안중근 최후 유언(1910. 3. 24) 중국 뤼순 감옥에서 두 아우 정근定根, 공근恭根과 프랑스인 홍석구(洪錫九, Wilhem) 신부. 일본 감시관 4명의 감시 아래 마지막 성사(유언)를 보는 장면. 일본 정심사 소유, 류코쿠대학 기탁보관.

남북정상회담
2000년 6월 14일
김대중 대통령과 김정일 국방
위원장이 평양 목란관에서
건배하는 모습

서울월드컵경기장
1998년 착공하여
2001년 개장.
2002년 5월 31일에는
제17회 한·일 월드컵 경기
개회식 및 개막전을 치렀다.
서울 마포구 상암동 소재

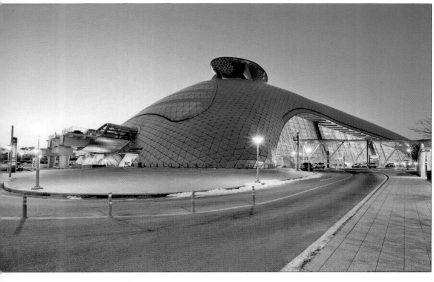

인천국제공항
21세기 수도권 항공운송의
수요를 분담하고
동북아시아의 허브 공항으로서의
역할을 담당하기 위해,
영종도와 용유도 사이를
매립해 1992년 착공하여
2001년에 개항

독도 천연기념물 336호, 동도와 서도 두 섬과 그 주위에 흩어져 있는 동·서도 외에 89개의 부속도서로 구성. 경북 울릉군 독도리

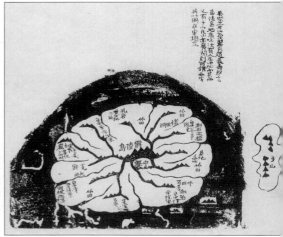

울릉도지도 김정호, 19세기 후반
일본 국회도서관에 소장된 《대동여지도》
(문서번호: 292.1038 ki229d)에 우산도(독도)
가 울릉도의 동쪽에 표시되어 있다
일본 국회도서관 소장

삼국통람여지로정전도 일본, 하야시 시헤이(林子平), 1785년,
49×70cm, 울릉도와 독도를 한국을 표시한 것과 같은 황색으로
표시하였으며 울릉도를 죽도라고 적었고, 두 섬을 조선이 소유하고
있다고 분명히 기록하였다. 국회도서관 소장

다시찾는
우리역사

제 2 전 면 개 정 판

두 번째 개정판을 내면서

1997년에 발행된 《다시찾는 우리역사》가 2004년에 전면적인 개정판이 나오고 또다시 10년이 흘렀다. 그동안 독자들의 뜨거운 성원에 힘입어 도합 51쇄가 간행되었고, 외국어본으로 영어, 일본어, 러시아어본이 간행되어 국내와 해외에서 대표적인 한국통사로 자리를 잡고 있다.

이렇게 독자들의 사랑과 관심이 커진다는 것은 필자로서는 더없는 광영이지만, 그만큼 책임감도 무겁다. 51쇄까지 간행하는 과정에서도 매판마다 부분적인 수정과 보완이 있었지만 그것도 이제는 한계에 이르렀다. 지난 10년간 국사학계의 새로운 연구업적이 늘어나고, 국내외 상황도 많이 바뀌었기 때문이다.

지금 대한민국은 정치, 경제, 대중문화, 스포츠 등 여러 분야에서 세계 중심국가 중 하나로 자리잡고 있으나 대외관계는 10년 전과 다르다. 이웃 중국이 G2에서 G1을 향해 급성장하고 있으며, 일본은 시대착오적인 100년 전의 군국주의로 치닫고 있다. 여기에 정치와 경제가 낙후된 북한이 핵에 매달려 평화를 위협하고 있다. 통일을 주도하면서 동아시아 평화를 지켜야 할 우리의 책임이 그 어느 때보다도 크다.

우리의 입장에서 본다면 어떤 나라도 적이 될 수 없으나, 현실은 어떤 나라도 진실한 친구가 되기 어려운 상황에 놓여 있다. 하지만 상황이 이러할수록 국력을 더 키우면서 이웃과 평화공존의 가치를 공유하려는 노력이 필요하고, 균형외교의 길을 걸어야 할 것이다.

역사의식은 객관성을 생명으로 하고 있지만, 현실의 과제를 외면하기 어렵다. 객관적 진실을 찾으면서 그 진실이 현재와 미래를 밝게 풀어가는데 도움이 되는 접점을 찾을 필요가 있다. 그래서 객관적이면서도 미래지향적인 역사의식이 필요한 것이다.

지금 한국사를 바라보는 역사의식은 이른바 보수와 진보의 시각이 다르지만, 객관성과 미래지향적인 측면에서 모두 한계가 있다. 보수와 진보는 다같이 균형감각을 잃고 있을 뿐 아니라 지나치게 서구적 가치에 기울어져 있다. 이보다 더 높은 평화의 가치가 있고, 그 가치를 찾아서 한국인이 수천 년간 살아왔다는 것을 잘 모르고 있다.

그 가치는 바로 선비정신이고, 선비정신의 핵심은 공동체사상이다. 우주와 사람이 하나의 생명공동체이고, 사람과 사람이 홍익인간으로 또 하나의 생명공동체를 이루며 살아왔다. 그 공동체 속에 자유도 있고, 민주도 있고, 평화도 있고, 계급도 녹아 있다. 다만, 그 가치가 시대의 흐름 속에서 진화하고 발전해 왔으며, 미래에는 더욱 다듬어져서 세계인이 공유할 날이 올지도 모른다.

지금 역사의 큰 흐름은 동서양이 만나 새로운 문명의 가치를 창조할 때라고 본다. 여기에서 서양문명이 창조한 개체존중의 가치와 동양문명이 창조한 공동체존중의 가치가 높은 차원에서 융합된다면, 자유민주주의와 자본주의는 한층 더 따뜻해지고, 국제적 갈등은 한층 더 완화될지도 모른다.

한국사는 한국이라는 좁은 공간의 역사가 아니다. 영토를 기준으로 본다면 한국사는 매우 왜소하지만, 문화가치로 본다면 한국사는 크나큰 세계사와 맞닿아 있다. 세계화 시대에 한국사를 국제적 시야에서 보아야 한다는 논의가 무성하지만, 국제적 시야라는 것을 단순히 국제정치의 맥락에서 보아야 한다는 뜻으로 해석한다면 한국사는 수천 년간 군사강대국 역사의 종속적 존재로만 그치고 말 것이다. 이것은 한국인이 지켜온 문화가치와 주체성을 스스로 지워버리는 잘못을 저지르게 될 것이다.

우리는 역사상 한 번도 경제나 군사강국으로 세계사를 주도한 일이 없다. 주변 강대국의 압박과 영향을 크게 받은 것도 사실이다. 그러나 문화적으로는 세계 문화강국의 하나로 살아왔다. 한국인의 조상인 '아사달족'의 문화가 중국문화의 뿌리가 되었고, 아사달문화가 일본으로 전파되어 일본 고대문명을 꽃피웠다. 공자가 고조선을 '군자국君子國'이라 칭하면서 건너오고 싶다고 했고, 그 뒤에도 '동방예의지국東方禮義之國'이라 불린 이유도 여기에 있다. 역사적으로 중국문화를 다시 수용하여 문화를 살찌웠지만, '군자국'과 '동방예의지국'의 이미지만은 한국이 더 높았다. 그래서 동아시아문명의 중심에 한국이 있었다.

세계에서 가장 우수한 문자를 만든 것도 한국이고, 교육과 관련되는 금속활자와 인쇄술에서 세계 최첨단을 걸어온 것도 한국이며, 교육입국으로 나라를 키워온 것도 한국이다. 검소하고 겸손한 왕실문화를 바탕으로 백성을 끌어안고 철인정치哲人政治를 꽃피운 것도 한국이다. 물론, 기나긴 역사의 행로에 어두운 구석이 없지 않았지만, 그것이 한국사의 본질이었다면 어떻게 500년이나 1,000년의 사직을 이어갈 수 있었겠는가?

문화의 힘은 경제나 군사력보다도 큰 것이다. 그러기에 예수나 석가나 공자는 맨손으로 세계를 지배한 것이다. 한국에는 이런 인물은 없었지만, 이들의 가르침을 누가 모범적으로 실천했느냐를 따진다면 한국인은 아마도 우등생으로 꼽아야 할 것이다. 바로 이 점이 한국사의 진실한 모습이고, 바로 그것이 세계사 속에서 바라보는 한국사가 되어야 할 것이다.

그런데 안타깝게도 지금의 한국인이 '군자국'과 '동방예의지국'의 모범생으로 살아가고 있는지는 매우 의심스럽다. 아니 그 모습을 너무나 많이 잃었다. 그러기에 더욱 우리 역사를 소중하게 다루어야 한다고 믿는 것이다. 역사의 거울로 우리 몸에 묻은 때를 벗겨내야 할 것이다.

이 책은 처음부터 이런 시각에서 집필되었지만, 이번 개정판을 통하여 그 모습을 좀 더 새롭게 다듬었다. 그에 따라 새로운 사실이 많이 추가되었지만, 그것이 두 번째 개정판을 내는 근본적인 목표는 아니다. 독자들은 이 책에 담고자 하는 필자의 마음이 무엇인지를 먼저 헤아려 주시고 읽어 주기를 당부한다. 책의 부족한 부분을 깨우쳐 주신다면 더 없는 바람이다.

2014년 1월 관악산 호산재에서
한 영 우 씀

개정판을 내면서 (2004년 전면개정판 서문)

《다시찾는 우리역사》초판이 1997년 봄에 발간되어 벌써 6년 여의 세월이 흘렀다. 그 사이 세기가 바뀌고, '문민정부'와 '국민의 정부'를 거쳐 '참여정부'가 등장했으며, 미국에서도 클린턴 정부가 끝나고 조지 부시 정부가 등장했다. 길지 않은 세월임에도 국내외 정세가 크게 바뀐 것이다.

정보통신산업의 발달로 문화계의 변화도 급한 물살을 타고 있다. 1년의 변화가 과거 100년의 변화보다 클지도 모른다. 이런 시기에 시대에 뒤지지 않는 역사를 쓴다는 것은 매우 어려운 일이다. 현대사를 신속하게 보완해야 하고, 역사서술방식이나 책의 편집도 새로운 감각을 잃지 않아야 한다.

이 책이 처음 나왔을 때 학계와 각종 언론매체로부터 신선하다는 평가를 받았던 기억이 새롭다. 그 결과 지난 6년간 중판을 거듭하면서 독자의 사랑을 받아온 것은 필자의 행운이 아닐 수 없다. 더욱이 국내뿐 아니라 외국에서도 한국사교재로 이용하는 사례가 갈수록 늘어나고 있으며, 이에 따라 외국어 번역본의 필요성이 점차로 커지고 있다. 일본어판이 동경대학 요시다吉田光男 교수에 의해 출간되었으며, 러시아어판이 모스크바대학 박미하일 교수에 의해 진행되고 있다. 영어판은 연세대학교 함재봉 교수에 의해 머지 않아 간행될 예정이다.

그러나 독자들의 성원이 클수록 필자의 어깨도 상대적으로 무거워질 수밖에 없다. 그래서 판을 거듭할 때마다 부분적인 수정을 수십 차례 거듭해 왔다. 컴퓨터의 이점을 최대로 활용한 셈이다. 하지만 일취월장하는 학계의 연구성과에 비추어 보거나 애독자들의 기대를 고려할 때 이러한 부분적인 수정으로는 부족하다는 것을 느꼈다. 그래서 이번에 전면적인 개정판을 내게 된 것이다.

이번 개정판에서도 역사해석의 큰 골격이 바뀐 것은 없다. 그러나 설명이 크게 보완되었다. 우선, 총설이 거의 두배로 늘어났다. 본문 중에서 가장 변화가 많은 것은 고대사와 고려사 부분으로 내용을 한층 자세하게 보완했다. 특히 고대 한일관계사에 새로운 연구성과를 많이 수용했다. 조선시대 이후의 역사도 새로운 학설을 반영하려고 노력했고, 특히 대한제국의 근대국가로서의 위상을 한층 분명하게 부각시키고, 현대사에서는 '국민의 정부'에서 '참여정부'에 이르는 과정을 새로 넣었다. 최근에 발행된 참고문헌도 물론 추가되었다.

이 책의 주요 특징의 하나인 도판圖版도 새로운 것으로 많이 바꾸었다. 전체적으로 근현대사 서술과 문화사의 비중이 높은 것이 이 책의 특징으로 평가되어 왔는데, 그 특징을 이번 개정판에서도 최대로 살리려고 노력한 셈이다.

돌이켜 보면, 초판을 내고 나서 필자는 회갑을 맞이했고, 이번 개정판은 정년과 시기가

6

맞아서 또다른 감회가 깊다. 그동안 과분한 성원을 보내주신 애독자 여러분들께 진심으로 감사의 뜻을 전하고 싶다. 그리고 판마다 번거로운 수정을 기꺼이 받아주고, 이번에 전면개정을 흔쾌하게 허락해주신 경세원 김영준 사장의 호의와 정성에도 경의를 드린다.

　　필자는 앞으로도 체력과 시간이 허용하는 한 이 책을 계속적으로 보완해 갈 것이다. 독자 여러분의 배전의 성원과 애정어린 질책을 기대한다.

2003년 2월

봉천동 호산재에서
저자 **한 영 우** 씀

책을 펴내면서 - 잃어버린 역사를 찾아서 (초판 서문)

사람은 자신을 사랑하면서 자신의 약점을 반성할 때 성장한다. 과거를 아름답게 추억할 수 있는 사람이 자신을 사랑할 수 있다. 그리고 현재에 만족하지 않는 사람이 반성할 줄을 안다.

동서고금을 통하여 발전하는 시대에는 반드시 옛것을 숭상하면서 현재를 고쳐나갔다. 서양의 근대가 그리스·로마 문명을 고전古典으로 부활시키면서 열렸다는 것은 다 아는 사실이다. 중국인은 하夏·은殷·주周 삼대三代의 문명을 고전古典으로 내세우고 혁신을 거듭해 갔으며, 우리나라는 중국의 삼대를 숭상하면서 동시에 고조선이나 그밖의 고대국가를 이상시대理想時代로 그리면서 왕조를 세웠다. 옛날을 사랑하면서 현재를 극복해 가는 자세가 서로 다름이 없다. 이를 서양사람들은 '르네상스'라고 불렀고, 동양인은 온고지신溫故知新 혹은 법고창신法古創新이라고 했다.

지금 20세기가 저물어가고 있다. 세기가 바뀔 뿐 아니라 천년대가 바뀌는 역사의 대전환기임에 틀림없다. 그러면 이렇듯 중대한 시기에 우리는 지금 얼마나 우리 자신을 사랑하고, 현재를 얼마나 반성하면서 살아가고 있는 것일까. 이미 미래의 세계가 우리에게 반드시 밝지만은 않을 것이라는 조짐이 여러 가지로 나타나고 있다. 세계무역기구의 발족이 경제적으로 무한경쟁의 시대를 열어 놓았다. 이미 그것은 20세기와는 다른 모습의 경제전쟁을 예고하는 것이다. 지난날 패권주의 시대의 아름답지 못한 추억이 되살아나고 있다.

그렇다면 우리는 어떻게 해야 하는가. 약육강식의 논리를 따라서 강자의 길을 가야 하는가. 아니면 약자와 강자가 함께 사는 공생공영의 길로 가야 하는가. 일방적으로 힘을 키우느냐, 아니면 도덕을 바탕으로 힘을 키우느냐. 지금 그 기로에 서 있고, 신중한 선택이 필요하다. 만약 우리가 힘의 길을 간다면, 아마도 그 길의 끝은 평화의 파괴로 이어질지도 모른다. 인간의 생존에 있어서 힘은 절대 필요한 것이지만, 힘을 과도하게 믿는 사람은 오히려 힘 때문에 파멸할 수도 있다. 그것이 역사의 가르침이다.

여기서 우리가 선택할 길은 공생공영의 인도적 사회라는 것이 자명해진다. 사실, 지난 20세기는 공생공영을 고민하기보다는 외형적 힘을 키우는 데 주력하였다 해도 과언이 아니다. 외세로부터의 해방을 위해서, 남북분단의 대결구도에서 우위를 점하기 위해 지속적으로 힘을 키워 왔다. 그 결과 지금 세계 12대 경제대국으로 도약했고, 일인당 1만 달러의 국민소득을 누리는 부국대열에 끼게 되었다. 그리고 그 힘을 키우기 위해 인권이니, 도덕이니, 문화니, 복지니 하는 것은 뒷전으로 밀어놓았다.

민주주의가 문민정치文民政治라는 것을 알면서도, 문민정치를 해 본 일이 없다. 그 결과 인간으로서 품위를 잃었고, 도덕과 기강이 제대로 잡히지 않은 혼돈의 경제대국을 만든 것이다.

이러한 결과가 끊임없는 사건·사고로 이어지고, 잘 나가던 경제마저 침체의 늪으로 빠져들고 있는 것이다. 경제도 사람이 하는 것이라면, 사람이 일류가 되지 않으면서 경제만 일류가 되기는 어려운 일이다.

우리가 열어가야 할 사회가 진정 문민시대라면, 진정한 문민문화를 만들어야 할 것이다. 그렇다면 그 문민의 모델은 어디에 있는가. 물론 서양도 문민의 모델이 될 수 있다. 그러나 그 모델을 우리역사 속에서 찾을 수 있다면 그 이상 좋은 일은 없다. 그것은 바로 우리 자신을 믿을 수 있고 사랑할 수 있게 하기 때문이다.

우리는 우리역사에서 문민전통을 애써 외면해 왔다 해도 과언이 아니다. 문민문화가 절정에 다다랐던 조선왕조를 문약文弱에 빠져서 망했다고 흔히 말해 왔던 것이다. 바로 이러한 해석이 힘을 숭상하는 발상에서 나온 것이다. 유교입국의 조선왕조가 고도의 문민정치를 하였기 때문에 519년의 장수를 누렸다는 사실은 보지 못하고 있는 것이다. 마치 강포한 도적은 탓하지 않고 도적맞은 선량한 주인만을 탓하는 것과 다름없다. 패권주의시대에 패권을 쥐고 흔들었던 일본과 독일도 불과 반세기 만에 연합국에 망하지 않았던가. 그런데도 불구하고 그동안 우리는 패권을 거부했던 조선왕조만을 원망하는 역사의식을 가지고 살아왔다. 물론 지난날의 근대화 과정에서 서양을 배우지 않을 수 없었고, 생존을 위한 힘의 축적이 절실했던 것도 부인할 수 없다. 그러나 과거의 선택이 반드시 미래에도 정당하다고 볼 수는 없을 것이다.

우리역사를 어떻게 해석하느냐는 우리의 미래를 어떻게 열 것인가의 문제와 직결되어 있다. 비단 조선왕조뿐만 아니라, 수천 년의 민족사를 어떤 시각에서 보느냐는 21세기를 맞이하기 전에 반드시 정리하고 넘어가야 할 과제다. 힘을 중심에 놓고 보면, 아마도 만주를 끌어안았던 고구려가 얼핏 빛나게 보일 것이다. 그러나 고구려 멸망의 원인이 지나치게 힘을 숭상하고 전쟁을 선호한 데 있었다는 것도 잊어서는 안 된다. 이렇게 볼 때, 우리역사는 새롭게 쓰여져야 할 대목이 너무나 많다.

나는 20세기를 60년간 살아왔다. 유년기에 태평양전쟁을 경험했고, 소년기에 6·25 전쟁을 만났으며, 청장년기를 최루탄 가스 속에서 살아왔다. 크건 작건 간에 모두가 전쟁이다. 이것은 우리 국민 다수의 경험이기도 하다. 나는 우리역사를 공부하면서 나의 삶의 체험과 역사의 과거 사이를 무수히 오가면서 대화를 나누었다. 우리역사는 무엇인가. 왜 우리역사와 문화는 국제적으로 알려져 있지 않은가. 그것이 우리역사와 문화의 약점 때문인가, 아니면 우리 자신이 우리를 멸시하기 때문인가.

우리역사와 대화를 하면서 내가 얻은 결론은 '숨겨진 보석'을 우리 자신이 너무 모르고 있다는 사실이다. 우리가 모르는데 남이 알아 주기를 바랄 수 있는가. 솔직하게 고백하자면 나는 역사를 공부하면서 남모르는 행복을 누리고 살아왔다. 더욱이 최근 규장각 도서를 관리하면서 나의 행복감은 절정에 달했다. '잃어버린 역사'와 '숨겨진 보석'을 되찾는다면 우리의 생존능력은 몇 배로 커질 것이라는 것이 나의 확신이다. 역사에서 자신감을 찾고, 그 자신감을 가지고 21세기를 연다면 두려울 것이 있겠는가.

세계화시대가 되었다고 해서 밖으로만 관심을 갖는 것은 어리석은 일이다. 균형감각을 갖춘 지식은 지피知彼나 지기知己의 어느 한편에 치우치지 않는다. 그래서 '지피지기면 백전불태百戰不殆'라는 손자孫子의 가르침도 있지 아니한가. 모든 지식은 자기 역사에 뿌리를 두고 남을 이해할 때 주체성과 실효성을 갖게 되는 것이다. 편협한 국수주의와 주체성이 없는 세계주의는 모두가 위험하다.

내가 우리나라 통사通史를 쓰게 된 것은 바로 이와 같은 소신에서 출발한 것이다. 아마 이 책은 그러한 정서에서 쓰였다는 것을 독자들은 금방 이해하게 될 것이다. 역사에 대한 애정이 없었다면 나는 역사를 공부하지 않았을 것이며, 이 책을 쓰지도 않았을 것이다. 특히 이 책의 앞머리에 실은 '총설'은 나의 그러한 시각이 정리되어 있다는 것을 이해하여 주기 바란다. 특히 조선왕조의 문민전통을 새롭게 보는 시각에 따라 전반적으로 시대구분 방식이 통념과는 달라졌음을 밝혀두는 바이다.

이 책을 쓰면서 각별히 신경을 쓴 것은 전문가를 위한 통사通史가 아니라, 일반국민을 위한 통사를 만들겠다는 것이다. 최근 우리의 고적을 찾고 전통을 사랑하는 시민들이 부쩍 늘고 있으나, 평이하고 친절한 역사책이 별로 없다. 권위 있는 학자들이 이러한 작업을 피해 온 것이다. 그래서 이 책에서는 한자를 병기하여 중학생 이상이면 읽을 수 있도록 하였고, 많은 지도와 도판을 넣어 시각적 효과를 높이고자 하였다. 특히 문화재와 관련된 지도와 그림을 되도록 많이 넣으려고 애썼다. 그러면서도 최근의 학문적 성과를 가능한 한 수용하여, 대학생이나 그 이상의 전문가들에게도 참고가 될 수 있도록 배려하였다.

각주脚註를 최대로 활용한 것도 이 책의 특색이다. 본문에 넣기는 곤란하지만, 좀 더 깊은 정보를 얻고자 하는 이들을 위한 배려에서이다. 그리고 최근 국민의 관심이 문화와 생활 그리고 지방사 쪽으로 흐르고 있는 것을 고려하여 이 방면의 서술에 적지 않은 비중을 두었다.

이 책은 조선시대 이후의 서술에 많은 지면을 할애하였다. 역사는 가까운 시대일수록 중요하다는 원칙을 존중하기 위함이다. 해방 이후의 현대사도 1996년 말까지 다루었다. 다만 현재 진행되고 있는 사건이나 현존하는 인물에 대해서는 엄밀한 평가를 유보하고 사건을 객관적으로 소개하는 데 치중하였다. 특히 북한의 역사는 정보 부족 등 여러 어려움이 있었지만, 엄연한 민족사의 일부로서 가능한 한 편견 없이 쓰려고 노력하였다. 남한과 북한은 외형상 대립관계에 있었지만 내면적으로는 서로 깊은 인과관계 속에서 전개되어 왔음을 유념하였다.

이 책은 여러 면에서 새로운 시각과 형식을 시도하였기 때문에 집필과 편집에도 우여곡절이 많았다. 원래 집필에 착수한 것은 14년 전이다. 그러나 그동안 많은 시간을 다른 일에 빼앗겨 작업이 지속적으로 진행되지 못했다. 더욱이 새로운 자료와 연구성과가 속속 등장하고, 주변환경이 바뀜에 따라 개고를 거듭하였다. 그러나 미흡한 점이 많은 대로 우선 세상에 내놓기로 하였다. 이 책이 독자의 기대에 얼마나 부응할지는 모르겠으나 개성이 살아 있는 통사, 국민에게 다가서는 통사, 시대의 고민을 담아 보려는 통사로 이해된다면 그것으로 만족하고자 한다.

그동안 이 책이 나오기까지 많은 동료 교수와 후학들이 격려를 보내고 도움을 주었다. 특히 서울대 송기호 교수는 발해관계 서술에 자료와 조언을 주었으며, 배우성 박사는 편집에 따르는 갖가지 수고를 아끼지 않았다. 원고의 교정은 강석화(규장각 학예사, 박사), 고경석(강사), 김문식(규장각 학예사, 박사), 나희라(강사), 도면회(강사), 박재우(강사), 박태균(강사), 신병주(규장각 조교), 연갑수(강

10

사), 윤경진(강사), 윤선태(강사), 윤해동(강사), 최연식(강사) 등 여러분이 분담해서 맡아 주었다. 그러나 이 책의 잘못이 있다면 그것은 전적으로 나의 책임이다. 또한 이 책을 아담하게 꾸며준 것은 경세원의 김영준金英準 사장님 및 편집부 고현석 부장님, 편집부원 여러분의 헌신적인 노력이 있었음을 밝혀두고자 한다. 이 자리를 빌어 평소 필자를 격려해 주고 도와 준 모든 분들에게 진심으로 고마운 뜻을 전한다.

1997년 1월
신림동 서재에서
저자 씀

차 례

14

제1권　**고대·고려**

제2권　**조선시대**

총설

한국사란 무엇인가

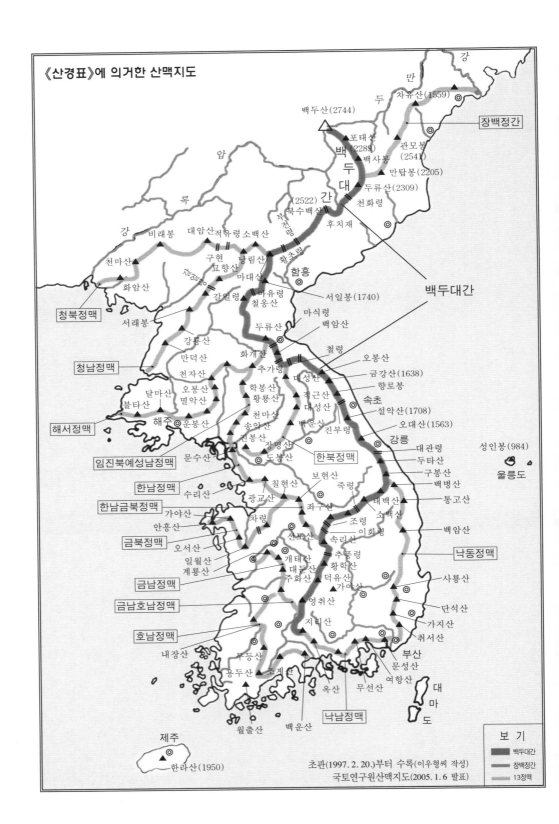

《산경표》에 의거한 산맥지도

강
만
두
차유산(1559)
백두산(2744)
장백정간
포태산
백 (2289)
두 백사봉
관모봉
대 (2541)
간 만탑봉(2205)
두류산(2309)
(2522) 천화령
북수백산
부전령 후치재
압
록
강
비래봉
대암산적유령소백산
천마산
구현
낭림산
황초령
묘향산
함흥
마대산
청북정맥
서래봉
갈열령
마유령
서일봉(1740)
화암산
철옹산
마식령
두류산
백암산
강룡산
화개산
철령
만덕산
추가령
오봉산
청남정맥
천자산
금강산(1638)
오봉산
학봉산
대성산
향로봉
달마산
멸악산
황룡산
적근산
속초
불타산
천마산
대성산
설악산(1708)
해서정맥
해주
운봉산
송악산
백운산
진부령
오대산(1563)
진봉산
장명산
강릉
임진북예성남정맥
문수산
도봉산
한북정맥
대관령
성인봉(984)
한남정맥
수리산
칠현산
보현산
두타산
울릉도
광교산
죽령
구봉산
한남금북정맥
가야산
좌구산
백병산
금북정맥
안흥산
차령
조령
태백산
통고산
오서산
선도산
이화령
소백산
백암산
일월산
개태산
속리산
낙동정맥
금남정맥
계룡산
대둔산
황학산
추풍령
사룡산
금남호남정맥
주화산
덕유산
가야산
단석산
영취산
가지산
호남정맥
지리산
취서산
내장산
부산
무등산
조계산
문성산
용두산
여항산
옥산 무선산
대
마
도
낙남정맥
월출산
백운산
제주
한라산(1950)

초판(1997. 2. 20.)부터 수록(이우형씨 작성)
국토연구원산맥지도(2005. 1. 6 발표)

보 기
백두대간
장백정간
13정맥

총설 – 한국사란 무엇인가

1. 국토와 자연환경

1) 명당이 많은 국토

인간의 삶은 터 잡고 있는 땅과 자연환경의 영향을 크게 받는다. 산이 많은가 평야가 많은가, 날씨가 더운가 추운가, 비가 많은가 적은가, 자연재난이 많은가 적은가, 이런 요소들이 삶의 모습과 생각에 영향을 주고, 역사와 문화의 특성이 달라지게 할 수 있다. 한국인의 역사와 문화를 이해하기에 앞서 한국인이 살아온 국토와 자연환경의 특성을 알 필요가 여기에 있다.

우리 민족이 국가를 형성해온 지역은 한반도와 중국의 산동지역, 요서지역, 요동지역, 그리고 길림성지역 등을 포괄하는 중국 동북부지역에 걸쳐 있었다. 한반도로 터전이 좁아진 것은 신라의 삼국 통일 이후의 일이다. 이 지역은 황해와 발해를 중심에 두고 말발굽 형태로 에워싸고 있는데, 연안지역이 평야로 되어 있어서 중국과 한반도의 강물이 대부분 황해로 흘러들어가 서로 만난다. 교통이 편리하여 사람과 물자의 교류가 신속하게 이루어지면서 일찍부터 농업위주의 동방문명이 꽃피었다. 이 문명을 중국인들은 '동이문명권東夷文明圈'이라 부르지만, 한국인의 시각에서는 '아사달문명권阿斯達文明圈'으로 부르기로 한다.

동아시아 문명사에서 황해가 갖는 의미는 마치 로마문명이 지중해와 에게해를 사이에 두고 남유럽과 북아프리카, 서아프리카 지역에서 형성된 것과 비슷하다. 황해는 동양의 지중해라고 할 수 있으며, 한국과 중국이 역사적으로 긴밀한 유대관계를 가지면서 동아시아문명의 중심권으로 떠오른 이유도 여기에 있다. 이 지역이 동아시아문명의 발상지가 된 것은 수로교통이 편하고, 농토가 비옥하며, 적당한 비가 내려 농업생산력이 높을 뿐 아니라, 사계절이 뚜렷한 온대의 기후를 가지고 있으며, 높지 않은 산들이 주변을 에워싸고 있어서 공기가 맑고 쾌적한 생활환경을 갖추고 있기 때문이다.

특히 한반도는 아사달문명권 가운데서도 지리적 환경이 뛰어나다. 국토의 70%가 산이지만, 거의 대부분 1,000m 미만의 구릉지에 가까울 뿐 아니라 곳곳에 맑은 계곡물이 흐르고, 공기가 깨끗하며, 산맥의 끝자락이 역Y자형으로 끝나는 지점이 많아 주거환경이 매우 좋다. 나지막한 산을 등지고 앞에는 물이 흐르는 지형을 배산임수背山臨水라 하여 풍수가들이 명당明堂으로 부르는데, 금닭이 두 날개를 펴고 알을 품고 있는 모습으로 비유되기도 한다.

한반도에서 최고의 명당으로 알려진 서울을 놓고 명당조건을 알아보기로 한다. 명당의 혈穴에 해당하는 곳이 경복궁景福宮이고, 그 북쪽 백악산白岳山은 서울의 주인 노릇 하는 주산主山

이다. 여기서 서쪽에 날개를 편 인왕산仁王山이 우백호右白虎, 동쪽으로 날개를 편 낙산駱山이 좌청룡左靑龍, 주산主山 앞에 책상처럼 생긴 남산木覓山이 안산案山, 주산 뒤에 할아버지처럼 밀어주고 있는 북한산北漢山이 조산祖山, 남쪽 멀리 엎드려 절하고 있는 관악산冠岳山이 조산朝山을 이루고 있다. 여기에 주산과 안산 사이에 청계천이 있고, 안산 남쪽에 한강漢江이 S자형으로 동서로 흐른다. 서울이 예부터 명당으로 지목된 것은 이런 명당조건을 잘 갖추고 있기 때문이다.

명당에는 땅 속에 들어 있는 생명의 기氣가 많이 모여 인간에게 행복을 가져다준다고 믿었다. 한반도에는 이런 명당이 많고, 이런 곳에 마을과 도시 또는 무덤을 만들고 살아왔다. 동양에서는 장수를 기원하는 종교로 도교道敎가 발생했는데, 중국인은 단약丹藥을 만들어 먹는 것을 추구하고 한국인은 산속에 들어가 맑은 공기를 마시는 단전丹田 호흡을 선호했다.

풍수가들은 한반도의 모습을 중국을 향해 두 팔을 벌리고 있는 사람의 모습에 비유하기도 했다. 백두산은 사람의 머리요, 거기서 동해안을 따라 남쪽으로 뻗어내린 마천령산맥, 낭림산맥, 태백산맥을 척추로 보아 백두대간白頭大幹약 1,500km]이라 불렀으며, 백두대간 끝에서 전라도 쪽으로 갈라진 소백산맥과 부산 쪽으로 내려온 산맥을 두 개의 다리로 이해했다. 제주도와 대마도는 두 다리에 붙은 두 개의 발로 보았다. 그래서 조선시대 제작한 고지도를 보면 백두산을 장엄하게 그리고, 제주도와 대마도[쓰시마]를 반드시 그려 넣었다. '쓰시마'라는 지명은 원래 '두 섬'이라는 우리말이다.

한편, 백두대간에서 서쪽으로 13개의 작은 산맥들이 뻗어 있는데, 이를 정맥正脈으로 부르고, 갈비뼈에 비유했다. 함경도에서 동서로 뻗은 산맥을 장백정간長白正幹이라 부르고 어깨에 비유했다. 정맥과 정맥 사이에 서쪽으로 흐르고 있는 강들은 혈관에 비유했으며, 평안도와 황해도가 서쪽을 향해 돌출한 모양을 두 팔을 벌리고 중국을 얼싸안은 모습으로 상상했다.

한반도의 동남쪽에 길게 뻗은 일본열도도 한반도인의 생활과 밀접하게 연결되어 있었다. 그런데 일본열도의 지형은 서쪽에 큰 산맥이 있고 동쪽에 태평양을 향해 평야가 펼쳐져 있어 강물이 동해에서 서로 만나지 않았다. 다만, 대마도를 징검다리로 하여 규슈九州지방과 가깝게 연결되어 있어 이 지역과의 교류가 가장 빈번했으며, 한반도문화는 대마도와 규슈를 거쳐 다시 오사카大阪, 교토京都, 나라奈良지방으로 북상하면서 흘러들어갔다. 지금 이 지역에 한반도에서 전파된 문화유적이 즐비하게 발견되고, 일본 고대국가가 규슈에서 먼저 일어나 교토와 나라에서 번성한 이유가 여기에 있다.

2) 기후와 재난

한반도의 기후는 4계절이 비교적 뚜렷한 온대溫帶에 속하지만, 겨울에는 한대寒帶, 여름에는 열대熱帶 기후의 일교차를 경험하면서 살기 때문에 인간과 동식물이 강인한 생명력을 지니고 있다.

한국인의 의식주 문화는 계절에 따라 다양하게 바뀐다. 추위를 이기기 위해 따뜻한 북방식 온돌방을 만들고, 더위를 이기기 위해 시원한 남방식 마루를 만들어 두 공간을 주기적으로 바꾸면서 생활한다. 황토와 나무를 사용한 한옥은 숨을 쉬는 집이 되었으며, 우리나라의 갓은 매우 가벼우면서도 햇빛을 효율적으로 막아주는 매력이 있다.

음식도 계절에 따라 바뀌어 종류가 다양하고 계절의 진미珍味가 생겨났다. 김치, 된장, 고추장 등 발효식품을 즐겨 먹었다. 채소요리도 매우 다양하다. 서양은 과일주가 포도주밖에 없지만 한국인은 다양한 과일주를 개발했다. 건강에 좋은 온돌과 발효식품은 세계인의 관심과 사랑을 받고 있으며 우리의 김장 문화는 2013년 유네스코 무형문화재로 등재되었다.

한반도의 강수량은 많은 편은 아니지만, 특히 7~8월에 집중적으로 내려 이를 장마라고 부른다. 장마는 때로는 홍수를 일으켜 피해를 주기도 하지만, 땅을 비옥하게 만드는 효과가 있고, 농사에 필요한 물을 확보할 수 있는 기회이기도 했다. 곳곳에 보洑를 만들어 저장했는데 물을 쉽게 흡수해버리는 석회암이 적어 저수하기에 편리했다. 가을에는 비가 적고 일조량이 많아 벼농사에 적합하다. 석회암이 많고 일조량이 적어 벼농사가 어려운 유럽과 대비된다.

한국의 벼농사는 1년에 2모작 또는 3모작이 가능한 동남아지역에 비해서는 힘들다. 물을 저수하고, 수로를 만들고, 모내기, 풀 뽑기, 수확 등에 많은 노동력이 필요하여 일찍부터 공동체적인 협동작업을 중시해 왔다. 농업이 어려웠던 서양인과 북방의 유목민은 일찍부터 상업을 일차적인 생업수단으로 삼아 개인주의와 기동력을 발달시켜 왔다. 유럽인은 배를 잘 이용하고, 유목민들은 낙타와 말을 이용하여 기동력을 키워왔으나, 동아시아세계는 정착된 농경생활에 의존하면서 공동체적 협동정신을 키워왔다. 이것이 서양인의 눈에는 전체주의로 비쳐지기도 했지만, 근본정신은 협동에 있었다. 한국인을 비롯한 동아시아인이 하늘을 특별히 공경하고, 자연과 인간을 하나의 통합된 생명체로 보는 우주관을 가지고 살아온 이유도 자연에 대한 의존도가 높은 농경문화의 특성이다.

그러면 한반도와 동아시아세계의 자연재난은 어떠했는가? 자연재난은 크게 세 가지가 있다. 첫째, 지진이다. 지진은 잘 알려진 일이지만 일본 열도가 가장 심하고, 중국 내륙도 마찬가지다. 그에 비한다면 한국은 상대적으로 안전한 편이다. 물론 16세기 중엽의 중종 대와 명종 대에는 한 달 이상 지진이 계속되어 서울시민들이 집에 들어가지 못한 일도 있고, 이 때문에 그 책임을 둘러싸고 훈신과 사림이 크게 갈등을 일으켰으며, 불안한 국민정서를 틈탄 임격정 일당 같은 도적이 나타나기도 했다.

두 번째 큰 재난은 태풍으로 보통 필리핀 부근에서 발생하여 북상하다가 대체로 제주도 부근에서 오른쪽으로 진로를 바꿔 일본열도를 강타하였다. 원나라가 고려와 연합하여 규슈를 치다가 실패한 이유도 태풍 때문이었다.

세 번째는 홍수이다. 동양 삼국이 7~8월에는 장마철을 맞이하는데, 홍수로 인한 피해를 가장 크게 받는 나라는 중국이다. 특히 황하의 범람이 심각하다. 이 지역은 내몽고 사막지역에서 흘러온 붉은 황토물이 하류에 쌓이면서 비옥한 충적토를 만들어 일찍부터 농경문화가 발생했지만, 황하의 하상河床이 육지보다도 높아 심각한 홍수피해를 입혔다. 그래서 이 지역에서 발생한 나라들은 황하에 높은 둑을 쌓아 홍수피해를 줄이는 일이 가장 중요했으며, 치수治水를 잘하는 정치지도자를 성인聖人으로 받들었다. 요堯임금과 순舜임금이 성인이 된 이유가 여기에 있었다. 중국에 비하면 한반도는 홍수피해가 적은 편이다.

한반도의 쾌적한 자연환경은 예부터 중국인의 피난지로 떠올랐다. 중국 북방의 넓은 초원에서 살던 유목민들이 주기적으로 식량을 구하기 위해 뛰어난 기마술을 이용하여 중국을 압박하면, 중국 동북지역에서 아사달문명, 농경문화를 공유하던 지배층은 난리를 피하여 한반도로 이주해왔다. 이런 일이 수천 년간 반복되면서 한반도의 아사달문명도 급속하게 발전되어 갔다. 그러나 북방 유목민도 농경문화를 동경하면서 아사달사회로 이주하여 한반도에는 유목민문화와 농경문화가 뒤섞이게 된 것이다. 특히 만주지역에서 일어난 부여와 고구려는 유목민문화의 영향을 더 크게 받았다. 고구려인이 말을 잘 타고 전쟁에 능한 이유가 여기에 있었다.

대륙의 지배층 이주민들이 한반도로 이주하면서 새로운 국가가 건설되고, 문화가 성장한 것은 사실이지만, 다른 한편으로는 이주민 사이의 국가 간 경쟁이 치열해지면서 전쟁을 피해 일본열도로 들어가 그곳에 새로운 고대국가를 건설한 것이 일본 역사의 시작이다. 특히 백제와 가야의 지배층이 고대국가 건설의 주역을 맡았는데, 한반도가 신라에 의해 통일되면서 사이가 벌어지기 시작했다. 그 후 한국계 일본인들 가운데 산악이 많은 대마도와 규슈지역, 그리고 동해안지역에 살던 주민들은 식량부족을 타개하기 위해 한반도에 들어와 식량을 약탈하는 일이 많았는데, 이들을 왜구倭寇라고 불렀다. 그리고 왜구의 연장선상에서 대규모 군대를 이용한 침략전쟁이 임진왜란이고, 더 나아가 한반도를 무력으로 강탈한 것이 일제강점시대이다.

한국과 중국의 관계는 고구려와 수隋, 당唐과의 전쟁을 제외하고는 역사적으로 우호친선 관계가 오랫동안 유지되었는데, 이는 중국이 서쪽으로 영토를 확장하면서 대국으로 발전하여 한반도에 대한 집착이 적었기 때문이다. 일본과의 관계가 불편한 것은 섬나라라는 지리적 특성상 확장할 공간이 없었기에 원래의 터전이었던 한반도와 대륙으로 되돌아가고자 하는 욕망이 침략의 형태로 이어져 왔기 때문이다. 따라서 한국, 중국, 일본이 평화관계를 유지하려면 누구보다도 일본이 오랜 침략의 관습에서 벗어나는 일이 중요하다.

2. 한국문화의 특성 - 선비문화

1) 언어와 문자

한국문화의 뿌리는 황해와 발해를 끼고 동, 서, 북으로 연결된 말발굽형태의 지역에서 형성된 아사달문명이다. 중국의 산동지방, 요서지방, 요동지방, 길림성 일대, 그리고 한반도가 공통된 아사달문명을 가지고 있었다.

아사달문명권에 속해 있던 종족은 한국인만이 아니라 선비족鮮卑族, 오환족烏桓族, 말갈족靺鞨族, 여진족女眞族, 거란족契丹族, 일본족 등이 모두 포함되는데, 중국은 아사달족을 자신의 화하족華夏族과 구별하여 '동이東夷'라고 불렀다. '이夷'라는 글자는 대大와 궁弓을 합친 것으로[1] '큰 활을 가진 사람' 또는 '활 잘 쏘는 사람'이라는 뜻이다. 중국은 북방족을 짐승에 비유하여 북적北狄, 남방족은 벌레에 비유하여 남만南蠻, 서방족은 무기에 비유하여 서융西戎으로 불러 멸시감을 표했

---

1) 중국 최초의 한자옥편은 후한 때 허신許愼이 만든 《설문해자說文解字》인데, 이 책은 이자夷字를 대大와 궁弓이 합쳐진 뜻으로 풀이했다.

는데, 동방족인 동이에 대한 호칭은 좋은 뜻을 지니고 있다.

중국이 동이족으로 부른 아사달족은 지나-티베트어를 쓰는 중국과 달리 알타이어를 썼다. 알타이어의 가장 큰 특징은 '주어-목적어-동사'의 순으로 되어 있는데, 이는 '주어-동사-목적어'의 순서로 되어 있는 중국어와 다르다. 예를 들면 '나는 너를 사랑한다'고 말하는 것이 알타이어라면 '나는 사랑한다, 너를'이라고 말하는 것이 중국어다.

아사달족은 언어만 중국과 다른 것이 아니라 문자도 독자적인 것을 만들었다. 은殷商나라 때 만든 갑골문자甲骨文字는 그 지역의 아사달족이 만든 최초의 상형문자이다. 중국인은 뒤에 이를 발전시켜 한자漢字를 만들었는데, 아사달족이 다시 한자를 받아들여 사용한 것이다. 그러므로 한자는 아사달족과 중국인이 함께 만들고 발전시킨 문자라고 할 수 있다. 다만, 한자로 글을 지을 때에는 중국어와 우리말의 어순語順이 다르기 때문에, 우리 어순에 맞게 쓰는 방법을 고안한 것이 이두吏讀이다. 이밖에 아사달족은 천지인天地人을 상징하는 원圓 ○, 방方 □, 각角 △ 도형을 즐겨 사용했는데, 이 도형을 발전시켜 새로운 문자를 만든 것이 훈민정음訓民正音이다. 한편, 일본인은 한자의 획劃을 응용하여 '가나假名'라는 문자를 만들었다.

2) 종교 - 단군신화

아사달족의 종교는 한 마디로 하늘과 태양을 조상으로 생각하는 무교巫敎이다. 그 무교의 우주관을 보여주는 글이 《삼국유사三國遺事》에 실린 '단군신화檀君神話'이다. 단군신화와 관련된 유적은 한반도의 황해도 문화현 구월산九月山, 강화도 마니산 참성단塹城壇 등이 있지만, 중국의 요서지방과 산동지방에도 보인다. 산동지방의 곡부曲阜는 공자孔子가 탄생한 곳인데, 바로 이곳 무씨사당武氏祠堂에 단군신화의 이야기를 그린 벽화가 있다. 요서지방의 우하량牛河樑에서는 곰 발바닥을 조각한 토기와 웅녀熊女를 연상시키는 여신상女神像 조각 등이 출토되어 이 지역에도 단군신화의 전통이 있었음을 알 수 있다.

'단군신화'에 담긴 우주관의 특징은 다음과 같다. 첫째, 단군이 도읍을 정한 곳이 아사달阿斯達이다. 아사달은 순수한 우리말로 '해가 떠오르는 동방의 땅'을 의미한다. 아사달은 한 곳이 아니라, 자신들이 살고 있는 땅을 모두 아사달이라고 불렀다. 단군이 나라를 세워 국호를 '조선朝鮮'이라고 했는데, '조선'도 '아침이 빛나는 땅'으로 '아사달'을 한자漢字로 훈역訓譯한 것에 지나지 않는다. 아사달은 '박달'로도 불렀다. '박달'은 '해가 뜨는 밝은 땅'이라는 뜻이다. 지금 요서지방에는 조양朝陽, 적봉赤峰이라는 도시가 있는데, 그 이름도 아사달과 다름이 없다. 황해도 문화현의 '구월산九月山'도 '아사달'을 한자로 훈역한 이름이다. '서라벌'도 비슷하다. 한국인은 동쪽에서 부는 바람을 '샛바람'이라고 하는데, '새'는 '동방'을 가리키므로 '서라벌'은 바로 '동방의 땅'이라는 뜻이다. '서울'은 '서라벌'을 줄인 말이다. 한국인이 즐겨 쓰는 '동국東國', '단국檀國', '서라벌徐羅伐', '서울'은 물론이요, '일본日本'도 '아사달'과 뜻이 같다.

아사달족은 이렇게 하늘과 태양을 숭배하여 선사시대에는 사람이 죽으면 해가 뜨는 동쪽에 머리를 두고 매장했으며, 동쪽에 있는 큰 동굴에 하느님의 위패와 조각상을 모셔놓고 제사를 지냈다. 고구려의 동맹東盟이 바로 그것이다. 고구려 시조를 동명성왕東明聖王으로 부른 것도 '동방의 태양왕'이라는 뜻이다.

아사달족의 초기 무덤은 고인돌이다. 네모난 돌방 위에 둥근 덮개를 얹은 것으로 둥근 덮개는 태양을 상징하고, 네모난 돌방은 땅을 상징한다. 그 속에 사람을 묻으면 죽은 사람이 땅에서 하늘로 올라간다고 생각했다. 삼국시대 이후로는 고인돌이 변하여 네모난 돌방 위에 둥근 봉분封墳을 덮었는데, 둥근 하늘을 상징하기는 마찬가지다. 부처님의 무덤으로 만든 석굴암石窟庵의 모습도 네모난 방을 앞에 두고, 둥근 방을 뒤에 두어 그 안에 부처님을 모셨는데, 이것도 부처님이 땅에서 하늘나라로 올라간 모습을 형상화한 것이다. 단군이 하늘에 제사를 지낸 곳으로 알려진 강화도 마니산 참성단塹城壇도 둥근 하늘과 네모난 땅의 모습으로 제단을 만들었다. 하늘은 둥근 원圓[○]으로, 땅은 네모진 방方[□]으로, 사람은 세모난 각角[△]으로 생각하여 이 도형을 무덤에 적용한 것이다. 이것이 바로 아사달족의 원방각圓方角[○□△] 문화이다.

둘째, '단군신화'에 담긴 우주관에는 하늘, 땅, 사람이 셋이면서 하나라는 통일적 우주관이 담겨 있다. 단군신화의 이야기 속에는 '삼三'이라는 숫자가 반복해서 보인다. 환인桓因은 천신天神, 환인의 아들 환웅桓雄은 지신地神, 환웅이 웅녀熊女와 결혼하여 낳은 단군檀君은 인신人神으로, 이를 '삼신三神'으로 부른다. 그런데 삼신은 합치면 일신一神으로 보고, 삼신을 여성으로 생각하여 '삼신할머니'라는 말이 생겼다.

'단군신화'를 보면 환웅은 인간을 널리 도와주는 일을 하기 위해, 다시 말해 '홍익인간弘益人間'을 위해서 하늘에서 지구로 내려왔다. '홍익인간' 정신 가운데 가장 중요한 다섯 가지는 생명을 창조하고, 곡식을 제공하고, 질병을 고쳐주고, 선악善惡을 판별하고, 악한 자를 징벌하는 것이 그것이다.

한국의 전래 풍속 가운데에는 삼신과 관련된 것이 많다. 아기를 낳을 때 삼신할머니에게 치성을 드리고, 엉덩이 푸른 반점을 삼신반점으로 부른다. 가을에 햇곡식을 거두면 삼신께 감사의 표시로 삼신주머니 또는 업주가리[신주단지(神主壇地)라고도 한다]를 만들어 마루나 안방의 선반에 정성스레 모신다. 우리 속담에 '신주단지 모시듯 한다'는 말이 여기서 생겼다. 삼신이 선악을 판별하고 악한 자를 징벌할 때에는 무서운 도깨비로 변신한다. 그리고 도깨비 모습을 문고리나 막새기와에 새겨 넣으면 악귀가 집에 들어오지 못한다고 믿었다. 그 도깨비 모습이 바로 중국인의 조상인 황제黃帝[헌원씨(軒轅氏)]와 치열하게 전쟁을 하여 군신軍神으로 추앙받은 아사달 장군 치우씨蚩尤氏 얼굴과 같다고 믿어 군기軍旗로도 사용했다.

'단군신화'에는 환웅이 하늘에서 내려 올 때 천부인天符印[2] 세 개를 가지고 왔으며, 바람, 비, 구름을 부리는 세 사람의 신하風伯, 雨師, 雲師와 3천 명의 무리를 데리고 왔다고 한다. 여기서 셋과 삼천을 강조한 것은 몇 개와 몇 천이라는 뜻인데, 셋이 천지인을 상징하는 숫자이기 때문에 일부러 셋, 삼천이라고 쓴 것이다. 곰과 호랑이가 인간이 되기 위해 동굴에 들어가서 쑥과 마늘을 먹으면서 삼칠일三七日 간 햇빛을 보지 않은 결과 곰이 여자로 변신했다고 하는데, 여기서 삼칠일은 21일을 말한다. 일부러 셋을 넣어 '21일'을 '삼칠일'이라고 한 것이다.

---

2) 천부인 세 개는 칼, 거울, 옥을 말하는 것으로 보인다. 칼은 삼신께서 악한 자를 응징하는 수단이고, 거울은 삼신의 모습을 비춰보는 도구이고, 옥玉은 삼신의 소리를 내는 돌이라고 믿었다. 옥 대신 방울도 삼신의 소리를 낸다고 한다. 무당이 굿을 할 때에도 이런 도구를 사용하면서 삼신과 대화를 한다.

‘단군신화’에서 이렇게 셋을 가지고 신화를 만든 것은 하늘과 땅과 인간이 하나로 합쳐지기를 바라는 마음이 담겨있다. 천지인天地人이 하나가 되면 인간에게 행복이 온다고 믿었기 때문이다. 그러면 왜 천지인이 하나가 되는 것이 중요한가? 그것은 생명을 탄생시키고 성장시키는 음양陰陽과 오행五行[수화목금토]이 하늘, 땅, 사람에게 두루 있어서 생명의 기氣가 우주 만물에 가득 차 있다고 보기 때문이다. 그래서 천지인이 하나로 조화를 이루면 생명의 기가 커지고, 에너지가 증폭한다. 이를 ‘신바람이 난다’, ‘신명 난다’ 또는 ‘흥’이라고 표현한다. 신바람은 무당의 굿을 통해서도 생기고, 아름다운 대자연 속에 살면서 저절로 생기기도 한다.

신바람이 생기면 춤, 노래, 해학, 미소가 터져 나오는데 이것이 바로 낙천성樂天性이다. 예부터 중국인은 아사달족이 춤과 노래를 즐기고, 귀신 섬기기를 좋아한다고 했는데, 바로 아사달족의 신바람 문화의 특성을 지적한 것이다.

‘단군신화’에 곰이 여자로 변한 뒤 환웅과 혼인하여 단군을 낳았다고 하여 허무맹랑한 이야기로 보는 것은 잘못이다. 곰과 호랑이 이야기는 곰을 조상으로 섬기는 족속과 호랑이를 조상으로 섬기는 두 족속이 하늘[태양]을 조상으로 섬기는 족속과 혼인하기 위해 서로 경쟁했다는 뜻을 담고 있다. 그러니까 한국인의 조상은 태양토템족과 곰토템족의 결합으로 생긴 것이다.

‘단군신화’에 담긴 우주관을 삼국시대와 고려시대에는 ‘선교仙敎’라고 불렀고, 조선시대에는 ‘신교神敎’라고 불렀으며, 근대에 와서는 ‘무교巫敎’(샤머니즘)로 불렀다. 그런데 ‘선仙’은 순수한 우리 말로 ‘선비’라고 한다. 그러므로 ‘단군신화’는 곧 선비정신의 뿌리가 된다.

삼국시대 이후 불교佛敎가 들어오고 유교儒敎가 들어왔지만 그 바탕에는 선비정신이 깔려있어 유불선儒佛仙이 서로 융합하면서 발전했으며, 근대 이후에 들어온 서양의 기독교문명도 선비정신과 융합하여 오늘날 한국인의 종교적 심성을 형성하게 되었다. 이런 연유로 한국의 불교, 유교, 기독교 등은 한국적 특성을 지니고 있으며, 결코 외국사상을 교조적으로 모방하는 문화가 아니다. 개화기 어느 서양인이 한국인의 종교행위를 설명하면서 조정에 나가면 유학자가 되고, 집에 들어오면 아내를 따라 사찰에 가고, 죽을 병이 들면 무당을 찾아간다고 말한 것이 흥미롭다.

3) 윤리-홍익인간

‘단군신화’에는 한국인의 원초적 윤리관이 보이는데, 그것이 ‘홍익인간弘益人間’이다. 환인[하느님]의 아들 환웅은 삼위태백三危太白으로 내려와 신시神市를 건설하고 ‘홍익인간’이란 이념으로 인간을 다스렸는데, 이곳을 선택한 것은 농사에 적합한 지역이기 때문이었다. ‘단군신화’에 쑥과 마늘이 등장하고, 바람, 비, 구름을 부리는 신하를 데리고 왔다고 한 것도 농사를 도와주기 위함이었다. 이렇게 환경이 좋은 땅에서 모든 인간을 골고루 잘 살게 하려는 정신이 ‘홍익인간’이다. 이 정신을 가지고 신시神市를 세우고, 그 아들 단군이 ‘조선’이라는 나라를 세웠으므로 ‘홍익인간’은 조선의 건국이념이 되었다.

그런데 환웅이 만약 하느님의 독생자獨生子였다면 다른 종교에 대하여 배타성을 띠었을 것이다. 다른 종교는 하느님의 사생아가 만든 종교가 되기 때문이다. 하지만 ‘단군신화’에서는 환웅이 하느님의 여러 아들 가운데 한 사람이었으므로 다른 아들이 만든 종교도 포용할 수 있다는 여지를 보여주고 있다. 그래서 '홍익인간'에는 인류평등사상과 공동체정신이 담겨 있다. 이런 정신이 바로 아사달족의 철학이요 윤리다. 한국인은 '나'보다는 '우리'라는 공동체를 중요시하고, 다른 사람을 존중하고, 생명을 아끼고 사랑하며, 어려운 사람을 서로 도와주는 미풍양속을 지니고 살아왔다. 중국인들은 아사달족의 이런 풍속을 보고 '군자국君子國'이라고 불렀다.

조선을 '군자국'이라고 처음 말한 사람은 유교儒教를 창시한 공자孔子였다. 춘추시대인 기원전 6세기에 노魯 나라 사람이었던 공자는 자신의 가르침을 제후들이 받아들이지 않은 것에 실망하여 뗏목을 타고 '구이九夷'의 나라로 가서 살고 싶다고 제자들에게 말했다. '구이'의 나라가 누추하지 않겠느냐고 제자들이 걱정하자 공자는 그곳은 누추한 곳이 아니고, 군자가 사는 나라라고 말했다. 이런 말이 《논어論語》에 실려 있는데, 후세 중국인들은 공자가 가고 싶어했던 '구이'는 바로 '조선'을 가리킨다고 해석했다. 공자가 만든 유교도 산동지방에 살던 아사달족과 고조선 사람의 도덕성에 감동을 받아 이론화시킨 것에 지나지 않는다. 한국인이 중국인보다도 더 열심히 유교를 실천한 것은 유교 자체가 본래 한국인의 일상생활 속에서 실천해오던 생활철학이었기 때문이었다.

조선을 군자국으로 칭송한 기록은 공자 이후에도 계속하여 나타난다. 중국 고대의 지리책인 《산해경山海經》이나 동방삭東方朔이 지은 《신이경神異經》, 그리고 《후한서後漢書》 등에 그런 기록이 보인다.[3] 이 책들에서 아사달족은 성품이 착하고, 서로 존중하고 싸우지 않으며, 생명을 아끼고, 근심스러운 일을 당한 사람을 보면 제 목숨을 던져 구하며, 또 죽지 않는 나라라고 한다. 여기서 아사달 사람들이 죽지 않는다는 말은 실제로 죽지 않는다는 뜻이 아니다. 오래 살뿐 아니라, 죽음을 하늘로 돌아간다고 믿었다는 뜻이다. 실제로 한국인들은 지금도 사람이 죽으면 '돌아가셨다'고 말한다. 이는 '하늘에서 와서 하늘로 돌아갔다'는 뜻이다. '단군신화'에는 단군이 하느님의 후손으로 태어나 1,500년간 나라를 다스리고 아사달에 들어가서 산신山神이 되었다고도 하고, 1,908년간 살았다고도 한다. 또 다른 기록을 보면 단군은 백두산 연못가에서 하늘로 돌아가셨다고 한다. 그래서 그 연못을 '조천지朝天池' 또는 '천지天池'로 부르게 된 것이다.

단군뿐 아니라 고구려 시조 고주몽高朱蒙도 하느님의 후손으로 태어나 대동강가의 바위에서 기린을 타고 하늘로 돌아가셨다고 하는데, 이 바위를 '조천석朝天石'이라 불렀다. 신라 시조 박혁거세朴赫居世도 하느님의 후손으로, 죽어서 육신은 땅에 떨어지고 혼魂은 승천昇天했다고 한다. 이렇게 한국인은 하늘의 후손으로 태어나 부모이자 고향인 하늘로 돌아간다고 믿어 하늘에 대한 제사를 '효孝'라고 생각했다.

한국인의 가슴에 새겨진 천손의식天孫意識은 우리가 중국인이 아니라는 주체성을 심어주어 민족의식의 바탕이 되었으며, 민족이 위기에 처할 때마다 단군신앙이 드높아지면서 정체성

---

3) 《산해경》에는 "동방에 군자국君子國이 있는데, 그곳 사람들은 죽지 않는다"(有君子之國 有不死之民)라 했고, 《신이경》에는 "동방 사람들은 항상 공손히 앉아서 서로 싸우지 아니하며, 서로 존경하여 헐뜯지 않으며, 다른 사람이 근심스러운 일을 당하면 목숨을 던져 구해준다. 그래서 군자국이라고 한다"(恒恭坐而不相犯 相譽而不相毀 見人有患 投死救之 曰君子國)라고 했다. 또 《후한서》〈동이전〉에는 "사람들이 착하고 생명을 아껴주며, 타고난 성품이 부드럽고 온순하여 도道를 가지고 다스리기 쉽다. 그래서 군자의 나라, 죽지 않는 나라이다"(仁而好生 天性柔順 易以道御 有君子不死之國)라고 한다.

을 유지해 왔다. 몽고간섭기와 왜란·호란 후, 그리고 일제강점기에 단군신앙이 고조된 이유가 여기에 있다.

홍익인간의 전통은 삼국, 고려, 조선시대로 이어지면서 중국인들을 감동시켰다. 당唐나라, 송宋나라, 명明나라는 우리나라를 가리켜 '동방예의지국東方禮義之國' 또는 '소중화小中華'로 불렀다. 예의가 바를 뿐 아니라 문화수준이 중국과 대등한 국가라는 뜻이다. 중국에서 사신을 보낼 때는 특별히 우수한 인재를 뽑아 보냈으며, 우리나라 사신이 중국에 가면 다른 나라 사신보다 특별히 우대했다. 송나라는 고려에서 온 사신을 '조공사朝貢使'로 부르지 않고 '국신사國信使'로 높여 불렀다. 고려를 송나라와 대등한 위치에서 바라본 것이다.

4) 음악과 춤

한국의 음악, 그림, 조각, 건축, 춤 등 모든 예술에는 한국적 특성이 담겨 있다. 그 특성은 바로 '신바람'이다. 하늘, 땅, 인간은 모두 살아 있는 생명체로서, 그 생명체가 발산하는 기氣가 조화롭게 융합되어 생기는 에너지가 '신바람'이다. '단군신화'에 그런 정서가 담겨 있음을 이미 설명했다.

한국을 대표하는 악기는 사찰의 범종梵鐘이다. 그런데 범종에는 중국과 일본 종에 보이지 않는 독특한 장치가 있다. 걸개 옆에 음관音管이 달려 있어 하늘의 소리를 담고, 종 아래에는 움푹 파인 음통音筒이 있어서 땅의 소리를 담는다. 종을 치는 것은 사람이 한다. 한국 범종은 하늘과 땅과 사람이 함께 연주하는 악기로 볼 수 있다. 실제로 음관과 음통이 있는 종소리와 그렇지 않은 종소리는 음색이 다르다. 쇠로 만든 추가 종벽을 때리는 서양 종의 소리는 하나의 음가音價를 내고 있지만 한국 종은 한 번 때려도 여러 음가를 동시에 내면서 신비스런 음색을 자아낸다. 그 소리는 중국이나 일본의 종소리와도 다르다. 프랑스에서는 심리치료에 한국 종소리를 활용하기도 한다.

현악기인 거문고와 가야금, 가죽악기인 장고와 북, 금속악기인 꽹과리와 징도 독특하다. 우리의 악기는 음양과 천지의 조화를 통해 신바람을 일으킨다. 높은 음과 낮은 음은 음양과 천지를 상징한다. 한 개의 악기에도 음양을 동시에 갖추고 있지만, 다른 악기와 어울려 음양을 연출하기도 한다. 꽹과리가 여성적[음]이라면 징은 남성적[양]이다. 징, 꽹과리, 북, 장고가 어울리는 사물놀이는 신바람 음악의 극치를 보여준다.

판소리와 민요는 대자연의 바람소리, 물소리, 새소리 등과 어울리면서 신바람을 연출하는 노래이다. 음폭이 넓어서 국악을 한 사람은 서양노래도 잘 하지만, 서양노래를 배운 사람이 국악을 하기는 어렵다. 〈아리랑〉, 〈노들강변〉, 〈천안삼거리〉 등 우리 민요는 대부분 3박자로 이루어져 있는데, 이것은 천지인을 상징한다.

판소리와 민요에는 슬픔과 즐거움과 해학이 동시에 들어 있어 웃다가 울고, 울다가 웃게 만든다. 한국 문학과 예술의 특징을 '한恨'으로 보는 견해가 있으나, 이는 '한恨' 속에 '낙樂'이 있는 것을 간과한 해석이다.

한국의 춤은 새가 날개를 펴고 하늘로 승천하는 모습을 연상시킨다. 어깨춤이 절로 난다

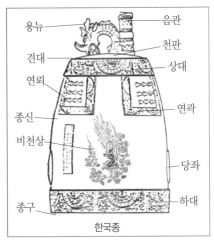

용뉴 / 음관 / 천판 / 견대 / 상대 / 연뢰 / 연곽 / 종신 / 비천상 / 당좌 / 종구 / 하대

한국종

중국종

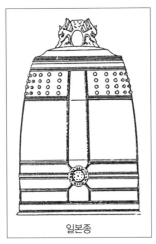

일본종

는 말이 있다. 어깨에 달린 팔을 날개처럼 휘저으면서 다리를 오므렸다 폈다를 반복하는데, 이를 오금질이라고 한다. 새가 날 때의 동작 그대로이다. 고구려 고분 벽화를 보면 무덤의 주인공이 어깨에 날개를 달고 춤추며 하늘로 올라가는 그림이 많다. 범종에도 신선이 옥피리를 불면서 하늘로 올라가는 비천상飛天像이 조각되어 있는데, 이 또한 하늘과 하나가 되려는 신바람의 동작이다. 봉덕사 신종神鐘이 그렇고, 상원사 동종에도 비천상이 있다. 고려시대 종도 마찬가지다.

한국의 춤에는 춤꾼들이 둥근 원을 그리면서 맴도는 원무圓舞가 많고, 때로는 태극모양의 동선을 따르기도 한다. 둥근 원은 바로 하늘을 상징한다.

한국에서 춤은 즐거울 때도 추고, 슬플 때도 춘다. 죽음은 하늘로 돌아가는 것을 의미하므로 하늘과 하나가 된다는 것은 슬픔인 동시에 즐거움이다. 장례식이나 제사를 지낼 때 추는 제례악춤이 있다. 한국인에게 슬픔과 즐거움은 하나이다.

5) 그림과 조각

한국의 그림은 크게 인물화, 산수화, 풍속화, 화조도花鳥圖로 나눌 수 있다. 고구려와 백제의 고분 벽화는 무덤의 주인공이 전생에 살아온 모습과 내세의 모습을 그린 풍속화이기도 하다. 고분에 이렇게 다양한 풍속화를 남긴 것은 세계적으로 드물다. 벽화에 보이는 우주관은 바로 땅에서의 전생과 하늘나라에서의 내세를 함께 묶어 천지인이 하나가 되는 종교적 심성을 표현하고 있다.

세 발 달린 삼족오三足烏가 자주 보이는 것도 천지인 합일 사상을 보여준다. 까마귀는 태양 속에서도 살고 땅에서도 살면서 하늘과 땅과 사람을 연결해주는 새이다. 그래서 다리를 세 개로 그린 것이다. 우리 민속에 까마귀가 울면 누가 하늘로 돌아갔다고 생각하는 이유가 여기에 있다. 까마귀는 흉조凶鳥라기 보다는 길조吉鳥이다.

고분 벽화에는 무교와 불교가 혼합되어 있고, 음양오행사상도 들어 있다. 특히 [좌]청룡靑龍,

[위]백호白虎, [남]주작朱雀, [북]현무玄武를 그린 사
신도四神圖[또는 사수도(四獸圖)]는 오행사상을 표출
한 것이다. 무덤에 이렇게 사수도[사신도]를 그
리는 전통은 조선시대에도 그대로 이어져 왕
실의 장례식 때 시신을 모신 찬궁欑宮의 네 벽
에도 그려 넣었다.

조선시대의 풍속화는 내세보다는 현세
를 주로 그리고 있는데, 자연과 사람이 서로
만나 즐기는 모습이 주를 이뤘다. 이 역시 신
바람의 에너지를 표현한 것이다. 김홍도金弘道,
신윤복申潤福, 김득신金得臣 등의 풍속화가 그러
하다. 한국 그림에는 해학이 풍부하여 웃음을
자아내는 것이 특징인데 그것이 바로 낙천성
이다.

산수화도 자연만을 그리는 경우는 매우
드물고, 아름다운 대자연 속에서 사람이 하나
가 되어 신바람을 느끼는 감정을 그려내고 있
다. 특히 진경산수眞景山水의 대가인 겸재 정선
謙齋 鄭敾의 그림이 그렇다. 그가 그린 산수화
는 금강산, 박연폭포, 삼부연폭포, 인왕산 등
우리나라 자연이지만, 있는 그대로의 풍경을
사실적으로 그리기보다는 그 풍경에 담긴 음

《정조대왕 국장도감의궤》에 실린 찬궁의 사신도

양의 생명력을 강조하고, 그 속에서 구경하는 사람이 받고 있는 감동과 신바람의 흥을 함께
표현하는 데 역점을 두고 있다. 바로 이 점이 있는 그대로의 자연만을 그리는 서양의 풍경화
와 다르다.

한국의 인물화는 사람의 육체적 비율이 갖는 균형의 아름다움을 찾아서 그리지 않고, 얼
굴과 눈에서 보이는 생명의 기氣를 강조하여 그린다. 외형적 균형과 비례에서 아름다움을 추구
하는 서양화와는 다르다. 우리의 아름다움은 천지인이 하나가 되는 데서 발생하는 생명의 기를
의미한다. 송강 정철松江 鄭澈이 선조를 '미인美人'으로 간주하여 쓴 〈사미인곡思美人曲〉에서 임금
을 미인으로 본 것은 팔등신의 미인을 말하는 것이 아니고, 천지인의 이치를 하나로 합하여 정
치를 하고 있다는 뜻의 미인이다.

한국인은 몸매나 얼굴이 아름다울 경우 미인이라 부르기보다는 곱다, 예쁘다, 늘씬하다,
요염하다는 표현을 주로 쓴다. 지금 간송미술관에 있는 신윤복의 '미인도'는 신윤복이 쓴 표현
이 아니고 후대의 소장자가 붙인 이름이다. 신윤복 자신이 쓴 화제畵題를 보면 이 여인이 풍기
는 색정色情에 감동을 받아 그렸다고 한다. 그러니까 기생으로 보이는 이 여인을 팔등신 미인으
로 본 것이 아니라 이 여인이 발산하는 생명의 에너지를 그린 것이다. 그러니까 신윤복이 포착

한 것은 육체가 아니라 생명의 기氣다.

조선시대 임금이나 대신의 초상화를 그릴 때 가장 역점을 둔 것은 눈동자의 표현이다. 눈에 생명의 기가 담겨 있기 때문이다.

조각은 주로 불교와 관련된 불상佛像이나 보살상菩薩像, 또는 나한상羅漢像, 천왕상天王像 그리고 불탑佛塔 등이다. 여기서도 강조되는 것은 몸매가 아니고, 얼굴과 눈이다. 석굴암의 부처는 너무 비대하고, 미륵보살반가사유상彌勒菩薩半跏思惟像은 너무 가냘프다. 그럼에도 불구하고 이것이 한국을 대표하는 조각상으로 인정받고, 많은 사람들에게 감동을 주는 것은 얼굴의 표정 때문이다. 이렇게 편안한 얼굴의 표정은 쉽게 찾기 어렵다. 일본 국보 1호인 교토 고류지廣隆寺의 나무로 만들어진 미륵보살반가사유상은 백제인이 만든 것으로 독일의 실존철학자 칼 야스퍼스Karl Jaspers(1883~1969)가 보고 세계 최고의 미술품으로 격찬하는 등 세계적인 명품으로 인정받고 있다. 이 작품과 한국의 국보인 금동미륵보살반가사유상은 재료만 다르고 형태가 굉장히 유사하다. 이 작품들이 보여주는 감동은 바로 인자함이 풍기는 생명에 대한 사랑 곧 신바람이다.

조선시대 화조도花鳥圖의 특징도 음양의 조화에서 오는 생명감이다. 꽃을 그리면 나비나 새도 함께 그려 꽃이 살아 있음을 보여준다. 죽은 꽃을 그리는 서양의 정물화와는 이 점이 다르다. 나비나 새를 그릴 때에도 반드시 암수가 짝을 이루어 음양의 조화를 표현한다. 짐승을 그리는 경우도 마찬가지다.

6) 도자기와 공예

한국의 도자기는 고려시대에서 조선시대에 걸쳐 가장 발달했다. 고려자기는 송나라 도자기와 비슷하면서도 다른 점이 있다. 첫째, 색채가 대부분 밝은 비취색을 띠고 있는데 이는 하늘색을 닮았다. 둘째, 형태가 매우 다양한데 참외, 표주박, 복숭아와 같은 과일이나 원숭이, 해태, 오리, 새 등과 같은 짐승의 모습을 가진 것이 많다. 연꽃 무늬 받침대 위에 둥근 투각을 얹은 향로는 둥근 하늘을 상징한다. 대자연의 생명체 모습을 그대로 담은 것이다. 셋째로 표면에 문양을 칼로 새기고 그 안에 백토나 자토를 넣은 다음 유약을 바르는 상감수법象嵌手法은 매우 독특하다. 넷째, 표면에 새겨 넣은 문양도 꽃이나 나무, 또는 구름과 학鶴을 넣어 대자연과 가까워지려는 마음을 담고 있다. 특히 구름과 학 무늬가 많은 것은 하늘로 올라가려는 승천의 꿈이 엿보인다.

고려자기의 매력에 빠진 송나라 서긍徐兢은 《고려도경高麗圖經》에서 고려자기의 종류와 색채, 형태 등을 자세히 소개하면서 '천하제일'이라는 평을 내렸다.

송나라 도자기는 당나라 도자기의 특색인 당삼채唐三彩의 영향을 받아 황색, 녹색, 갈색을 함께 넣은 것이 많고, 색채가 다양하여 화려한 느낌을 주지만 고려자기처럼 자연물의 형상을 따른 것은 거의 없다. 무늬도 꽃이나 용을 주로 선호한다. 이에 비해 고려자기는 화려하지 않으면서 우아하고 자연스런 친근감을 자아내고 있는 것이 특색이다.

자연친화적인 도자기 전통은 조선시대에도 그대로 이어지고 있다. 조선 초기의 백자白磁, 16세기의 분청사기粉靑沙器, 조선 후기의 청화백자靑華白磁와 철화백자鐵花白磁, 진사백자辰砂白磁 등 시대에 따라 변화가 있지만, 소박하면서도 우아한 정취는 그대로 이어진다. 다만, 조선시대 자기는 고려자기에서 보이는 비취색의 관상용 그릇은 거의 사라지고, 음식을 담거나, 문방구로 쓰는 등 실용적인 도자기가 주류를 이룬다. 도자기에 넣은 그림은 대나무, 난초, 매화, 국화 등 사군자四君子를 비롯하여 소나무, 포도, 모란, 새, 물고기 등 살아 있는 자연물을 주로 담고 있다. 이는 선비들의 깨끗한 절개와 자연 사랑을 상징한다.

조선시대 자기에서 가장 한국적인 특색을 보여주는 것은 18세기에 만들어진 달항아리다. 마치 중천에 뜬 보름달이나 태양을 연상시키는 달항아리는 세계 어느 나라에서도 찾아볼 수 없는 조선자기의 걸작인 동시에 하늘을 사랑하는 마음을 여지없이 보여주고 있다.

조선시대의 공예는 주로 가구와 문방구류 등 생활용품에서 특색을 발휘했다. 나무공예품의 경우는 가능한 한 나이테의 아름다움을 그대로 살리려고 노력하고, 오래도록 자주 사용하는 가구는 옻칠을 두껍게 하여 수명이 오래 가도록 배려했다. 옻칠가구 가운데 조개껍질을 잘라 넣어 그림을 만든 나전칠기螺鈿漆器와 쇠뿔을 잘라 넣어 그림을 만든 화각공예華角工藝도 일품이다. 나전칠기는 고려시대 작품이 한층 더 예술적이지만 대부분 국내보다는 일본으로 가 있는 것이 아쉽다.

조선의 도자기 문화가 임진왜란 때 일본으로 납치되어 간 이삼평李參平, 심당길沈當吉(沈壽官의 조상) 등의 도공陶工에 의해 규슈지역에서 발전하여 일본 도자기의 비조鼻祖가 된 것은 잘 알려진 사실이다.

7) 건축과 정원

한국의 건축에도 천지인합일의 신바람이 담겨 있다. 한국의 초가집 지붕은 완만한 원형을 띠고 있는데, 이것은 하늘의 곡선을 빌린 것이고, 기와집의 지붕은 둥글지는 않지만, 새가 날개를 편 모양을 닮았다. 고대에는 용마루 끝에 얹은 막새기와 모습을 '치미鴟尾'라고 불렀는데, 이는 새의 꼬리(혹은 주둥이)를 닮았다는 뜻이다. 조선시대 왕궁의 지붕에 보이는 막새기와는 용머리 모습을 하고 있다. 용은 임금을 상징하기도 하지만 새처럼 하늘로 올라가는 짐승이기도 하다.

기와집이나 초가집이나 내부구조는 온돌방과 마루가 조화를 이루어 막힌 공간과 터진 공간이 공존하는데, 온돌은 겨울에는 따뜻하고 여름에는 시원하다. 마루는 바람이 밑으로 통하도록 배려하고, 벽도 숨을 쉬도록 황토와 짚이나 수숫대를 섞어서 발랐다. 가난의 상징으로 여겼던 황토집이나 초가집이 오늘날에는 건강에 좋은 미래의 가옥으로 각광받고 있다. 한옥은 숨을 쉬는 집이다.

한국의 정자亭子도 매우 아름답다. 나지막한 언덕 위에 올라앉은 정자는 대부분 면적이 매우 작지만, 동서남북이 툭 터져 있어 드넓은 대자연을 안아 들이고 있다. 평양의 연광정鍊光亭, 부여의 백화정百花亭, 경복궁의 향원정香遠亭, 창덕궁의 부용정芙蓉亭, 전라도 담양의 소쇄원瀟灑園과 식영정息詠亭, 강릉 선교장의 활래정活來亭 등이 대표적인 정자이다.

한국의 연못은 천원지방天圓地方의 모습을 따랐다. 네모난 연못 가운데 둥근 섬을 넣어 땅과 하늘을 상징하고, 그 가운데 조각배를 띄우고 사람이 노닌다. 경복궁의 향원지香遠池, 창덕궁의 부용지芙蓉池, 경주의 안압지雁鴨池, 부여의 궁남지宮南池 등이 그런 모습이다. 연못에서도 천지인 합일의 신바람이 담겨 있는 것이다.

한국의 정원은 가능한 한 인공적인 아름다움을 더하지 않는다. 한국의 자연환경은 그 자체가 최고의 예술품이기 때문이다. 나무도 자르거나 비틀지 않고 그대로 자라게 한다. 한국의 정원문화를 대표하는 곳은 창덕궁 후원後苑이다. 응봉鷹峰에서 뻗어내린 나지막한 산비탈에 폭포가 있고, 계곡이 있고, 바위가 있고, 연못이 있고, 울창한 수림이 있다. 그곳에 날아갈 듯 아담한 정자를 곳곳에 세워 쉼터를 만들고 자연의 품속에서 자연과 대화를 나눌 수 있도록 조성한 것이다. 한국의 자연친화적인 정원 문화는 인공을 가미하여 기하학적인 아름다움을 추구하는 서양이나 중국 그리고 일본의 정원과 다르다.

8) 자연관 - 음양오행사상

한국인은 우주자연을 모두 살아 있는 생명체로 바라보았다. 현대과학에서 생물과 무생물로 나누어 보는 것과는 다르다. 우주가 모두 살아 있다는 생각은 음양陰陽, 오행사상五行思想의 영향이다. 음양과 오행이 서로 만나면 생명이 탄생하고 성장, 발전한다고 본 것이다.

그러므로 하늘에는 태양과 달이 양과 음이고, 수성水星, 목성木星, 화성火星, 토성土星, 금성金星이 오행을 이루고 있어 하늘은 살아 있다. 땅에도 강江이 음이고 산山이 양이고, 물[水], 불[火], 나무[木], 금속[金], 흙[土] 등 오행을 지니고 있으므로 땅도 살아 있다. 하늘을 생명체로 보는 이론이 천문학이고, 땅을 생명체로 보는 이론이 풍수지리학風水地理學이다. 사람도 음양과 오행이 있다. 남자가 양이고 여자가 음이며, 몸 속에 있는 오장五臟심장, 폐장, 간장, 신장, 비장이 오행이다. 그래서 사람은 생명체이다.

하늘, 땅, 사람은 이렇게 살아 있으므로 우주도 생명체이고, 생명체는 서로 돕고 사는 한 몸이다. 그래서 천지인天地人은 셋이면서 하나요, 하나이면서 셋으로 본다. 하늘의 이치, 땅의 이치, 사람의 이치가 따로 있는 것이 아니라 똑같은 이치로 살아가야 한다. 이런 생각은 오늘의 시각에서 보면 자연을 사랑하고 존중하는 친환경 사상이다.

그런데 음양과 오행이 생명을 낳고 키우는 데는 일정한 법칙이 있다. 그 법칙은 상생相生과 상극相克이다. 오행은 서로 탄생시키면서 서로 이긴다는 뜻이다. 상생相生이란 물이 나무를 낳고[水生木], 나무가 불을 낳고[木生火], 불이 흙을 낳고[火生土], 흙이 금을 낳고[土生金], 금이 물을 낳는대[金生水]는 것이다. 상극相克이란 물이 불을 이기고[水克火], 불이 금을 이기고[火克金], 금이 나무를 이기고[金克木], 나무가 흙을 이기고[木克土], 흙이 물을 이긴대[土克水]는 것이다. 상생이 평화적인 관계라면 상극은 갈등관계를 말한다.

음양오행 사상은 '단군신화'에도 있지만, 이를 발전시킨 것은 춘추시대 산동지방의 아사달족 출신 추연鄒衍이다. 훗날 중국인도 이 사상을 받아들였는데, 중국인은 상생보다 상극을 더 존중하였고 한국인은 상극보다 상생을 더 존중하였다. 중국인은 왕조가 바뀔 때 뒤 왕조가 앞 왕조를 이겼다는 상극설을 가지고 설명하지만, 우리는 앞 왕조가 뒤 왕조를 낳았다는 상생설로 해석하는 차이가 있다. 예를 들면 신라新羅는 금덕金德을 가진 왕조로서 수덕水德을 가진 고려高麗

를 낳고, 고려는 목덕木德을 가진 조선朝鮮을 낳았다고 본다.

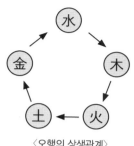

〈오행의 상생관계〉

이렇게 중국과 한국이 다른 생각을 갖게 된 것은 중국의 왕조교체는 북방 민족과 중화족이 서로 정복하여 교대하는 과정이었는데 반해, 한국의 왕조교체는 같은 민족끼리 권력을 교체했기 때문이다.

한국인은 사람이 태어나는 것도 오행의 상생과정으로 보고 이름의 항렬行列을 짓는다. 그래서 할아버지가 물[水] 항렬이면, 아버지는 나무[木], 아들은 불[火], 손자는 흙[土], 증손자는 금[金] 항렬을 따른다. 이렇게 항렬을 따라 이름을 짓는 나라는 한국밖에 없다.

오행은 또 고유의 숫자를 가지고 있다고 믿었는데 흙은 5, 물은 6, 불은 7, 나무는 8, 금은 9로 본다. 그래서 금덕을 가진 신라는 9자를 선호하여 전국을 9주로 나누고, 황룡사에 9층탑을 세웠고, 수덕을 가진 고려는 6을 선호하여 전국을 5도+양계로 나누고, 서경西京으로 도읍을 옮기면 36국이 조공을 바치게 된다고 묘청妙淸이 주장했다. 목덕을 가진 조선은 목자木子 곧 이李씨가 임금이 된다고 선전하고, 8자를 선호하여 전국을 8도로 나누고, 한양에 도읍을 두면 8백년 왕업이 이어진다고 믿었다. 그러나 조선 중기 이후로 나라가 어지러워지자 이제는 목덕木德의 시대가 끝나고 화덕火德의 시대가 오는데 화덕을 가진 성씨는

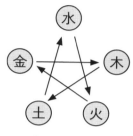

〈오행의 상극관계〉

정씨鄭氏라고 보고 정씨 성姓을 가진 인물이 나타나 새로운 세상을 연다는 예언서를 퍼뜨리고, 반란을 자주 일으키기도 했으나 끝내 정씨왕조를 세우지는 못했다.《정감록鄭鑑錄》이라는 예언서가 널리 유행하고, 선조 때 정여립鄭汝立의 반란, 영조 때 정희량鄭希亮의 반란이 일어난 것 등이 그런 것이다.

오행은 각각 덕德을 가지고 있다고 믿었다. 물은 지智, 불은 예禮, 나무는 인仁, 금은 의義, 흙은 신信을 가지고 있다는 것이다. 공자孔子가 말하기를 "어진 사람은 산을 좋아하고, 지혜로운 사람은 물을 좋아한다"(仁者樂山 智者樂水)고 말했는데, 바로 오행의 덕을 알고서 한 말이다.

오행은 방위方位와도 관계가 있는데, 북쪽은 물, 남쪽은 불, 동쪽은 나무, 서쪽은 금, 중앙은 흙이다. 오행은 각각 색깔을 가지고 있는데, 물은 어둠침침하고[玄], 불은 붉고[赤], 나무는 푸르고[靑], 금은 희고[白], 흙은 누렇다[黃]고 본다. 이 5가지 색깔을 오방색五方色이라고 한다. 한국인은 오방색을 매우 사랑하여 음식, 의복 등에 오방색을 적용했다. 비빔밥의 색깔이 그렇고, 색동옷이 그렇다. 심지어 한반도 지도를 그릴 때에도 오방색을 사용하여 경기도는 노란색, 강원도는 푸른색, 황해도는 흰색, 충청, 전라, 경상도는 붉은색, 평안도와 함경도는 어두운 색으로 칠했다. 이렇게 오방색으로 지도를 그린 나라는 한국뿐이다.

음양도 색깔이 있는데, 양은 붉은색, 음은 푸른색으로 본다. 태극기의 색깔이 바로 이렇게 되어 있는데, 남녀를 상징하는 빛깔도 홍청紅靑으로 보아 결혼할 때 붉은빛과 푸른빛의 옷을 입는다. 태극太極을 국기國旗로 정한 것은 한국인이 예로부터 음양오행 사상을 사랑한 결과로 조선시대에도 태극기를 국기처럼 사용했다가 개화기에 국기로 확정하였다.

오행은 신령스런 짐승으로도 보았다. 거북[武]은 북방이므로 어둠침침한 색이고, 용龍은 동방이므로 푸른색[靑龍], 호랑이는 서방이므로 흰색[白虎], 공작孔雀은 남방이므로 붉은색[朱雀], 중앙

에 있는 용은 노란색이다[黃龍]. 그 가운데 중앙의 황룡黃龍이 가장 권위가 높다.

사람 몸 안에 있는 다섯 개의 장기臟器도 오행으로 본다. 심장心臟은 불이고, 간장肝臟은 나무이고, 신장腎臟은 물이고, 폐장肺臟은 금이고, 비장脾臟은 흙이다. 오장五臟뿐 아니라 다섯 개의 감각기관[五官]도 오행으로 설명한다. 피부는 물과 연결되어 있고, 귀는 불, 눈은 나무, 코는 금, 입은 흙과 연결되어 있다. 이상 오행사상을 표로 만들면 다음과 같다.

음양오행사상

5행行	5방方	5색色	5수數	5덕德	5방신方神	계절	5장臟	5관管	자모음	6조曹	왕조	4대문
수水	북	흑黑(玄)	6	지智	현무	겨울	신장	피부	ㅇ	工=冬	고려	炤智門
화火	남	적赤(朱)	7	예禮	주작	여름	심장	귀	ㄴ	兵=夏	정감록	崇禮門
목木	동	청靑	8	인仁	청룡	봄	간장	눈	ㄱ	禮=春	조선	興仁之門
금金	서	백白	9	의義	백호	가을	폐장	코	ㅅ	刑=秋	신라	敦義門
토土	중앙	황黃	5	신信	황룡	여름~가을	비장	입	ㅁ	黃閣	?	普信閣
									ㅏㅗ(양)	吏=天		
									ㅓㅜ(음)	戶=地		

그런데 음양오행 사상은 여기서 그치지 않는다. 조선시대 한양의 네 도성문都城門인 흥인지문興仁之門, 돈의문敦義門, 숭례문崇禮門, 소지문炤智門[숙정문(肅靖門)]의 이름과 종로의 보신각普信閣도 오행의 인의예지신仁義禮智信을 따라 지은 것이다.

한국인이 얼마나 음양오행 사상을 선호했는지를 말해주는 대표적인 문화재는 훈민정음訓民正音이다. 다섯 개의 기본 자음 ㄱ,ㄴ,ㅁ,ㅅ,ㅇ은 오행의 모습과 천지인을 상징하는 ○□△의 모습을 참고한 것이다. 한편 훈민정음의 모음도 양모음은 땅[ㅡ] 위에 태양[ㆍ]이 있거나 사람[ㅣ]의 동쪽에 태양[ㆍ]이 있는 모습이고, 음모음은 땅 아래에 태양이 있거나 사람의 서쪽에 태양이 있는 모습이다. 참으로 절묘한 문자가 아닐 수 없다.

지금까지 설명한 것으로 보더라도 음양오행 사상이 동아시아세계의 공통된 사상이라고 하지만, 특히 한국이 가장 철저하게 실천했다는 것을 알 수 있다.

9) 공동체문화

한국인은 '홍익인간'의 정신을 가지고 고조선을 세웠다는 것을 앞에서 설명했는데, 홍익인간은 바로 공동체정신을 말한다. 이미 고대부터 한국인들이 농경생활의 필요에서 공동체생활을 하면서 착하게 서로 돕고, 서로 존경하고, 생명을 아끼는 풍습을 지니고 살았다는 것을 중국의 여러 책이 지적한 바 있다. 그래서 중국인들이 한국을 가리켜 '군자국', '동방예의지국', '소중화' 등으로 불렀던 것이다.

한국인의 공동체는 시대가 지나면서 여러 형태로 발전해갔다. 첫째, 마을공동체이다. 이를 고대에는 '향도香徒'라 부르다가, 고려~조선시대에는 '두레'로 부르고 한자로 '사社'라고 썼는데, '두레모임'이 바로 '사회社會'(society)이다. '두레'는 농사에 필요한 일을 서로 도와주는 것이 가장 중요한 목적이지만, 사람이 죽으면 장례를 함께 치러주고, 자연재난을 당했을 때 힘을 모아 구제해주고, 가을에는 무리를 지어 함께 춤과 음악을 즐기면서 하늘에 제사를 지내기도 했다. 지금 '두레패'로 불리는 농악대農樂隊가 바로 그런 전통에서 생긴 것이다. 그리고 국가가 침략을 당하면 앞장서서 의병義兵을 만들어 전장에 나가 싸웠다. 우리 속담에 '이웃사촌'이라는 말이 있는데, 비록 남남이라도 서로 이웃하여 도와주는 힘이 피붙이인 사촌보다도 더 낫다는 뜻이다.

한국은 역사적으로 다른 민족의 침략을 많이 당했는데, 그때마다 관군官軍보다는 항상 민병대民兵隊 즉 의병들이 적극적으로 참여하여 승리를 거두었다. 고구려와 수, 당과의 전쟁, 고려의 거란과의 전쟁, 몽고와의 전쟁, 조선시대 임진왜란, 일제강점기의 항일운동 등에서 승리를 거둔 힘이 모두 여기서 나왔다. 삼국통일의 원동력이 된 신라의 화랑도花郎徒 조직도 바로 이런 공동체를 말한다. 고구려와 백제도 이런 조직이 있었다. '두레'는 말하자면 평상시에는 생산공동체요, 종교공동체요, 오락공동체이지만 국가 유사시에는 군사공동체로 변하여 나라를 지켜왔다.

조선시대에 들어와서는 '두레' 말고도 '향약鄕約'으로 불리는 공동체가 새로 생겼다. '향약'은 남자 중심의 공동체로서 도덕과 예의, 경제적 상부상조, 국가에 대한 책무 등을 부과하고, 죄를 지은 자에게 벌도 내리는 공동체로써 사회질서를 안정시키는 것을 목표로 했다. '두레'가 남녀노소와 계층을 가리지 않고 함께 춤추고 노래하기도 하는 공동체이기 때문에 사회질서를 어지럽히는 문제점이 제기되어 그 대안으로 만든 것이 '향약'이었다. '향약'은 송나라 주희朱熹가 만든 송나라 향약을 모델로 삼아 시행했지만,[4] 한국의 향약은 계契라는 재원財源을 만들어 경제적 상부상조를 추구한 것이 중국과 달랐다.

공동체의 두 번째 형태는 가족공동체와 친족공동체이다. 가족공동체를 위한 윤리는 '삼강오륜三綱五倫'[5] 속에 들어 있는데, 부모에 대한 효孝와 부부 사이의 구별을 매우 강조했다. 효는 부모를 봉양하고 부모가 죽은 뒤에는 제사를 잘 지내고, 부모의 뜻을 존중하며 따르는 것이나, 부모가 잘못을 하는 경우에는 비판하면서 만류하는 것도 효로 보았다. 부부 사이의 구별은 남편이 바깥일 곧 사회생활을 하고 아내는 집안일을 하는 것을 말한다. 여자의 사회활동을 막은 것은 여성에 대한 차별을 의미하지만 가정 안에서 여성의 지위는 다른나라에 비해 높았다.

모계제母系制 전통이 강한 한국에서는 딸이 부모의 재산을 아들과 똑같이 상속받는 제도가 내려오다가 17세기 이후로 아들 중심으로 바뀌어가기 시작했지만, 남녀평등 상속제도의 전통은 완전히 없어지지 않았다. 한편 조선시대 첩妾 제도가 생기면서 서자가 차별을 받기 시작했지만, 오히려 본처本妻의 지위는 전보다 높아졌으며, 벼슬아치가 본처를 소박하는 경우에는 엄중한 벌로 다스렸다. 흔히 조선시대 '칠거지악七去之惡'[6]으로 여성이 이혼당하는 경우가 있는 것

---

4) 향약鄕約에서는 크게 네 가지 강목을 실천했다. (1) 덕업상권德業相勸, (2) 예속상교禮俗相交, (3) 과실상규過失相規, (4) 환난상휼患難相恤이다. 덕업상권은 도덕적인 행동을 서로 권장하는 것, 예속상교는 서로 사귈 때 예의를 지키는 것, 과실상규는 죄를 지은 사람을 논의하여 벌을 주는 것, 환난상휼은 경제적으로 어려운 사람을 서로 도와주는 것이다.

5) 삼강三綱은 군위신강君爲臣綱, 부위자강父爲子綱, 부위부강夫爲婦綱을 말한다, 임금은 신하의 벼리요, 부모는 자식의 벼리요, 남편은 아내의 벼리라는 뜻이다. 여기서 '벼리'는 그물을 잡아당기는 굵은 줄을 말한다. 오륜五倫은 군신유의君臣有義, 부자유친父子有親, 부부유별夫婦有別, 장유유서長幼有序, 붕우유신朋友有信을 말한다. 즉 임금과 신하 사이에는 의義가 있어야 하고, 부모와 자식 사이에는 친함이 있어야 하고, 부부 간에는 구별이 있어야 하고, 나이가 많고 적은 사람 사이에는 순서가 있어야 하고, 친구 사이에는 믿음이 있어야 한다는 것이다.

6) 칠거지악七去之惡은 아내를 내쫓을 수 있는 일곱 가지 조건을 말하는데, (1) 시부모에 공손하지 못함, (2) 아들을 낳지 못함, (3) 나쁜 유전병, (4) 다른 남자와 부정한 행동, (5) 질투, (6) 말이 많은 것, (7) 도둑질이다.

처럼 오해하지만, 그런 일은 거의 없었다. '삼불거'[7]가 있어서 '칠거지악'은 무의미했다.

한국의 친족제도는 남자 쪽 친족만이 아니라 여성 쪽 친족도 똑같이 존중한 것이 특징이다. 과거제도에서 응시자의 신분을 따질 때에도 외할아버지 이름을 반드시 쓰도록 하여 남자 쪽 친족이 낮더라도 외가 쪽 신분이 높으면 이를 존중했다. 조선 전기의《족보》는 딸과 사위 이름까지도 기록하여 외가, 처가, 사위 집안까지 함께 존중하는 관습이 있었다. 이런 사례는 다른 나라에는 없다.

가족공동체와 친족공동체를 존중하는 전통이 때로는 다른 가문에 대한 배타성으로 나타나기도 했지만, 후손들에게 가문에 대한 자부심을 심어주어 정체성과 경쟁심을 잃지 않도록 분발시키는 순기능이 컸다. 일제강점기의 창씨개명創氏改名은 이러한 한국인의 가문에 대한 자부심을 잃게 만들어 일본인으로 동화시키려는 정책이었다.

한국인의 공동체정신은 지역이나, 가족 또는 친족공동체에만 머문 것은 아니다. 국가공동체에 대한 사랑도 남달랐다. 요즘 말로 하자면 애국심이지만, 옛날 표현으로는 나라에 대한 충성忠誠이다. 나라에 대한 충忠과 부모에 대한 효孝는 똑같은 비중으로 중요했다. 이런 충성심으로 국가가 위험에 처하면 일치단결하여 도와주는 전통이 있었다. 군사적 위험이 클 때에는 의병義兵으로 나가서 싸우고, 경제적으로 위험할 때에는 사재를 털어 국가에 헌금하기도 했다. 대한제국 때 일본에 진 빚을 갚기 위해 국채보상國債補償 운동을 벌이고, 1997년에 외환위기가 오자 전 국민이 금 모으기 운동을 전개하여 세계를 놀라게 한 일도 있다.

8·15 광복 후 서양의 개인주의가 들어오면서 한국인의 공동체정신이 많이 흔들리고 개인의 자유와 권리를 찾으려는 풍조가 커졌다. 이는 개인의 발전을 위해 좋은 점도 있지만, 지나친 개인주의는 공동체 정신을 해칠 수도 있다. 개인의 자유와 권리보다는 개인의 인격완성을 통한 공동체의 안정을 추구한 전통시대의 가치를 개인주의와 접목시킬 필요가 있을 것이다. 인격완성을 소홀히 하는 개인주의는 사회갈등을 증폭시킬 위험이 있다.

10) 교육열

한국의 전통문화 가운데 세계적으로 인정받고 있는 것 가운데 하나는 높은 교육열과 수준높은 기록 문화이다. 공자孔子는《논어論語》의 첫머리에서 "배움을 때에 맞추어 실천하면 기쁘지 아니한가"라고 말했다. 공부가 인생의 최고 즐거움이라는 것을 깨우쳐 준 것이다. 이러한 공자의 가르침을 한국인은 모범적으로 실천했다.

한국인의 높은 교육열은 유교의 가르침도 있지만, 역사적으로 대륙에서 교육수준이 높은 지배층이 전란을 피해 파상적으로 망명해 온 데다가, 과거제도로 "배워야 출세한다"는 통념이 형성되고, 생산노동은 노비가 맡아주는 등 여러 요인이 결합된 결과이다. 한국의 정치를 이끌어 온 주체는 교육수준이 높은 학자-지식인층이었으며, 이 점은 과거제도 자체가 없고, 무사층

---

7) 삼불거三不去는 여자를 내쫓을 수 없는 세 가지 조건을 말한다. (1) 시집와서 부모의 3년 상을 지낸 경우, (2) 시집온 뒤로 시댁이 부귀가 높아진 경우, (3) 쫓아내면 의지할 곳이 없는 경우가 그것이다. 요즘의 여성보호법보다도 더 여성을 보호하고 있다.

武士層이 대대로 정치를 주도해온 일본의 정치 전통과는 매우 다르다.

한국의 교육열이 얼마나 높은가를 상징적으로 보여주는 문화재가 바로 금속활자이다. 세계 최초의 금속활자로 펴낸 책은 고려시대의 제도사를 정리한 《상정고금례詳定古今禮》(1234~1241)라는 책인데 이 책은 지금 남아 있지 않지만 독일의 구텐베르크가 1454년에 마인츠에서 금속활자로 찍은 《42행성서》보다 약 220년이 앞선다. 지금 남아 있는 가장 오래된 금속활자본은 1377년(우왕 3)에 청주의 홍덕사에서 간행한 《직지심체요절直指心體要節》이라는 불교서적인데, 이것도 서양보다는 77년이 앞선다. 불행히도 이 책은 국내에 남아 있지 않고, 지금 프랑스국립도서관에 보관되어 있는데, 세계 최초의 금속활자본으로 인정받고 있다.

금속활자는 목판인쇄에 비해 시간과 비용이 크게 절감되어 여러 종류의 책을 신속하게 간행하는데 크게 기여했으며, 조선 초기에는 활자와 인쇄술이 계속 개량되었고, 국립출판소인 교서관校書館에서는 150여 명의 인쇄 기술자들이 책을 발간하여 "출판되지 않은 책이 없고, 독서하지 않는 사람이 없다"는 말이 나올 정도로 출판활동이 왕성했다.

책과 관련된 종이 생산도 발달하여 아시아에서 가장 우수한 종이생산국이 되었고, 중국과 교류하는 물품 가운데 종이가 인삼, 강화 화문석花紋席꽃무늬 돗자리와 더불어 3대 품목이 되었다. 조선 종이는 중국 황실과 화가들의 애용품으로 인기를 끌었는데, 가죽처럼 질겨서 등피지等皮紙라고도 하고, 거울처럼 반질반질하여 경면지鏡面紙라고도 불렸다. 한국 종이는 수명이 길어 천년지千年紙라고도 불렸는데, 실제로 약 2천 년간 보존이 가능하다.

교육기관인 학교는 국립과 사립 모두 발달했다. 고려시대에는 국립대학인 국자감國子監이 개성에 있고, 지방에는 주요 군현에 향학鄕學이 있었으며, 벼슬을 그만둔 고관들이 세운 사립학교가 고려 중기에는 12개나 있어서 개성의 거리마다 글 읽는 소리가 들렸다. 인종 때 송나라 사신으로 온 서긍徐兢의 《고려도경高麗圖經》을 보면 골목마다 학교가 있고, 궁중에는 수만 권의 책을 보관한 도서관이 있는 것에 놀라움을 표하고 있다. 당시 송나라에 없는 책도 고려에는 있어서 수천 권을 필사해 가기도 했다.

조선시대에는 국립대학으로 성균관이 있고, 한양에는 네 곳의 부部에 부학部學이 있으며, 지방의 350여 개 군현마다 향교鄕校가 있었다. 사립학교로는 지방 유지가 세운 서원書院이 수백 개에 이르고, 마을마다 초등교육기관인 서당書堂이 수만 개를 헤아렸다. 여성에겐 학교 입학이 허용되지 않았지만 양반여성은 가정교육을 통해 교양을 쌓아, 대학자 율곡을 가르친 어머니 사임당 신씨師任堂申氏(1504~1551), 허균許筠의 누이이자 시인이었던 허난설헌許蘭雪軒(1563~1589), 임성주任聖周의 여동생으로 《문집文集》을 낸 윤지당 임씨允摯堂任氏(1721~1793) 같은 걸출한 여성지식인이 속출했다.

19세기 후반 개화기에는 "아는 것이 힘이다"라는 구호를 내걸고 수많은 신식학교를 세워 근대교육과 여성교육을 시작했는데, 여기서 배출된 인재들이 근대 한국을 이끈 지도층이 되었다.

한국인의 치열한 교육열에 외국인들도 감동하여 정한론征韓論을 주장한 일본 근대화의 아버지 후쿠자와 유키치福澤諭吉조차도 집집마다 글을 읽고 있는 조선을 배우자고 말했으며, 1866년 병인양요 때 강화도를 점령한 프랑스 군인도 농촌 가옥마다 책이 있고, 독서열이 높은 조선인에 감동을 받은 보고서를 본국에 보내면서 자존심이 상한다고 했다. 최근 미국 오바마 대통령은 기회가 있을 때마다 한국의 교육을 배우자고 말하고 있는데, 이는 우연한 일이 아니다.

광복 후 대한민국의 발전을 일컬어 '한강의 기적'이라고 부르는데, 그 힘은 바로 치열한 교육열에 있다고 할 수 있다. 한국은 자연자원은 빈약하지만 인적자원만은 풍부한 나라이다.

11) 기록문화

지금 유네스코에서는 해마다 세계기록문화유산을 선정하고 있는데, 2017년 현재 한국은 13종, 중국이 10종, 일본은 5종을 올려놓고 있다. 독일이 21종으로 가장 많지만, 그 내용을 보면 지방 수도원의 일기라든가, 베토벤이 쓴 악보 등 개인 또는 지역의 기록이 대부분이다. 이에 반해 한국의 기록문화유산은 거의 대부분이 국가 차원에서 만든 것으로 분량도 매우 많다. 13종을 소개하면 다음과 같다.

1) 고려대장경高麗大藏經	6) 훈민정음해례訓民正音解例	11) 새마을운동자료
2) 직지심체요절直指心體要節	7) 허준의 동의보감東醫寶鑑	12) 한국의 유교책판
3) 조선왕조실록朝鮮王朝實錄	8) 조선왕조의궤朝鮮王朝儀軌	13) KBS특별생방송 '이산가
4) 승정원일기承政院日記	9) 이순신의 난중일기亂中日記	족을 찾습니다' 기록물
5) 일성록日省錄	10) 5·18 민주화운동 기록물	

《고려대장경》은 가장 우수한 동양불교문화 백과사전에 해당하는 문화재이고, 《직지심체요절》은 세계에서 가장 오래된 금속활자본 불교이론서이며, 이 둘은 고려시대에 제작된 기록물이다.

그 다음 8종은 조선시대의 기록문화로 《조선왕조실록朝鮮王朝實錄》은 조선왕조 500년간의 통치기록으로써 중국의 《명청실록明淸實錄》을 능가하는 자료적 가치를 지니고 있다.

《실록》은 임금이 세상을 떠난 뒤 다음 왕대에 수백 명의 편찬위원이 공동작업으로 편찬하는데, 국무회의 속기록인 《사초史草》[8], 각 관청의 업무일지를 모은 《시정기時政記》[9], 《승정원일기》, 승정원에서 발행한 관보官報인 《조보朝報》[10] 등에서 자료를 뽑아 날짜 순으로 기록하는데, 4건을 활자로 발간하여 서울에 1건, 지방에 3건을 분산 보관했다.[11] 하지만 지금 남아 있

---

8) 《사초史草》는 예문관藝文館에서 파견된 한림翰林(7~9품에 해당하는 奉敎, 待敎, 檢閱을 말한다. 이들을 사관史官으로도 부른다) 이 2명씩 임금의 좌우에 앉아 임금과 신하의 말과 행동을 각각 기록하는데, 이 속기록을 《사초》라고 한다. 사초는 임금도 볼 수 없도록 사관이 자기 집에 보관했다가 《실록》을 편찬할 때 국가에 바쳤다.

9) 시정기時政記는 춘추관에서 매년 작성하는데, 각 관청의 업무일지인 《등록謄錄》을 모아 날짜별로 통합한 자료이다. 그러니까 〈사초〉가 국무회의 기록이라면 〈시정기〉는 행정일지에 해당한다.

10) 조보朝報는 국가의 중요 인사이동과 주요정책을 서울과 지방의 관료들에게 알려주기 위해 만든 관보이다.

11) 임진왜란 이전에는 서울의 춘추관에 1건을 보관하고, 지방에는 충청도 충주忠州, 전라도 전주全州, 경상도 성주星州에 각각 1건씩 보관했는데, 임진왜란 때 전주실록만 남고 나머지는 모두 불타버렸다. 왜란 후 전주실록을 가지고 다시 4건을 만들어 서울 춘추관, 영주 태백산太白山, 무주 적상산赤裳山, 평창 오대산五臺山 등 깊은 산속에 보관하고, 전주실록은 강화도 정족산鼎足山에 보관했다. 그런데 춘추관 실록은 인조 대 이괄의 난 때 불타 없어지고, 나머지 실록 중에서 오대산실록은 일제강점기에 동경제국대학으로 가져가고, 적상산실록

는《실록》은 한국에 2건[정족산실록(전주실록)과 태백산실록], 북한에 1건[적상산실록] 뿐이다. 춘추관실록은 인조 때 이괄의 난으로 왕궁이 불타면서 소실되었고, 오대산실록은 일제강점기에 동경제국대학으로 유출되었는데, 1923년 관동대지진 때 대부분 불타버렸으며, 타다 남은 몇십 부 실록은 몇 년 전에 서울대학으로 돌아왔다.

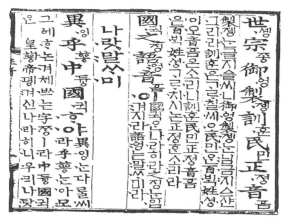

훈민정음 언해본

《승정원일기》는 국왕비서실인 승정원의 일기인데 조선 전기의《승정원일기》는 왜란 때 없어지고 지금 남아 있는 것은 조선 후기 기록뿐이지만, 분량은《실록》보다도 더 방대하다.《일성록》은 18세기 중엽 정조正祖가 세손 시절부터 기록하기 시작한 일기로 왕조가 끝날 때까지 이어진 임금의 일기다. 매일매일 정치를 반성한다는 뜻에서 《일성록》이라는 이름을 붙였다. 전 세계에서 임금이 방대한 일기를 200년 이상 기록하여 남긴 나라는 한국뿐인데, 그 내용은 임금이 읽은 책의 페이지, 외출할 때 입은 옷과 모자, 가마, 그리고 동선動線까지 기록하는 등 분량도《실록》보다 많다.

《실록》,《승정원일기》,《일성록》이 정치에 관한 자료라면《훈민정음해례》와《동의보감》은 문화에 관한 자료다. 전자는 훈민정음訓民正音을 제작한 원리를 당시에 설명한 책으로 전 세계에서 문자에 대한 해설서는 이 책이 유일하다. 허준許浚(1546~1615)이 지은《동의보감》은 뛰어난 의학서로 중국에도 크게 영향을 미친 책이다.《조선왕조의궤》는 조선시대 왕실의 혼례, 장례, 제사, 행차, 잔치, 책봉 등 국가의식에 관한 실행 보고서로 행사의 주요장면과 주요도구를 원색으로 그려넣어 현장감을 생생하게 보여줄 뿐 아니라, 행사의 절차, 비용, 참가자의 이름 등을 상세하게 기록하고, 책의 장정 또한 아름다우며 크기도 보통 책의 두 배가 넘는 등 예술적 가치까지 지니고 있어 기록문화의 꽃으로 불린다. 전 세계에《의궤儀軌》를 남긴 나라는 한국뿐이며, 책의 분량도 수천 권에 이른다.

이순신 장군이 임진왜란 중 전쟁상황을 빠짐없이 기록한《난중일기》는 16세기 말 동아시아 국제 전쟁인 임진왜란 연구에 도움을 줄 뿐 아니라 문무를 겸비한 이순신 장군의 면모도 잘 보여준다.《5·18 민주화운동 기록물》과《새마을운동자료》는 대한민국의 현대사 자료이지만, 민주화운동과 새마을운동이 전 세계적으로 큰 영향을 주었다는 점에서 자료적 가치가 높다.

한국의 기록문화가 세계적으로 높은 수준에 있었던 것은 바로 한국인의 교육수준과 정치수준이 높았기 때문이다. 국가기록을 '정치의 거울'로 보고 정직하고 상세한 기록을 남겨 정치를 반성했으며, 개인이 남긴 수많은《문집文集》도 개인의 일생을 반성하는 뜻에서 편찬한 것

은 창경원 장서각으로 옮겼으며, 태백산실록과 정족산실록[전주실록]은 경성제국대학 도서관에 넘겨주었다. 6·25 전쟁 때 적상산실록은 북한에서 가져가고, 경성제국대학에서 관리하던 2건의 실록은 서울대학에서 넘겨받아 관리하다가 태백산실록은 국가기록원에 넘겨주고, 지금은 정족산실록[전주실록]만 보관하고 있다. 동경제국대학이 보관하고 있던 오대산실록은 관동대지진 때 불타다 남은 것만 몇 년 전에 서울대학교로 다시 돌아왔다.

이다. 행동이 바르지 못한 사람은 기록을 남기지 않고, 정직한 기록을 남기는 사람은 과오를 크게 범하지 않는 것이 상식이다.

오늘날 대한민국의 기록문화는 옛날에 비해 크게 후퇴하여 안타까움을 주고 있으며, 그것이 바로 정치의 후진성을 말해주고 있다. 민주정치는 투표와 정쟁만으로 이루어지는 것이 아니라 정치의 도덕성을 높이는 것이 급선무이며, 도덕성의 중심에 기록문화가 있다는 것을 명심할 필요가 있다.

12) 귀화인 집단과 문화적 단일성

한국은 현재 소수민족이 없는 국가로 역사적으로 단일민족문화를 이루며 살아왔다. 현재 54개 소수민족을 거느린 중국과도 다르고, 민족구성이 복잡한 동남아 국가들과도 다르며, 아이누족과 말레이족, 그리고 한반도인이 합쳐진 일본과도 다르다.

그렇지만 한국인은 결코 혈통적으로 순수한 단일민족은 아니요, 정신적, 문화적 일체감이 비교적 강한 단일민족이다. 물론 일제강점기에는 일본 제국주의에 대한 저항 수단으로 혈통적 단일민족을 강조하는 대종교大倧教 신도들이 이른바 '배달민족주의'를 들고 나와 '배달족' 즉 '아사달족' 전체를 하나의 단일민족으로 간주하고, 한국사를 새롭게 쓰기도 했다. 그리하여 중국 동북지방과 한반도의 아사달족 전체 지역을 고조선으로 해석하고, 요遼, 금金, 원元, 청淸까지도 배달족의 역사로 해석하기도 했다.

그러나 이런 단일혈통 민족주의는 역사의 진실에도 맞지 않고, 이웃 나라와의 우호친선에도 도움이 되지 않는다. 아사달족은 동일한 문명권으로 출발한 것은 사실이지만, 역사의 흐름 속에서 언어도 달라지고, 국가도 달라지면서 한국사와 다른 길을 걸어갔고, 수차례 전쟁을 치르기도 했다.

다만 한국인의 주류는 단군을 조상으로 받들고, 하늘과 태양을 숭상하는 아사달 농경민이지만, 중국대륙에서는 북방족과 중화족 사이의 왕조교체가 빈번하게 이루어지고 전란이 끊이지 않고 일어났는데 그때마다 집단적인 이주자가 들어와서 한국인으로 동화되었다. 귀화인의 주류는 옛 아사달족이지만, 북방유목민이나 중앙아시아족, 심지어 인도나 베트남, 일본 등지에서도 귀화인이 들어 왔다.

지금 한국인의 성씨 가운데 귀화인 성씨가 절반 정도를 차지하고 있는데 이들이 정치사에서 차지하는 비중은 매우 크다. 예를 들면 최초의 대규모 이주집단인 은殷나라 귀족출신의 기자족箕子族은 기자조선을 세우고, 마한을 이끌어갔으며, 뒤에는 한씨韓氏, 기씨奇氏, 선우씨鮮于氏로 나뉘어 신라, 백제, 고구려 땅으로 흩어져 살았다. 그 뒤 연燕 나라의 위만衛滿 집단이 들어와 위만조선을 세우고, 신라 땅으로 들어가 진한辰韓을 세운 것으로 보인다. 기자족과 위만족은 산동지역과 요서지역에 살던 아사달 농경족이었다.

부여, 고구려, 백제, 신라, 가야를 세운 왕족은 말을 잘 타는 북방의 반농半農－반유목半遊牧의 기마족騎馬族이었다. 이들은 뛰어난 기동력을 이용하여 농경민을 삽시간에 정복하고 새로운 고대국가를 세운 것이다. 이들은 아사달족 가운데서도 초원지가 많은 북방에 살던 족속으로 보인다. 신라가 골품제도骨品制度로 주민을 편제한 것은 정복자의 지배체제를 오래 유지하기 위한 신분제도이다. 이들 기마족의 일부는 일본열도로 건너가 일본 최초의 국가인 야마토국大和國을 세우기도 했다.

삼국이 세계적인 대국을 건설한 당唐 나라와 교류하면서 귀화인의 범위는 실크로드로 확산되었으며, 당이 망하고 5대 10국의 혼란기가 오자 대륙인의 이주가 대규모로 진행되어 고려로 들어왔고 여기에 발해유민까지 유입되면서 새로운 지도층이 부상했다. 그 가운데 하나가 광종光宗 때 과거제도를 건의한 후주後周 사람 쌍기雙冀다. 우리나라 성씨 가운데 이 무렵 귀화한 성씨가 적지 않다.

거란과의 오랜 전쟁을 거치고 몽골의 간섭을 받으면서 망명객이 또 폭주했다. 천민으로 알려진 재인才人, 백정白丁, 양수척揚水尺, 기생妓生 등이 거란족으로 알려지고 있으며, 원나라 귀화인 중에는 역관譯官, 의관醫官, 천문관天文官 등 기술자들이 많았다. 이들은 조선왕조 개국공신 대열에 참여하기도 하고, 세종의 지우知遇를 입어 과학기술발전에 큰 기여를 했다. 개국공신 이민도李敏道는 의학에 밝았으며, 천문기계와 물시계를 만든 장영실蔣英實은 고려 말 귀화한 중국인의 아들이다. 집현전 학자로 이름을 떨친 설순偰循도 위구르에서 귀화한 설손의 손자로 설장수의 아들이다.

조선 초기에는 여진족에 대한 귀화정책을 적극 추진하여 들어온 이주민은 평안도와 함경도 주민으로 편제되었다. 임진왜란과 호란 중 전쟁에 참여했던 장수와 군졸이 귀화하기도 했다. 일본인 장수, 명나라 장수들 가운데에도 귀화인이 나타나고, 호란 후에 소현세자를 호종扈從하고 온 청나라 관인 여러 명이 귀화했다.

귀화인 집단 가운데 고려 말 이후에 들어온 집단은 대부분 희성稀姓의 성씨를 가지고 있으며, 조선 후기에는 역관譯官, 의관醫官, 천문관天文官, 주학籌學[算員] 등 기술직에 대대로 종사하여 중인中人 계층으로 살았는데 이들 가운데 개화기에 개화파로 활동한 인물도 적지 않다.

역사적으로 귀화인의 지속적인 증가는 한국문화를 개방적으로 이끌면서 진화시키는 데 크게 기여했다. 그렇지만, 이들은 크게 보면 아사달문화권에 살던 주민이었기에 언어와 문화가 다른 소수민족으로 남지 않고 단일한 언어와 역사계승의식을 공유하면서 문화적 단일민족으로 동화되어 살아온 것이 한국사의 특성이다.

3. 한국인의 생존능력 - 법고창신의 생존전략

그러면, 한국인이 5천 년간 국가를 운영하면서 중국문화의 영향을 크게 받고, 북방족의 군사적 침략을 수없이 당하면서도 중국문화에 동화되지 않고 정치적 독립과 문화적 정체성을 잃지 않고 생존해온 비결은 무엇인가? 국토의 크기와 인구의 규모를 가지고 본다면 이는 기적에 가까운 일이다.

개인이든 국가든 경쟁력을 높이는 최고의 생존전략은 '지피지기知彼知己', '법고창신法古創新', '온고지신溫故知新'의 지혜이다. 손자孫子의 병법兵法에 "상대를 알고, 나를 알면 백번 싸워도

지지 않는다"는 말이 바로 '지피지기 백전불태知彼知己百戰不殆'다. 여기서 "상대를 알고 나를 안다"는 것은 상대의 장점을 받아들여 자기의 장점을 합친다는 뜻이다. 이는 주체성과 개방성의 조화를 말한다. '법고창신'이나 '온고지신'도 같은 뜻이다. "옛 것을 본받고 새로운 것을 창조한다"는 것으로 자기의 좋은 전통을 사랑하면서 남의 장점을 받아들여 새로운 것을 창조할 때 경쟁력이 높아진다는 뜻이다. 우리 조상은 바로 이런 지혜를 가지고 생존능력을 키워왔다.

한국인이 전통을 계승하려고 얼마나 노력했는지 보여주는 것이 역대 왕조의 국호國號이다. 고려高麗는 고구려의 영광을 계승한다는 뜻이 담겨 있다. 고구려는 천손天孫하느님의 아들 해모수의 후손이 세운 나라일 뿐 아니라 중국과 자웅을 겨루는 강국이었기 때문이다. 고려는 이러한 전통을 계승하는 한편 세계 최선진국인 송나라 문화를 받아들여 문화수준을 한 단계 높여 송과 자웅을 겨루는 문화대국이 되었다. 조선朝鮮은 옛 조선을 계승한다는 뜻에서 국호를 정했는데, 특히 천손天孫단군이 세운 단군조선과 조선을 문명국가로 발전시킨 기자조선의 전통을 계승한다는 정신이 담겨 있었다. 기자조선은 이상적인 토지제도인 정전제井田制[12]를 실시하고, 시서예악詩書禮樂을 가르쳤으며, 팔조교八條敎[13]를 베풀어 도덕국가를 만들었다고 보았다.

'조선'이라는 국호는 '고려'보다는 더 진화된 뜻을 담고 있다. 고구려는 3국 가운데 하나이므로 지역의식을 벗어나지 못하고 있는데, 고조선은 3국의 공통 뿌리가 될 뿐 아니라, 중국의 요堯 임금과 같은 시대에 세운 나라이기 때문이다. 조선왕조는 이렇게 고조선의 영광을 계승한다는 법고적 역사의식을 담고 탄생했지만, 세계 최강국인 명나라와 그 뒤를 이은 청나라의 문화까지도 받아들여 중국과 어깨를 나란히 하는 문화국가로 발전했다. 이것이 바로 조선왕조의 '법고창신' 정책이다.

1897년에 세운 대한제국大韓帝國의 국호는 삼한三韓의 영토를 모두 아우르는 대국을 재건한다는 웅대한 꿈이 담겨 있었다. 여기서 삼한은 마한, 진한, 변한을 의미하는 것이 아니라 삼국고구려, 백제, 신라를 뜻한다. 옛 사람들은 '삼국통일'을 '삼한일통三韓一統'이라고 했다. '대한'이라는 국호는 1919년에 세운 대한민국 임시정부의 국호를 거쳐 지금 대한민국의 국호로 이어지고 있다.

대한제국은 국호에 법고적 역사계승 의식을 담았지만, 현실적으로는 전통문화와 서양 근대문화를 조화시키는 '동도서기東道西器'[14]와 '구본신참舊本新參'의 정책을 통해 주체적 근대화 정책을 추진하여 최초의 근대국가를 탄생시켰다. 한국의 전통적 정치체제나 윤리는 굳이 서양에서 배울 필요가 없고, 우리가 서양에 뒤진 것은 과학기술이므로 이를 받아들이면 얼마든지 한

---

12) 네모난 땅을 정자井字 형태로 나누면 똑같은 크기의 땅이 아홉 개가 나오는데, 그 가운데 8개 구역은 여덟 집에 나누어 주고, 가운데 1개 구역은 공동 경작하여 국가에 세금을 바치도록 한 것이 정전제이다. 기자가 평양 교외에 이런 정전을 만들었다고 전해진다.

13) 기자가 만들었다고 전해지는 '팔조교'는 8조의 법률을 말하는 것으로 그 가운데 세 가지만이 지금 알려져 있다. (1) 살인자는 사형에 처하고, (2) 남에게 상해를 입힌 자는 곡식으로 보상하고, (3) 남의 물건을 훔친 자는 노비로 삼거나 50만 전을 내게 한다. 나머지 5개 조의 내용은 알 수 없으나, 아마도 질투, 간음, 사치, 다언多言 등을 조심하도록 한 것으로 보인다.

14) '동도서기'는 한국의 전통문화를 계승하면서 서양의 과학기술을 접목시킨다는 뜻이며, '구본신참'은 전통문화를 근본으로 삼고, 여기에 서양문화를 참고하여 주체적 근대화를 하겠다는 뜻이다.

국식 근대화가 가능하다고 본 것이다. 실제로 합리적인 관료제도나 과거제도, 민본정치의 전통, 그리고 도덕적 가치 등은 한국이 서양보다도 먼저 발전시켜왔다.

'법고창신'의 정신을 가지고 '주체'와 '개방'을 조화시키면서 한국인이 추구해온 생존전략을 좀더 구체적으로 알아보면 다음과 같다.

고려 태조 왕건王建은 후손이 지켜야 할 국가운영의 10가지 기본철학인 '훈요십조訓要十條'를 지어 남겼는데, 그 가운데 다음과 같은 구절이 있다.

> 우리나라는 예부터 당풍唐風[중국문화]을 흠모하여 문물예악文物禮樂이 모두 중국의 제도를 따랐다. 그러나 중국과 우리나라는 방위가 다르고, 땅이 다르며, 인성人性[국민성] 또한 다르다. 그래서 반드시 중국과 똑같을 필요가 없다.[15]

중국과 우리나라는 국토와 자연환경이 다르고 국민성도 다르다는 것을 강조하면서 중국문화를 받아들이되 반드시 똑같게 할 필요는 없다는 것이다.

그런데 '훈요십조'와 비슷한 말을 성종 때 유학자인 최승로崔承老가 임금에게 진언하고 있어 눈길을 끈다. 그가 성종에게 올린 '시무28조'에 다음과 같은 구절이 보인다.

> 중국의 제도는 따르지 않을 수 없습니다. 그러나 사방의 습속習俗은 각기 자기의 토성土性[토착성]을 따라야 하는 만큼 모든 것을 다 중국식으로 바꿀 필요는 없습니다. 예악禮樂과 시서詩書의 가르침이나, 군신부자君臣父子의 도리는 마땅히 중국을 배워서 비루鄙陋한 것을 고쳐야 합니다. 그러나 그밖에 거마車馬나 의복제도 같은 것은 우리의 토풍土風을 따라서 사치스럽지도 않고 검소하지도 않게 하여 중용을 얻도록 해야 합니다. 꼭 중국과 똑같게 할 필요는 없습니다.[16]

최승로의 가르침도 '훈요십조'와 거의 같다. 우리보다 앞선 중국의 인문교양이라든지 군신君臣과 부자父子 사이의 윤리는 받아들여 우리의 후진성을 극복할 필요가 있지만, 의복이나 탈거리 등의 풍속은 우리의 토성土性과 토풍土風을 따라야 한다. 그래서 중국처럼 지나치게 사치스럽게 하지 말고 그렇다고 너무 초라하지도 않게 하여 중용을 얻는 것이 중요하다는 것을 일깨워주고 있다.

여기서 우리는 중국문화와 한국문화를 비교할 때 중국은 모든 것이 크고 화려하게 보이는데 왜 한국은 작고 소박한 모습을 보여주는지를 알 수 있다. 국력이 약해서 그렇게 되었다기보다는 우리 정서에 맞는 소박한 문화를 추구한 것이 근본 이유라는 것을 깨닫게 한다. 고려인들이 얼마나 개방적이면서도 주체성을 잃지 않고 살았는지를 알 수 있다.

고려문화의 수준이 얼마나 높았는지는 송나라가 고려를 대하는 태도에서 알 수 있다. 송

---

15) 원문은 다음과 같다. 惟我東方 舊慕唐風 文物禮樂 悉遵其制 殊方異土 人性各異 不必苟同

16) 원문은 다음과 같다. 華夏之制 不可不遵 然四方習俗 各隨土性 似難盡變 其禮樂詩書之教 君臣父子之道 宜法中華 以革卑陋 其餘車馬衣服制度 可因土風 使奢儉得中 不必苟同

나라는 다른 나라에서 온 사신은 조공사朝貢使로 불렸는데 고려에서 온 사신은 국신사國信使로 불러 대등한 위치에 있음을 보여주었다. 송나라에 없는 많은 책을 고려에 와서 필사해 간 적도 있었다. 송나라의 유명한 문인 소식蘇軾[東坡]은 한때 항주杭州의 지사知事를 지냈는데, 고려의 승려들이 대거 몰려와 항주에 사찰을 짓고 포교하고, 고려 사신들이 송나라의 책들을 구입해가는 것을 보고 두려운 생각이 들어 황제에게 고려와의 사신 왕래를 끊을 것을 건의했다. 고려인들이 중국에서 적극적인 문화활동을 하는 것에 소동파 같은 대문호도 겁을 먹었던 것이다.

조선왕조의 성군聖君으로 알려진 세종의 정치도 전통과 개방을 절묘하게 조화시켜 문화의 중흥을 가져왔다. 우선 훈민정음訓民正音을 만든 동기 자체가 자연환경의 차이를 인식하는 데서 출발했다. 풍토가 다르면 소리[말]가 다르고, 소리가 다르면 문자가 달라야 한다는 것이다. 세종 때 편찬한《동국정운東國正韻》의 서문에도 비슷한 언급이 보인다. 신숙주申叔舟가 쓴 이 서문을 보면, 서양사람의 말은 잇소리가 많고, 북방사람의 소리는 목구멍소리가 많으며, 남방사람의 말은 입술소리가 많다고 하면서 우리나라 사람은 우리의 풍토에 맞는 말을 하기 때문에 한자음漢字音을 우리 말에 맞게 바로잡아야 한다는 것이다.

세종 때 편찬한 농서農書나 의약서醫藥書도 마찬가지로 우리 풍토에 맞는 농법과 의약품을 발전시킨 것이고, 역법曆法도 우리나라에서 관측한 시간과 날짜를 바탕으로 만들어야 한다는 취지에서《칠정산내외편七政算內外編》을 만든 것이다. 원나라 때 발전한 선진적 과학과 기술을 전통과 접목시켰기 때문에 세계적 수준의 문화를 꽃피울 수 있었다. 훈민정음도 한국인의 체질에 맞는 문자이면서 원나라 때 만들다가 실패한 세계문자의 원리를 참고했기 때문에 동시에 국제어의 성격을 가질 수 있었다.

조선시대 성리학자性理學者들은 마치 중국 성리학을 앵무새처럼 외우고 흉내 낸 것으로 오해하는 사람이 있으나 그렇지 않다. 그들도 우리나라 현실에 맞지 않는 것은 고치고 바꾸어 한국적 성리학을 만들었음을 잊어서는 안 된다. 예를 들어 율곡 이이가《성학집요聖學輯要》를 편찬한 것은 송나라 학자 진덕수眞德秀가 만든《대학연의大學衍義》가 우리나라 현실에 맞지 않는 부분이 많고, 체제가 방대하고 산만한 것을 바로잡기 위한 것이었다.

조선 후기 실학자實學者나 북학자北學者도 중국의 발달한 문화를 받아들일 것을 역설했지만 그렇다고 우리의 전통문화를 버리자고 생각한 사람은 없으며, 중국 학자들이 해설해 놓은 유교 경전經典을 무조건적으로 믿지 않고, 공자孔子나 맹자孟子가 말한 원시유교를 독자적으로 새롭게 해석하려고 노력했다. 그래서 조선시대 학문은 성리학이든 실학이든 독창성이 높았다.

조선 후기 조선왕조를 중흥시킨 정조正祖도 전통과 중국문화를 접목시킨 지혜로운 임금이었다. 1796년에 준공한 신도시 화성華城의 성곽을 보면 아랫부분은 전통적인 양식을 따라 돌로 쌓고, 윗부분은 중국식을 따라 벽돌로 쌓았다. 화성건설에 투입된 거중기擧重機는 서양인이 만든 거중기를 모방한 것이지만, 이를 설계한 정약용丁若鏞은 도르래의 원리만 받아들이고, 거중기의 모습은 서양 것과 전혀 다르게 만들었다. 정조 때 중국에서 가져온《고금도서집성古今圖書集成》가운데 서양인 테렌츠J. Terrenz[鄧玉函]가 쓴《기기도설奇器圖說》속에 그려진 거중기를 참고하여 설계를 바꾼 것이다.

대한제국이 '동도서기'와 '구본신참'을 표방하여 주체적인 근대화를 추진할 때에도 동일한 정신이 깃들어 있었다. 고종이 전통을 지키려 했다고 해서 수구세력으로 보는 이가 있지만 이는 잘못된 생각이다. 우리가 원시적인 야만국으로 살아왔다면 전통을 버리는 것이 당연하지만, 우리는 그런 나라가 아니었기 때문이다. 고종은 전통을 지나치게 고수하려는 위정척사파衛正斥邪派의 태도와, 전통을 버리고 서양이나 일본 것만을 지나치게 배우려고 하는 급진개화파急進開化派의 생각이 모두 잘못된 것이라고 비판했는데, 고종의 그런 태도가 옳았다. 대한제국이 망한 것은 정부의 노선이 잘못되어서가 아니라, 제국주의 일본이 평화공존을 버리고 한국을 강점하려는 야만적인 행동에 책임이 더 크다는 것을 알아야 한다.

대한제국은 비록 망했지만 그때 추구한 근대화 정책과 민국民國 정신이 일제강점기에 '대한민국임시정부'를 탄생시켰으며, 그 토대 위에서 오늘의 대한민국이 발전하고 있음을 기억해야 한다.

4. 왕조교체의 의미 – 통합국가, 자유, 평등, 민주를 향한 발전과정

1) 통합국가 형성과정

한국사 5천 년 동안에 왕조가 여러 차례 바뀌었다. 왕조교체는 어떤 의미가 있는가? 왕조교체는 한국사의 발전에 큰 획을 긋는 변화를 가져왔다. 그 변화에는 두 가지 큰 뜻이 있는데 첫째는 국가통합과정이고, 둘째는 자유, 평등, 민주를 향한 발전과정이다. 종족과 문화가 다른 북방족과 화하족이 서로 정복하면서 왕조가 바뀐 중국사와 근본적으로 다른 점은 정복 왕조가 없다는 것이다.

먼저, 국가통합과정은 열국列國에서 단일국가로의 통합을 말한다. 한국 역사의 시작은 [괴]조선에서 출발하고 있지만, [괴]조선은 한국인이 세운 여러 나라 가운데 중심국가일 뿐이고, 같은 시대에 부여夫餘, 옥저沃沮, 예맥濊貊, 삼한三韓, 진국辰國 등 여러 나라가 만주와 한반도에 걸쳐 병립해 있었다. 엄밀하게 말하면 고조선시대는 열국시대로 볼 수 있다.

열국이 기원 전후하여 고구려高句麗, 백제百濟, 신라新羅, 가야伽倻 등의 4국 시대로 바뀌어 약 5백 년간 지속되었다. 그러다가 가야가 신라에 통합되면서 3국 시대가 성립되어 약 150년간 이어졌다. 7세기 중엽에 신라가 삼국을 통일하자 3국 시대는 2국 시대로 좁혀졌다. 고구려를 계승한 발해渤海가 만주와 한반도 북부에 세워져 대동강 이남의 신라와 양립하는 형세를 이루었기 때문이다. 이 시대를 남북국南北國 시대라고도 부른다.

10세기 초에 잠시 후삼국으로 분열되었으나, 곧 고려高麗가 통일하고, 거란에 패한 발해유민까지 포섭하면서 처음으로 단일왕조국가가 등장했다. 이로써 한국사는 열국→4국→3국→2국→1국 시대로 통일되고, 그 뒤를 이어 14세기 말 조선왕조가 들어서 519년의 역사를 누렸다. 고려왕조 475년과 조선왕조 519년을 합하여 약 1천 년간 한국인은 하나의 왕조국가에서 하나의 국민으로 통합된 시대를 맞이한 것이다.

고려왕조와 조선왕조의 차이점은 무엇인가? 그 차이는 사회통합 정도에서 찾아 볼 수 있

다. 고려왕조는 국가통합에는 성공했으나, 주민들은 고구려, 백제, 신라에 대한 향수를 떨치지
못하고 있었다. 고려가 고구려의 후계자임을 내세우자 신라유민의 반발이 일어났다. 고구려유
민과 신라유민의 갈등은 정치적 주도권을 누가 잡느냐와 관련되어 심화되었고, 역사서술에서
도 드러난다. 고려 초기에 편찬된《삼국사》가 고구려 계승 의식을 가지고 쓰인 반면, 고려 중기
에 김부식金富軾 일파가 쓴《삼국사기三國史記》(1145)는 신라 계승 의식으로 쓰였으며, 무신집권시
대에 편찬된 이규보李奎報의《동명왕편東明王篇》(1192)은 다시 고구려 계승 의식으로 돌아갔다.

고구려 후예와 신라 후예라는 두 갈래를 청산하게 된 것은 몽골간섭기에 일연一然이《삼
국유사三國遺事》(1281)를 쓰고, 이승휴李承休가《제왕운기帝王韻紀》(1287)를 쓴 것이 계기가 되었다. 두
책에서는 삼국 이전에 [고]조선이 있어서 삼국이 모두 한 뿌리에서 나왔음을 상기시키자 삼국
유민三國遺民 의식이 흐려지게 된 것이다. 그 뒤 새 왕조를 세운 주체세력은 국호도 조선朝鮮으로
정하고, 삼국을 대등하게 서술한 역사를 쓰게 되었는데, 그것이 바로 성종 때 편찬된《동국통감
東國通鑑》이다. 이로써 조선왕조는 고려보다 한층 높은 수준의 사회통합을 이룩하였는데, 그렇다
고 한국인 모두가 단군檀君의 자손이라고 하지는 않았다. 중국에서 온 기자箕子와 위만衛滿의 후
손, 그리고 북방민족[거란, 여진 등]이 섞여 있기 때문이다.

한국인이 모두 단군의 후손이라는 단일민족의식單一民族意識은 일제강점기에 나타났다. 이
런 생각은 한국인을 단결시켜 일제에 대항하기 위한 필요에서 만든 종교적 민족주의로 당시에
는 실천적 의미가 큰 것이었지만 역사적 진실과는 다르다. 하늘과 태양을 숭상한 단군족이 한
국인의 주류임에는 틀림없지만, 조상이 다른 수많은 아사달이주민과 위구르인, 베트남인, 아라
비아인 등이 뒤섞여 오늘의 한국인을 형성한 것이 역사의 진실이기 때문이다. 한국인은 모두
피가 같은 민족이라는 생각은 사실에도 맞지 않을 뿐 아니라, 자칫 다른 민족에 대한 배타적인
감정을 키울 우려가 있음을 경계해야 한다.

2) 왕조교체 주체세력의 성격

역사에는 정치, 경제, 사회, 문화 등 삶의 모습이 크게 향상되는 전환기가 있다. 이런 전환
기를 토대로 시대를 구분하여 큰 틀이 어떻게 바뀌었는가를 이해하는 것이 중요하다. 한국사에
서 삶의 질이 향상되는 가장 큰 전환기는 왕조교체기이다.

한국사의 왕조교체는 보통 500년을 전후하여 나타났다. 삼국시대 약 650년, 통일신라 약
270년, 발해 약 230년, 고려 475년, 조선왕조 519년[대한제국 포함]이 그렇다. 특히 고려와 조선왕
조는 세계적으로도 긴 왕조에 속한다. 중국사를 보면 300년을 넘긴 왕조가 거의 없고, 화하족
과 북방족이 번갈아 왕조를 세우는 형태를 띠고 있으며, 일본의 경우도 정권이 바뀌는 주기가
300년 미만이다. 이에 비한다면 한국사의 왕조는 오래 지속된 것이 특징이다.

국가는 생명을 가진 유기체로 관리를 잘하면 장수하고 관리를 잘못 하면 빨리 망한다. 마
치 사람이 건강을 잘 관리하면 오래 살고, 그렇지 않으면 요절하는 것과 같다. 한국사의 왕조
가 장수한 비결은 왕조마다 백성의 삶의 질을 개선하는 변화가 컸기 때문이다. 삶의 질이란 정
치적 민주화, 경제성장과 분배구조의 개선, 하층신분의 해방을 통한 사회평등화, 합리적 사고의

발전 등을 의미한다. 다시 말하면, 자유, 평등, 민주를 향한 진보와 발전이 왕조가 바뀔 때마다 단계적으로 이루어졌다는 것이다. 다만 자유, 평등, 민주라는 것이 개인주의를 바탕에 둔 서구식 형태와는 달리 공동체를 바탕으로 하고 있다는 점이 특징이다.

왕조교체가 삶의 질을 개선하는 변화를 가져온 이유는 왕조교체가 국민혁명의 성격을 띠고 있기 때문이다. 혁명의 주체세력은 수구세력도 아니고 서민층도 아닌 중간층에 속하는 문인文人과 무인武人들이지만, 서민층의 지지와 협력을 얻어 수구세력을 무너뜨리고 권력을 장악했기 때문에 서민층의 아픔을 덜어주는 개혁적 왕조질서를 수립하게 된다. 왕조교체를 맹자孟子가 말한 '역성혁명易姓革命'으로 정당화하는 이유가 여기에 있다. 민심民心과 천심天心을 얻은 새로운 지도자가 민심과 천심을 잃은 폭군을 평화적 또는 물리적으로 바꿀 수 있다는 이론이 바로 '역성혁명'이다. 여기서 중요한 것은 새로운 권력이 민심과 천심을 얻는 개혁을 단행할 때 비로소 권력의 안정이 장기적으로 지속된다는 점이다.

왕조교체의 과정을 좀더 구체적으로 살펴보면 왕조멸망의 1차적 원인은 수구세력의 탐욕이 극대화하는 데서 비롯된다. 수구세력의 권력과 재물에 대한 탐욕이 극대화되면 그 피해가 중간층과 서민층에게 돌아가고, 서민층의 저항이 반란형식으로 먼저 일어난다. 그러나 서민층의 저항은 구질서를 뒤흔들어 놓는 데는 성공하지만, 새로운 질서를 세울만한 경륜이 없어 권력을 잡는 데는 실패한다. 이에 반하여 중간층에 속하는 문인과 무인은 새 질서에 대한 경륜도 있고 물리적 힘도 있다. 중간층 가운데에도 혈통의 정통성이 약하고, 지역적으로 변방에 속하는 중간층이 개혁성이 강하다. 이런 집단을 '한계인 집단'(marginal group)으로 부른다.

역사적으로 왕조국가의 시조들은 대부분 한계인 집단에서 나왔다. 하늘에서 내려와 태백산에 신시神市를 세운 환웅桓雄도 장자가 아닌 서자庶子이며, 고구려 시조 주몽朱蒙, 신라 시조 박혁거세朴赫居世, 가야 시조 김수로金首露는 모두 알에서 태어나 아버지를 알 수 없으며, 백제 시조 온조溫祚는 맏아들이 아니다. 고려태조 왕건王建도 중국과 왕래하던 국제무역상의 아들로서 혈통에 중국 피가 섞여 있으며, 조선태조 이성계李成桂도 여진족과 혼인관계를 가진 함흥의 변방 출신이다. 왕건과 이성계를 임금으로 추대한 개국공신 세력들도 대부분 이와 비슷한 환경에서 자란 사람들이다. 이런 현상은 대한민국의 최고 정치지도자들도 비슷하다.[17] 이들은 서민층과의 연대의식이 강하여 개혁의 추진력을 얻게 되며, 서민층의 고통을 완화하는 개혁에 열성을 보이게 된다.

3) 왕조중심의 시대구분

인류역사는 진보의 역사이며, 한국사도 예외가 아니다. 그 진보의 가치는 자유, 평등, 민주를 향한 발걸음이며, 그 속에는 생명에 대한 가치가 내포되어 있음을 앞에서 말했다. 한국사에 있어서 왕조교체는 바로 이런 가치들이 단계적으로 진보를 가져왔다는 점에서 왕조를 기준으

---

17) 대한민국 초대 대통령 이승만은 몰락 왕족인 양녕대군의 후손이고, 민주당 대통령 후보였던 신익희는 서자, 박정희 대통령은 경상도 선산의 빈농 출신, 김영삼 대통령은 경상도 거제도 출신, 김대중 대통령도 전라도 신안군 하의도 출신이다.

로 한 시대구분이 가능하다고 본다.

시대구분은 이상하게도 유물사관의 도식圖式을 따르는 것이 마치 상식처럼 되어 있으나, 이제 그런 시대구분은 한국사에 맞지도 않고, 미래의 세계를 공산주의로 가자는 생각이 아니라면 위험한 생각이기도 하다. 혹자는 미래의 공산주의는 부정하더라도 근대까지는 노예제-봉건제-자본제 사회의 도식이 가능하다고 생각할지 모르나, 이것도 엄연한 한국사의 왜곡이다. 한국사에 맞는 새로운 시대구분을 하지 않으면, 한국사는 스스로의 정체성을 잃고 말 것이다.

한국사의 시대구분은 한국인이 역사적으로 추구해온 가치인 자유, 평등, 민주, 합리적 사고, 그 안에 내포된 생명사상을 기준으로 접근할 필요가 있을 것이다. 다만, 이 모든 것의 총체로 나타난 것이 정치형태이므로 이를 기준으로 시대를 나누면 다음과 같다.

> 1) 연맹국가시대: 삼국 이전시대
> 2) 귀족국가시대: 삼국시대
> 3) 중앙집권적 귀족국가시대: 통일신라와 발해
> 4) 반半귀족-반半관료국가시대: 고려시대
> 5) 관료국가시대: 조선시대
> 6) 근대국가의 태동: 대한제국시대
> 7) 일제강점기와 대한민국임시정부시대
> 8) 남북분단과 대한민국시대

여기서 연맹국가시대는 삼국 이전에 열국이 서로 경쟁을 벌이고 있던 시대로서 [고]조선, 부여夫餘, 삼한三韓, 초기 고구려, 진국辰國 등이 포함된다. 이 국가들은 모두 천손天孫을 자부하는 아사달족이 제각기 세운 나라로 관료제도나 중앙집권을 이루지 못하고, 여러 부족단위 소국들이 서로 느슨한 연맹聯盟을 이뤄 부족장연합체의 국가를 운영했다. 지배층은 권력자의 모습보다는 제사장祭司長의 모습으로 주민들을 종교적으로 지배했다. 주민들은 지배층을 하늘의 권위를 입은 무당巫堂으로 바라보고 그들의 명령을 따랐다. 말하자면 이 시대의 정치는 신정神政이었다.

귀족국가시대는 삼국[가야를 포함하면 4국시대]시대로서 정복자가 왕족이 되고, 왕족과 토착 부족장이 연합하여 국가의 보호를 받는 귀족으로 올라섰다. 여기서 고구려, 백제, 신라, 가야를 세운 정복자들은 세련된 철기문화와 뛰어난 기마술騎馬術을 가진 북방 아사달족[부여족]으로 기원 전후 시기에 거의 동시에 남하하여 남방의 농경 아사달족을 정복하여 나라를 세웠다. 정복자들은 귀족이 되어 왕경王京에 모여 살면서 귀족특권을 세습적으로 보장하고, 대규모의 토지와 무장집단, 그리고 경작노비를 소유하고 있었다. 신라의 골품제骨品制는 바로 정복 왕족과 토착 부족장 세력을 차등을 두어 귀족으로 편제하고 세습적 특권을 보장하는 신분제도였는데, 고구려나 백제도 비슷한 성격의 신분제도가 있었다. 지방의 백성들은 자기 토지를 가진 평민층도 있었지만, 농업, 수공업, 어업 등의 주요 경제지역은 식읍食邑, 향鄕, 소所, 부곡部曲 등으로 편제되어 집단적으로 귀족국가에 예속되었으며, 그밖에 죄인이나 포로 등은 모두 노비奴婢로 편제되었다.

삼국시대 지배층의 권위는 천손의 권위와 아울러 부처의 권위를 동시에 지니고 주민을 지배했다. 말하자면 무당의 권위와 부처의 권위가 합쳐진 것이다. 다만 부처의 권위는 불교가 들어온 이후에 나타난 것으로 진리를 깨친 선각자의 권위를 가진 것이다.

그런데 불교는 윤회설輪廻說로 주민의 신분구조를 정당화했다. 노비의 경우는 전생에 죄를 지어 노비로 태어났다는 믿음을 갖도록 한 것이다. 하지만 무당이 지닌 홍익인간弘益人間의 사랑이 있고, 부처의 자비사상이 함께 작용하여 주민을 혹독하게 지배하지는 않았다.

흔히 삼국시대를 노예제奴隸制로 보기도 하지만, 이는 서양의 노예제도와는 다르다. 서양의 경우는 노예 자체가 인종적으로 다르기 때문에 그들을 가혹하게 다루었으나, 삼국시대의 노비는 같은 아사달족 사이의 정복 과정에서 생긴 피정복민이기 때문에 문화적, 인종적 친화감이 높아 보인다. 예를 들어 서양의 그리스나 로마제국의 노예, 16세기 이후 아프리카에서 데려온 흑인노예에 이르기까지 서양의 노예는 대부분 백인과 다른 피부와 문화를 가진 이종족이었다. 그러니 그들을 백인과 동등하게 대우하기는 쉽지 않았을 것이다. 따라서 문화적, 인종적 동질감이 높은 한국사의 노비를 서양의 노예와 동일시하는 것은 곤란하다.

통일신라와 발해는 귀족정치를 완전히 청산한 것은 아니지만 삼국시대와는 다른 정치형태를 만들었다. 가장 중요한 변화는 임금의 권위가 달라진 것이고, 골품제도가 무너지는 단계에 들어가고, 중앙집권적 관료제도가 도입되고 있었다는 사실이다. 이런 변화의 원인은 유교문화의 도입과 관련이 있다. 통일신라와 발해는 불교 및 무교의 종교와 아울러 합리적 관료제도와 민본사상을 강조하는 유교 정치사상이 동시에 병존하여, 유교가 점차 귀족정치체제를 중앙집권적 관료국가로 변화시키는 촉매제의 역할을 수행했다. 유교가 보여주는 임금의 권위는 천손의 후예인 무당도 아니고 진리를 모두 깨친 부처도 아니며, 도덕수양을 많이 쌓고 백성을 사랑하는 성인聖人의 권위일 뿐이다. 따라서 백성을 사랑하지 않는 임금은 백성이 내칠 수도 있는 존재이다. 이렇게 임금의 신성한 이미지는 축소되었지만, 그렇다고 천손과 부처의 권위가 모두 무너진 것은 아니었다.

이제 통일신라와 발해가 어떻게 유교정치를 수용했는가를 알아보자. 우선 신라와 발해는 유교교육기관을 설치하여 새로운 관료층을 길러내고, 7세기 말 신문왕神文王 때에는 관료들에게 관료전官僚田을 지급하고, 8세기 초 성덕왕聖德王 때에는 백성들에게 정전丁田을 지급했다. 이것은 귀족들이 식읍食邑의 형태로 독점하고 있던 토지를 국가가 개입하여 관료와 백성에게 재분배하기 시작했다는 것을 의미한다. 고려의 전시과田柴科와 조선의 과전법科田法, 그리고 8·15 광복후 토지개혁으로 이어지는 토지개혁의 단초가 이때부터 시작된 것이다. 왕조국가의 수명을 연장시킨 조치는 여러 가지 있으나, 그 가운데 백성들에게 토지를 재분배하는 토지제도의 개혁은 백성의 지지를 얻는데 가장 결정적인 요소가 되었으며, 이런 개혁은 한국사에만 나타난다.

남북국시대에는 지방 군현제를 더욱 확충하고, 이곳에 파견된 지방관은 군사적인 통치에서 행정적인 통치로 통치방식을 바꾸어갔다. 이와 아울러 8세기 말에는 과거제와 유사한 독서삼품과讀書三品科를 실시하여 종전에 무재武才만 가지고 관료를 뽑던 관행을 벗어나 무치武治에서 문치文治로 통치방식이 바뀌기 시작한 것을 의미한다. 특히 수많은 신라와 발해인들이 당나라에 가서 직접 과거에 급제하기도 하여 문치의 바람이 외부에서도 들어왔다. 고려 초부터 시행된 과거제도科擧制度의 단초가 이미 이때부터 열리기 시작한 것이다.

유교정치가 도입되면서 귀족이 가지고 있던 권력과 토지, 노비도 크게 줄어들었고, 국왕의 지배를 받는 관료집단으로 변질되어 갔다.

10세기 초에 출범한 고려는 남북국시대보다 진일보한 사회를 만들었다. 태어나면서부터 권리와 의무에 제약을 받던 골품제도가 없어지고, 10세기 중엽의 광종光宗 때부터는 중국식 과거제도科擧制度가 시행되어 지방 호족 세력이 시험에 의해 관료로 등용되는 길이 열리고 문치의 비중이 더욱 높아졌다. 혈통적 신분제인 골품제도의 잔재라고 볼 수 있는 음서제도蔭敍制度로 5품 이상 고관자제들의 벼슬길을 쉽게 열어 준 것은 아직도 귀족제의 잔재가 모두 청산되지 못했다는 것을 말해주지만, 신라보다는 합리적인 관료제의 비중이 높아지면서 반귀족半貴族 - 반관료제半官僚制 사회를 만든 것이다. 지방 호족豪族들이 광범위하게 성씨姓氏를 갖게 된 것은 자유민이 확산된 것을 의미하며, 노비의 해방으로 노비인구도 축소되고, 고려 말에는 향, 소, 부곡 등 천민집단이 대규모로 해방되어 자유민으로 신분이 상승됐다.

10세기 말에서 시작하여 11세기 말까지 지속된 전시과田柴科는 국가에 대한 공로와 관료의 품계에 따라 차등을 두어 농지農地와 산지山地를 분배한 것으로 관료를 지나치게 우대했다는 점에서 문제가 있지만, 빈부격차를 완화하는 데 기여한 것은 사실이다.

삼국시대 정치를 좌우했던 불교와 승려의 영향력이 감소하고 민본정치民本政治를 강조하는 유교가 정치이념으로 자리함으로써 종교는 승려가 맡고, 정치는 유학자가 맡는 정교분리政敎分離가 이루어진 것은 정치민주화에 크게 기여했다. 문관과 무관의 기능이 분화되어 이른바 '양반체제兩班體制'가 이루어진 것도 군사통치의 낙후성이 그만큼 극복되었다는 것을 의미한다.

조선시대는 고려사회가 지닌 귀족제의 잔재를 더 크게 털어버린 시대였다. 음서제도蔭敍制度는 더욱 축소되어 2품 이상의 자손서제질子孫壻弟姪(아들, 손자, 사위, 동생, 조카)과 실직實職을 가진 3품의 아들과 손자, 그리고 이조吏曹, 병조兵曹, 사헌부司憲府, 사간원司諫院, 홍문관弘文館 등 이른바 청요직淸要職을 지낸 자의 아들에게만 음서를 허용하되 시험을 쳐서 합격해야만 아전衙前 급의 낮은 벼슬을 주도록 했다. 이는 5품 이상 관료의 아들, 손자, 사위, 동생, 조카 중 한 사람에게 광범위하게 무시험으로 벼슬을 주던 고려시대의 음서에 비해 대폭 범위가 좁아지고 까다로워진 것을 의미한다.

음서제도가 축소된 대신 과거제도科擧制度는 더욱 확대되어 노비와 범죄자(반역자, 탐관오리와 재가녀의 자손)를 제외하고는 누구나 응시가 가능하도록 만들었다. 첩의 자식인 서얼庶孽은 처음에는 고급문관 시험인 문과文科에 응시하지 못하게 했지만 명종明宗 대 이후로 단계적으로 길을 넓혀 고종 즉위년(1863)에 차별대우를 완전히 폐지해 버렸다. 조선시대에는 서얼庶孽 가운데서도 수많은 문과급제자가 배출되었으며, 평민 가운데서도 무수한 고관대작高官大爵이 배출되어 '개천에서 용이 나오는 시대'가 열렸다.

조선시대 신분제도는 자유민 양인良人과 자유가 없는 노비奴婢로 나뉘어졌지만, 노비가 양인으로 올라가는 길을 수시로 열어주어 노비인구가 축소되고, 노비를 함부로 죽이는 것이 법으로 금지되는 등 노비의 지위도 전보다 개선되었다. 생활이 어려운 양인은 스스로 가족부양이 보장되는 노비가 되는 일도 적지 않았다.

조선시대 양반兩班을 세습적인 특권층인 것처럼 오해하고 있으나, 이는 사실과 다르다. 일부 고관 후손에게 음서의 혜택이 있었지만, 높은 벼슬아치가 되려면 반드시 문과를 거쳐야 하기 때문에 실제로 음서로 나가는 일은 별로 없었다. 과거에 급제하지 못하면 누구나 벼슬길이 끊어지고 말았다.

교육기회도 고려시대보다 한층 넓어졌다. 지방의 군현마다 관립학교인 향교鄕校가 있어서 무료로 교육을 받았고, 사립학교인 서원書院은 향교보다도 많았고, 마을마다 서당書堂이 있어서 초등교육을 받을 수 있었다. 출판문화가 발달하여 책을 쉽게 구할 수 있고, 여성은 가정교육을 통해 유교지식을 습득하는 경우가 많았다.

고려 말기 전제개혁으로 과전법科田法이 16세기 중엽까지 시행되면서 자작농自作農이 크게 늘어나고, 남에게 토지를 빌려주고 수확의 반을 받는 병작並作어우리은 노동력이 없는 홀아비, 과부, 독거노인, 외아들에게만 허용되었으며, 땅이 없는 농민과 노동력이 없는 지주가 대등하게 협력한다는 뜻에서 병작이라고 부른 것이다. 소작小作이라는 제도는 일제강점기에 처음으로 생겨난 것으로, 병작보다 나쁜 제도였다.

조선시대의 정치는 전반적으로 공익公益을 높이는 제도로 바뀌었다. 정책결정은 공론公論을 존중하여 언로言路가 넓게 열렸으며, 인사제도는 공선公選을 존중하여 시험제도를 대폭 강화했기 때문에 공부를 열심히 하면 출세하는 길이 전보다 크게 열렸다. 특히 과거시험에서 7배수를 뽑는 초시 급제자의 정원을 8도의 인구비율로 강제로 배분한 것은 지방민의 정치참여를 높이는 데 크게 기여했다.

토지는 사유私有를 인정하여 매매와 상속, 자율적 경영이 가능했으나, 다만 토지집중을 막기 위해 정신적으로는 토지공개념土地公概念을 존중했다. 정치의 주체인 선비는 사익私益을 추구하는 것을 부끄럽게 여기고, 공익公益을 추구하는 것을 올바른 몸가짐으로 여겼다.

조선시대에는 자립이 어려운 사람들에 대한 복지정책도 확대되었다. 경제적으로 어려운 빈민貧民과 홀아비, 과부, 고아, 독거노인 등 결손가정에 여러 가지 지원을 해주고, 30세가 되도록 시집 못 간 처녀에게는 결혼비용을 도와주기도 했으며, 70세가 넘은 노인에게는 명예직을 주어 격려했다.

권력의 부정과 부패를 막기 위한 제도장치는 무서울 정도로 치밀하게 짜여졌다. 우선, 최고 권력자인 임금의 학문과 마음을 다스리기 위해 경연제도經筵制度를 실시하여 교육시키고, 세자의 교육을 위한 서연제도書筵制度도 있었다. 정치의 거울로 삼기 위해 통치행위를 낱낱이 기록하여 기록문화의 전성시대를 열었다. 부정을 저지른 탐관오리의 자손은 벼슬길을 막아버렸고, 감찰기관인 사헌부司憲府의 강력한 기능이 관료의 비행을 파헤쳤다. 관료들의 부정을 막기 위한 방책으로 상피제도相避制度를 실시하여 가까운 친척이 같은 관청에서 근무하지 못하고, 친척이 과거에 응시하면 고시관考試官을 맡지 못하고, 수령이 자기 고향에 부임하지 못하게 했다.

조선 후기 당쟁黨爭을 흔히 부정적으로 보는 경향이 있으나 그런 것만은 아니다. 당파는 학문과 이념을 바탕으로 여러 정파가 경쟁하고 견제하는 정치형태로써 정당정치의 효시로 볼 수 있으며, 치열한 경쟁을 통해 정치가 깨끗해지고 정치민주화를 촉진하는 긍정적인 효과도 컸다. 다만, 정당이 의회정치와 연결되지 못하고 관료정치와 연결되었기 때문에 정파 간의 경쟁이 정치보복으로 이어져 많은 사람을 다치게 한 것이 부정적인 측면이다.

전체적으로 조선시대는 권력의 독재와 부정부패를 막는 제도장치가 현대 민주국가보다도 더 치밀하게 짜여져서 정치의 도덕성과 백성의 공익公益을 높이는 데 기여했다.

조선시대의 지배적인 사상인 성리학性理學은 우주자연의 원리와 인간사회의 원리를 통일적으로 파악하는 철학으로 우주자연과 인간을 지배하는 기본원리를 '이理'로 보는데, '이'는 생명을 창조하고 사랑하는 '선善'[착함]이다. 그러니까 우주자연의 헌법을 '사랑'으로 본다고 해도 좋다. 하지만 우주자연과 인간사회에는 우수한 것과 열등한 것이 병존하고 있어 모든 만물이 평등하지는 않다. 그 불평등의 이유를 형이하形而下의 '기氣'로써 설명한다. 그러나 '이'와 '기'는 따로 독립되어 있는 것이 아니라 하나로 통합되어 있다고 보아 나쁜 '기'를 얼마든지 착한 '이'로 바꿀 수가 있다.

성리학은 우주자연과 인간사회를 성선설性善說에 바탕에 두고 서로 믿고 살 수 있는 평등한 생명체로 보면서, 동시에 눈에 보이는 가시적인 불평등은 자기수양을 통해 평등하고 착한 세계로 이끌 수 있다는 낙관론을 지니고 있다. 이는 세상을 선善과 악惡의 대결로 보는 서양인의 인생관과는 다르다.

성리학에 토대를 두고 생겨난 삼강오륜三綱五倫의 윤리도 인간관계의 평등성과 불평등을 동시에 인정하는 윤리다. 삼강오륜은 수직적인 윤리도 아니고, 수평적인 윤리도 아니며, 대각선의 윤리라고 볼 수 있다. 인간관계를 상하의 질서로 보면서 동시에 상하 간의 상호책임과 의무를 부여하여 하급자의 인격을 존중하고 배려하는 질서이다.

이상과 같은 조선사회의 성격은 봉건사회의 모습과는 전혀 다른 것으로 근대 서양사회의 모습을 오히려 더 많이 닮았다고도 볼 수 있다. 다만 자유, 평등, 민주를 실천하는 방법에 있어서 서양은 개인과 투쟁을 중심에 놓고 있는데, 우리는 공동체와 도덕성을 중심에 놓고 있다는 것이 다르다.

1897년 탄생한 대한제국大韓帝國은 1895년의 을미사변乙未事變[명성황후 시해사건]으로 촉발된 반일민족주의가 바탕이 되어 국민 각계각층의 열화와 같은 지지를 얻어 탄생한 최초의 근대국가이다. 근대국가는 '영토', '주권', '국민', '산업화' 등 네 가지 요소를 필요로 하는데, 대한제국은 이 네 조건 가운데 산업화만이 미진했다. 독도獨島를 확고하게 행정적인 영토로 만든 것이 이때이고, 옛 삼국시대의 땅을 모두 회복시킨다는 뜻에서 국호를 '대한大韓'으로 정해서 명실상부한 삼국통일 국가를 세우겠다는 강력한 의지를 표현했다.

대한제국은 국가의 주권을 확고하게 인정하는 국제법인《만국공법萬國公法》에 기초하여 완전독립국임을 국제사회에 선포하여 인정을 받았다. 고종高宗이 왕王에서 황제皇帝로 등극하여 중국의 제후諸侯의 위상에서 완전히 벗어나 그동안 청나라와 가졌던 조공관계朝貢關係를 청산하고, 청나라 사신을 맞이하는 영은문迎恩門을 헐고 그 자리에 독립문獨立門을 세웠다.

'국민'은 신분제도의 청산으로 가능한 것인데, 대한제국 성립 이전에 이미 신분제도가 완전히 무너졌다. 신분차별을 가장 많이 받던 계층은 서얼庶孽과 노비奴婢인데, 서얼에 대한 차별은 고종이 즉위한 직후 완전히 폐지되었으며, 노비세습제 역시 1886년에 폐지되었고, 1895년의 갑오경장甲午更張으로 노비도 모두 평민이 되었다.

대한제국은 '국민'을 위한 나라임을 실천하기 위해 '민국民國' 이념을 내세웠다. '민국'이라는 용어는 이미 영·정조 시대부터 신분제 사회를 극복하는 과정에서 생겨난 말인데, 대한제국 시대에 확고한 정치용어로 보편화되었다. 대한제국의 정치는 법적으로는 황제가 전권을 가진 전제국가의 형태를 지녔지만, 그 목표는 민국건설에 있었다.

1919년 3·1 운동 직후 상해[상하이]에 세워진 '대한민국大韓民國'은 바로 대한제국의 '대한'과 대한제국의 '민국'을 합친 국호라고 볼 수 있다. 대한제국과 대한민국의 차이가 있다면 전자는 황제국가이고, 후자는 민주공화국民主共和國이라는 것 뿐이고, 대한제국이 대한민국으로 부활한 것이다. 대한민국임시정부의 '헌법憲法'에 "구황실舊皇室을 우대한다"는 조항이 들어간 것도 양자의 연속성을 의미한다.

마지막으로 대한제국은 식산흥업殖産興業에도 힘을 기울여 상공업진흥을 위한 여러 시책을 적극적으로 폈다. 철도 건설, 전화 가설, 전차 도입, 현대적 도시 개조, 각종 기술학교 설립, 각종 공장 건설, 회사와 은행 설립, 토지조사를 통한 소유권 확립 등이 그것이다. 이로써 황실수입과 국가수입이 늘어나고, 신식군대도 양성하여 국방을 강화했다.

이제 눈을 돌려 8·15 광복 후, 1948년에 탄생한 대한민국과 대한제국 그리고 대한민국임시정부의 관련성을 보자. 대한민국은 국호를 그대로 계승하고, 국기도 태극기를 그대로 계승했으며, '민국'이라는 용어도 그대로 이어받았다. 대한민국은 대한제국과 대한민국임시정부의 정통성을 계승한 유일한 현대국가가 된 것이다. 대한민국은 임시정부가 실천하지 못한 두 가지 과제를 극복했다. 하나는 국민의 직접선거로 국회의원과 대통령을 뽑았다는 것이고, 다른 하나는 국제적으로 인정 받지 못했던 임시정부와는 달리 유엔의 인정을 받았다는 점이다.

마지막으로, 일제강점기는 어떻게 보아야 하는가? 최근 일부 학자들이 '식민지 근대화 시기'로 보는데, '식민지'와 '근대화'가 어떻게 하나로 합쳐질 수 있는지 의문이다. 근대화의 핵심 중 하나가 주권확립이라고 할 때 주권이 없던 시대를 '근대화'로 보는 것은 부적절하다. 철도, 병원, 학교, 산업시설 등이 생겨났다고 하지만 이것이 한국인을 위한 것이 아니라 식민지 착취를 위한 시설과 제도라는 점을 간과하면 안 된다. 창씨개명, 언어 말살, 역사 박탈 등으로 민족혼을 뺏기고, 전쟁터에 나가 목숨을 잃고, 강제노동과 위안부 동원 등으로 씻을 수 없는 상처를 입은 것은 말할 것도 없고, 광복 후에 연합군이 들어와 남북분단의 원인을 제공하고, 관존민비官尊民卑의 반민주적 유산을 물려준 점 등을 생각하면, 이런 시대에 '근대화'라는 아름다운 호칭을 붙일 수는 없다.

물론 일제강점기에도 영화도 만들고, 연극도 하고, 문학도 하고, 양복도 입고 다니고, 일본과 서양을 흉내 내는 삶의 모습을 보이면서 이 땅에서 살았으므로 겉모습을 보면 '근대'로 보일지 모르나, 천황과 총독부의 신민臣民으로 산 것은 한국 역사상 최대의 수치가 아닐 수 없다. 그것도 한국인의 품속에서 역사를 꾸려온 정신적 후진국 일본에게 당했다는 것은 더욱 가슴 아픈 일이 아닐 수 없다.

일제강점이 안겨준 수치를 씻기 위한 한국인의 치열한 저항정신이 8·15 광복 후 대한민국의 발전을 가져온 정신적 원동력이 되었다는 점을 감안하면, 더욱 일제에 면죄부를 주는 평가는 한국인의 자존심에 찬물을 끼얹는 것밖에는 되지 않는다. 만약, 한국이 대만[타이완]처럼 역사적으로 일본보다 후진국으로 살아왔다면, 일부 긍정적인 평가도 가능할지 모르나, 한국은 대만과는 전혀 다르다.

8·15 광복 후의 현대사는 일제가 원인을 제공한 남북분단에서 시작됨으로써 남북이 모두 정상적인 국가발전을 하지 못하고, 파행적이고 굴절된 길을 걷게 되었다. 그래도 대한민국이 오늘날 산업화와 민주화를 달성하여 세계 선진국대열에 올라설 수 있었던 원동력은 대한제국과 임시정부로 이어져 온 역사적 정통성을 가지고 출범하여 5천 년 문화민족의 자긍심을 되찾고, 전통문화를 바탕으로 서양문명을 주체적으로 수용하였기 때문이다. 하지만 6·25 전쟁, 독재와의 투쟁 등으로 많은 인명이 희생되고, 좌우갈등의 골이 깊어지고, 북한과 총부리를 겨누지 않으면 안 되고, 수만 명의 탈북민이 목숨을 걸고 북한을 탈출하는 비극이 계속되고 있는 것은 참으로 가슴 아픈 일이다.

북한이 그동안 걸어온 길은 결과적으로 세계 최빈국의 하나가 되었다는 것이 실패한 역사라는 증거다. 한 국가의 성패는 주민의 생활수준에서 결정되는 것인데, 먹고 사는 문제조차 해결하지 못한다면 어떤 이유로도 정권의 정당성을 변명하기 어렵다. 북한이 실패한 이유는 무엇보다 주민의 생활 향상보다 권력 안보에만 총력을 기울여온 지도층의 과오에서 비롯된 것이다.

한국인의 미래는 남북통일과 밀접하게 관련되어 있다. 지금과 같은 대치상황이 오래 계속된다면 대한민국의 앞날도 순탄치 않을 것이다. 또 어떤 굴절과 파행이 재발할지 모르기 때문이다. 그래서 우리는 통일에 온 힘을 모아야 하고, 그러기 위해서는 대한민국이 먼저 하나로 뭉치고, 북한을 따뜻하게 끌어안는 그런 지혜를 가져야 할 것이다.

5. 사관의 여러 유형과 문제점

1) 사관이란 무엇인가?

역사는 이미 지나간 시대를 공부한다. 얼핏 생각하면 현재를 알기도 어려운데 과거를 알아서 무엇하느냐고 생각할 수도 있다. 하지만 곰곰이 생각해보면 현재라는 것은 눈 깜짝할 사이에 불과하다. 1초가 지난 일도 이미 과거이기 때문이다. 아침에 있었던 일도 저녁에 생각하면 현재가 아니라 과거이다. 사람은 미래를 위해서 살아야 하는데, 미래는 아무리 보아도 잘 보이지 않는다. 그런데 과거를 돌아보면 미래가 보인다. 어제 보았던 사람을 기억해야 내일 그 사람을 만나서 무슨 말을 할지를 더 자세히 알 수 있다.

과거는 미래를 위해서 존재하는 것이고, 현재라는 것은 1초도 되지 않는다. 과거를 돌아보는 역사가 미래를 위해 필요한 이유가 여기에 있다.

그런데 과거는 너무 복잡하여 기억만을 통해서 알 수는 없다. 시간이 오래 지나면 기억은 사라진다. 오랜 과거를 되살려주는 것이 기록이다. 하지만 기록도 너무 많고 과거의 사건도 바닷가의 모래알처럼 많아서 이 모든 사건과 기록을 보아도 진실을 알기는 어렵다.

화가가 아름다운 경치를 그릴 때 사진과 똑같을 수는 없을 것이다. 경치에서 받은 강한 인상을 강조해서 그릴 수밖에 없다. 똑같은 경치를 그려도 화가에 따라 표현이 다른 것이다. 주관적인 감동이 화가에 따라 다르기 때문이다.

역사도 이와 비슷하다. 역사가는 과거의 모래알 같은 사건과 기록에서 자기가 찾고 싶은 것을 강조해서 역사를 쓴다. 이것이 바로 사관史觀이다. 사람이 감정을 가지고 있는 이상 사관이 없는 사람은 없다. 그래서 사관이 중요하지만, 그럴수록 사관이 너무 편벽되면 곤란하다. 만약 무지개를 그리는 사람이 붉은색만을 좋아하여 빨갛게 그려놓으면 어떻게 될까? 아니면 푸른색을 좋아하여 무지개를 파랗게 칠해 놓으면 어떻게 될까? 이 모두 진실을 외면한 것이다. 무지개는 분명히 붉은색이 있고, 푸른색이 있지만, 그것이 전부는 아니기 때문이다. 무지개의 진실을 그리려면 자기가 좋아하는 색을 억제하고 일곱 가지 색을 골고루 그려야 옳다.

사관도 마찬가지다. 역사의 진실에 가까이 가려면 자기의 사관을 가능한 한 억제할 필요가 있다. 자신이 민족을 사랑하여 역사에서 민족만을 찾으려 하든지, 계급을 사랑하여 역사에서 계급만을 찾으려 하면, 민족만 보이고, 계급만 보인다. 하지만 그것이 역사의 진실을 찾은 것은 아니다. 마치 무지개에서 한 가지 색을 뽑아내 그림을 그린 사람이 무지개에서 그 색을 찾은 것은 확실하지만, 그것이 무지개의 진실은 아닌 것과 같다.

그러면 사관은 완전히 없어져야 하는가? 아니다. 없어질 수가 없다. 그래서 먼저 사관을 가지고 과거에 접근해야 한다. 하지만, 그 사관이 진실과 거리가 멀다는 것을 깨달으면 다시 원점으로 돌아와서 사관을 바꿀 필요가 있다. 그리고 이왕 사관을 가질 바에는 되도록 인류의 평화와 공존에 도움이 되는 사관을 가지는 것이 좋을 것이다. 어느 특수한 계층이나 국가의 이해를 대변하는 사관은 인류공영과 평화증진에 해가 될 수도 있기 때문이다.

역사를 '과거와 현재의 대화'라고 정의한 에드워드 카Edward Hallett Carr(1892~1982)의 말은 명언이다. 과거를 통해서 현재를 보고 현재를 통해서 과거를 보라는 뜻이다. 이렇게 과거와 현재의 대화가 지속적으로 이루어지면 역사의 진실에 한층 가까이 다가설 수 있고, 현재를 위해 공헌하는 길도 넓어질 것이다. 여기서 중요한 것은 현재를 어떻게 바라보느냐이다. 수구파의 시각에서 바라볼 수도 있고 급진파의 시각으로 현재를 바라볼 수도 있다. 국가이기주의로 현재를 바라볼 수도 있고, 세계평화를 추구하면서 현재를 바라볼 수도 있다. 부국강병을 추구하면서 현재를 바라볼 수도 있고, 문화적, 도덕적 가치를 존중하면서 현재를 바라볼 수도 있다. 바로 무엇을 선택하느냐 결정되고 나서 과거와의 대화가 이루어져야 할 것이다. 만약 과거와의 대화를 해본 결과 내가 선택한 가치가 잘못되었음을 느끼면 새로운 가치를 가지고 다시 과거와의 대화를 시도해야 할 것이다.

참으로 사관은 힘들고 어려운 영역이다. 사관은 너무 가까이해도 좋지 않고 너무 멀리해도 좋지 않기에 '불가근 불가원不可近 不可遠'이라고 말하고 싶다.

2) 일본의 황국사관과 식민주의 사관

역사를 공부하는 목적은 과거의 진실을 찾아 미래의 교훈을 찾는 데 있지만, 연구하는 사람의 주관적인 사관이 작용한다. 만약 나쁜 사관을 가지면 역사의 진실이 크게 왜곡될 뿐 아니라, 인류평화에 큰 해를 미칠 수도 있음을 경계해야 한다.

나쁜 사관의 피해를 가장 크게 받은 역사가 한국사이다. 일본의 황국사관皇國史觀과 식민주의 사관이 한국사에 치명적인 피해를 입히고, 그 사관은 지금까지도 일본 극우정치인들에게 이어지고 있어 한국인에게 깊은 상처를 주고 있을 뿐 아니라 인류평화를 희구하는 전 세계인에게 심각한 우려를 자아내고 있다.

한국사 연구는 왕조시대부터 수천 년간 이어져 왔다. 처음에는 통치자를 하늘의 후손으로 숭앙하는 시각에서 역사를 썼고 유교가 들어오면서 백성을 존중하는 시각에서 역사를 고쳐 썼으며, 통치자가 잘한 일과 잘못한 일을 엄격하게 평가하여 교훈을 찾으려고 했다. 역사를 정직하게 써서 진실을 알아야 교훈을 찾을 수 있다는 것이 강조되었는데, 이러한 역사 서술 태도를 '춘추필법春秋筆法'이라고 불렀다. 공자孔子가 노魯 나라 역사책인《춘추春秋》를 편찬할 때 이런 사관을 가졌다는 뜻이다.

유교는 역사의 진실성을 존중했기 때문에 사료의 수집과 더불어 사료의 진실성을 검증하는 고증적 방법도 중요하게 여겼다. 역사를 이해함에 있어서 도덕성을 지닌 사관도 중요하고, 실증적 방법도 중요하다고 본 것이다. 조선 후기에는 고증적인 역사책이 많이 나왔다. 안정복安鼎福(1712~1791)의《동사강목東史綱目》이나 한치윤韓致奫(1765~1814)의《해동역사海東繹史》같은 책이 그렇다.

이렇게 한국사를 과학적으로 발전시키던 전통을 무너뜨린 것이 일본이다. 일본은 8세기 초에《일본서기日本書紀》라는 역사책을 편찬했는데, 이 책에서는 기원전 7세기에 하늘의 후손 천황天皇이 지배하는 고대국가를 세우고, 기원 4세기부터는 나라의 세력이 커져서 한반도에 임나일본부任那日本府로 불리는 식민지를 건설하고, 삼국의 조공을 받은 것처럼 썼다. 또 한반도에서 많은 귀화인이 건너와서 유학, 불교, 의학, 음악, 그림, 불상 만드는 기술, 배 만드는 기술, 집 짓는 기술 등 수많은 기술을 가르쳐주었다고 서술했다.

《일본서기》는 일본 고대국가를 건설한 백제인과 가야인이 쓴 것으로 신라가 한반도를 통일한 것에 큰 불만을 품고, 신라에 패망한 자신들이 세운 일본이 더 강하고 앞선 나라인 것처럼 보이기 위해 역사의 진실을 과장해서 쓴 책이었다.

우선 기원전 7세기에 고대국가가 세워졌다는 것은 거짓이다. 기원 4세기경에 국가가 세워진 것이 고고학상으로 증명되고 있기 때문이다. 기원전 7세기에서 기원 4세기에 이르는 천황의 역사는 조작된 것으로 기원 4세기경에 한반도에 식민지를 건설했다는 것도 거짓이다. 이 무렵 백제계와 가야계 일본인들은 '왜倭'라고 불렀는데, 이들이 한반도에 들어와 모국인 백제, 가야와 긴밀하게 교역을 하고 있어서 이들을 관리하는 '일본부'라는 기구가 있었다. 일본부의 위치는 경상도 고령지방, 대마도, 또는 일본 열도 안에 있다는 등 여러 학설이 있지만, 중요한 것은 일본이 한반도 남부를 식민통치한 사실은 없다는 점이다.

일본 천황은 한반도인이고, 일본이 세계에 자랑하는 국보 문화재가 한반도인이 만든 것임에도 불구하고 천황이 아마테라스 오미카미天照大神[천조대신]이라 불리는 하느님의 후손으로 주장하는 것도 거짓이고, 한반도의 기술자들이 고대문화 건설에 마치 보조적인 일을 한 것처럼 쓴 것도 거짓이다. 이렇게《일본서기》는 거짓이 많은 역사책이기 때문에 사료적 가치가 많이 떨어지지만, 과장과 거짓을 걷어내고 잘 살펴보면 진실된 이야기도 적지 않다. 한반도인이 일본문화 발전에 기여한 것이 부분적으로 서술되어 있기 때문이다.

《일본서기》가 크게 관심을 끌고 본격적으로 연구되기 시작한 것은 18세기 에도시대이다. 이때 조선에서 간 통신사通信使의 한류 붐이 크게 일어나는 것에 반발하여 일본 지식인들 사이에서 반한운동이 일어나면서 《일본서기》를 재평가하여 자존심을 찾으려는 이른바 국학國學 운동이 일어났다. 그 후 1868년 메이지유신明治維新으로 쇼군將軍이 지배하던 정치를 청산하고 천황국가를 재건하면서 조선을 정벌하자는 정한론征韓論이 일어나고, 제국대학을 건설하여 한국사를 대대적으로 연구하기 시작했는데, 이들은 《일본서기》의 내용을 더욱 과장하여 고대 일본이 한국을 지배했다는 것과 한국과 일본이 같은 조상에서 나왔다는 이른바 '일선동조론日鮮同祖論'을 강력하게 퍼뜨리고 천황을 신神처럼 떠받들고 나섰다. 이들의 사관史觀이 바로 황국사관皇國史觀이다.

일제강점기에는 유물사관이나 사회과학, 또는 랑케Leopold von Ranke(1795~1886)의 실증주의 역사학을 하는 학자들이 한국사 연구에 박차를 가하고, 조선총독부가 이를 적극적으로 후원하고 나섰다. 이들은 한국사를 처절할 만큼 창피하고 비참한 역사로 만들었다. 우선, 한국은 주체성 없이 역사적으로 중국의 지배를 받거나 일본의 지배를 받고 살아왔으며, 한국 문화는 독창성이 없고, 조선시대 정치는 당파싸움으로 얼룩지고, 한국인은 세 사람만 모이면 파당을 만들어 분열하고 싸우는 민족이며, 왕조가 바뀌어도 사회발전이 없어 조선 말기의 모습이 일본의 고대국가 단계를 벗어나지 못한 후진사회로 해석했다. 그래서 일본의 힘을 빌어 비로소 근대화가 이루어지고 문명이 새롭게 발전하는 계기가 되었으므로 식민지시대를 고맙게 여겨야 한다고 주입시켰다.

더 큰 문제는 일제강점기에 학교에서 공부한 사람들이 이렇게 비참하게 왜곡된 한국사를 마치 진실인 것처럼 받아들이고, 8·15 광복 후에도 이런 사관을 되풀이하면서 학생들을 가르쳐 온 것이다. 그래도 8·15 광복 후에 한국 역사학자들의 피나는 노력으로 이제는 한국이 일본을 앞서 왔던 역사를 가지고 있고, 세계적으로도 수준 높은 문명국가임을 알게 되었지만, 아직도 나이 많은 분들이나 새로운 한국사를 제대로 배우지 않은 지식인 가운데는 한국사를 비하하는 이들이 적지 않은 것은 참으로 안타까운 일이 아닐 수 없다.

식민주의 사관이나 황국사관이 이렇듯 한국과 일본 두 나라의 역사를 왜곡하고 전 세계인의 지탄을 받고 있음에도 불구하고, 아직도 일본의 일부 극우정치인들이 시대착오적인 망언을 늘어놓고 있는 것은 그들의 정신수준이 얼마나 낮은가를 온 세상에 보여주고 있는 것이다.

3) 민족주의와 신민족주의 사관

한국의 근대 역사학은 일본과 서양으로부터 크게 네 가지 역사방법론을 받아들였다. 하나는 19세기 전반 독일의 역사학자 랑케가 제시한 실증주의 방법론, 다른 하나는 일본의 황국사관皇國史觀에 자극을 받아 나타난 민족주의 사관, 세 번째는 독일의 칼 마르크스Karl Marx(1818~1883)가 주장한 유물사관(또는 계급사관), 그리고 문화주의 사관이다.

랑케의 방법론은 특정한 사관을 배제하고 '있는 사실 그대로의 과거'를 찾는 것이 중요하다고 보면서 엄밀한 문헌고증을 통한 연구방법론을 강조했는데, 일제강점기 진단학회震檀學會를 이끌던 이병도李丙燾를 비롯한 일본 유학생들이 이런 방법론을 받아들여 한국사 연구를 전문적인 학문분야로 발전시켰다. 지금 대한민국 역사학의 주류는 이 방법론을 따르고 있다.

민족주의 사관은 일제강점기 중국에 망명하여 독립운동을 전개하던 독립운동가들이 따르던 사관으로 대종교大倧敎의 영향을 크게 받았는데, 대종교는 한국침략에 앞장섰던 일본 군국주의자軍國主義者들이 내세운 황국사관皇國史觀에 자극을 받아 이에 대항하는 입장에서 만든 것이다. 대종교의 교리서인《삼일신고三一神誥》,《회삼경會三經》,《신단실기神檀實記》,《단기고사檀奇古史》,《환단고기桓檀古記》등이 이런 사관을 내포하고 있으며, 이에 영향을 받은 신채호申采浩, 박은식朴殷植, 최남선崔南善, 이상룡李相龍 등이 이를 발전시켰다.

민족주의자들은 단군조선에 특히 관심이 많으며, 그 영역을 중국 동북지방과 만주, 한반도에 걸친 대제국으로 보고, 이 지역에 살던 선비족, 거란족, 여진족, 몽고족 등을 모두 피가 같은 배달겨레로 간주했다. 단군조선의 문화는 삼신신앙三神信仰으로 태양과 밝음을 숭상하는 종교로 보았으며, 이를 한국인의 민족종교로 해석했다. 민족종교에 대한 호칭은 학자마다 다른데, 신채호는 낭가사상郎家思想, 최남선은 불함문화弗咸文化, 또 어떤 이는 신교神敎 혹은 도교道敎, 또는 살만교薩滿敎(샤머니즘) 라고 부르기도 했다.

단군조선의 역사를 이렇게 위대한 역사로 본 것은 일본의 황국사관이 천황天皇을 높이고, 천황이 세운 고대 일본이 한반도를 식민지로 지배했으며, 일본과 조선은 피가 같은 동족이라고 본 것에 대한 반발이기도 했지만, 내용은 황국사관의 주어를 한국으로 바꾼 것에 불과했다. 곧 우리가 동아시아세계에서 가장 강대한 나라를 세우고, 그 범주 안에 일본이 포함되어 있다고 본 것이다.

민족주의 사관은 영토가 넓었던 고조선과 삼국시대를 높이 평가한 결과, 신라통일 이후의 역사는 영토가 줄어들고 민족이 쇠망해가는 과정으로 해석했으며 유교가 사대주의를 숭상하여 자주성을 잃게 만들었다고 보았다.

민족주의 사관은 중국에서 활동하던 독립운동가의 정신적 지주가 되어, 이를 바탕으로 다시금 만주를 되찾고, 대조선의 영토를 회복한다는 목표를 세우고 투쟁하도록 부추겼다. 따라서 일제강점기에 이 사관이 미친 항일운동의 실천적 효과는 매우 컸다. 하지만 오늘의 시각에서 본다면, 이 사관은 역사의 진실과는 거리가 멀고, 또 지나친 국수주의로 인하여 국제화에 걸림돌이 된다는 점을 고려할 필요가 있다.

우선, 단군조선이나 고조선의 영토를 크게 설정한 것은 '아사달문화권'을 고조선의 영토로 잘못 이해한 것이다. '아사달문화권'은 문화의 성격이 비슷하다는 점에서 하나의 문화권으로 묶을 수 있다는 것이지, 그들이 모두 하나의 국가로 통합되어 있었다는 뜻은 아니다. 석기시대나 청동기 시대에 이렇게 큰 영토를 가질 수가 없을 뿐 아니라, 그 광대한 영토를 다스린 임금이나 구체적인 역사를 알려주는 기록이 없다. 고조선의 정치사를 메꾸기 위해 대종교의 경전으로 읽히고 있던《단기고사》,《환단고기》등의 책을 사료로 이용하고 있으나, 이 책들은 대종교인들이 만든 위서僞書에 불과하다. 여기에 보이는 역대 임금 이름은 어느 정도 진실성이 있지만, 그 임금들이 수행한 정치에 관한 이야기는 대부분 지어낸 것이다.

또 민족종교만이 주체성이 강하고, 유교가 사대주의를 부추겨 나라가 망하는 원인을 제공했다고 보는 것도 매우 잘못된 해석이다. 그런 해석 때문에 우리나라 역사가 후퇴를 거듭한 역사로 왜곡되고 말았다.

민족주의는 기본적으로 약육강식과 사회진화론을 바탕에 깔고 있는데, 이런 사관이야말로 강자만이 살아남고, 강자가 약자를 삼키는 것을 정당화하는 제국주의 사관이다. 일본 제국주의와 싸우기 위해 제국주의를 받아들여 민족주의로 만든 것은 이해가 되지만, 지금의 시각에서 본다면 민족주의와 제국주의는 동전銅錢의 양면과 같은 것으로 모두 위험하다.

민족주의 사관의 이 같은 한계점을 극복하기 위해 8 · 15 광복 전후한 시기에는 '신민족주의新民族主義'가 태동했다. 언론인 안재홍安在鴻과 서울대 교수 손진태孫晉泰 등이 이런 사관을 주창했다. 신민족주의는 민족을 존중하되 다른 민족에 대해 배타성을 가져서는 안 된다는 생각에서 '열린 민족주의', 곧 '국제적 민족주의'를 강조했으며, 민족 내부의 계급평등을 존중하는 '신민주주의'를 내걸었다.

특히 안재홍이 주장한 신민주주의는 서양식 부르주아 민주주의도 아니고, 소련식 무산자 민주주의도 아니며, 중국 공산당이 내건 신민주주의, 곧 무산자 계급이 일시적으로 양심적인 지주, 자본가와 제휴하는 형식의 민주주의도 거부했다. 안재홍이 추구한 신민주주의는 중소자본가와 지식인이 중심이 되어 만민평등을 실현하는 민주주의를 말한다. 특정 계급을 위한 민주주의가 아니라, 모든 계층이 평등하게 잘 사는 홍익인간의 민주주의를 말하고, 이를 일러 '다사리'[다 함께 잘 사는 나라]로 부르기도 했다.

안재홍은 '신민족주의' 시각에서 한국사를 연구하여 한국사의 특징을 계급협동에서 찾았고, 정신적으로 홍익인간의 건국이념과 불교와 유교의 포용적 조화철학이 그런 정신을 길러주었다고 해석했다.

한편, 손진태가 주장한 신민족주의는 민족을 중심으로 역사를 이해하되, 민족 내부의 계급이 평등할 때는 민족의 단결이 이루어지고, 계급 간의 불평등이 심할 때는 민족의 분열이 일어났다는 것을 역사적으로 설명했다. 요컨대 신민족주의는 민주주의와 국제주의를 바탕으로 한 민족주의라는 점에서 국수적 민족주의의 약점을 극복했다.

신민족주의를 주장한 안재홍과 손진태 등은 6 · 25 전쟁 때 모두 북한으로 납북되어 제대로 꽃을 피우지 못하고 말았는데, 요즘 학계에 새로운 관심을 모으고 있다.

4) 유물사관과 북한의 주체사관

칼 마르크스가 내세운 유물사관唯物史觀[계급사관]은 역사를 움직이는 원동력을 경제활동을 둘러싼 계급 간의 투쟁으로 보고, 모든 인류역사는 원시공동사회에서 출발하여 노예제 사회, 봉건제 사회, 자본주의 사회를 거쳐 공산주의 사회에서 끝난다고 주장했다. 이런 유물사관을 최초로 받아들인 학자는 일본에서 경제학을 공부한 백남운白南雲이었다. 그는 마르크스가 제시한 도식圖式을 따라 우리나라 역사를 연구했는데, 고조선을 원시공산사회, 삼국시대를 노예제 사회, 통일신라 이후를 봉건사회로 해석했으며, 일제강점기를 이식자본주의利殖資本主義 시대로 이해했다. 따라서 8·15 광복 후에 우리가 걸어갈 길은 당연히 공산주의 사회가 되어야 한다고 믿었기에 그는 북한으로 들어가 북한 역사학계의 최고원로가 되었다.

백남운에 이어 유물사관을 이어간 학자는 이청원李淸源, 전석담全錫淡, 김석형金錫亨, 박시형朴時亨 등이었는데, 특히 경성제국대학 사학과 출신의 김석형과 박시형은 북한으로 가서 역사학계의 원로가 되었다. 김석형은 봉건사회의 시작을 삼국시대로 끌어올린 것이 백남운과 달랐으며, 고대 한일관계사를 연구하여 한반도 이주민이 일본 열도로 건너가서 일본 고대국가를 세웠다고 주장하여 일본 역사학계에 큰 충격을 주었다.

북한 역사학은 유물론의 도식을 따라 한국사를 해석하여 있지도 않은 봉건사회封建社會가 약 2천 년간 지속된 것으로 봄으로써 통일신라, 고려, 조선을 기본적으로 똑같은 봉건사회로 해석하는 오류를 범했다. 한국사를 발전적으로 본다고 표방했지만 실제로는 한국사를 정체된 후진국가로 깎아내린 것이다.

1960년대까지는 비록 유물사관의 도식에서 벗어나지는 못했어도 고대 한일관계를 새롭게 연구하고, 봉건사회에서도 사유토지가 어느 정도 인정되었다는 것을 밝히는 등 학술적 가치를 지닌 연구도 적지 않았다. 그런데 1960년대 중반 이후부터 이른바 '주체사관'이 등장하여 역사를 해석하는 시각이 크게 바뀌었다. 주체사상은 김일성이 일제강점기에 구상한 것을, 1960년대 중반 소련과 중국 사이에 갈등이 일어나자 등거리 외교를 추진하는 수단으로 '주체노선'이 표방되었다가 1970년대에 김정일이 후계자로 지목되면서 이론적으로 심화시켰다.

주체사상에 의한 역사해석의 특징은 다음과 같다. 첫째, 한국사를 해석하는 잣대를 김일성金日成의 '교시'와 김정일金正日의 '지시'를 따르도록 강제하고, 마르크스나 그밖의 이론을 인용하지 못하게 했다. 다시 말해 어떤 중요한 사건의 해석을 내릴 때 반드시 김일성이나 김정일이 말한 해석을 따르도록 하고 학자 개인의 해석을 막은 것이다.

둘째, 고대사는 고구려를 중심에 두고 해석하도록 하여 고구려만이 주체성이 있는 나라이고, 신라는 당나라를 끌어들인 민족반역자로 해석했으며, 고구려를 계승한 고려가 처음으로 민족을 통일했다고 주장했다. 한양에 도읍을 둔 조선왕조는 사대주의를 숭상하는 양반유학자들이 이끈 시대로써 양반이 권력과 부를 독점하고 당쟁을 일삼은 시대로 어둡게 그리고 다만, 세종대왕이나 조선 후기 일부 실학자만을 높이 평가했다. 또한 지금의 대한민국도 조선시대의 나쁜 전통을 이어 미국에 대한 사대주의를 버리지 못하는 국가로 보고 있다.

셋째, 주체사관에서 가장 역사를 왜곡한 부분은 근대사와 현대사이다. 북한에서 주장하는 근대사의 시작은 1866년이다. 이때 대동강을 타고 평양에 들어온 미국 상선 제너럴 셔먼 호를 불태우고 물리친 주인공이 바로 김일성의 증조부 김응우라고 보기 때문이다. 따라서 이 사건은 제국주의와 싸워 이긴 최초의 사건이므로 이때부터 근대사가 시작된다는 것이다. 그러나 김응우의 이름은 관찬기록에 보이지 않아 진위를 확인하기 어렵다.

일제강점기에 평양에서 3·1 운동을 일으킨 주역도 김일성의 아버지 김형직金亨稷이라고 한다. 김형직이 조국광복회를 조직하여 민족운동을 지도했다는 것이다.

현대사는 김일성이 15세 되던 1926년에 조직했다고 하는 '타도제국주의동맹'에서 시작된다고 한다. 이때부터 공산주의 운동이 처음으로 인민대중과 연결되었다고 한다. 하지만 1910

년대부터 시작된 사회주의운동은 모두가 인민대중과 동떨어진 허구적인 운동이므로 정통성을 갖지 못한다. 15세 때 정말 이런 조직을 만들었는지도 알 수 없거니와 그런 조직을 만들었다고 하더라도 어린 소년이 만든 조직이 시대를 갈라놓을 만큼 큰 의미가 있다고 보기는 어렵다.

북한이 박헌영朴憲永(1900~1955) 등 남로당계열의 공산주의자들을 비롯하여 소련파, 연안파 등 선배 공산주의자들을 대대적으로 숙청한 이유는 여러 가지지만 이들이 모두 인민대중과 연결되지 못한 종파주의자거나 수정주의자라는 것이다.

주체사관은 이렇게 김일성 일가의 행적을 중심에 놓고 한국사의 시대를 구분하고 있을 뿐 아니라, 김일성이 출생한 평양이야말로 민족의 성지聖地로 이곳에 고조선이 도읍을 두었고, 고구려가 도읍을 삼았으며, 그 전통이 김일성 일가로 이어져 내려와 자랑스러운 북한이 탄생했다고 주장한다.

1990년대에 들어와서 북한은 주체사관에 '조선민족제일주의'를 추가했다. 이는 김일성 일가를 모시고 있는 조선민족이 세계에서 가장 자랑스럽고 위대한 민족이라는 것이다. 그리고 김일성이 태어난 평양을 더욱 민족의 성지聖地로 보이도록 하기 위해 이곳에 도읍을 두었던 단군조선을 크게 내세우고, 민간전설에 단군무덤이라고 알려진 평양 교외의 옛 무덤을 1993년 발굴하여 사람의 뼈를 비롯한 유물을 찾아내고 이를 거대한 피라미드 형태로 복원했다. 그 유물의 연대를 측정한 결과 단군조선의 연대는 기원전 3천 년까지 올라간다고 주장했다. 그러나 이 무덤은 고구려 계통의 무덤일 뿐이고, 단군의 뼈라고 주장하는 유물도 확실한 근거가 없다.

북한은 원래 초기에는 단군신화를 근거없는 것으로 보아 단군조선의 실재를 부정해 왔는데, 이제는 《삼국유사》에 보이는 단군의 건국연대보다 더 높이 올려 놓고 단군조선을 미화시키고 있다. 하지만 단군조선의 역사를 메꿀 자료가 없어 일제강점기에 대종교도들이 만든 《환단고기》 등의 허황된 기록들을 사료로 이용하기 시작했다.

북한에 있어 주체사상은 비단 역사서술에만 적용되는 것이 아닌 가장 중요한 통치철학으로 자리잡았다. 이에 따르면 사람은 두 가지 생명을 타고나는데, 하나는 부모가 주신 육체적 생명이고, 다른 하나는 수령님이 주신 정치적 생명인데, 정치적 생명이 더 귀하다고 한다. 수령은 절대 오류가 없어 비판의 대상이 될 수 없으므로 수령의 명령에 절대 복종해야 하며, 수령을 비판하는 것은 반역죄에 해당한다.

북한은 이러한 주체사상에 기초하여 1972년 12월 종전의 〈인민민주주의헌법〉을 〈사회주의헌법〉으로 바꾸고 모든 정치적 권력을 수령 직속의 당중앙위원회에 넘겨주어 내각과 최고인민위원회를 허수아비로 만들었다. 또 북한의 수도를 서울에서 평양으로 바꾸고, 평양을 '민족의 심장부'라고 선전하기 시작했다. 그동안 평양은 임시수도였다. 이어 북한은 수령이 대를 이어 세습하는 것을 정당화하기 위해 '피의 세습'이 아닌 '혁명의 세습'을 내세웠다. 즉 혁명은 대를 이어 세습되어야 하기 때문에 김일성→김정일→김정은의 세습이 당연하다고 하는 것이다.

김정일이 권력을 장악한 1996년 이후 '선군정치先軍政治'를 표방하면서 권력구조에 변화가 나타나 군사위원회의 권력이 커지고, 김정일이 군사위원회의 위원장을 맡았다. 이는 군대의 힘을 빌려 권력을 유지하겠다는 통치전략이 담긴 것이다.

한편, 2012년에 권력을 잡은 김정은은 권력의 중심이 과도하게 군대에 집중되어 있고, 김정일이 키운 장군들의 권력이 지나치게 비대해진 것을 견제하기 위해 원로장군들을 해임하여 권력의 중심을 노동당으로 옮기기 시작했다.

이상과 같은 북한의 주체사상과 이에 기초한 역사해석은 한 마디로 학문으로서의 역사가 아니라 김일성 일가의 장기집권을 위해 주민의 충성심을 모으기 위한 역사라고 볼 수 있다.

5) 미래를 위한 사관

앞에서 사관은 '불가근 불가원'의 자세가 필요하다는 점을 말하고, 이어 우리시대를 풍미한 여러 사관에 대하여 설명하면서, 그 문제점도 함께 살펴보았다. 식민주의 사관은 지나치게 한국인을 폄하하면서 일본의 침략을 정당화하고, 민족주의 사관은 지나치게 국수주의에 빠져 있고, 유물사관은 지나치게 도식적이고, 주체사관은 권력유지를 위한 도구로 전락하여 모두가 역사의 진실을 왜곡하고 있다. 다만, 실증주의 사학은 어떤 정치적 목적을 추구하지 않아 역사왜곡이 가장 적지만, 미래에 대한 전망이 부족하다는 점이 흠이다.

그러면 미래의 사관은 어떠해야 하는가? 우선 사관이 지나치게 뚜렷해도 좋지 않고, 그렇다고 사관이 너무 없어도 곤란하다는 전제하에 미래를 위한 사관을 생각해보기로 한다.

우선, 미래의 사관은 20세기에 풍미했던 사관의 단점을 극복하는 방향으로 나아가야 할 것이다. 침략주의, 국수주의, 계급주의, 권력찬양주의는 이제 접을 때가 되었다. 그것은 모두가 인류평화를 해치는 위험한 가치를 내포하고 있기 때문이다. 미래의 세계는 모든 인류가 평화 공존하고, 계층 간의 갈등이 완화되고, 자연환경을 보호하고, 자본주의의 도덕성을 높이는 것이 주요 화두로 등장하고 있다. 그러면 이런 문제를 풀어가는 방법은 무엇인가? 그 첫 단추는 생명을 아끼는 마음에서 시작해야 한다고 믿는다. 여기서 생명은 살아 있는 인간, 동물, 식물만을 말하는 것이 아니다. 우주 전체를 하나의 생명체로 바라본 한국인의 원초적 우주관에서 배울 필요가 있다. 태양이 어찌 죽은 것이며, 달이 어찌 죽은 것인가, 별이 어찌 죽은 것이며, 흙과 바위가 어찌 죽은 것이며, 물이 어찌 죽은 것인가. 그것들 없이 어떻게 생명이 탄생하는가.

우주를 생명체로 바라보면 어느 것 하나 소중하지 않은 것이 없고, 서로 아끼고 지켜줘야 함을 인정하게 된다. 인간관계도 한국인의 원초적 윤리인 홍익인간弘益人間에서 출발할 필요가 있다. 홍익인간은 바로 인간에 대한 보편적 사랑에서 출발한 사상이다. 좌익과 우익의 갈등도 홍익인간으로 녹여낼 수 있다. 홍익인간이 어찌 부자만 사랑하거나 가난한 자만 사랑하는 사상이겠는가? 어찌 인종을 차별하고, 남녀를 차별하고, 민족을 차별할 수 있는가? 어찌 다른 종교를 배척하고, 지역을 차별할 수가 있는가? 생명을 사랑하는 마음이 어찌 전쟁을 찬양하고, 투쟁을 부추기고, 범죄를 저지르고, 남을 속일 수가 있는가?

이런 이야기들이 얼핏 너무 추상적이고 관념적으로 보일지 모르나, 이런 시각을 가지고 역사를 바라보면, 낙후된 것으로 보았던 것이 앞선 것으로 보일 수 있고, 나쁘게 보였던 것이 아름답게 보일 수도 있다. 자유니, 평등이니, 민주니 하는 가치들도 생명 존중 사상에서 바라보고 평가할 필요가 있다. 생명을 아끼는 세상이 되면 그것이 곧 자유와 평등과 민주주의가 있는 세상일 것이다.

우리가 그동안 역사를 해석하는 가치는 지나치게 서구인이 만든 가치와 언어에 구속되어 있었다. 서구문명은 장점도 있지만 단점도 있다는 것을 분명하게 알지 못한다. 서구인은 사물을 통합체로 바라보기보다는 개인과 개체로 나누어 분석적으로 바라본다. 개체와 개체 사이의 차이와 갈등과 충돌을 찾고, 선과 악을 구별하고, 갈등과 충돌이 진화를 가져온다고 믿는다. 그래서 서양의 역사는 전쟁과 투쟁과 정복으로 점철된 역사이고 그 과정에서 과학과 기술의 진보가 이뤄졌다. 기독교정신이 생명에 대한 사랑의 지평을 넓혀놓은 것은 사실이지만, 본질적으로 생명체 속에 선과 악의 대립구도를 지양했다고는 보이지 않는다. 선과 악의 투쟁은 피할 수 없는 운명처럼 여긴다. 하지만 생명체 가운데 절대선絶對善과 절대악絶對惡이 뚜렷하게 구분될 수 있다고 보는 것은 잘못이다.

우주만물 가운데 완전히 착한 생명체가 있고, 완전히 악한 생명체가 있는가? 독초毒草도 잘 쓰면 약藥이 되고, 산해진미도 잘못 먹으면 생명을 단축시키지 않는가? 우주자연과 인간을 선악으로 나누는 것은 문제가 있다. 선善 속에 악惡이 있고, 악惡 속에도 선善이 있으므로 선악을 서로 보완하는 것이 살아가는 지혜일 것이다.

한국인의 원초적인 우주관은 성선설性善說에 기초하고 있다. 그렇다고 악惡을 부정하는 것은 아니지만, 그것은 하위개념에 속한다. 성선설은 바로 생명체의 본질이 착하다는 데서 출발하고 있다. 그럼에도 불구하고 생명체가 악한 짓을 하는 것은 본질이 악하기 때문은 아니라고 보아 가혹한 징벌은 가능한 한 억제한다. 그래서 형벌이나 법치法治를 중심에 놓고 인간을 다스리지 않고, 인정仁政과 덕치德治로 인간을 다스리는 정치형태를 세웠던 것이다.

서양문명과 한국문명의 차이는 상업문화와 농경문화의 차이에서 비롯되었다고 보이지만, 오늘날 전 세계가 상업문화 속에 살아가고 있으므로 농경문화로의 복귀가 말처럼 쉬운 일은 아닐 것이다. 하지만 상업문화와 농경문화를 접목시키는 일이 결코 불가능한 것만은 아니라고 믿는다. 상업문화는 수단과 방법을 가리지 않고 이익을 추구하는 성향이 있어 때로는 생명을 해치는 일도 서슴지 않는다. 바로 이것이 오늘날 자본주의가 위기에 처한 원인이기도 하다. 여기에 생명을 존중하는 농경문화의 마음을 심어주지 않는다면 상업문화의 극성은 생명체의 파괴를 가져올 위험성이 크다.

현재의 상황을 위기로 받아들인다면, 생명에 대한 관심은 무엇보다 중요하며 역사를 바라보는 눈도 생명으로 돌려야 할 것이다. 이런 시각으로 한국사를 바라보면, 한국사의 가치는 인류가 공유할 미래의 가치와 얼마든지 만날 수 있을 것이며 바로 그런 가치를 풍부하게 지켜온 한국사는 미래문명의 대안으로 새롭게 각광받게 될 것이다.

1

근대 산업국가_
꿈과 좌절

제1장 문호개방과 개혁운동(1863~1894)

1. 대원군의 개혁과 병인양요·신미양요

1) 대원군의 내정개혁

안동김씨 세도정치가 극성하던 헌종~철종 대에 청나라는 아편을 밀수하던 영국과 아편전쟁(1839~1842, 1856~1860)을 벌인 끝에 패하여 난징조약을 맺고 상하이 등 5개 항구를 개방하고 홍콩香港을 내주었다. 영국은 여기에 만족하지 않고 1860년(철종 11)에 프랑스와 연합하여 베이징을 점령하고 베이징조약을 맺어 주요 항구를 모두 개방하고 내륙의 하천을 통행할 권리를 얻었으며, 이 조약을 중개한 러시아는 청으로부터 연해주를 얻었다.

일본도 1853년에 미국의 문호개방 압박에 굴복하여 1858년에 미일수호통상조약을 맺고 문호를 개방하고, 서양에 대항하기 위해 1868년 메이지유신明治維新으로 강력한 천황국가를 건설하고 부국강병정책에 박차를 가했다. 청과 일본이 서양과 맺은 조약은 모두가 치외법권을 인정한 불평등조약으로 세계질서는 제국주의 서양이 동양을 지배하는 시대로 변했다. 이 모든 변화의 시발은 유럽이 18세기에 산업혁명을 달성한 결과물이었다.

흥선대원군 이하응
1880년작, 이한철·이창옥 그림,
서울시립역사박물관 소장

세계정세가 급변하던 상황에서 철종이 승하한 후, 왕실의 최고 어른 조대비[익종비 신정왕후]는 철종의 6촌인 이하응李昰應(1820~1898)의 둘째 아들을 왕위에 앉히고 자신의 아들로 삼았다. 이가 고종高宗(1863~1907)이다.[1] 일본이 메이지유신을 하기 5년 전 일이다.

고종이 12세의 소년이었으므로 부친 이하응[흥선대원군]이 대원군大院君이라는 직함으로 실권을 장악하고 정치를 주도했다. 안동김씨 세도 하에서 이씨왕실의 몰락과 백성의 피폐를 뼈저리게 체험한 이하응은 무엇보다 이씨종친을 정치의 중심세력으로 묶어 종친부宗親府를 권력기구로 만들고, 새로운 사회세력으로 등장한 상인층, 부농층 및 수공업자의 여망을 받아들여 광범위한 정치·사회개혁을 추진했다. 정조가 타계한 이후 60여 년 만에 신선한 개혁의 바람이 일어났다. 세도정치의 모순을 시정하고 부강한 왕조국

---

1) 고종은 이름이 재황載晃으로 사도세자와 후궁 숙빈임씨 사이에 태어난 은신군恩信君의 증손자인데, 조대비의 아들이 됨으로써 익종을 아버지, 순조를 할아버지, 정조를 증조로 모실 수 있게 되었다. 실제로 고종은 정조의 정책을 강력하게 계승하고자 했다.

경복궁 1927년, 동십자각 방향에서 본 모습

강화행궁 현 고려궁지 북쪽, 행궁 오른편에 외규장각이 있었다.
국립중앙도서관 소장

가를 중흥시키는 것이 개혁의 목표였다.

첫째, 안동김씨를 비롯한 문벌들을 가급적 권력에서 배제하고 소외되었던 남인과 북인, 그리고 무신들을 등용하고 이들의 권한을 확대하여 문치주의의 말폐末弊를 시정하려 했다.

둘째, 영·정조 시대의 민국이념과 서원書院 개혁 정책을 계승하여 양반의 소굴인 서원철폐를 단행하였다. 당시 서원은 면세·면역의 특권을 누려 국가재정을 약화시키고, 당론黨論을 빙자하여 왕권을 견제하고 있었다. 1865년(고종 2) 노론의 정신적 지주인 만동묘萬東廟를 철폐하고, 1868년(고종 5)에는 사액되지 않은 서원 1천여 개를 철폐하여 납세하도록 만들었으며, 1871년(고종 8)에는 사액서원 중 47개 소만을 남기고 나머지는 모두 철폐했다. 서원철폐는 지방유림의 완강한 반발을 일으켰으나, "백성을 해치는 자는 공자가 다시 살아난다 해도 내가 용서하지 않는다"는 단호한 결의로써 밀고 나갔다.

셋째, 국가의 재정수입을 늘리고 부세부담을 고르게 하는 방법 중의 하나로 양전사업을 실시하여 양안量案에 빠져 있는 은전隱田을 등록시키고, 삼정의 문란을 시정하기 위해 평민에게만 받아 오던 군포를 동포洞布(또는 戶布)로 바꾸어 양반에게도 징수했다. 고리대로 변질된 환곡제를 상당부분 폐지하고, 면민面民이 공동출자하여 운영되는 사창제社倉制를 실시하여 탐관오리와 토호의 중간수탈을 억제했다. 이로써 국가재정은 10년을 지탱할 만큼 늘어났다.

대원군은 1868년(고종 5)에 왜란 때 소실된 경복궁을 재건하고, 창덕궁에서 이사했다. 경복궁 복원으로 한양의 도시구조가 복원되고, 조선왕조의 정체성이 회복되었다. 다만, 경복궁 중건사업과 이후 지속되는 군비 확장을 위해 원납전願納錢이라는 기부금을 징수하고, 당백전當百錢이라는 화폐를 발행하기도 했다. 당백전 발행이 중단된 이후에는 청전淸錢을 수입하여 유통시키기도 했다. 이밖에 강화도를 지키기 위해 심도포량미沁都砲糧米라 하여 1결마다 1두씩 특별세를 거두기도 했다. 이 때문에 물가가 폭등하고, 토목공사에 많은 인력을 동원하여 민원을 사는 등 부작용도 없지 않았다.

대원군은 이밖에 관료정치를 정상화시키기 위해 세도정치의 중심기관이던 비변사를 철폐하고 의정부의 기능을 회복시켰으며, 삼군부三軍府를 설치하여 군부의 위상을 높였다. 또 삼수병三手兵을 강화하고 중국을 통하여 서양의 화포기술을 도입하는 등 국방강화에 힘썼으며,《대전회통大典會通》,《육전조례六典條例》등을 편찬하여 통치규범을 재정비했다.

대원군의 10년에 걸친 내정개혁은 굴절된 세도정치를 바로잡고 왕권을 안정시키고, 부국

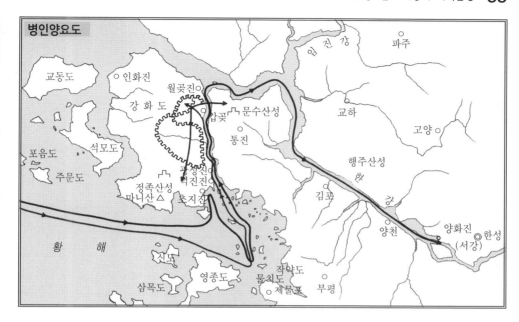

병인양요도

강병을 강화하는 데 상당한 성과를 올렸다. 병인양요(1866, 고종 3)와 신미양요(1871, 고종 8)에서 승리를 거둘 수 있었던 것은 이와 같은 내정개혁의 결과 국력이 신장되고 여러 계층의 지지를 얻은 데 힘입은 것이었다.

2) 병인양요(1866)와 신미양요(1871)

19세기 중엽 이후 우리나라 근해에는 영국, 프랑스, 미국 등 서양 선박들이 자주 출몰하여 해로를 측량하면서 조선의 정세를 탐지하는 일이 빈번했다. 조선은 이들 서양선박을 이양선異樣船으로 부르면서 경계심을 높여갔다. 이에 대응하여 18세기부터 추진되어 오던 해양경비, 즉 해방海防 정책이 한층 강화되었다. 아편전쟁으로 청이 쇠락해 가고, 1860년 영·프 연합군이 베이징을 점령했다는 소식은 조선의 조정을 한층 긴장시켰다.

제너럴 셔먼 호

1866년(고종 3) 7월 무장한 미국 상선 제너럴 셔먼General Sherman 호가 대동강을 거슬러 올라와 평양 주민을 약탈하고 살육하는 사건이 일어났다. 분노한 평양 주민은 관군과 합세하여 미국 배를 불사르고 선원들을 모두 살해했다. 역사상 서양과의 첫 무력충돌로 기록된 이 사건으로 대원군 정권은 강경한 배외정책排外政策을 쓰기 시작했다. 서양 열강의 조선 침략을 천주교도가 앞장서고 있다고 믿어 1866년부터 7년간 9명의 프랑스 신부와 남종삼南鍾三 등 8천여 명의 국내 신도를 처형했다.

프랑스 신부의 처형에 항의하여 1866년 9월 프랑스는 로즈 제독

미국 군함 콜로라도 호(79m)
함장 로저스제독, 1871. 4. 14 도착

광성보 강화해협을 지키는 12진보 중의 하나로 1871년 신미양요 때 가장 치열한 전투가 벌어졌다. 광성보 안에는 당시 순국한 군인들의 무덤과 어재연 장군의 전적비가 있다.

척화비 글씨는 붉은색임
절두산(잠두봉) **순교자상** 병인양요 사건으로 많은 천주교 신도가 이곳에서 목이 잘려 죽어 절두산이라 불리게 되었다. 서울 마포구

을 시켜 톈진天津에 있는 극동함대 7척과 1천 명의 군사를 보내 강화도를 점령하고 프랑스 신부 살해자에 대한 처벌과 통상조약 체결을 요구했다. 대원군은 이 요구를 묵살하고 훈련대장 이경하李景夏 휘하에 순무영巡撫營을 설치하여 대응했고, 통진 문수산성과 강화도 정족산성에서 프랑스군을 공격하여 물러가게 했다. 문수산성에서는 한성근韓聖根 부대, 정족산성에서는 양헌수梁憲洙 부대가 각각 큰 공을 세웠다.

프랑스군은 11월 11일 40여 일 만에 물러가면서 강화도 일대에 대한 약탈과 방화를 자행하여 행궁行宮과 외규장각 등 각종 궁전건물을 불태우고, 그곳에 보관되어 있던 군기물자와 금은보화 그리고 귀중한 도서들을 약탈해 갔다.[2] 이 사건을 병인양요(1866)라 한다.

한 해에 두 열강의 침략을 물리친 대원군은 서양 열강에 대한 불신감과 더불어 자신감도 배가되었다. 마침 1868년에는 독일인 장사꾼 오페르트Oppert가 충남 덕산[예산]에 있는 대원군의 아버지[남연군] 무덤을 도굴하려 한 사건이 있었다. 프랑스 선교사와 결합한 독일 장사꾼이 대원군을 협상 테이블에 끌어들이려고 한 짓이다. 그러나 이 사건은 서양을 더욱 야만적인 국가로 보이게 했을 뿐 아무런 실효를 거두지 못했다.

제너럴 셔먼 호 사건을 경험한 미국은 무력으로 조선과의 통상을 트기 위해 1871년(고종 8) 4월 5척의 군함과 1,200여 명의 군대를 보내 강화도를 공격했다. 그러나 광성보廣城堡에서 어재연魚在淵 부대의 결사항전으로 20여 일 만에 퇴각했다. 이 사건을 신미양요(1871) 라고 한다.

열강과의 무력충돌에서 연전연승한 대원군과 조야의 민심은 배외의식으로 충만되고 서양은 오랑캐라는 인식이 확산되었다. "양이洋夷가 쳐들어 올 때 싸우지 않는다면 강화를 해야 한다. 강화를 주장하는 것은 나라를 파는 것이다(洋夷侵犯 非戰則和 主和賣國)"라고 쓴 척화비斥和碑가 전국에 세워지고 항전의 결의가 높아졌다.

---

2) 강화도에는 왕의 임시처소인 행궁行宮과 사당인 만녕전萬寧殿, 장녕전長寧殿 그리고 외규장각外奎章閣이 있었다. 외규장각에는 약 6천여 권의 귀중한 도서들이 보관되어 있었는데 대부분 불에 타 버리고, 그 중에서 프랑스군이 20만 프랑 상당의 금은金銀과 함께 조선시대 각종 국가행사를 그림을 그려서 설명한 의궤儀軌 297권을 약탈하여 나폴레옹 3세에게 바쳤다. 이 책들은 파리국립도서관에 보관되어 있다가 2011년에 대여형식으로 반환되었다.

2. 고종의 개화정책과 세력균형정책

1) 고종의 개화정책과 통상정책(1873~1886)

강경한 통상거부정책을 취해 오던 대원군은 집권 10년 만인 1873년(고종 10)에 권좌에서 물러나고, 고종과 왕비 민씨[閔致祿의 딸; 뒤의 명성황후] 일족이 권력을 장악했다. 민태호閔台鎬, 민규호閔奎鎬, 민영목閔泳穆 등 왕비족은 노론 북학을 계승한 인사들로서 개화사상[3]을 바탕으로 외국과의 통상을 지지하고 있었다. 고종이 20대의 성인이 되었고, 서원 철폐에 대한 최익현崔益鉉 등 지방유림의 반발과 왕비 및 개화파의 통상론通商論에 밀려 대원군이 실각한 것이다. 이제 국정의 방향은 대원군이 이룩한 내정개혁과 방어정책의 성과를 바탕으로 하여 외국의 과학기술문명을 적극적으로 수용하는 개방정책으로 선회하게 되었다.

고종(1852~1919) 채용신 그림,
70×137cm, 49세 되던 1900년에
그린 초상화. 원광대학교 박물관 소장

대외통상론은 이미 18세기 북학론에서 제기되었던 것으로 그 뒤 19세기에 들어와 유신환兪莘煥, 이규경李圭景, 최한기崔漢綺 등에 의해 계승되었고, 박규수朴珪壽, 오경석吳慶錫, 유대치劉大致[원명 鴻基], 이유원李裕元 등에 의해 더욱 발전되었다. 박규수는 북학파의 거두 박지원의 손자로서 그 조부의 사상을 이어 문호개방을 주장했고, 김정희 문하의 오경석은 역관譯官으로 청에 왕래하며 외국문물을 소개한 《해국도지海國圖志》,《영환지략瀛環志略》 등의 서적을 구입하여 이를 널리 퍼뜨렸다. 의업醫業에 종사하던 중인 유대치는 오경석과 가까워 그에게서 서양문물에 관한 책을 얻어 읽고 통상과 개화를 주장했다.

고종과 그 측근의 개화정책은 당시 증국번曾國藩, 이홍장李鴻章 등에 의해서 추진되었던 중국의 중체서용中體西用이나 양무운동洋務運動과 비슷한 성격을 가진 것으로 서양의 과학, 기술을 빌려 왕조국가를 부강하게 만들려는 자강정책이었고, 전면 서양화를 의미하는 것은 아니었다. 1880년에 중국의 '총리아문'과 비슷한 통리기무아문統理機務衙門을 설치하여 개혁의 중심기관으로 삼은 것도 마찬가지다. 이러한 성격의 개화 논리는 차츰 동도서기론東道西器論으로 구체화되고, 대한제국기에는 구본신참舊本新參, 즉 옛 것을 근본으로 하고 새로운 것[서양문명]을 참고한다는 논리로 정착되었다.

그런데 북학을 계승한 대외통상론은 그 뒤 일본의 영향력이 커지면서 김옥균金玉均, 홍영식洪英植, 안경수安駉壽, 김홍집金弘集, 서광범徐光範, 윤치호尹致昊 등 서울 북촌양반 청년들에 의해 일본의 메이지유신(1868)을 모델로 하는 입헌군주제 혹은 서양식 공화정으로 나아가려는 급진성을 보이기 시작했다. 말하자면 모든 제도와 문화를 서양식으로 바꾸자는 '변법개화사상'으로 발전하게 되었다. 그 뒤 변법개화론은 약육강식을 긍정하는 사회진화론社會進化論과 연결되면서 극단적

---

3) 개화開化라는 말은 '개물성무開物成務 화민성속化民成俗'의 준말이다. 사물의 이치를 밝혀 일을 성취하고, 인민을 교화하여 좋은 풍속을 이룬다는 뜻으로 유교경전의 어구를 딴 것이다. 특별히 서양을 배운다거나 근대화를 지향한다는 것이 아니고, 시의에 맞게 개혁을 추진한다는 말이다. 그러나 당시의 시대조건상 '개혁'의 방향은 서양이나 일본의 앞선 과학기술을 습득하여 경쟁력을 키우겠다는 의지가 담겼다.

일본군함 운요호

신헌(1810~1884) 무신·외교가

으로 힘을 숭상하는 공리주의로 나아가고, 마침내는 힘이 강한 일본에 의지하려는 매국적 근대지상주의를 낳게 했다. 따라서 변법개화파는 주관적으로는 애국심에서 출발했지만 결과는 친일매국으로 전락한 인사가 적지 않았다. 이 점은 힘보다 의리를 숭상한 위정척사파가 반일항쟁에 목숨을 던진 것과 대조적이다. 힘을 숭상한 인사는 힘 앞에 굴복했지만, 도덕을 숭상한 인사는 힘 앞에 저항하였다.

고종과 왕비 측근세력은 동도개화파인 이유원李裕元, 박규수朴珪壽의 의견에 따라 대외통상의 첫걸음으로 먼저 일본과의 국교를 회복하려고 시도했다. 임진왜란 후 대일국교가 재개되면서 12차례의 통신사가 일본에 파견되어 19세기 초까지 조일관계는 평화를 유지했다. 그러나 18세기 이후 일본에서는 조선에 대한 저자세를 비판하고 일본혼을 강조하는 '국학' 운동이 일어나고, 19세기 중엽에는 조선을 무력으로 굴복시키자는 정한론征韓論[4)]이 일어나 외교관계가 단절되었다. 특히 외교문서[書契]에 황실皇室·봉칙奉勅 등의 용어를 써서 마치 상국上國인 것처럼 자처한 일본의 태도는 지금까지 일본을 한 수 아래의 교린국으로 대해 온 조선정부의 자존심을 자극하여 외교단절을 가져왔던 것이다.

정한론의 배경에는 고대 일본이 조선을 지배했다는 잘못된 역사인식이 깔려 있었고, 다른 한편으로는 어차피 서양에 의해 점령당할 조선을 일본이 먼저 점령하는 것이 동양평화를 위해 좋다는 터무니없는 발상이 담겨 있었다. 그러나 메이지 정부는 속으로는 조선침략정책을 추진하면서도 겉으로는 이를 감추고 종전의 관행대로 통상을 요구해 왔다.

일본은 1875년(고종 12) 8척의 군함과 600여 명의 군대를 부산에 따로 상륙시켜 놓고, 중무장한 군함 운요호雲揚號를 강화도 초지진에 접근시켜 조선측의 발포를 유도했다. 조선측이 먼저 발포하자 이를 계기로 일본 내의 반한감정을 고취시키고, 대규모 군대파견을 준비하면서 수교회담을 요구했다.

일본의 통상요구에 대해 조선정부는 박규수·신헌申櫶 등의 의견을 들어 1876년에 12개조에 달하는 통상조약을 맺었다. 이를 '병자수호조약丙子修好條約' 또는 '강화도조약'이라고 부른다. 이 조약은 '조선이 자주국'이라는 점을 명시하고, 원래 왜관이 있던 부산 이외에 5도[경기, 충청, 전라, 경상, 함경]의 연해 가운데 통상에 편리한 2곳의 항구를 지정하기로 했다. 그리하여 1880년에 원산, 1883년에 인천(제물포)을 차례로 개항하여 일본은 종전의 3포보다 한층 서울에 가까운 곳에 통상창구를 얻게 되었다. 일본의 선박에 대해서는 항세港稅를 받지 않고, 일본 화물에 대해서는 수년간 면세하기로 하여 당분간 자유무역을 보장했다. 이에 따라 1878년부터 관세를 부과하려

---

4) 정한론은 요시다 쇼인吉田松陰, 사이고 다카모리西鄕隆盛, 기도 다카요시木戸孝允, 이다가키 다이스케板垣退助 등이 주장했다. 조선침략의 의도에 따라 우리나라 역사와 풍속 등에 관한 연구서적이 나왔다. 예컨대 사다 하쿠보佐田白茅의 《정한평론征韓評論》(1875), 《조선사정朝鮮事情》(1876), 하야시 다이스케林泰輔의 《조선사朝鮮史》(1892), 요시다 도오고吉田東伍의 《일한고사단日韓古史斷》(1893), 《조선기문朝鮮紀聞》(1895), 《한국총람韓國總覽》(1907) 등이 그것이다.

했으나 실현되지 않았다. 또한 이 조약에서는 일본인 범죄자
에 대한 영사재판을 허용하여 치외법권을 인정했다. 일본이
미국과 맺은 불평등조약을 조선에 적용한 것이다. 조선을 자
주국이라고 명시한 것은 청나라와의 관계를 끊고자 하는 의
도가 있었다.

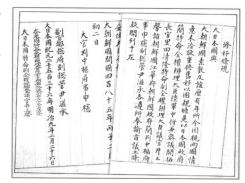

　　정부는 일본과 조약을 맺은 뒤, 자주국의 입장에서 청
과 일본 그리고 서양 열강에 대해 세력균형정책을 썼다. 어
차피 힘의 논리가 지배하는 만국공법萬國公法[국제법] 하의 근대
적 국제관계에서는 여러 열강이 서로 견제하는 것이 낫다고
판단했다. 정부는 특히 영국이나 프랑스보다는 덜 위험하다
고 생각되는 미국과 통상조약을 맺고자 했다. 이런 조선 측
의 의도는 일본의 조선침투와 러시아의 남하정책을 걱정하던 청과 이해가 일치되어 이홍장의
주선으로 1882년[고종 19] '조미수호통상조약'이 체결되었다. 이 조약은 불평등조약이기는 했으
나, 당시 동아시아 여러 나라가 서양과 맺은 조약과 비교하면 덜 불평등한 것이었다. 고종의 외
교정책은 당시의 상황에서는 일단 성공적이었다.

　　그러나 '중체서용'에 입각한 양무운동을 일으켜 서양문명을 받아들이고 점차 산업국가
로 접어들던 청은 조선에서의 기득권을 더욱 강화하기 위해 서울에 파견한 군사력을 배경으로
1882년 '조청상민수륙무역장정朝淸商民水陸貿易章程'을 체결하였다. 이 조약은 조선이 청의 속방屬
邦이라는 것을 명시했는데, 이는 일본의 조선지배를 차단하려는 의도가 내포되어 있었다. 또한
치외법권 인정과 청 상인의 내지통상권內地通商權과 연안어업권 등을 인정받아 다른 나라보다도
더 많은 특권을 얻어냈다.

　　청과의 조약이 계기가 되어 그 뒤 1883년에 영국·독일, 1884년에 이탈리아·러시아, 1886
년에 프랑스 및 오스트리아와 잇달아 통상조약을 체결했다. 이 조약들은 최혜국대우와 치외법
권을 인정하는 조항을 담았으며, 특히 조불조약에서는 프랑스의 언어와 문자를 배우고 가르칠
수 있도록 허용하였는데, 프랑스는 이를 천주교 포교에 활용했다.

2) 개화정책에 대한 위정척사파의 반발

　　정부의 대외통상정책은 외국인의 특권과 외국 상품의 범람을 직접 목격하면서 그 피해
를 체험하던 지방민, 특히 서울 근교 유생들의 위기감을 고조시켰다. 그들은 종전의 동아시아
국제질서와 도덕중심의 유교문화를 바꿔야 할 필요성을 느끼지 못했다. 오히려 군대와 산업문
화를 앞세운 서양과 일본의 침투가 비도덕적이고 야만적으로 보였으며, 그들과의 교섭은 장차
조선을 경제적으로나 문화적으로 파멸로 이끌 것으로 예견했다. 따라서 비도덕적인 일본이나
서양과의 교섭보다는 이들의 상품과 문화를 배격하고 이들과 싸우다 죽는 것이 가장 정의로운
일로 생각했다. 이른바 '위정척사衛正斥邪'의 논리. 개화정책이 추진되면서 지방유생의 반발이
일어난 것은 필연적인 추세였다.

노산정사 이항로의 고향집, 경기도 양평군 화서1로

위정척사 사상은 호란 이후의 숭명반청崇明反淸 사상을 계승한 것으로, 의리와 도덕을 강조하는 우리의 유교문화를 '정正'으로 수호하고, 힘의 논리를 앞세우는 서양과 일본의 문화를 '사邪'로 규정하여 배척했다. 그 배척의 대상은 처음에는 청이었고, 다음에는 총과 천주교를 앞세운 서양으로 확대되고, 개항 이후에는 일본까지 이에 포함시켰다.

위정척사 사상이 급격히 높아진 것은 1866년의 병인양요 뒤로써, 이때 경기도 양평 근교의 노론 산림학자 이항로李恒老(1792~1868)와 호남의 기정진奇正鎭(1798~1879)은 프랑스와 통상하는 것을 반대하고 끝까지 싸워 우리문화[유학]와 국가를 지켜야 한다는 주전론의 상소를 올렸다. 서양은 채울 줄 모르는 욕심을 가지고 우리나라를 부용국[식민지]으로 만들고, 우리의 재화를 약탈하며, 우리의 생령[국민]을 짐승으로 만들려 한다는 것이 그들의 주장이었다. 이러한 주장은 재야유학자의 광범한 호응을 얻고 대원군의 척화정책에 큰 영향을 주었다. 대원군이 전국 방방곡곡에 세운 척화비斥和碑에 '서양과 교류하는 것은 나라를 파는 것'이라고 쓴 것은 바로 위정척사파의 논리를 받아들인 것이었다.

최익현 초상 보물 1510호,
1905년, 채용신 그림. 국립제주박물관

일본과 강화도조약이 맺어질 무렵에는 이항로의 제자이자 명망높은 유학인 포천의 최익현崔益鉉(1833~1906)이 도끼를 들고 대궐 문 앞에 엎드려 왜양일체론倭洋一體論, 즉 일본은 서양오랑캐와 다름없는 나라라고 규정하고, 일본과 조약을 맺으면 나라를 멸망케 할 것이라고 경고하면서 맹렬히 반대했다. 이와 비슷한 상소가 잇달아 일어났으나, 이들은 모두 구속되어 유배당했다. 최익현은 그 뒤 풀려났으나 1905년 을사늑약을 보고 의병운동을 일으키다 체포되어 대마도로 유배되었으며, 그곳에서 단식 투쟁 끝에 순절했다(1906년).

정부의 탄압으로 일시 소강상태를 보였던 위정척사운동은 1881년 《조선책략朝鮮策略》이 조야에 유포되자 다시 한 번 끓어 올랐다. 경상도 예안 유생 이만손李晩孫 등이 올린 영남만인소嶺南萬人疏를 시발로 하여 전국 유생들이 잇달아 상소하여 《조선책략》[5]의 내용을 비난하고 이것을 들여온 김홍집金弘集의 처벌을 요구했다. 충청도 홍주 유생 홍재학洪在鶴의 상소도 이와 유사하여 주화매국의 벼슬아치들을 엄벌하고 서양물품과 서양서적을 불태울 것을 요구했다.

정부는 상소의 대표자를 사형, 유배에 처하여 척사상소운동을 단호하게 억압했다. 이만손은 강진군 신지도로 유배보내고, 홍재학은 능지처참했다. 이런 가운데 1881년 대원군의 서장자庶長子[고종의 이복형] 이재선李載先(?~1881)이 고종과 민씨정권을 타도하고 스스로 왕이 된 뒤에 대원군을 다시 옹립하려 한 쿠데타 계획이 발각되었다. 이 역모사건은 곧 문호개방정책을 추진하던 집권세력과 위정척사론자들의 반목, 대립이 점차 정권쟁탈전으로까지 발전해 가는 조짐을 보여 준 것이다.

---

5) 《조선책략》은 일본에 있던 청나라 외교관 황준헌黃遵憲[황쭌셴]이 쓴 것으로, 내용은 조선이 러시아의 남하를 막기 위해서는 친중국親中國, 결일본結日本, 연미국聯美國의 외교정책을 써야 한다고 권고한 것이다. 이 책은 일본 흥아회興亞會의 《아시아연대론》의 영향을 받았다.

위정척사 사상은 정서적으로는 매우 애국적이고, 당시 서양과 일본의 근대문명이 지닌 침략성과 비도덕성을 정확하게 예견하였다는 점에서는 높이 평가할 만하다. 그러나 그것은 이 시대의 과제를 해결할 수 있는 대안을 제시하지 못했다는 점에서 한계를 지닌 것이었다.

3) 동도개화정책의 추진

문호개방 직후 정부는 재야의 위정척사운동을 누르면서 동도개화정책을 적극 추진했다. 우선 개화정책의 중심기관으로 1880년 통리기무아문統理機務衙門이라는 기구를 설치하고, 그 밑에 12개의 사司[6]를 두어 부국강병을 위한 실무를 나누어 관장하도록 했다. 통리기무아문에는 민겸호閔謙鎬, 민영익閔泳翊, 조영하趙寧夏, 민치상閔致庠, 이재면李載冕[고종의 친형], 김보현金輔鉉 등 당시 고종 측근 신하들이 참여했다. 아울러 군제를 개혁하여 종래의 5영을 2영[무위영, 장어영]으로 바꾸고, 신식군대인 교련병대敎鍊兵隊[일명 別技軍]을 따로 신설하여 일본인 장교를 초빙하여 근대적인 군사훈련을 받도록 했다.

고종은 정조의 근시기구이자 개혁정치의 중심기구였다가 19세기 이후로 유명무실해진 규장각의 기능을 부활시켜 개화정치를 뒷받침하는 학술기관으로 활용하고자 했다. 많은 서양 서적을 중국 상하이 등지에서 구입하여 비치하려 한 것도 고종의 개화의지를 보여준다.

외국에 대한 견문을 넓히기 위해 시찰단을 파견하는 정책도 추진했다. 먼저 일본의 정세를 살피기 위해 일본의 초청을 받아들여 1876년 김기수金綺秀 일행을 수신사修信使로 파견하고, 1880년에는 김홍집 일행을, 1881년에는 조사시찰단朝士視察團[일명 紳士遊覽團]이라는 이름으로 박정양朴定陽·조준영趙準永 등 12명의 관리와 51명의 수행원을 파견하여 약 4개월간 도쿄·오사카 등지를 시찰하고 돌아오게 했다. 이들은 귀국 후 각종 견문서를 작성하여 정부에 보고함으로써 개화정책에 도움을 주었고, 실제로 통리기무아문의 핵심적인 역할을 배정받았다. 특히 어윤중魚允中의 수행원인 유길준과 윤치호 등을 일본유학을 위해 파견했다. 이밖에도 별군관 임태경林泰慶 등을 일본에 파견하여 구리제련과 가죽제조기술을 배우게 했다.

김기수(1832~?) 외교행정 분야에서 활동

그런데 일본은 이즈음 자유민권운동가들이 흥아회興亞會라는 단체를 조직하여 이른바 '아시아연대론'을 주장하고 나섰다. 러시아의 남하정책을 막기 위해서는 청·조선·일본이 군사동맹을 맺어야 한다고 조사시찰단을 설득했다. 일본 측의 '아시아연대론'은 종전의 정한론과는 다르게 보이지만, 사실은 이를 외관상 부드럽게 재포장한 것이었다. 그러나 조사시찰단 인사들은 그 위험성을 간파하지 못했다. 김홍집이 귀국할 때 아시아연대론과 유사한 내용을 담은《조선책략朝鮮策略》을 가지고 온 이유가 여기에 있었다. 뒷날 김옥균이 삼국합종론三國合縱論 또는 삼화주의三和主義를, 안경수가 일청한 동맹론日淸韓同盟論을 내세우게 된 것도 그 영향이었다. 아시아연대론은 그 뒤 대한제국기에 들어가 대동합방론大東合邦論으로 발전하여 일본이 한국을

---

6) 12사는 사대事大, 교린交隣, 군무軍務, 변정邊政, 통상通商, 군물軍物, 기계器械, 선함船艦, 이용理用, 전선典選, 기연譏沿, 어학語學을 말한다. 12사의 설치는 부국강병을 추구하던 당시의 개화정책에 맞게 구성된 것이었다.

보빙사 일행 1883년 6월 전권대신 민영익과 그 일행을 미국에 파견하였다.

병탄하는 논리를 뒷받침했다.

조선정부는 일본만을 시찰한 것이 아니라, 청나라의 변화를 살피기 위해 1881년 김윤식金允植을 영선사領選使로 삼아 38명의 학도와 장인匠人을 청나라에 파견하여 1년간 톈진기기국天津機器局에서 무기제조 기술을 배우게 했으며, 중국 기술자를 데리고 와서 서울 삼청동에 기기창機器廠을 설치하여 무기를 제조하도록 했다.

1883년에는 미국에 보빙사報聘使로 민영익閔泳翊·홍영식·서광범 등을 파견하여 최초로 서양문명을 견문하고 돌아오도록 했다.

4) 임오군변(1882)과 청의 내정간섭

정부의 개방·통상 정책으로 정치의 시야가 넓어지고 국방체제가 개선되어 가고 있었으나, 단기적으로 이득을 본 것은 서울의 관료층과 개항장의 상인들이었다. 그 반면 쌀을 비롯한 곡물이 개항장을 통해 일본으로 대량으로 흘러나가 쌀값이 폭등하여 농민생활과 서울의 하층민의 경제적 압박이 가중되었다.

불만세력 가운데는 구식군대도 포함되어 있었다. 신식군대인 교련병대[별기군]가 우대를 받는 데 비하여 구식군대인 두 영營의 군인들은 봉급도 받지 못하다가 봉급 대신 지불된 쌀마저 선혜청 관리들이 착복하는 사건이 일어났다. 이런 불만이 쌓여 1882년 6월 서울의 구식군인들이 일으킨 폭동을 임오군변壬午軍變이라 한다. 이 폭동에는 구식군대와 연결된 왕십리·이태원 일대의 빈민도 가세하여 선혜청 당상이며 병조판서인 민겸호 등 일부 관리를 처단하고 일본공사관을 습격하여 불태웠다.

이 사태로 왕비는 장호원으로 피신하는 사태가 발생하고, 고종은 사태의 책임을 지고 대원군에게 정권을 넘겨주었다. 대원군은 통리기무아문을 폐지하고, 5군영을 부활했으며, 삼군부도 되살렸다. 위정척사운동으로 유배되었던 유생들도 석방되어 보수세력이 다시 전면에 나서게 되었다. 그러나 대원군정권의 등장으로 군변은 일단 수습되었지만 외교관계는 더욱 어려운 처지에 빠졌다.

먼저 일본은 거류민보호를 구실로 군변 때 도망쳤던 하나부사 요시모토花房義質 공사에게 군함 4척, 육군 1개 대대를 주어 조선에 파견했다. 일본은 이 기회에 배상금을 받아내고 조선과의 통상조건을 한층 유리하게 만들고자 했다. 일본의 출병에 당황한 정부는 제물포조약(1882)과 수호조규속약修好條規續約을 맺어 일본에 배상금을 지불하고 일본공사관원과 상인들의 행동구역을 넓혀 주었다. 이로써 일본의 정치·경제적 침투는 한층 강화되었다.

임오군변을 계기로 더 강력하게 침투해 온 것은 청나라였다. 조선이 자주국을 표방하면서 추진해 온 개화정책과 일본이 군대를 보내온 것을 크게 우려하던 청은 김윤식, 어윤중의 요청을 받아들여 '속국'을 보호한다는 명분을 내세워 약 3천 명의 군대를 파견하여 일본군을 견

제하면서 대원군을 청나라[톈진]로 납치해 갔다. 청나라
는 줏대 높은 대원군정권을 환영하지 않았다. 그리하여
청나라 군대는 왕십리·이태원지역을 습격하여 군민軍民
을 살상하는 만행을 저질렀다. 대원군정권은 1개월 만
에 무너지고, 다시 고종의 친정체제가 복구되었다.

임오군변을 진압한 청은 조선에 대한 형식적 종
속관계를 실질적 '속방'관계로 강화하기 위해 오장경吳
長慶[우장칭], 원세개袁世凱[위안스카이, 1859~1916) 등이 지휘하

임오군변 도망치는 일본공사관 직원들

는 군대를 서울에 상주시켜 조선군대를 통제하고, 마건
충馬建忠과 독일인 묄렌도르프P. G. Möllendorff 등 30여 명의 외국인을 정치·외교의
고문으로 보내 내정과 외교에 깊이 간섭했다. 1882년에 맺어진 조청수륙무역장
정朝淸水陸貿易章程은 바로 청나라의 내정간섭 속에 이루어져 조선에 대한 청의 종주
권을 명시하고, 일본보다 더 유리한 조건으로 통상관계를 갖게 되었다. 그리하여
일본보다 늦게 통상하게 된 청은 1894년 청일전쟁이 일어날 때까지 일본과 대등
한 수준으로 올라섰으며, 일본의 정치·경제적 침투는 상대적으로 위축되었다. 또
한 관제도 중국식으로 바꾸어 외교·통상을 관장하는 외아문[통리교섭통상사무아문]과
군국기무 및 내정을 관장하는 내아문[통리군국사무아문]을 각각 두고, 군제를 4영으로
바꾸었다.

원세개 중국의 군인·정치가

5) 김옥균 일파의 쿠데타 - 갑신정변(1884)

임오군변 이후 청의 내정간섭이 강화된 것은 조선정부의 자주권
이 크게 침해된 것을 의미하지만 일본의 침투를 견제하는 효과를 가져
온 측면도 있었다. 고종과 왕비 측근세력은 일본에 대한 견제 효과를 기
대하여 청과의 관계를 우호적으로 지속했다. 이러한 상황은 일본의 메
이지유신을 본보기로 하여 일본의 재정·군사적 협력을 받아 서구형 근
대국가를 만들려는 젊은 변법개화파를 불안하게 만들었다. 이들을 당시
'일본당'이라고 불렀는데, 김옥균(1851~1894), 박영효朴泳孝(1861~1939), 서광
범徐光範, 홍영식洪英植 등 서울 양반 청년을 중심으로 하여 승려 이동인李
東仁, 중인 변수邊樹, 무인 유상오柳相五, 상인 이창규李昌奎 같은 이들이 이
에 속하고 있었다.

김옥균

변법개화파는 쿠데타방식으로 혁명을 일으켜 권력을 잡기 위해
기회를 엿보다가 청불전쟁으로 청나라 군대가 절반 철수한 틈을 이용
하여 일본의 군사적 지원을 받아 왕비세력[7]을 타도하고 신정부를 수립

---

7) 갑신정변 때 개화당 및 일본군대에 의해 피습당한 고관들은 민영익閔泳翊, 민태호閔台鎬, 민영목閔泳穆 등 명성황
후 척족과 이조연李祖淵 등이다.

서광범(왼쪽)과 김옥균(오른쪽)

갑신혁신정강 김옥균 전집에서

우정국 1884년 우편사무를 관장하기 위하여 설치되었던 관서

했다. 왕을 창덕궁 옆의 경우궁景祐宮(구 휘문고교 자리)으로 옮기고, 대신들을 왕명으로 불러 들여 처단했다. 이를 갑신정변甲申政變이라 한다. 1884년 12월 4일 홍영식이 총판으로 있는 우정국郵政局(종로구 견지동 소재) 개국 축하연을 기회로 일으킨 정변은 일단 성공하여 박영효·서광범·홍영식·서재필徐載弼·김옥균 등이 실권을 장악하고,[8] 국가제도를 전면적으로 혁신하는 정강·정책을 발표했다. 그러나 김옥균이 30대 초반이고 나머지는 대부분 20대 청년들이 주동이 된 이 혁명은 엄청난 개혁을 시도했지만, 심순택沈舜澤(우의정), 김윤식(판서) 등 동도개화파의 요청으로 원세개가 지휘하는 청나라 군대[1,500명]의 개입으로 3일 만에 무너지고 말았다.

친일 변법개화파가 내건 혁신정강은 김옥균이 쓴 《갑신일록甲申日錄》을 보면 모두 14개 조에 이르는데, 주요 내용은 다음과 같다.

첫째, 청과의 조공관계를 청산하고 대원군을 다시 데려온다.
둘째, 양반신분제도, 문벌을 폐지하고 인재를 등용하여 인민평등을 실현한다.
셋째, 내시부·규장각 등 왕의 근시기구를 폐지하고 입헌군주제에 가깝도록 내각을 강화한다.
넷째, 모든 재정을 호조에 귀속시켜 단일화하고 환곡제도를 폐지하며, 지세제도를 개혁한다.
다섯째, 보부상 등 특권상인을 억압하고 자유상업을 발전시킨다.
여섯째, 근위대를 창설하고 순사제도를 도입하여 근대적 경찰제도를 확립한다.
일곱째, 탐관오리를 엄벌한다.

---

8) 변법개화당 정권의 주요인사는 다음과 같다. 이재원李載元(영의정), 홍영식(우의정, 29세), 박영효(전후영사 겸 좌포도대장, 23세), 서광범(좌우영사 겸 우포도대장, 25세), 신기선申箕善(우승지), 김옥균(호조참판, 33세), 서재필(병조참판, 20세), 박영교朴泳敎(도승지, 35세). 말하자면 군사·경찰·외교·재정의 요직을 젊은 개혁파가 장악한 것이다.

이런 개혁안은 서구의 근대시민국가를 모델로 하여 이론적으로는 매우 참신한 것이었다. 신분제도의 폐지나 지세제도의 개혁 같은 것은 사실 호소력이 컸다. 그러나 이 개혁안이 제시한 권력구조의 변동이나 일본에 의지한 개혁방법은 고종을 비롯한 동도개화파의 개화사상이나 지방유생들의 정서와는 거리가 멀었다.

첫째, 청과 손을 끊고 그 대신 일본과 손을 잡으려는 것은 민족의 자주독립과는 거리가 있었다. 둘째, 권력구조로써 규장각과 같은 왕의 근시기구를 폐지하고 내각제를 제시한 것은 고종의 자주적 개화운동을 무력화시키고, 취약한 내각을 일본이 조종할 수 있게 길을 터줄 위험이 있었다. 셋째, 국가주권을 수호하는 데 절대 필요한 국방문제에 대하여 아무런 대안을 제시하지 않았다. 넷째, 자주독립을 바라면서 일본군대의 힘을 빌려 권력을 잡은 것은 매국행위나 다름없었다. 곧 이 개혁은 인민평등의 이상만을 내걸고, 국가의 주권수호와 위기관리 그리고 국민정서를 거의 외면했기 때문에 비난받을 점이 많았다. 나이 어린 변법개화파는 일본의 침략야욕을 꿰뚫어 보지 못하고 순진하게도 일본에 의지하여 서구형 근대국가를 세우려는 망상에 사로잡혀 있었다.

결국, 일본의 지원을 희망하고 세워진 쿠데타 정권은 우세한 병력을 가진 청나라 군대가 왕궁昌德宮을 포위하여 일본군과의 총격전 끝에 왕을 구출함으로써 무너졌다. 그 과정에서 일본공사관이 습격당했으며, 홍영식·박영교朴泳教 등 핵심인물이 피살되었다. 김옥균·박영효·서광범·서재필 등은 일본공사 다케소에 이치로竹添進一郎와 함께 일본으로 망명했다.

혁명정권이 무너지자 고종은 심순택沈舜澤과 김홍집을 각각 영의정과 좌의정으로 임명하여 동도서기정권을 다시 수립하고 각종 개혁조치를 무효화했다. 다만, 노비세습제를 폐지하는 조치가 1886년 내려졌다. 그리고 예조참판을 일본에 파견하여 일본의 개입에 항의하는 동시에 김옥균 등 망명자의 송환을 요구했다. 그러나 일본은 도리어 공사관이 불타고 공사관직원과 거류민이 희생된 데 대한 사죄와 배상을 요구했다. 그리고 7척의 군함과 2개 대대의 군사를 인천에 파병하여 무력으로 위협했다. 고종은 일본의 무력시위에 밀려 한성조약(1885. 1)을 맺고 사죄와 더불어 배상금[10만 원]을 지불했다.

갑신정변의 실패로 청나라와의 경쟁에서 불리해진 일본은 이를 만회하기 위해 이토 히로부미伊藤博文(1841~1909)를 중국에 보내 이홍장李鴻章과 담판하고 톈진조약(1885. 4)을 맺었다. 이 조약에서 두 나라 군대를 철수시키고, 장차 조선에 군대를 파병할 경우에는 사전에 서로 알릴 것을 약속했다. 이로써 갑신정변의 뒷마무리는 끝나고 청일 간에 세력균형이 이루어져 당분간 평화

민영익의 노근묵란도(좌) 20세기초, 종이·수묵, 128.5×58.4cm.
이하응의 괴석묵란도(우) 1887년, 비단·수묵, 129.0×40.5cm.
호암미술관 소장

창덕궁 태종 5년(1405) 창건, 광해군 원년(1609) 인조25년(1647) 재건, 170,980.5평, 청군과 일본군의 교전이 이곳에서 벌어졌다.

가 유지되었다. 그러나 두 나라의 경제침투는 더욱 가속화되었고, 두 나라의 세력 각축은 마침내 10년 후인 1894년 청·일전쟁으로 다시 폭발되었다.

갑신혁명의 주역이었던 김옥균은 일본으로 망명한 후 죄인으로 몰려 10년간 이곳저곳으로 유랑하면서 일본과의 협력을 모색했다. 그러나 김옥균의 매국행위에 분노한 홍종우洪鍾宇는 그를 상하이로 유인하여 1894년 3월 권총으로 살해했다. 홍종우는 프랑스에서 유학하고 귀국하는 도중, 도쿄에서 김옥균 암살명령을 받은 이일직李逸稙과 만나 암살을 모의했다. 그는 서구문물을 견문하였으면서도 국왕 중심의 동도개화를 지지하는 인물이었다. 김옥균은 애국적인 젊은 혁명가였으나, 서구형 근대국가의 모형을 안이하게 도입하려다가 대역죄인大逆罪人의 죄명을 쓰고 서울 양화진에서 다시 능지처참 되는 비참한 최후를 맞이했다.

제2장 동학농민전쟁과 갑오개혁(1894)

1. 동도개화정책의 확산(1884~1894)

변법개화파의 혁명운동인 갑신정변을 진압한 후, 고종과 왕비 측근세력은 국가주권을 지키면서 자주적 동도개화정책으로 되돌아갔다. 그러나 더욱 노골화되는 청나라의 정치적 간섭과 확대되는 청일의 경제적 침투에 대응하는 것이 어려운 과제로 남았다.

고종의 개화정책은 교육과 언론, 각종 기술분야에서 골고루 추진되었다. 먼저 근대적인 신문으로 1883년에 발행하기 시작했다가 갑신정변으로 중단된 후 열흘 간격으로 발행되던 신문〈한성순보漢城旬報〉를 속간하고, 1886년부터는 주간지인〈한성주보〉(1888. 7 폐간)를 새로 발간하여 근대사상을 보급하고 세계 사정을 전파했다.

근대적인 관립학교로는 1883년 8월 서울에 동문학同文學을 최초로 세우고, 이곳에서 외국어를 가르쳤다. 그 뒤 1886년 현직관료와 고관자제들의 근대교육을 위해 육영공원育英公院(1894 폐지)을 세우고, 헐버트 등 외국인 교사를 초빙하여 수학·자연과학·역사·정치학 등을 가르쳤다.

민간인이 세운 근대적 사립학교도 다수 등장했다. 최초의 사립학교는 1883년 원산에 세워진 원산학사元山學舍이다. 개항장의 주민이 외세의 도전에 대응하기 위해 근대학교 설립의 필요성을 절감하자, 개화파 관료인 정현석鄭顯奭이 학교를 설립하여 외국어·역사·지리·자연과학 등을 가르쳤다.

서울에서는 외국인 선교사들이 기독교를 전파하고 서양문화를 보급하기 위해 많은 학교를 세웠다. 아펜젤러[미국인, 감리교]는 배재학당培材學堂(1885)을, 스크랜턴[미국인]이 이화학당梨花學堂(1886)을, H. G. 언더우드[미국인, 장로교]가 경신학교儆新學校(1886)를, 엘러스[미국인, 장로교]가 정신여학교貞信女學校(1887)를 각각 세웠다. 서양인들의 활발한 학교건립은 청과 일본을 배제하고 침략 위험성이 적은 미국을 통해 새로운 서양문물을 도입하려는 고종과 왕비의 적극적 지원이 있었기에 가능하였다. 특히 왕비는 여학교 설립을 적극 후원했다.

1894년 갑오개혁 이후에는 더욱 많은 학교가 서울뿐 아니라 평양·개성·전주·정주 등 지방에도 세워져, 1910년 국치에 이르기까지 약 30개의 신식 중등학교가 설립되었다. 우리 민족의 전통적인 높은 교육열이 근대교육운동으로 다시 되살아난 것이다. '배우는 것이 힘이다'라는 생각이 당시 정부와 지식층의 보편적인 가치관이었다.

근대적인 병원과 서양식 의술도 도입되었다. 고종은 미국인 북장로교 선교사 알렌Allen(1858~1932)의 건의를 받아들여 1885년 최초의 서양식 병원인 왕립광혜원王立廣惠院(제중원으로 개칭)을 재동齋洞에 설립하여 알렌에게 책임을 맡겼다. 한편, 정부에서는 천연두를 예방하기 위해 우

전화교환실(1890년대)

두국牛痘局을 주요 지방에 설치했다. 그리고 지석영池錫永은 천연두 예방법을 정리하여《우두신설牛痘新設》을 출판했다. 농업과 목축의 근대화를 위한 농업시험장과 농무목축시험장農務牧畜試驗場이 설립되고, 이를 이론화한 안종수安宗洙의《농정신편農政新編》, 이우규李祐珪의《잠상촬요蠶桑撮要》등도 간행되었다.

전기를 쓰기 시작한 것도 큰 의미를 갖는다. 특히 전신電信 시설의 도입은 통신체계에 큰 혁명을 가져왔다. 처음에는 청나라의 차관을 도입하여 1885년 인천－서울－의주를 연결하는 전선을 설치했으나, 청의 운영간섭을 배제하기 위해 독일에서 차관을 얻어 서울－부산(1888), 서울－원산(1891)의 전선을 독자적인 기술로 완성했다. 이로써 부산·원산·인천 등 개항장과 의주를 잇는 근대적인 통신망이 완성되었다. 한편 1887년(고종 24)에는 경복궁에 전등불이 켜지면서 전등이 보급되었다.

각국과의 통상조약에서 포교의 자유가 허용됨에 따라 미국의 개신교가 급속도로 전파되었다. 천주교가 서울 및 인근 지역에 퍼진 것과는 달리, 개신교는 서북지역의 상인층과 청년 사이에 큰 호응을 얻었다. 평양에 숭실학교崇實學校(1897)와 숭의여학교崇義女學校(1903)가 세워진 것은 이러한 배경이 있어서였다. 개신교는 교육사업에 특히 힘을 기울여 서양의 자유·평등 그리고 청교도적 윤리를 보급하는 데 큰 성과를 올렸다. 서북지방의 기독교신자 중에서 뒷날 안창호安昌浩와 같은 구국계몽운동가들이 많이 배출된 이유가 여기에 있었다.

2. 외교의 다변화와 자립경제 수호정책

갑신정변(1884) 후 청·일 두 나라 군대는 철수했으나, 청의 정치적 간섭과 경제침투는 그대로 지속되었다. 청의 주차관駐箚朝鮮總理交涉通商事宜이라는 직책으로 조선에 다시 들어온 26세의 원세개袁世凱(1859~1916)는 조선을 청의 속방屬邦으로 만들기 위해 일본과 서양 열강의 침투를 견제하고 있었다. 그리고 그의 비호 아래 청나라 상인들이 서울과 지방까지 휩쓸며 상리를 취하고 서울 한복판(북창동 일대)에 중국 상가를 조성했다.

청은 일본과 러시아의 침투를 특히 경계했다. 독일인 묄렌도르프P. G. Möllendorff(穆麟德)를 외교 고문으로 추천했다가 그가 뜻밖에 고종에게 러시아와 가까이 할 것을 권하자 외교 고문을 미국인 데니Denny(德尼)로 바꾸었다. 그러나 그마저 조선 조정에 친러 정책을 권유하자, 친러 정책으로 기울어진 고종을 폐위시키려는 계획까지도 꾸몄다.

청의 지나친 내정간섭을 견제하기 위해 조선정부는 미국과의 우호를 강화하려고 했으나 미국이 소극적인 태도로 일관하자 러시아와의 우호를 강화했다. 러시아는 얼지 않는 항구(부동항)의 확보를 위해 남하정책을 추진하는 과정에서 먼저 청과 베이징조약(1860)을 맺어 연해주(시베리아)를 차지하고 블라디보스토크에 군항軍港을 건설했다. 그리고 조선과 통상조약(1884)을 맺은 것을 계기로 함경북도 경흥慶興에 조차지를 얻고, 능란한 외교관 베베르Weber, 韋貝를 공사로 보내 조선정부 안에 많은 친구들을 만들어 그 세를 확장해 갔다.

　　러시아가 조선에 진출하자 가장 불안을 느낀 것은 청과 영국이었다. 특히 세계 각지에서 러시아와 대립하고 있던 영국은 러시아의 연해주 장악과 동해안 침투에 위기의식을 느끼고 1885년 대한해협의 문호에 해당하는 전라도 여천의 거문도巨文島를 불시에 점령했다. 함대를 끌고 온 영국 군인들은 그곳에 포대를 구축하고 수뢰水雷를 매설하는 등 장기주둔의 뜻을 보였다. 조선은 영국의 주권 침범에 강력하게 항의하고, 청도 러시아와 일본의 파병을 두려워하여 중재에 나선 결과 영국은 1887년 거문도에서 철수했다. 이를 '거문도사건'이라 한다.

유길준

　　청·일 그리고 열강의 조선침략이 격화되자 국내외 인사들 가운데에는 조선을 중립국으로 만들자는 논의를 제기하기도 했다. 조선주재 독일 부영사 부들러Buddler, 개화파 지식인 유길준·김옥균 등이 그런 주장을 내세웠다. 중립국안은 제각각 복안이 달라 실현되지 않았지만, 그 대신 고종 정부는 외교의 다변화를 통하여 열강끼리 서로 견제하도록 유도했다. 청의 반대와 방해에도 불구하고 박정양朴定陽(1841~1904)을 주미공사로 파견하여(1887) 미국과의 관계를 강화하고, 미국과 프랑스로부터 산업개발과 재정궁핍을 타개하기 위해 차관을 도입하려 한 것은 이러한 이유에서였다.

박정양

　　조선이 개항 이후 일본에 강점되기까지 그래도 34년간 버틸 수 있었던 것은 이와 같은 고종의 외교력이 큰 힘이 되었다. 그러나 시간이 흐를수록 열강의 각축은 조선과 지리·역사적으로 가장 가까운 청·일 두 나라의 경쟁관계로 좁혀졌다.

　　1876년 개항 직후에는 조선의 무역은 일본이 독점하다시피 했다. 조선은 개항장을 통해 쌀, 콩, 쇠가죽 등을 주로 일본에 수출하고, 일본으로부터 영국제 섬유류를 주로 수입했다. 당시 일본은 산업화수준이 낮아서 고급상품을 생산하지 못했다. 그러나 임오군변과 갑신정변 이후 청의 정치적 압력이 강화되면서, 조선과 청의 무역규모는 조선과 일본 간의 무역규모에 육박할 만큼 급성장을 보였다. 조선은 청나라에 주로 인삼과 해산물을 수출하고, 영국제 면제품을 사들였다. 그런데 조선의 대외무역이 활발해질수록 농촌사회는 갈수록 피폐해졌다. 불평등조약 체제 하에서 이루어지는 무역구조는 기본적으로 약탈성을 띠고 있어서 조선의 농민, 어민, 상인 그리고 노동자 모두에게 심대한 타격을 주었다. 특히 곡물 수출과 섬유류 수입이 농촌사회에 큰 해를 끼쳤다. 관세자주권을 갖지 못한 정부도 대외무역에서 이득을 얻지 못했다.

　　조선정부는 약탈적 무역구조를 시정하고 경제자립을 강화하기 위해 여러 가지 노력을 기울였다. 그 결과 1882년 미국과의 통상조약과 1883년에 발효된 조일통상장정朝日通商章程 및 해세세칙海稅細則에서는 어느 정도 관세자주권과 곡물수출금지권을 얻을 수 있었다.

　　정부는 국내 상인의 경쟁력을 강화하기 위해 동업조합으로 상회사商會社를 건립하도록 유도했다. 관료와 객주客主 및 일반상인이 참여한 상회사는 평양의 대동상회大同商會, 서울의 장통상회長通商會를 비롯하여 30여 개에 달했는데, 이들은 영업의 독점권과 세금징수권을 정부로부터 위임받았다. 그리고 영세상인인 보부상을 보호하기 위해 혜상공국惠商公局(1883)을 설치했다. 한편, 운송기능을 근대화하기 위해 기선회사汽船會社(1884), 이운사利運社(1892) 등 관영운송회사를 설립하여 세곡운반을 전담시켰다.

정부는 국내 식량안정을 도모하기 위해 곡물수출을 금하는 방곡령防穀令[9]을 내리기도 했다. 지방관의 명령으로 집행되는 방곡령은 수없이 내려졌는데, 특히 1889~1890년의 황해도와 함경도의 방곡령은 규모가 매우 컸다. 그러나 이러한 두 지방의 방곡령은 일본 측의 강력한 항의로 뜻을 이루지 못하고 일본 측에 11만 원의 배상금을 물어주는 것으로 끝나고 말았다.

3. 동학교도의 종교투쟁(1892~1893)

1860년에 민중종교로 창도된 동학東學이 농민층 사이에 급속히 전파되는 것을 우려한 정부는 1864년(고종 1)에 교주 최제우崔濟愚를 혹세무민惑世誣民의 죄로 몰아 사형에 처했다. 이로써 동학은 잠시 그 기세가 누그러졌다.

그러나 1870~1880년대에 들어와 열강과의 불평등조약이 맺어지고 약탈적 무역구조 속에서 농촌사회가 더욱 곤궁한 처지에 빠지게 되자 동학은 한층 큰 호소력을 가지면서 퍼져갔다. 2대 교주 최시형崔時亨의 치열한 포교활동도 큰 몫을 했다. 이미 1870년대 후반에 경상·충청·전라의 삼남지방에 뿌리를 내린 동학은 1880년대에 들어와서는 충청도에서 손병희孫秉熙(1861~1922)와 손천민孫天民, 전라도에서 손화중孫和中, 서장옥徐長玉, 황하일黃河一, 김개남金開男과 같

최시형(1827~1898) 동학의 2대 교주, 체포 당시 모습

은 지도자를 포섭할 수 있게 되었다. 이들은 뒤에 각각 충청도의 북접北接과 전라도의 남접南接 지도자가 되었다.

동학의 지도자들은 상당한 재산과 학식을 지닌 인사들로서 교리와 교단조직 등도 근대종교에 걸맞게 정비했다. 충청도 충주에는 중앙기관으로 법소法所를 두고, 각지에는 도소都所를 두었으며, 그 밑에 크고 작은 접接을 설치하여 그 책임자를 접주接主라 했다. 한편 식자층을 상대로 한문으로 쓴 경전인 《동경대전東經大全》(1880)과 무식층을 상대로 한글로 쓴 《용담유사龍潭遺詞》(1880)를 발간하여 각계각층에 골고루 동학의 교리를 전파할 수 있게 했다.

세력확장에 자신감을 얻은 동학 지도자들은 억울하게 처형당한 교조의 누명을 벗고, 포교의 자유를 획득하기 위해 집단행동을 벌이기 시작했다. 그 첫 번째 모임은 1892년(고종 29) 전라북도 삼례집회參禮集會로 나타났다. 손천민의 지휘로 모여든 수천 명의 동학인들은 충청도 관찰사(조병식)와 전라도 관찰사(이경직)에게 교조의 누명을 벗겨줄 것과 교도에 대한 탄압 중지를 요청했다. 이 모임에서 동학교도들에 대한 탄압 금지는 약속을 받았으나, 교

---

9) 1889년 황해도 관찰사 조병철趙秉轍은 일본인이 도내에서 사들인 2천여 석의 콩을 반출하지 못하도록 금지시키고, 새로 부임한 관찰사 오준영吳俊泳도 이듬해 쌀과 콩 등 6만 4천여 석을 압류했다. 1889년 9월 함경도 관찰사 조병식趙秉式도 방곡령을 발포하여 일본인의 곡식유출을 금지한 바 있었다.

조의 신원은 관찰사의 권한이 아니라 하여 기각되었다.

이에 국왕에게 직접 상소하기 위해 박광호朴光浩 이하 40여 명의 동학인들은 광화문 앞에 엎드려 이른바 복합상소伏閤上疏(1893. 3)에 나섰다. 그러나 정부는 상소의 우두머리를 체포하고 교도들을 강제로 해산시켰다. 동학지도자들은 합법적인 상소운동이 효력이 없음을 깨닫고 더 큰 군중집회를 위해 충청북도 보은군 속리면에 2만여 명의 신도들을 모았다(1893. 4). 이때의 모임에는 교조신원의 요구를 벗어나 척왜양창의斥倭洋倡義, 곧 '일본과 서양을 물리치고 대의를 세운다'라고 쓴 깃발을 내걸고 죽음을 무릅쓰고 싸울 것을 결의했다.

김개남(1853~1895) 조선 후기 동학의 태인 대접주

동학의 기세에 놀란 정부는 호조참판 어윤중魚允中을 양호선무사兩湖宣撫使로 보내 이들을 달래고, 충청·전라도의 관찰사를 교체하는 등 교인들을 달래는 정책을 쓰면서, 다른 한편으로 홍계훈洪啓薰이 600명의 관군을 이끌고 진압에 나섰다. 산간벽지에서 20여 일간 호우와 식량부족으로 지쳐 있던 교인들은 충청도 관찰사 등의 처벌을 조건으로 일단 자진해산하여 사태가 수습되었으나, 그들의 요구가 관철된 것은 아니었으므로 불만은 여전히 쌓여 있었다.

4. 갑오동학농민전쟁(1894)

1) 제1차 동학농민전쟁(1894. 2 ~ 1894. 6. 11)

동학교인 가운데 충청도[북접]와 전라도[남접] 교인 사이에는 온건과 강경의 노선 차이가 있었다. 생활 여건이 비교적 좋고 몰락 양반이 많은 충청도 교인은 종교운동의 차원을 크게 벗어나지 않으려 했으나, 소농과 빈농 그리고 소상인들이 많은 전라도 교인들은 한층 강경한 정치투쟁을 선호했다. 1893년 보은집회와 비슷한 시기에 전라도 금구金溝에서는 서장옥 등 남접이 주동한 별도의 집회가 있었다.

곡창지대인 전라도는 개항 이후 근대화정책으로 재정이 쪼들린 중앙정부와 수령의 탐학을 가장 심하게 받았고, 쌀 수출로 인한 일본상인의 침탈도 다른 지역에 비해 컸다. 특히 중앙정부와 수령의 수세水稅와 균전세均田稅의 징수, 전운轉運의 폐단 등 각종 억울한 세금이 부과되었다. 그래서 중앙정부와 수령 그리고 일본에 대한 적개심이 남달리 강해 언제라도 폭동이 일어날 강경한 분위기가 감돌고 있었다.

전라도 농민의 강경한 기류에 불을 붙여 놓은 것은 전라도 고부古阜 군수 조병갑趙秉甲의 탐학이었다. 그

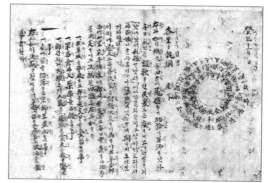

사발통문 전라도 고부군수 조병갑의 가혹한 착취에 항거하여 봉기할 것을 촉구하는 내용이다. 전봉준 등 발기자 20명의 이름이 보인다.

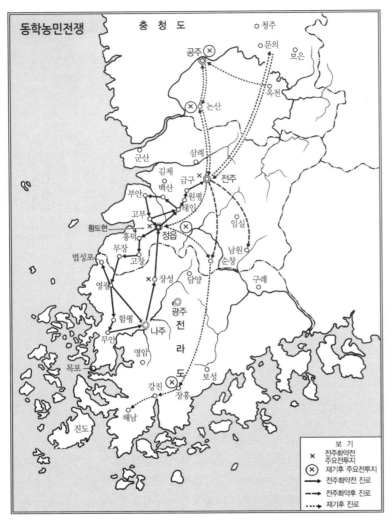

동학농민전쟁

는 만석보萬石洑의 수세水稅를 강
제 징수하고, 아버지의 비각을
세운다고 약 1천 냥의 돈을 사
취하는 등 온갖 탐학을 일삼았
다. 이에 분개한 농민들은 고부
접주 전봉준全琫準(1855~1895)의 지
휘 아래 여러 차례 고부관아와
전주감영을 찾아가서 폐정의 시
정을 요구했으나 받아들여지지
않자 마침내 대규모 폭동을 일
으키게 되었다.

1894년 2월, 전봉준은 1천
여 명의 농민을 이끌고 고부 관
아를 습격하여 아전들을 처단하
고 양곡을 몰수하여 주인에게 돌
려주었으며, 무기를 탈취했다. 고
부읍을 점령한 농민군은 정부에
대해서 조병갑의 학정을 시정할
것과 외국상인의 침투를 금지하
라는 등 13개 조의 요구사항을
제시했다. 크게 놀란 정부는 조
병갑을 징죄하고, 안핵사 이용태
李容泰를 파견하여 진상을 조사하
게 했다. 그는 이 사건을 동학인
의 소행으로만 돌리고 그들을 색
출·탄압하는 데 급급했다.

이에 격분한 전봉준과 농민들은 1894년 4월 보국안민輔國安民(나라를 지키고, 백성을 편안케 함)을
위해 봉기하라는 통문을 사방에 보내 8천 명의 대오를 구성하여 조직적인 항거에 나섰다. 대장
에 전봉준, 총관령에 손화중·김개남, 총참모에 오지영吳知泳 등 지휘부는 대개 동학교인이 맡았으
나 참여자의 대부분은 일반농민이었다. 동학의 교단조직이 농민군의 동원과 규율에 이용된 것이
다. 그들은 일본과 서양 그리고 특권층을 몰아내고 이상적인 왕정王政을 세우기 위해 싸울 것을
천명했으며, 노란 깃발을 표지로 내걸고 죽창과 곤봉으로 무장했다.

농민군은 고부를 점령한 뒤 고부 북쪽 백산白山에 진을 옮겨 대오를 정비한 다음, 전주에
서 출동한 감영의 군대를 고부 남쪽 황토고개[黃土峴]에서 맞아 쳐부쉈다(5월). 이어 남쪽으로 치
고 내려가 정읍·고창·무장·영광을 차례로 점령하고, 함평·무안·나주를 거쳐 다시 북상하기 시
작했다. 이때 정부에서는 홍계훈을 양호초토사兩湖招討使로 임명하여 800여 명의 경군京軍을 파

견했으나, 장성에서 패하고 말았다. 군사의 수효나 사기 면에서 농민군의 상대가 되지 못했다. 승승장구한 농민군은 쉽게 전주감영을 점령하고(1894. 5), 6월 초순에는 전라남북도 일대가 사실상 농민군의 지휘 하에 들어갔다. 정부와 농민군은 휴전교섭을 벌인 끝에 전주화약全州和約(1894. 6. 11)을 맺었다. 처음에 농민군은 30여 조의 폐정개혁안을 제의했으나, 실제로는 12조의 개혁안[10]이 합의되었다.

체포 압송되는 전봉준(1855~1895)

전주화약에 따라 전라도관찰사[김학진; 金鶴鎭]와 전봉준은 전라도 53군에 집강소執綱所라는 민정기관을 설치하고, 한 사람의 집강과 그 밑에 서기·성찰省察·집사·동몽 등의 임원을 두었으며, 전주에는 집강소의 총본부인 대도소大都所를 설치했다. 이때 전봉준은 전라우도[북도]를, 김개남은 전라좌도[남도]를 각각 통할했다.

개혁안의 내용은 농촌사회문제에 국한된 것으로 세금문제, 신분차별문제, 일본에 대한 경계 그리고 토지문제가 중심을 이루고 있었다. 근대국가건설에 필요한 국가조직이나 국방·재정·상공업·과학기술문제 등은 포함되지 않았다. 농민의 요구조건은 근대국가 수립에 필요한 모든 조항을 담은 것이 아니라 농촌의 영세농과 소상인의 생활안정을 위해서 반드시 해결되어야 할 과제를 담았다.

전봉준 공초(재판 기록, 1895. 2. 9)

그러나 정부와 농민이 협조하여 해결의 실마리를 찾아가는 과정에 3천여 명의 청국군이 아산만을 통해 들어오고, 이와 때를 같이하여 7천여 명의 일본군이 인천을 통해 서울로 들어와 경복궁을 점령했다(1894. 7. 23). 대원군이 동학군과 내통한다는 설이 퍼지자 고종과 왕비족 민씨세력은 대원군을 견제하기 위해 청의 도움을 요청하여 원세개의 청군이 들어왔고, 톈진조약으로 청의 출병을 통보받은 일본도 거류민보호를 구실로 군대를 출동한 것이다. 갑신정변 이후 10년 만에 청·일 두 나라 군대가 대치상태에 들어갔으며, 드디어 청일전쟁이 터졌다(1894. 7. 25).

---

10) 오지영吳知泳이 쓴 《동학사東學史》를 보면 12조의 폐정개혁안은 다음과 같다.
① 동학교도와 정부 사이에 쌓인 원한을 씻고 모든 행정에 협력할 것 ② 탐관오리는 그 죄목을 조사하여 일일이 엄징할 것 ③ 횡포한 부호富豪의 무리는 엄징할 것 ④ 불량한 유림儒林과 양반의 무리는 징벌할 것 ⑤ 노비문서는 불태워 버릴 것 ⑥ 칠반천인七班賤人의 대우를 개선하고 백정白丁이 쓰는 패랭이를 벗겨 버릴 것 ⑦ 청춘과부의 개가改嫁를 허락할 것 ⑧ 무명잡세를 거두지 말 것 ⑨ 관리의 채용은 지벌地閥을 타파하고 인재를 등용할 것 ⑩ 왜倭와 내통하는 자는 엄징할 것 ⑪ 공사채公私債를 막론하고 기왕의 것은 무효로 할 것 ⑫ 토지는 평균으로 나누어 경작하게 할 것
그러나 위 조항 가운데 토지의 평균분작平均分作 요구는 다른 자료에 보이지 않는다. 또 위 조항에는 보이지 않으나 대원군의 옹립을 주장했다는 자료도 있다.

2) 청일전쟁과 제2차 동학농민전쟁(1894. 10 ~ 1895. 4)

1894년 7월 23일 일본군의 왕궁 점령에 분격한 농민군은 이해 10월 척왜斥倭를 구호로 내걸고 재기했다. 이제는 내정개혁을 목표로 하지 않고 일본과의 항쟁이라는 반외세가 거병의 주요 목표였다. 10만여 명의 전라도 농민군이 전주 북쪽의 삼례參禮에 집결했다. 그동안 전봉준의 봉기에 반대입장을 보였던 손병희는 교주 최시형의 승인 아래 10만여 명의 충청도 농민군(북접)을 이끌고 청산靑山에 집결하여 논산論山에서 합류했다. 이들 남북연합 농민군은 일본군을 격퇴하기 위해 일본군의 병참기지를 습격하고 전신줄을 절단하면서 서울을 향해 북상하다가 공주 남쪽의 우금치牛禁峙 고개에서 관군과 일본군에 마주쳐 큰 격전을 벌였다(1894.12). 약 1주일간 50여 회의 공방전을 벌인 이 전투에서 농민군은 무기의 열세를 극복

공주 우금치 전적

하지 못한 채 대부분의 병력을 잃은 가운데 500여 명의 생존자가 전주 남쪽의 금구·원평院坪으로 후퇴했다. 농민군의 지도자 전봉준은 순창淳昌에서 체포되어 서울로 압송된 후 일본공사의 재판을 받고 사형당했으며(1895.4), 나머지 농민군의 지도자들도 체포되거나 살해되었다. 이로써 동학농민전쟁은 거병한 지 1년 만에 실패로 끝났다.

동학농민전쟁은 동학이라는 종교조직과 동학인의 지도로 일어난 농민항거라는 점에서 이전의 민란과 다르며, 뒤늦게나마 외세배척을 목표로 했다는 점도 종전의 민란과는 차원이 다른 모습을 보여주었다. 그러나 당시 역사적 조건은 동학농민전쟁이 실패할 수밖에 없는 한계를 지니고 있었다. 첫째, 당시의 최우선 과제가 열강의 침투를 막아낼 수 있는 부국강병한 산업국가를 세우는 것이라 할 때, 농촌문제를 내걸고 중앙의 모든 정치세력을 적으로 만든 것은 개혁의 순서를 잘못 파악한 것이다. 둘째, 농민군은 일차적인 적대세력이 될 수 없는 지주·부호·양반 등 향촌사회의 유력자까지 공격하여 오히려 이들이 민보단民堡團을 조직하여 동학농민군과 대결하게 되었다. 이는 농촌사회의 역량을 스스로 분열시키는 과오를 범한 것이다. 셋째, 과단성은 있으나 시대 감각이 뒤지는 대원군에게 의지하려 한 것이 잘못이었다. 따라서 갑오동학농민전쟁은 애국적이고 애민적인 동기에서 일어났지만 이 시대의 과제와 전략을 정확하게 이해한 사려 깊은 민중혁명은 아니었다.

결국, 동학농민전쟁은 순박하고 애국적인 농민들의 자기생존을 위한 처절한 몸부림으로 끝날 수밖에 없었다. 그러나 이때의 실패경험을 바탕으로 농민층의 반일애국주의가 다음 시기의 의병운동에 양반유생과 더불어 참여하는 성숙함을 보여주게 되었으며, 농민들의 내정개혁 요구는 갑오개혁에 부분적으로 반영되는 성과를 가져왔다.

5. 변법개화파의 갑오개혁(1894. 7~1896. 2)

1) 일본군의 경복궁 점령과 제1차 개혁(1894. 7~1894. 12)

1894년 7월 25일 아산만 앞바다에서 일본군의 선제공격으로 시작된 청일전쟁은 일본이 성환전투(7. 29), 평양전투(9월), 황해전투(9월)에서 연전연승을 거두고, 중국 본토로 진격하여 랴오둥 반도의 뤼순旅順과 다롄大連을 점령하고(11월), 이어 산둥山東 반도의 웨이하이웨이威海衛의 북양함대를 공격했다(1895. 2). 드디어 두 나라는 1895년 4월 17일에 일본의 시모노세키下關에서 조약을 맺고, 청은 일본군이 점령한 랴오둥遼東 반도와 타이완臺灣을 일본에 넘겨주었다. 일본은 동학군과의 전쟁과 청과의 전쟁에서 모두 승리하여 역사상 처음으로 아시아의 패자로 올라섰다.

1894년 7월 23일 새벽 일본공사 오토리 게이스케大鳥圭介가 일본군 여단병력을 투입시켜 경복궁을 점령한 것은 청일전쟁의 시작인 동시에 조선을 무력으로 합병하는 첫 단계이기도 했다. 우선, 조선 정부를 친일정권으로 만들고, 정치, 경제, 사회, 국방구조를 침략에 편리하게 바꾸는 작업이 시작되었다. 그리하여 경복궁을 점령한 일본공사와 군대는 고종을 포로로 만들고, 반일정책을 펴던 민씨세력을 밀어내고 대원군을 불러들여 섭정을 맡게 하고, 영의정 김홍집金弘集(1842~1896)을 총재관으로 삼아 일본이 요구하는 개혁안을 강제로 통과시켰다.

갑오개혁의 중심기관은 1894년 7월 27일 구성된 군국기무처軍國機務處라는 임시특별기구로써 김홍집이 총재관이 되고, 박정양朴定陽, 김윤식金允植, 김가진金嘉鎭, 안경수安駉壽, 유길준兪吉濬 등 17명이 위원으로 참여하여 이해 12월까지 약 210건의 개혁안을 제정 실시했다. 이를 제1차 갑오개혁 혹은 갑오개혁이라 한다.

제1차 개혁에서 중점적으로 다룬 것은 정치와 경제의 개편이었다. 먼저, 정치개혁으로는 왕권을 축소시키는 대신 의정부(총리대신)와 그 밑의 8개 아문(6조 개편)의 실권을 높여주고, 삼사의 언론기관을 폐지했다. 또한 내무아문 산하에 경무청警務廳이라는 강력한 경찰기관을 설치했다. 관료에 대한 왕의 인사권은 1등과 2등의 칙임관勅任官을 왕이 직접 임명하고, 중급관리(주임관(奏任官))는 대신이 추천하여 왕이 임명하며, 하급관리(판임관(判任官))는 대신 등 기관장이 직접 임명하게 했다.

한편, 궁중의 잡다한 부서들을 궁내부宮內府 산하에 통합하고 그 기능을 축소시켜 왕실을 약화시켰다. 종전의 과거제도는 폐지되고 보통시험과 특별시험을 거쳐 관리를 임용하도록 했다. 또한 청나라와의 관계를 끊기 위해 중국 연호를 폐지하고 개국기년開國紀年을 사용했다.

경제개혁으로는 국가재정을 탁지아문度支衙門에서 관할하게 하고, 은본위 화폐제도와 조세의 금납화를 실시했다. 또한 방곡령의 반포를 금지시키고, 일본 화폐의 유통을 허용했다. 사회개혁으로는 과부의 재가를 허용하고, 노비제, 반상문벌, 죄인연좌제 등을 혁파했다. 이와 같은 1차 개혁 가운데 사회개혁 부분은 대부분 그동안 자율적으로 해오던 것이지만, 왕권을 약화시키고, 일본 화폐의 유통을 허용한 것 등은 일본의 정치적 간섭과 경제적 침투를 유리하게 만들어 준 것이었다.

2) 제2차 개혁(1894. 12. 17~1895. 7)

일본은 처음에 갑오개혁을 배후에서 지원하다가 청일전쟁에서의 승리가 확실해지자 내무대신 이노우에 가오루井上馨를 특명전권공사로 내보내 조선의 내정에 직접 간여하기 시작했다. 일본은 제1차 개혁을 반대하는 대원군을 축출하고, 고종에 압력을 가해 군국기무처를 해체한 후 일본 망명에서 돌아온 박영효와 서광범 등 변법파를 대신으로 입각시켜 더욱 친일적인 개혁을 추진했다. 1894년 12월에서 다음해 7월까지 추진된 개혁을 제2차 개혁이라 한다. 고종은 1894년 12월 12일(양력 1895. 1. 7) 종묘에 나아가 개혁의 추진을 서약하는 〈홍범 14조洪範十四條〉[11]를 발표하였다. 총 213건의 개혁안이 제정 실시된 제2차 개혁의 골자는 다음과 같다.

먼저, 정치개혁으로 의정부와 8개 아문을 내각內閣과 7부部로 바꾸고, 궁내부관제를 대폭 간소화하고 국왕의 근시기구인 규장각을 규장원奎章院으로 개칭하여 궁내부宮內府의 한 관서로 격하시켰다. 이는 국왕의 입지를 더욱 좁히는 결과를 가져왔다. 지방제도는 종전의 군현제를 폐지하고 전국을 23부府(관찰사), 337군郡(군수)으로 개편했다. 또한 탁지부 산하에 세금징수를 관장하는 관세사管稅司(9개소)와 징세사徵稅司(220개 소)를 지방에 두어 징세업무를 강화하고, 사법권을 행정부에서 독립시켜 군수의 1심재판 관할은 유지하고, 1심재판소로 지방재판소와 개항장재판소, 2심재판소로 순회재판소와 고등재판소를 설치했다.

군사 면에서는 훈련대訓鍊隊가 설치되었으나 이를 추진했던 박영효가 왕비 제거 반역음모의 혐의를 받고 외국으로 도망하여 실효를 거두지 못했다.

이상과 같은 두 차례의 갑오개혁은 갑신정변 이래 변법개화파가 추진해 오던 노선을 확대 발전시킨 것으로, 전통적인 통치 질서를 일본에 맞추어 바꾼 것이다. 이로써 제도상으로는 근대국가에 한층 가까운 모습을 갖추게 되었으나, 실제로는 국가의 주체성을 강화할 수 있는 국방과 의회제도에 대한 배려가 거의 없고, 일본의 조종을 받고 있는 내각에 실권을 몰아주어 일본이 침투할 수 있는 공간을 넓혀주는 결과를 가져왔다. 특히 왕권의 약화는 주권이 침해되고 있던 당시의 역사적 조건에서 볼 때 매우 부정적인 의미를 갖는 것이었고, 화폐제도의 경우는 노골적으로 일본경제의 침투를 위한 개악이었다. 농민의 고통을 덜어줄 수 있는 조세제도나 토지제도에 대한 배려가 없는 것도 이 개혁의 한계를 보여준다.

결과적으로 갑오개혁은 국왕은 물론이요 국민으로부터도 환영을 받지 못하고 오히려 심한 반발을 일으키는 계기가 되었다. 1년이라는 짧은 기간에 수백 건의 개혁안을 제정했다는 것

---

11) 〈홍범14조〉는 다음과 같다.
① 청국에 의존하려는 생각을 버리고 자주독립의 기초를 세운다. ② 왕실전범을 제정하여 왕위계승, 종친과 외척의 구별을 분명히 한다. ③ 임금은 각 대신과 의논하여 정사를 행하고, 종실·외척의 정치관여는 용납하지 않는다. ④ 왕실사무와 국정사무는 분리하여 서로 혼합하지 않게 한다. ⑤ 의정부와 각 아문의 직무권한을 명확히 제정한다. ⑥ 납세는 모두 법으로 정하고 함부로 세금을 거두지 못한다. ⑦ 조세의 부과와 징수, 경비 지출은 모두 탁지아문이 관할한다. ⑧ 왕실비용을 솔선절감하여 각 아문과 지방관청의 모범이 되도록 한다. ⑨ 왕실의 비용과 각 관부 비용은 1년 예산을 세워 재정의 기초를 확립한다. ⑩ 지방관제를 속히 개정하여 지방관리의 직권을 제한, 조절한다. ⑪ 나라의 우수한 젊은이들을 파견하여 외국의 학술과 기예를 보고 익히게 한다. ⑫ 장교를 교육하고 징병법을 정하여 군제의 기초를 확립한다. ⑬ 민법·형법을 재정하여 인민의 생명과 재산을 보호한다. ⑭ 문벌을 가리지 않고 널리 인재를 등용한다.

아소정 아흔 아홉 칸의 대저택으로 흥선대원군이 별장으로 쓰던 곳이다. 한국전쟁 후 동도중·공업고등학교 증축공사로 헐려 일부는 서울 서대문구 봉원사로 이전되었다.

이준용(1870~1917)

자체가 얼마나 무모한 개혁인가를 말해준다.

갑오개혁에 대한 최초의 반발은 대원군으로부터 시작되었다. 대원군은 이 개혁에 큰 불만을 품고 동학농민군 및 청군과 손잡고 고종을 폐위시킨 후 적손자인 이준용李埈鎔[고종의 친형인 이재면의 아들]을 왕위에 옹립하려고 했다. 그러나 대원군의 계획은 사전에 발각되어 실패로 끝나고 도리어 마포의 아소정我笑亭에 유폐당하고 말았다.

제3장 근대국가 – 대한제국의 성립과 몰락(1897~1910)

1. 일본의 명성황후 시해와 을미의병(1895~1896)

이노우에 가오루(1835~1915)
삼국간섭 후 미우라를
자기 후임으로 천거함으로써
일본정부의 대한정책을 무단으로
이끈 명성황후 시해의 주모자

일본의 협박과 강요 속에서 추진된 갑오개혁으로 입지가 좁아진 고종과 권력에서 밀려난 왕비는 일본을 견제할 대안세력으로 러시아를 선택했다. 이른바 인아거일引俄拒日 정책을 통해 자주성을 찾으면서 주체적인 동도서기東道西器의 개혁을 추진하기 위함이었다. 다시 말해 전통적인 국왕중심의 권력구조를 그대로 유지하면서 서양의 근대과학과 기술문화를 받아들여 자주적인 근대국가를 만들려는 개혁이었다.

마침 1895년 4월 일본의 중국진출을 우려한 러시아·프랑스·독일이 일본에 압력을 넣어[3국 간섭] 일본이 청일전쟁으로 획득한 랴오둥반도를 내놓게 하자, 일본을 견제할 수 있는 좋은 기회로 포착했다. 이를 눈치챈 친일 성향의 박영효는 선수를 쳐서 왕비를 폐위시키려고 하다가 도리어 음모가 발각되어 재차 일본으로 망명했다. 이를 기회로 고종과 왕비는 이해 8월 김홍집, 김윤식, 이범진李範晉, 박정양, 이완용李完用 등 미국 및 러시아와 가까운 인물을 등용하여 새로운 내각을 구성하고 반일정책을 추진했다.

친일세력의 실각에 불안을 느낀 일본은 또다시 폭력으로 정국을 뒤집어 놓기 위해 당시 친러외교를 주도하던 왕비를 먼저 제거하려고 음모를 꾸몄다. 이를 위해 일본은 이노우에 가오루井上馨 대신 육군중장 출신의 과격한 인물 미우라 고로三浦梧樓를 우리나라 주재 공사로 보냈다. 미우라는 일본인 수비대守備隊와 경찰 그리고 신문기자 등을 규합하여 1895년 8월 20일[양력 10. 8] 새벽 경복궁을 습격하여 왕비(1851~1895)를 시해하는 만행을 저질렀다.[12] 홍계훈洪啓薰을 비롯한 시위대侍衛隊 군인들이 경복궁에서 저항했으나 흉도들을 막지 못했다. 45세의 왕비는 시해된 뒤 시체가 불살라져 우물에 버려졌다. 이 사건은 우리 국민의 분노는 물론 국제적 비난을 크게 불러 일으켰는데, 일본은 국제여론에 밀려 미우라 고로 일당을 송환하여 히로시마 형무소에 가두고 재판하는 체하다가 증거불충분을 이유로 무죄판결을 내렸다. 이 사건을 '을미사변乙未事變'이라고 부른다.

미우라 고로(1846~1926)
주한공사로 부임한 후 명성황후
시해 실행을 지휘한 종범격의
현장 책임자

---

12) 일본은 명성황후 시해를 위해 이른바 '여우사냥'이라는 작전계획을 세웠으며, 황후 시해의 비난을 희석시키기 위해 조선인 훈련대 군인과 마포 아소정에 유폐되어 있던 대원군을 강제로 궁중으로 데리고 와서 마치 한국인이 명성황후를 시해한 것처럼 보이게 했다.

왕비가 시해되기 전후하여 고종은 일본의 강요로 제3차 김홍집내각(1895. 8~1895. 10)과 제4차 김홍집내각(1895. 10~1896. 2)을 잇달아 조직하고 140여 건의 법령을 제정, 공포했다. 그 주요한 것을 보면 ① 태양력 사용, ② 연호제정[建陽], ③ 서울에 소학교 설치, ④ 서울에 친위대親衛隊, 지방에 진위대鎭衛隊를 설치, ⑤ 단발령斷髮令 등이다.

제3차 갑오개혁이라고도 불리는 이번의 조치에 대하여 국민은 거센 반발을 일으켰다. 태양력의 사용은 음력으로 해오던 전통적인 명절이나 제사 등을 없애는 것을 의미하며, 단발령은 부모에 대한 불효를 의미할 뿐 아니라, 단발령과 함께 양복·모자·빗·포마드 등 복장의 변화에 따라 일본상품이 들어올 것을 두려워했다. 그래서 "목을 자를 수는 있어도 머리털[상투]은 자를 수 없다"는 것이 대다수 국민의 생각이었다.

국민들은 국모시해와 단발령에 항거하여 마침내 일본과 친일파 관료들을 응징하기 위한 무력투쟁을 일으켰다. 이 투쟁은 전국 각지의 유생들이 주동하여 일어났고, 충의忠義를 위해 역적을 토벌한다는 명분을 내걸었기 때문에 의병義兵이라고 부르고, 을미년(1895)에 일어나서 '을미의병'이라고도 한다. 고종과 민씨척족이 의병운동을 배후에서 지원했다.

을미의병의 대표적인 의병장은 경기도 이천과 여주의 박준영朴準英(약 2천 명), 춘천의 이소응李昭應(약 1천 명), 제천의 유인석柳麟錫과 서상열徐相烈, 강릉의 민용호閔龍鎬, 홍주의 김복한金福漢, 산청의 곽종석郭鍾錫, 문경의 이강년李康秊, 전라도 장성의 기우만奇宇萬 등이었다. 이들은 관군 및 일본군과 격전을 벌이면서 지방의 친일관료들을 처단했으며, 군사시설을 파괴했다.

왕비를 잃은 고종은 다음에 자신이 시해당할 것을 예감하고 경복궁을 벗어나 서양공사관들이 몰려있는 정동貞洞으로 피신하려 했다. 이에 이범진·이재순 등 정동구락부의 친위관료들이 미국공사관의 협조를 얻어 11월 27일 친위쿠데타를 일으켜 고종을

명성황후 조난지 경복궁 향원정 뒤편 건청궁의 곤녕합

러시아공사관 전경 서울 중구 정동 정동문화예술회관 뒤, 오른편 전망탑만이 현재 남아 있다.

명성황후 장례식 큰 상여가 경운궁 정문인 인화문 앞에서 출발하고 있는 장면(1897. 11. 22), 사진: 프랑스 신부 아라베크

구출하여 미국공사관으로 피신시키려다 사전에 발각되어 실패했다. 이를 '춘생문사건'이라 한다. 그 뒤 친위관료들은 다시금 고종을 구출하기 위해 1896년 2월 11일 새벽 궁녀[뒤의 엄귀비]가 타는 가마에 고종과 태자를 태워 러시아공사관으로 모셨다. 이 사건을 '아관파천俄館播遷'이라 한다.

국왕이 러시아공사관으로 피신하여 1년간 머무는 동안 조선은 러시아 황제 대관식에 민영환閔泳煥 등을 특명전권대사로 파견하기도 하고(1896. 5), 러시아의 군사 및 재정고문을 받기로 했다. 러시아는 일본과 각서[베베르-고무라 각서, 1896. 5. 14]를 맺어 일본을 견제해주어 국왕의 운신의 폭은 그만큼 넓어질 수 있었다.

다만, 구미 여러 나라들이 이틈에 각종 이권을 얻으려고 접근하여 철도, 광산, 삼림 등에 관한 이권을 넘겨주었다.[13] 그러나 일본은 이미 열강 가운데 가장 많은 이권을 가지고 있어 구미열강에 이권을 양여한 것은 일본의 독점적 침투를 견제하는 의미도 있었다. 하지만, 일본은 러시아의 견제로 조선에서의 독점적 이권을 잃는 것이 두려워 마침내 1904년 러일전쟁을 일으키게 된 것이다.

러시아와 일본의 세력균형이 이루어진 이 시기부터 1904년 러일전쟁이 일어날 때까지 약 8년간은 국가가 상대적으로 자주성을 높일 수 있었던 시기였으며, 이러한 분위기 속에서 대한제국大韓帝國이 탄생하게 된 것이다.

러시아 공사관에 있던 고종은 바로 친일관료의 체포령을 내렸다. 이에 총리 김홍집과 중인 출신 대신 정병하鄭秉夏 등은 광화문 앞에서 성난 군중에게 맞아 죽고, 어윤중魚允中은 용인으로 피난가던 중 지방민에 의해 맞아 죽었다. 유길준, 조의연 등은 일본으로 도망했으며, 김윤식은 제주도로 유배되었다. 이들을 대신하여 이완용, 이범진, 윤치호 등이 새 내각을 구성했다.

2. 대한제국 성립과 광무개혁(1897. 10~1907)

일본의 국모시해 만행과 일본이 주도하는 갑오개혁 이후의 일련의 급진적 제도개혁은 일반국민의 크나큰 반발을 샀다. 이에 항거하여 의병운동이 일어나고 반일적 정서가 팽배하였다. 특히 갑오개혁과 을미사변으로 위축된 국가의 주권을 지키고 고종의 위상을 높여야 한다는 여론이 높아갔다. 이런 국민정서에 힘입어 고종은 친일내각이 시행한 새로운 제도의 일부를 옛날로 되돌려 놓았다. 단발령을 폐지하고, 내각제를 폐지하여 의정부제도를 복구했으며, 음력을 국내용으로 부활시키고, 양력은 대외용으로 병행했다. 23부로 개편되었던 지방행정구역을 13도로 환원했다.

제도의 복고적 수정과 아울러 고종이 황제皇帝로 등극하여 우리나라가 자주독립국가임을 전 세계에 알리고, 일본에 복수해야 한다는 여론이 팽배되면서 전국 각지의 전직관료와 유생

---

13) 미국에는 서울-인천 간의 철도부설권과 운산 금광개발권(1899), 서울의 전차운영권[한미합작]을 주고, 러시아에는 함경도 경원, 경성의 광산채굴권과 압록강 유역과 을릉도의 삼림채벌권, 그리고 동해안지역의 어업권을 주었으며, 영국에는 인천에 은행설립권과 은산금광채굴권을, 프랑스에는 서울-의주 간 철도부설권을, 독일에는 강원도 당현금광채굴권을 양여했다.

황궁우와 석고 현재 환구단 터에는
위패를 모신 황궁우와 석고 3개가 남아있다.

환구단 사적 157호, 1913년 일제에 의해 헐리고 그 터에는
지금 조선호텔이 들어서 있다. 서울 중구 소공로 소재

그리고 서울시민 등 각계각층이 몇 달 동안 칭제稱帝를 요청하는 상소를 줄기차게 올렸다. 청일전쟁으로 청의 간섭이 약화되고, 러시아의 견제로 일본의 간섭이 주춤해진 이 기회를 주권과 왕권을 강화하여 근대국가로 재탄생하는 호기로 포착한 것이다.

고종은 국민의 열화와 같은 여망에 따라 새로운 근대국가를 만들 것을 결심하고 러시아 공사관에 거처하는 동안 바로 옆에 있는 경운궁慶運宮[뒤의 덕수궁][14]을 대대적으로 증축하여 장차 정궁正宮으로 이용할 준비를 갖추었다. 그리고 여론에 따라 1897년 2월 20일 러시아 공사관에서 1년 만에 경운궁으로 돌아왔다. 경복궁이나 창덕궁 대신 이곳을 택한 것은 미국·러시아 등 서양 여러 나라의 공사관이 가까이에서 보호하기 때문에 일본이 접근할 수 없는 점을 이용한 것이다.

장충단비 1895년 을미사변 때 순국한 홍계훈, 이경직 등 충신열사들의 영령을 추모하기 위해 1900년 세운 사당에 지금은 장충단비만 남아 있는데, 앞면은 순종이, 뒷면은 민영환이 각각 썼다.

환궁 후에 고종은 친일개화파와 갈등을 빚어 온 김병시金炳始, 정범조鄭範朝 등 동도개화파들을 등용하고, '구본신참舊本新參'과 '민국民國' 건설의 건국이념 아래 교전소校典所(1897. 3. 23)와 사례소史禮所(1897. 6. 3)라는 기구를 설치하여 근대국가 수립에 필요한 제도를 준비해갔다. '구본신참'은 '동도서기'와 마찬가지로 옛것을 근본으로 하고 서양문물을 절충한다는 뜻이요, '민국' 이념은 영·정조 이후 성숙되어온 소민小民 위주의 국가를 건설하겠다는 뜻이다. 고종은 특히 정조의 통치이념을 가장 존중했으며, 명나라의 관제官制를 많이 참고하여 새 나라의 틀을 구상했다.

고종은 드디어 1897년 8월 16일 연호를 광무光武라 고쳐 부국강병의 기치를 내세우고, 이해 10월 12일 문무백관을 거느리고 이미 건설해 놓은 제천단인 환구단圜丘壇[지금의 조선호텔 자리]에 나아가 황제즉위식을 거행하여 당당한 자주국가임을 선언하고, 외국 공사들의 축하를 받았다. 국호를

---

14) 경운궁은 본래 성종의 형 월산대군月山大君의 집이었으나, 선조가 임진왜란 후 이곳에서 정사를 돌보았고, 광해군 때 경운궁이라 했으며, 인목대비를 이곳에 유폐시켰다. 고종이 러시아공사관에서 이곳으로 옮겨온 이후 중화전中和殿 등 많은 건물을 세우고, 1905년 대안문大安門을 수리하면서 대한문大漢門으로 개칭했다. 1910년에는 서양식 석조건물인 석조전石造殿이 건립되었다. 1907년에 고종황제가 강제로 퇴위당하면서 이름을 덕수궁으로 고쳤다.

홍릉 명성황후는 1897년 청량리(홍릉)에 안장되었다가, 1919년 고종과 함께 남양주에 합장되었다. 이곳에는 뒤에 순종황제가 안장되어 순종의 능을 유릉이라 한다. 경기도 남양주시 홍유릉로

덕수궁[경운궁] 중화전 보물 819호, 덕수궁의 중심 건물로 임금이 하례를 받거나 국가 행사를 거행하던 곳 서울 중구 세종대로 99

삼한, 즉 삼국三國의 옛 영토를 모두 아우르는 대국을 건설한다는 뜻으로 '대한大韓'으로 바꾸었다. 왕비 민씨는 명성황후明成皇后로 추존하여 명예를 회복시켰으며, 1900년에는 을미사변 때 순국한 홍계훈洪啓薰, 이경직李耕稙 등의 애국지사를 추모하기 위해 장충단奬忠壇을 세웠다.

1897년 11월 22일 그동안 2년 이상 미루어 온 명성황후 장례식을 치러 청량리 홍릉洪陵[15]에 안장했다. 이어 1899년 8월 17일에는 법규교정소法規校正所라는 특별 입법기구를 통해 9개 조에 걸친 '대한국국제大韓國國制'를 발표하여 당시 국제법인 '만국공법萬國公法'에 기초한 근대국가의 모습을 확실하게 갖추었다.

대한제국의 헌법이라 할 수 있는 '대한국국제'는 황제에게 육해군의 통수권, 입법권, 행정권, 관리임면권, 조약체결권과 사신임면권 등 모든 권한을 집중시켰다. 황제권을 제약할 가능성이 있는 의회나 국민의 참정권 그리고 사법권 등에 대해서는 규정을 두지 않았다. 이는 민권에 대한 배려가 없어서가 아니라 재야의 독립협회활동이 서구적인 민권운동으로 발전되면서 왕조질서를 부정하는 방향으로 나가는 것을 우려한 까닭이었다. 대한제국은 일차적으로 국가주권의 수호를 가장 긴급한 현안으로 간주하고, 황제권을 매개로 위로부터 주체적 근대화를 이룩함으로써 대외적으로 자주독립을 강화하고, 안으로 소민 위주의 민국民國을 건설하는데 목표를 두었다. 고종황제가 추진한 개혁을 '광무개혁'이라 부르기도 한다.

대한제국은 경운궁을 정궁正宮으로 삼고 법전法殿인 중화전中和殿[16]을 1902년에 건설하여 경복궁의 근정전, 창덕궁의 인정전과 비슷한 면모를 갖추었다. 그리고 1902년 평양을 서경西京으로 높이고 이곳에 풍경궁豊慶宮이라는 궁궐을 건설하여 양경兩京 체제를 갖추었으며, 여기에 황제와 황태자의 어진御眞[초상화]을 봉안했다. 서북철도를 건설하려고 한 것이나 의주에 이르는 통신선을 가장 먼저 건설한 것도 만주로의 진출을 목표로 한 것이었다. 대한제국은 황제국가에 어울리도록 역대 임금들의 위상을 높여 태조와 직계 4대조인 장조(사도세자), 정조, 순조, 익종을 황제로 추존하고,[17] 왕세자는 황태자로, 왕자는 왕으로 봉했다.

---

15) 1919년에 고종황제가 세상을 떠나자 명성황후의 홍릉을 남양주시로 이장하고, 이곳에 고종황제를 합장하여 오늘에 이르고 있다.

16) 1902년에 건설한 중화전은 1904년에 원인모를 화재로 소실되었는데, 예산이 부족하여 2층 지붕으로 되어 있던 중화전을 단층지붕으로 바꾸어 재건하여 오늘에 이르고 있다.

17) 태조는 태조고황제太祖高皇帝, 사도세자는 장조의황제莊祖懿皇帝, 정조는 정조선황제正祖宣皇帝, 순조는 순조숙황제純祖肅皇帝, 익종은 문조익황제文祖翼皇帝로 추존했다.

대한제국은 무엇보다도 국가의 주권과 독립을 실질적으로 밑받침할 수 있는 국방력과 재정력을 키우고, 산업화에 힘을 쏟았다. 먼저 황제가 군권을 장악하기 위해 1899년 7월 원수부元帥府를 설치하고, 황제가 대원수를 겸했으며, 황제를 호위하는 시위대侍衛隊와 지방의 진위대鎭衛隊를 대폭 증

양무함 1903년에 구입한 신식군함, 길이 103.8m, 폭 12.3m, 무게 3,436t 사진은 해사박물관 소장

프러시아식 정장을 한 고종황제 (1852~1919)

강하고, 원수부 안에 육군헌병대를 설치했다. 또 고급장교를 양성하기 위해 무관학교武官學校를 설립했다. 1903년에는 해군력을 강화하기 위해 일본 미쓰이三井로부터 3,436t의 독일 군함을 구입하여 양무함揚武艦이라고 불렀다. 황제는 대원수의 복장으로 프러시아식 군복을 착용하여 위엄을 높였다.

1902년 국가國歌(에케르트 작곡)와 어기御旗(태극기),[18] 친왕기親王旗 및 군기軍旗, 훈장勳章(태극장) 등을 제정했다. 여기서 태극을 깃발과, 훈장, 그리고 궁궐의 전각 이름으로 널리 사용한 것을 알 수 있다. 바로 이런 대한제국의 상징물이 지금 대한민국으로 이어져 오고 있다.

1902년 국내외 정보를 수집하는 황제직속기관으로 익문사益聞社를 설치하고, 블라디보스토크와 간도[두만강 이북] 지방으로 이주한 교민을 보호하고 그곳을 영토로 편입하기 위해 해삼위통상사무관海蔘崴通商事務官과 북변도관리北邊島管理를 설치했다. 1900년에는 독도獨島를 울릉군에 속한 속도屬島로 명확하게 행정적으로 편입시켰다.

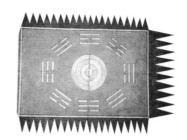

어기御旗 31.5×24cm, 서울대학교 규장각 한국학연구원 분류번호 26192

정부의 조세수입을 늘리고 근대적인 토지소유권을 확립하기 위해 1898년 양지아문量地衙門을 설치하고 1899~1903년 사이에 미국인 측량사를 초빙하여 두 차례에 걸쳐 토지조사사업[量田]을 실시하고, 토지소유증서인 지계地契를 발급하는 사업을 실시했다. 그 결과 전국 토지의 3분의 2 가량의 토지가 소유권이 확인된 소유주에게 토지소유증서인 지계를 발급해 주었다. 이로써 근대적 토지소유권이 확립되고, 국가재정이 개선될 수 있는 토대가 마련되었다.

한편 종래 탁지부 또는 농상공부에서 관리하던 광산, 홍삼, 포사[푸줏간], 철도, 수리사업 등의 수입은 황제직속의 궁내부 내장원內藏院으로 이관하여 황제가 직접 지출할 수 있게 했다. 황제는 신분이 낮은 이용익李容翊[19]을 깊이 신임하여 그로 하여금 내장원재정을 관리하게 하고, 군

---

18) 태극기를 어기 및 국기로 만든 것은 이미 1880년대에 외국과 통상조약을 맺을 당시 이미 만든 것을 약간 수정한 것이다. 태극기는 조선시대에도 명나라, 청나라 사신이 올 때 우리나라 영접사들이 들고 나간 깃발로 이를 개화기에 국기로 정한 것 뿐이다. 태극기를 국기로 정할 때 청나라는 청나라 깃발인 용기龍旗와 비슷하게 만들 것을 요청했으나 고종이 이를 거절했다.

이용익(1854~1907)

대양성, 공장건설, 회사설립, 학교건립, 각종 황실행사, 외국도서수입 등에 지출하고, 때로는 반일의병을 지원하기도 했다. 1905년 을사늑약의 무효를 세계에 알리기 위해 헤이그에 밀사密使를 파견한 비용도 여기서 나왔다. 재정권을 황제에게 직속시킨 것은 일본의 방해를 막기 위함이었다.

식산흥업殖産興業이라는 이름으로 이루어진 과학기술 및 상공업진흥정책도 상당한 성과를 거두었다. 근대적 기술학교로 기예학교技藝學校, 의학교醫學校, 상공학교商工學校, 외국어학교 등을 설립하고, 황실 스스로 방직, 제지, 금은세공, 목공예, 무기제조, 유리공장을 설립하거나 민간회사의 설립을 지원했다. 지방의 영세상인인 보부상을 지원하기 위해 상무사商務社를 조직하여 상업특권을 부여하고 영업세의 징수도 상무사에 맡겼다.

정부는 산업진흥을 위한 교통, 통신사업에도 깊은 관심을 기울였다. 먼저 서북철도국西北鐵道局을 설치하여 서울과 의주義州를 연결하는 경의철도 부설을 최우선사업으로 시도했다. 이는 만주로의 진출을 촉진시키기 위함이었다. 또한 교통과 통신을 근대화하고 서울을 근대도시로 만들기 위해 전화電話를 가설하고, 서대문과 청량리 홍릉 간에 전차電車(1898) 선로를 부설하는 등 근대적인 도시계획을 추진했다. 서울은 동양에서 교토 다음으로 전차가 다니는 도시로 변모했는데, 이는 한미합작으로 이루어진 것이었다.

한편 박기종朴琪淙을 비롯한 관료와 민간자본가들이 대한철도회사 등 토건회사를 설립하여 자력으로 경의철도의 부설을 시도했다. 또한 외국 면제품수입에 대항하여 민간인들의 면직물공장을 서울 부근에 건설하게 함으로써 자급능력을 키워갔다.

대한제국은 국제사회와 교류하기 위해 1899년에 만국우편연합에 가입하고, 1900년에는 프랑스 파리에서 열린 만국박람회에 참여했으며, 1903년에는 일본 오사카 박람회에도 참여했다. 이해 서울에서 만국박람회를 개최하려고 했으나 이루어지지 못했다. 1903년에는 국제적십자 활동에도 참여했다. 요컨대 광무개혁은 정치제도면에서는 전제군주제를 강화한 것이지만, 강력한 황제권을 바탕으로 짧은 기간 안에 국방, 산업, 교육 그리고 기술면에서 놀랄 만한 정도로 근대화의 성과를 거두었다. 만약 일본의 침략과 방해가 없었다면 대한제국은 빠른 속도로 근대산업국가로 진입할 수 있었을 것이다.

---

19) 이용익(1854~1907)은 함경도 명천明川 출신 서민으로 보부상을 하면서 모은 돈으로 금광에 투자하여 거부가 되었다. 재산을 왕실에 기부하여 왕과 왕비의 신임을 얻은 후 1897년에 내장원경內藏院卿이 되어 왕실재산을 착실하게 관리했다. 그 뒤 탁지부대신, 전환국장, 서북철도국총재, 원수부 회계국장, 중앙은행총재 등 요직을 거치면서 대한제국의 광산업, 철도업, 금융업, 직조업, 사기업砂器業, 총포업, 제지업, 인쇄업 등 식산흥업정책의 핵심적 인물로 활약했다. 성격이 우직하면서도 청렴하고 식견이 탁월하여 친러반일정책으로 일관했다. 러일전쟁이 일어나자 일본은 그를 체포하여 일본으로 납치해 회유했으나 포섭하지 못했다. 1905년 1월에 귀국한 후 항일투쟁의 선봉에 서면서 민족의 역량을 키우기 위해 사비로 보성소학普成小學, 보성중학普成中學을 세우고, 출판사인 보성관普成館, 인쇄소인 보성사普成社를 세웠다. 1905년 을사늑약이 체결되자 고종의 밀서密書를 가지고 프랑스로 가던 중 산동에서 일본 관헌에 발각되어 좌절되었다. 그 후 그는 공직에서 파면되어 해외에서 독립운동을 전개하다가 블라디보스토크에서 세상을 떠났다.

3. 독립협회의 민권운동(1896. 7~1898. 12)

을미사변 이후 친일내각이 들어서자 변법개화파가 득세하는 가운데 갑신정변 직후 미국으로 망명했던 변법개화파의 한 사람인 서재필徐載弼(1864~1951)이 귀국하여 서구시민사상을 퍼뜨리는 계몽운동을 시작했다. 러시아공사관에 있던 고종은 그에게 재정을 지원하여 1896년 4월부터 〈독립신문〉을 발간하기 시작했다. 순한글로 주 3회[나중에는 일간] 발간되었던 이 신문은 평이한 문체로 많은 독자층을 확보하고 지방에까지 지사가 설치되었다. 신문의 논조는 주로 서구의 자유·민주·평등사상과 일본의 신문명을 찬양하고, 유교문화와 중국을 야만시하는 것으로 채워졌다. 〈독립신문〉이 표방하는 '독립'은 청나라로부터의 독립을 의미했다.

당시 정부의 친미, 친러적인 고급관료들은 서재필을 고문으로 추대하고 1896년 7월 독립협회獨立協會라는 사교단체를 결성했다. 이 단체는 서대문 밖의 영은문迎恩門을 헐고 그 자리에 독립문(1896. 11)을 세우고, 모화관慕華館을 개조하여 독립관(1898. 5)을 만들기 위한 모금운동에 나섰는데, 황태자가 거금을 내어 준공했다.

그러나 1897년 8월 대한제국이 성립할 무렵부터 윤치호尹致昊, 이상재李商在, 남궁억南宮檍, 정교鄭喬, 나수연羅壽淵 그리고 학생 시민들이 참여하면서 점차 계몽단체로 바뀌어가고, 대한제국이 성립한 뒤에는 정치단체로 확대되어 갔다. 남궁억, 정교, 나수연은 〈황성신문皇城新聞〉 계열의 동도개화파, 즉 유교문화를 긍정하는 인사들로서 변법파와 시각이 다소 달랐지만 황제권을 강화하려는 자신들의 노선을 관철하기 위해 독립협회에 참여했다. 그 결과 1898년 10월경 독립협회 회원은 약 4천 명에 이르렀다.

독립협회 활동이 절정에 이른 것은 1898년(광무 2) 10월 종로 광장에서 관민공동회官民共同會를 개최했을 때였다. 정부의 대신[박정양 등]들은 물론이요, 지식인·학생·여성·상인·승려, 심지어 백정에 이르기까지 각계각층의 서울 시민이 모인 군중대회에서는 6가지 건의문을 채택하여 황제에게 올리기로 결의했다. 〈헌의 6조獻議六條〉로 불리는 건의문의 내용은 다음과 같다.

1. 외국인에게 의부依附하지 않고 관민官民이 동심협력해 전제황권을 공고히 할 것
2. 광산·철도·탄광·삼림의 개발 및 차관借款·차병借兵의 외국과의 조약은 각부 대신과 중추원 의장이 합동으로 서명하지 않으면 시행되지 못하게 할 것
3. 전국의 재정은 모두 탁지부에서 관할하여 다른 기관이나 사회사私會社가 간섭하지 못하게 하고, 예산과 결산을 인민에게 공포할 것
4. 죄인을 재판에 회부하되 피고가 자복自服한 후에 시행할 것
5. 칙임관은 황제가 정부의 과반수의 찬성을 받아 임명할 것
6. 장정章程을 실천할 것

이 건의문은 각부 대신과 중추원의 의회기능을 강화하여 황제의 전제권을 인정하되 입헌군주제立憲君主制로 바꿀 것을 목표로 한 것이었다. 고종황제는 1898년 11월 이 건의문을 받아들여 시행할 것을 약속하고, 중추원을 의회로 개편하기 위해 중추원 의원(50명)의 절반을 독립협

독립문과 독립관(1898년경) 왼쪽 돌기둥이 영은문 기둥, 자료: 한국독립운동사 사전   서재필(1864~1951)

회 회원 중에서 뽑고, 나머지 절반은 관선으로 할 것을 제정·공포했다.

그런데 개혁을 실천하기도 전에 독립협회가 황제를 폐위하고 공화국共和國을 건설하여 대통령에 박정양, 부통령에 윤치호 그리고 각부 장관을 독립협회 회원이 차지한다는 보고가 황제에게 전달되었다. 이 보고는 뒷날 조병식趙秉式의 무고로 판명되었지만, 사실은 대한제국의 성장을 두려워한 일본이 독립협회 지도부의 일부 친일인사를 사주하여 반정부투쟁을 벌이도록 유도하면서 성격이 변질되기 시작했다. 황제폐위설에 놀란 고종은 이상재李商在를 비롯한 독립협회 간부 17명을 구속하고 독립협회 해산 명령을 내리고, 조병식을 중심으로 한 보수세력을 등용했다.

독립협회 간부를 구속하고 협회를 해산하자 친일 회원들과 일부 서울 시민들은 경무청 앞과 종로에서 '만민공동회萬民共同會'라는 대중집회를 계속 열면서 정부의 조처에 항의하는 시위를 벌였다. 위기에 몰린 황제는 보부상 단체인 황국협회皇國協會 회원 2천여 명을 동원하여 곤봉으로 만민공동회를 습격하게 하고, 군대와 순검을 풀어 강제로 해산시켰다(1898. 12). 이로써 독립협회운동은 30개월 만에 종말을 고했다.

일본의 사주를 받은 만민공동회 운동은 시민의식이 아직 성숙하지 않은 상황에서 조급하게 서구식 입헌군주제 국가 또는 공화국을 세우려 했기 때문에 황제는 물론이요 지방의 유생과 농민층, 보부상과 같은 소상인의 지지를 얻어내지 못했다. 또한 독립협회의 외세배척운동은 주로 러시아를 향했고, 미국과 영국 그리고 일본에 대해서는 우호적 경향이 있었다. 당시 러시아는 부산 절영도[지금의 영도]를 석탄 저장기지로 이용하기 위해 조차하려고 했으나, 우리나라를 속국으로 만들려는 위험성은 아직 보이지 않았으므로 러시아의 남하가 일본을 견제하는 효과가 있었다.

그러므로 러시아를 견제하려는 독립협회의 공격은 전략상으로 현명한 일이 아니었다. 특히 독립협회의 회장이던 윤치호尹致昊(1865~1945)는 일본수상을 지낸 이토 히로부미伊藤博文가 1898년 8월 유람을 명목으로 정탐차 우리나라에 왔을 때 독립문을 그린 은다경銀茶鏡을 선물하면서 환대했는데, 이러한 행동은 독립협회 안에서도 비판의 대상이 되었다.

4. 일본의 주권 탈취

1) 일본의 침투와 러일전쟁(1904~1905)

고종황제의 광무개혁은 서구식 민주주의는 아니었지만 식산흥업의 경제정책과 국방강화 그리고 열강 간의 세력균형 유지정책은 상당한 효과를 거두고 있었다. 궁내부가 광산, 철도, 인삼, 포사 등을 직접 관장한 것도 이들의 이권을 열강에게 넘겨주지 않으려는 의도가 있었으며, 국가재정을 한층 충실하게 만드는 효과를 가져왔다.

전차(1903년경)

정부는 아관파천 직후 서양 열강에 광산, 철도, 삼림, 어업 등의 이권을 넘겨주었지만, 그 이득의 일부를 세금으로 징수하여 국가재정에 보탰다. 그런데 한국에서의 독점적 이득을 취하려는 일본은 이미 가장 많은 이득을 얻고 있으면서도 대한제국 성립 후 군대파견을 협박하면서 경부철도(1898)와 경인철도 부설권(1899)을 얻어냄으로써 한반도의 남북을 관통하는 주요 간선철도를 모두 장악했다. 이 철도부설공사로 많은 농민들이 토지를 빼앗기고, 또 철도공사에 강제로 동원되어 막대한 피해를 입게 되었다. 농민들이 을미의병 이후 또다시 반일의병운동을 일으키게 된 주요 이유가 여기에 있었다.

일본은 철도뿐만 아니라 여러 지역의 금광과 전국 각지의 어업권을 획득했으며, 무역분야에 있어서도 대한제국 수출의 80~90%, 수입의 60~70%를 차지했다. 일본은 주로 무명제품을 들여오고, 쌀, 콩 등 식량 등을 가져갔다. 또 서울을 비롯한 개항장 일대에 은행을 설치하여 금융시장을 잠식했다. 일본에서는 사용할 수 없는 '제일은행권'이라는 지폐를 강제로 통용시키기도 했다.

서울 종로거리(1905년)

일본의 경제침투는 농민, 어민, 부두노동자 그리고 소상인들의 처지를 더욱 어렵게 만들었다. 이에 전라도 일대에서는 동학농민전쟁의 연장선상에서 다시금 하층농민들의 저항운동이 일어났다. 1898~1899년에 일어난 이른바 영학당英學黨의 운동이 그것이다. 그리고 충청·경기·경상도 일대에서는 행상, 무직자, 빈농, 노동자, 걸인이 활빈당活貧黨(1900~1905)을 조직하여 외국의 경제적 침투에 항의하면서 일본상인과 부자들을 습격했다. 활빈당이라는 이름은 〈홍길동전〉의 활빈당처럼 의로운 도적이 되겠다는 뜻이 담긴 것이다.

수천 명에 달하는 지방의 보부상들이 황국협회皇國協會

학살당하는 한국인(1905년 1월, 철도파괴혐의)
자료: 헐버트, *Passing of Korea*.

를 조직하고, 서울의 시전상인들이 황국중앙총상회皇國中央總商會를 조직한 것도 일본상인들의 경제적 침투에 대항하여 전통적인 상권을 지키기 위함이었다.

일본은 우리나라에 대한 독점적 지배권을 확보하기 위해 가장 강력한 경쟁자인 러시아의 침투를 저지하는 데 총력을 기울였다. 1896년 5월 베베르-고무라(Weber-小村) 각서를 시작으로 잇달아 러시아와 의정서(1896. 6), 협약(1898. 4) 등을 맺으면서 러시아를 견제해 오던 일본은 1902년 1월 영일동맹을 맺어 우리나라에 대한 특수권익을 영국으로부터 인정받았다. 영국은 중국의 의화단義和團의 난(1900)을 함께 진압한 뒤 만주를 차지하려고 획책하고 있던 러시아를 견제하기 위해 일본의 조선독점을 승인하는 대신에 청에 대한 지배권을 보장받았다.

영일동맹에 의해 입지가 강화된 일본은 러시아를 무력으로 제압하기로 결심하고, 먼저 외교교섭을 벌여 우리나라에 대한 내정간섭을 인정할 것과 만주에 대한 경제침투를 허용할 것을 러시아에 요구했다. 그러나 러시아는 오히려 일본이 한반도를 군사적으로 이용하지 말 것과 북위 39도 이북의 땅을 중립지대로 만들 것을 제안했다. 러시아는 일본의 경부철도부설이 군사적으로 이용될 것을 우려한 것이다.

협상에 실패한 일본은 바로 전쟁에 돌입했다. 일본은 경부철도를 빨리 건설할 것을 명령하고(1903. 12), 1904년 2월 최후통첩과 함께 인천 월미도에 정박하여 있던 러시아 군함(1903. 12. 입항)을 습격하고, 랴오둥반도의 뤼순항旅順港을 기습공격했다(1904. 2). 이로써 러일전쟁이 벌어진 것이다. 이보다 앞서 대한제국 정부는 러일전쟁을 예상하여 미리 국외중립을 선언했다(1904. 1).

2) 을사늑약(1905), 정미조약(1907), 경술국치(1910)

일본은 무력으로 러시아를 선제공격하여 전쟁을 도발함과 동시에 우리나라에 대한 독점적 지배권을 명문화하기 위해 서울을 점령한 후 대한정부에 '한일의정서韓日議定書'(1904. 2)의 체결을 강요했다. 이 의정서는 일본이 대한제국의 독립과 영토보존을 위한다는 핑계로 정치적 간섭과 군사적 점령을 할 수 있도록 규정한 것이다. 이에 따라 경부철도(1905. 5. 28 개통)와 경의철도 그리고 마산철도의 부설이 강행되었다. 앞서 1900년에 부설된 경인철도와 아울러 우리나라 주요 간선철도가 전쟁을 위한 군용으로 건설되었으나, 토지와 노동력을 강제로 징발당한 주민들의 분노와 저항이 거세게 일어났다. 일본은 또한 1905년 울릉도의 속도인 독도獨島[20]를 강제로

---

20) 울릉도의 속도인 독도는 우산도于山島, 삼봉도三峰島, 자산도子山島 등으로 불렸는데, 신라 지증왕 13년(512)에 울릉도于山國가 신라영토로 편입된 이후 독도도 고려, 조선조 말에 이르기까지 우리나라 영토로 내려왔다. 그리하여 《세종실록》〈지리지〉나 《동국여지승람》 등 각종 지리지에 울릉도와 우산도(독도)가 함께 기록되어 있으며, 조선시대 각종 고지도에도 우산도가 그려져 있는 경우가 많다. 조선 후기에는 울릉도에 대한 지배권이 강화되면서 숙종 때부터 삼척영장三陟營將이 관할하게 되었으며, 1895년부터 도장島長을, 1898년부터 도감島監을 중앙에서 파견했다. 그 후 1900년에 대한제국은 울릉도를 울도군으로 승격시키고, 그 관할구역으로 울릉전도鬱陵全島와 죽도竹島 그리고 석도石島를 함께 규정해 놓았다. 여기서 석도란 바로 독도를 의미한다. '석도'를 훈독하면 '돌섬' 또는 '독섬'이 된다. 1905년 2월 일본이 독도를 일본의 시마네현島根縣에 편입시킬 당시에 의정부 참정대신 박제순朴齊純은 독도가 대한제국의 영토임을 지령指令 제3호(1906. 5. 20일자)로 분명히 밝혀 놓았다. 일본이 독도를 '다케시마'로 부르는데, 여기서 '다케'는 한국말의 '독' 또는 '돌'과 같은 말이다. 그런데도 이를 한자로 바꿔 '죽도竹島'라고 쓰고 있는데, 독도에는 대나무가 없다. 따라서 '죽도'라는 지명은 한국말을 억지로 피하기 위해 조작한 말에 불과하다.

약탈하여 시마네현島根縣에 귀속시켰다.

일본은 한국주차군(1904. 3)을 설치하고 군사경찰제(1904. 7)를 실시하여 군대와 경찰이 우리나라를 지배하는 체제로 만들어 갔다. 한걸음 더 나아가 대한제국의 내정에 속속들이 간섭하기 위하여 이른바 '한일협정서'(제1차 한일협약, 1904. 8)를 강제로 맺고, 일본이 추천하는 외국인 고문을 두게 했다. 한일협정서에 따라 일본인 메가타 다네타로目賀田種太郎가 재정고문으로 와서 '재정정리'라는 이름으로 재정권을 박탈하고, 황제가 근대화사업기금으로 축적한 황실 재산을 해체시켜 갔다. 그리고 미국인 스티븐스Stevens가 외교고문으로 오게 되었는데, 그는 뒤에 미국으로 돌아가 일본의 통감정치를 찬양하다가 재미동포 전명운田明雲, 장인환張仁煥에게 사살당했다(1908). 이어서 일본은 협정서에 규정이 없는 군부고문, 경무고문, 궁내부고문, 학부참여관 등을 멋대로 보내 왔다. 이로써 대한제국은 형식상 주권국가였으나 실제로는 고문정치에 의해 실권이 일본으로 넘어가고 외국에 나가 있던 대한제국의 공사들도 강제로 소환되었다.

독도 천연기념물 336호, 동도·서도 두 섬과 그 주위에 흩어져 있는 89개의 부속도서로 구성

통감부 건물 서울 중구 예장동(전 KBS 자리)

러일전쟁은 세계 여러 나라의 예상을 뒤엎고 일본의 승리로 끝났다. 러시아의 유명한 발틱함대가 1905년 5월 7일 대한해협에서 격파당한 데 이어 6월에 제1차 러시아혁명이 일어나 국내가 어수선해진 것이 원인이었다.

일본의 한국침략은 이미 영일동맹에 의해 영국으로부터 인정을 받았지만, 미국[루스벨트 대통령]도 필리핀에 대한 지배의 대가로 일본의 한국지배를 승인했다. 미국 육군장관 태프트Taft와 일본수상 가쓰라 타로桂太郎 사이에 맺어진 이른바 태프트-가쓰라 각서(1905. 7)가 그것이다. 이에 자극받아 영국도 영일동맹을 개정하여 일본이 한국을 위해 이른바 '보호' 조치를 취하는 것을 승인했고,(제2차 영일동맹, 1905. 8) 이를 총괄하여 러일간에 포츠머스조약(1905. 9)이 체결되었다. 미국의 중개로 맺어진 이 조약에서 한국에서의 일본의 특수이익과 한국에 대한 보호·지도·감리 등의 모든 행동을 러시아가 인정한다는 내용이 담겨 있으며, 남사할린을 일본에 양도했다.

한국을 식민지화하는 데 대해 영국, 미국, 러시아의 승인을 얻은 일본은 제1단계로 한국의 황제를 그대로 두면서 일본의 통감부統監府로 하여금 실권을 장악하게 하는 간접 식민지국가를 만들고자 획책했다. 이를 위해 일본은 우리나라를 '보호국'으로 만든다는 거짓 명분을 내걸고, 송병준宋秉畯·이용구李容九 등으로 하여금 일진회一進會라는 친일매국단체를 만들어 보호조약의 필요성을 선전하도록 했다. 이미 1904년의 러일전쟁 중에 일본이 우리나라 국토의 3분의 1에 해당하는 황무지 개척권을 요구하여(1904. 6) 국민들의 반일감정이 높아져 있음을 안 일본은 친일단체를 내세워 국민여론을 오도하고자 했다.

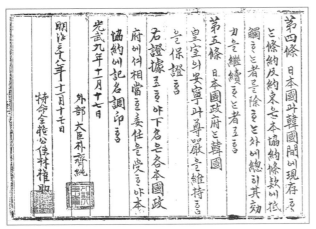

을사늑약의 마지막 부분(고종 황제와 일왕의 서명·날인이 없다.)
서울대학교 규장각 한국학연구원, 일본 외무성 사료관 소장

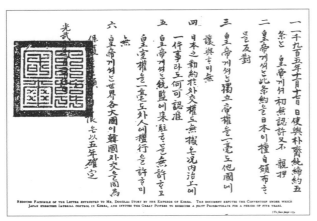

을사늑약의 무효를 선언한 고종황제의 친서(1906. 1. 29)

그러나 원세성元世性, 송수만宋秀萬, 이기李沂 등이 조직한 보안회輔安會, 이준李儁, 이상재李商在 등이 조직한 협동회協同會 등의 반일단체가 결성되고, 최익현 등 유림들이 전국에서 일어나 보호국 음모를 항의하고 나서는 등 여론이 악화되자, 일본은 총리를 지낸 거물급 정치인 이토 히로부미를 보내 강압적으로 조약을 체결하려 했다.

이토는 주한 일본공사 하야시 곤스케林權助와 함께 일본군대를 거느리고 경운궁 중명전重明殿에 들어가 고종황제와 대신들을 협박하면서 보호조약에 서명할 것을 강요했다. 그러나 황제가 끝끝내 서명에 반대하고 황제가 불참한 회의에서도 수상 한규설韓圭卨 등이 서명에 반대하자 일본군인이 외무대신 박제순朴齊純의 직인을 가져다가 날인해 버렸다(1905. 11). 그러나 황제는 끝까지 서명을 거부했다. 당시 대한제국은 황제가 외국과의 조약권을 가지고 있었으므로 황제의 재가裁可가 없는 이 조약은 당연히 무효였다. 그러나 일본은 이것을 유효라고 우기고 나섰다. 이 불법적인 조약을 일본은 '제2차 한일협약' 또는 '을사보호조약'이라고 하는데, 실제로는 불법적인 '을사늑약'에 지나지 않는 것이다.

을사늑약의 불법성으로 국민들의 감정은 극도로 악화되어 전국 각지에서 의병전쟁이 일어났다. 그 과정에서 한국침략에 앞장섰던 이토는 안중근安重根(1879~1910) 의사義士에 의해서 만주 하얼빈에서 총을 맞고 쓰러졌다(1909. 10. 26).

일본의 강도행위와 같은 만행에 분노한 고종황제는 을사늑약이 무효임을 전 세계에 알려 인류의 양심에 호소했다. 먼저 〈대한매일신보〉에 친서를 발표하여 황제가 이 조약에 서명하지 않았음을 밝히고, 이어 1907년 6월에 마침 네덜란드의 헤이그에서 만국평화회의가 열리자 이상설李相卨(1870~1917), 이준李儁(1859~1907), 이위종李瑋鍾[이범진의 아들, 1887~?] 3인을 대표로 보내 한국의 억울함을 전 세계에 호소하도록 했다. 그러나 한국이 일본의 보호국으로 외교권이 없다는 이유로 회의 참석이 거절당하자 이들은 외국 언론을 통하여 이 조약이 무효임을 폭로했다. 이 과정에서 대표의 한 사람인 이준은 울분한 나머지 헤이그에서 분사憤死하고 말았다.

일본은 을사늑약의 무효를 주장하는 고종황제를 1907년 7월 강제로 퇴위시키고 황태자인 순종純宗을 황제라고 선언하고, 연호를 융희隆熙로 바꾸었으며, 순종을 창덕궁으로 이주시켜

고종과 만나지 못하게 했다. 그러나 고종은 퇴위를 거부하고 황태자에게 대리청정을 맡긴다고 선언하여 순종은 즉위식도 갖지 못했다. 고종황제의 강제퇴위는 국민을 더욱 흥분시켜 연일 시위운동이 일어나고 일진회의 기관지인〈국민신보國民新報〉사옥이 파괴되었으며, 일본인이 도처에서 습격당했다. 을사늑약에 찬성한 이지용李址鎔(내무대신), 이근택李根澤(군부대신), 박제순朴齊純(외무대신), 이완용李完用(학부대신), 권중현權重顯(농상부대신)을 '을사 5적乙巳五賊'으로 지목했다. 을사늑약의 기본 내용은 한국의 외교권을 박탈하여 일본의 승인이 없이는 어느 나라와도 교섭할 수 없다는 것이며, 일본인 통감統監을 둔다는 것이었다. 국제관계가 중요한 당시의 실정으로 보아 외교권 박탈은 실제적으로 주권의 박탈과 다름없었다.

데라우치 통감
뒤에 초대 총독이 되었다.

초대 통감에 취임한 이토는 순종을 황제로 선언한 직후 이른바 '한일신협약'(일명 정미7조약)을 맺어 내정에 간섭할 수 있는 권한까지 강탈했다(1907. 7). 이 조약에 따라 국가의 법령 제정, 중요 행정처분, 고등관리의 임명에 대한 사전 승인을 통감으로부터 받도록 하고, 통감이 추천한 일본인을 관리로 임명하도록 했다. 이에 따라 각 부部의 차관자리에 일본인 관리가 다수 임명되어 이른바 차관정치가 시작되고 고문顧問 제도가 폐지되었다. 그러나 이 조약에 서명한 순종의 수결手決(사인)이 필체가 달라 일본이 조작한 것으로 보인다.

외교와 내정간섭권을 강탈한 일본은 8,800명 밖에 남지 않은 군대마저 해산하여(1907. 8) 대한제국을 허수아비국가로 만들고,〈보안법〉과〈신문지법〉을 만들어 일본을 비판하는 언론활동을 봉쇄해 버렸다. 그리고 한국의 영토를 멋대로 요리하였다. 이미 러일전쟁 중에 독도를 빼앗았던 일본은 백두산정계비(1712) 이후로 청나라와 계속 국경분쟁을 일으켜 오다가 대한제국이 적극적으로 관리해 오던 만주의 간도間島(지금의 연변) 지방을 마음대로 청과 간도협약(1909)을 맺고 넘겨주었다. 그 대가로 일본은 청으로부터 안봉선철도(안동-봉천) 개설권을 얻어냈다.

대한제국의 외교·내정 그리고 군대마저 빼앗은 일본은 이제 마지막으로 국가의 상징으로 남아 있는 황제마저 퇴위시킴으로써 대한제국을 일본의 식민지로 편입시키는 일에 나서게 되었다. 1910년 5월 일본은 이토 후임으로 육군대신 데라우치 마사타케寺內正毅를 새 통감으로 임명하고, 2천여 명의 헌병을 데리고 들어와 경찰업무를 담당케 하고, 항일언론기관과 애국단체들을 탄압한 가운데 드디어 8월 29일 순종에게 양위의 조서를 내리도록 강요했다. 순종은 창덕궁에서 집무했으므로 이른바 '한일합방조약'은 인정전仁政殿에서 맺어졌다. 하지만 합방조약은 원천적으로 무효이며 강탈일 뿐이었다. 고종이 순종을 황제로 인정한 사실이 없고, 을사늑약 이후의 모든 협약이 황제의 동의 없이 이루어졌기 때문이다.[21]

총리대신 이완용李完用과 일진회 등 친일단체의 찬성운동도 있었으나, 국민의 절대다수가 완강하게 반대했다. 그런데도 국권강탈조약의 서문에는 양국의 상호행복을 증진하여 동양평화

---

21) 2010년 5월 13일 한국과 일본 지식인은 한일강제병합 100년을 맞아 1910년 체결된 한일병합조약은 무효라는 내용의 공동성명을 서울과 도쿄에서 동시에 발표했다.

를 영구히 확보하기 위해 일본이 한국을 병합한다고 선언했다. 남의 나라를 강탈하는 것을 행복과 평화를 위해서라고 파렴치하게 위장한 것이다. 이제 2천만의 울분은 하늘을 찌를듯이 높아지고 36년간에 걸친 피나는 광복투쟁의 역사가 시작되었다.

5. 일제의 경제침략

일본은 대한제국의 주권을 강탈하면서 이와 병행하여 경제구조를 식민지체제로 바꾸어 갔다. 식민지적 경제구조는 일본의 자본주의 발달을 위한 원료 및 식량공급지와 상품시장을 만들어 경제적 이득을 극대화하고 우리의 민족자본 성장과 농촌사회의 안정을 급속도로 파괴하는 결과를 가져왔다.

먼저 농업개발이라는 핑계로 국유지와 민유지를 약탈하고, 농업이민정책을 병행했다. 1904년 일본은 황무지를 개척한다는 명분을 내걸고 전 국토의 3분의 1에 해당하는 진황지陳荒地를 약탈하려 하였으나, 관·민의 완강한 저항에 부딪쳐 실패로 돌아갔다. 그러나 통감부 설치 이후 내정에 깊숙이 간여하면서 '토지가옥전당집행규칙', '국유미간지이용법', '토지가옥증명규칙' 등을 잇달아 제정하고, 이어 동양척식주식회사(1908. 7)라는 국책회사를 설립하여 토지약탈을 본격화했다. 이로써 1910년 현재, 한국에 진출한 일본인 지주는 2천 2백여 명에 달했고, 그들이 소유한 토지는 7만여 정보에 이르렀으며, 동양척식주식회사는 별도로 3만 정보의 토지를 소유했다. 일본인은 국유미간지뿐만 아니라 역둔토驛屯土까지도 침탈의 대상으로 삼았다. 이밖에 철도부설과 군용지 확보를 빙자한 토지침탈도 자행되었다.

일본인의 토지 약탈은 1910년 강점 이후 더욱 본격화되었다. 1910년의 토지조사국 설치와 1912년에 반포된 '토지조사령土地調査令'을 계기로 많은 일반 민유지가 총독부 소유가 되었다. 이른바 '토지조사사업'으로 불린 이 조치는 모든 토지소유자로 하여금 토지조사국에 소유지를 신고하게 함으로써 그 사유권을 인정받게 한 것이다. 그러나 일반농민들은 그 사업을 잘 알지도 못했고, 또 마을이나 문중의 공유지共有地는 개인 땅이 아니어서 신고가 소홀했다. 이렇게 하여 신고되지 않은 땅은 총독부가 빼앗아갔다. 토지뿐만 아니라 산림도 비슷한 방법으로 총독부 소유로 넘어간 것이 적지 않았다. 그 결과 1930년 통계를 보면, 총독부가 소유한 전답과 임야는 전국토의 40%(888만 정보)에 이르렀다. 그리고 총독부는 그 땅을 동양척식주식회사를 비롯한 일본인 회사에 불하하였다.

한편, 일본은 한국의 금융을 지배하기 위해 1904년 재정고문으로 온 메가타 다네타로目賀田種太郎의 지휘 아래 이른바 '구화폐 정기교환에 관한 건'(1905. 1)을 공포하고, 1905년 7월부터 실시하여 한국 돈[상평통보(白銅貨)]의 사용을 금하고 일본화폐로 교환·통용케 했는데, 질이 낮은 한국화폐는 교환대상에서 제외했다. 더욱이 한국인은 일본화폐를 사용하지 않아 교환하지 않는 경우가 많았다. 그 결과 한국 상인들은 화폐가 고갈되고, 한성은행[조흥은행], 대한천일은행[상업은행 전신] 등 민족금융기관이 급속히 몰락하고, 제일은행을 비롯한 일본 은행들이 금융업계를 지배하게 되었다.

일본은 또한 주요 지역에 지방금융조합을 설치하여 고리대에 의한 수탈을 강화하고, 대한제국 정부가 여러 사업에 투자할 자금을 일본으로부터 빌어쓰도록 강요했다. 그리하여 1905년에 차관 300만 엔을 들여온 것을 시작으로 하여, 1910년에는 그 액수가 4,500만 엔을 넘어서게 되어 정부마저 빚더미 위에 올라앉고, 나라가 파산상태에 이르렀다.

동양척식주식회사 서울 중구 을지로 외환은행 자리

교통과 통신도 일본이 장악했다. 러일전쟁 중에 부설된 경부·경의·마산 철도는 통감부 설치 후 통감부 철도관리국이 관장하고, 각 철도역과 연계하여 약 3,000km의 도로를 개수했다. 이런 철도와 도로망은 일본과 한국을 하나의 교통체계로 묶어 침략정책의 효율성을 높이기 위한 것으로서, 실제로 러일전쟁 수행과 의병투쟁 진압 그리고 경제수탈을 강화하는 데 크게 이용되었다. 서울에서 부산으로 가는 기차를 상행선으로 부른 것에서도 교통체계의 중심이 어디에 있었는가를 알 수 있다.

광무년간에 민족기업의 중심으로 부상한 것은 방직업이었다. 안경수女駉壽가 주동이 된 대조선저마제사회사大朝鮮苧麻製絲會社(1897), 종로의 백목전白木廛 상인이 중심이 된 종로직조사(1900) 그리고 김덕창金德昌이 구식공장을 근대식으로 개조한 김덕창 직조공장(1902) 등이 유명했다. 이밖에 요업[옷그릇·질그릇], 정미업, 담배제조업, 제분업분야에서도 근대적 경영이 나타났다. 그러나 이런 민족자본의 성장은 1911년 현재 일본 자본금의 약 15분의 1에 지나지 않을 정도로 영세한 것이었다.

이밖에도 일본은 광업·어업 등에서도 우리의 자원을 침탈했다. 특히 광업에서는 일본의 금본위제 화폐제도의 전환을 위한 금광과, 공업원료를 위한 철광에 눈독을 들여 은율·재령·철원·창원·안변·장연 등지의 광산이 침탈당했다.

제4장 항일의병전쟁과 구국계몽운동

1. 항일의병전쟁

1) 을사늑약(1905) 전후의 의병항쟁

을사늑약(1905)을 계기로 일본의 침략이 노골화되자 이에 분노한 국민의 항일운동이 거세게 일어났다. 서울에서는 언론이 앞장서서 국민의 여론을 환기시키고, 집단시위와 철시가 행해졌다. 정부관료 가운데에도 분함을 이기지 못하여 스스로 목숨을 끊는 이가 나왔다. 고종의 시종무관이던 민영환閔泳煥이 국민에게 보내는 유서를 남기고 자결한 데 이어, 조병세趙秉世(좌의정), 홍만식洪萬植(홍영식의 형, 전 참판), 송병선宋秉璿(전 대사헌), 이상철李相哲(학부 주사), 전라도 선비 황현黃玹 등이 음독자살하여 국민의 가슴을 뜨겁게 만들었다.

한편, 무장단을 조직하여 적극적으로 항일투쟁을 전개하는 의병부대가 전국 각지에서 형성되었다. 그들은 일본군과 군사시설을 공격하는 한편, 친일파 인사들을 응징하기도 했다.

을사늑약 이전의 러일전쟁기에도 을미의병의 전통을 계승한 원용팔元容八(원주), 정운경鄭雲慶(단양), 김도현金道鉉, 유인석柳麟錫, 허위許蔿, 이강년李康秊, 기삼연奇參衍(장성), 이인영李麟榮 등의 의병활동이 있었지만, 을사늑약 이후에는 민종식閔宗植, 최익현, 정용기鄭鏞基, 신돌석申乭石, 임병찬林炳瓚 등의 의병부대가 새로 조직되어 일본군과 치열한 전투를 벌였다.

민종식[전 참판]은 충남 내포지방에서 1천여 명의 의병을 규합하여 100여 명의 일본군을 사살하면서 홍주성을 점령했고, 최익현과 임병찬[전 군수]은 전라북도에서 900여 명의 의병을 모아 태인·정읍·순창 등지에서 활약하다가 패하여 최익현은 대마도로 유배당했다. 경상북도 영천에서 의병을 일으킨 정용기는 600여 명으로 산남창의진

민영환(1861~1905)

유서내용

대한 2천만 동포에게 남기는 글.
슬프다! 국치와 민욕이 이에 이르렀으니, 우리 인민은 장차 생존경쟁 속에서 모두 멸망하게 되었다. 무릇 삶을 요하는 자는 반드시 죽고, 죽음을 기하는 자는 반드시 삶을 얻는다는 것을 여러분은 어찌 모르겠는가. 영환은 다만 한번 죽음으로써 우러러 황은에 보답하고 우리 2천만 동포에게 사죄하노라. 영환은 죽었다 하더라도 죽은 것이 아니다. 여러분을 구천지하에서 반드시 도울 것이다. 부디 우리 동포형제들은 천만으로 분려를 배가하여 자기를 굳게 하고 학문에 힘쓰고 결심육력하여 우리의 자유와 독립을 회복하면 죽은 자가 마땅히 땅속에서 기뻐 웃을 것이다. 슬프다. 그러나 조금도 실망하지 말라.

민 영 환

민영환의 유서

山南倡義陣을 편성하고 청하·청송지방에서 활약했다. 평민 출신의 의병장이었던 신돌석은 경상북도 영해에서 300여 명의 농민을 모아 봉기했는데, 강원도·경상도의 해안지역을 무대로 활약하면서 3,000여 명의 대부대로 성장하여 일본군에 큰 타격을 주었다.

　　의병활동이 치열했던 곳은 충청·전라·경상도 지방으로 그 지도자는 유교를 숭상하는 전직관료가 대부분이었다. 그러나 그 밑에는 농민들이 전투병력의 주축을 이루고 있었으며, 광무년간에 활동하던 동학당, 영학당, 화적, 활빈당 등의 무리도 다수 포함되어 있었다.

2) 군대해산 후의 의병전쟁(1907~1910)

　　을사늑약 후의 의병항쟁을 한층 자극시킨 것은 1907년의 군대해산이었다. 대한제국의 기간부대였던 서울의 시위대侍衛隊와 지방의 진위대鎭衛隊 군인들은 군대해산에 반대하여 일본군과 시가전을 벌이기도 했으나 무기가 떨어지자 지방의 의병부대에 합류했다. 그 가운데서도 원주진위대와 강화분견대의 투쟁은 가장 치열했다. 김덕제金德濟와 민긍호閔肯鎬가 이끈 원주진위대의 군인들은 근대적인 무기로 무장하고 원주, 충주, 여주, 평창, 강릉, 장호원 등 강원·경기·충북 지방에서 여러 차례 일본군을 격파하여 타격을 주었다. 또한 지홍윤池弘允, 유명규劉明奎 등이 지휘하는 강화분견대의 군인들은 600여 명의 의병과 합세하여 일본군 및 친일파들을 응징하면서 경기도와 황해도 등지로 활동 범위를 넓혀갔다. 이밖에 홍주, 진주 등지의 분견대도 의병에 가담하여 일본군과 전투를 벌였다.

　　해산 군인들의 의병 가담은 의병의 사기와 전투력을 높여 주는 데 크게 기여했다. 과거에 유생과 농민이 중심이 되었던 의병부대는 더 많은 평민층의 참여를 가져와 신돌석(1878~1908), 홍범도洪範圖(1868~1943), 김수민金秀民 등과 같은 평민 의병장이 나타났으며, 농민 이외에도 상인, 광산노동자, 머슴, 포수 등 각계각층의 인사들이 참여했다.

　　한편, 의병전쟁이 확산되는 가운데 점차 의병부대 상호 간에 연합전선이 형성되고, 서울의 통감부를 타도하여 잃어버린 주권을 되찾으려는 적극적인 서울진공작전(1908)이 시도

〈한말 의병활동 상황〉

연 도	전투 횟수	참가의병 수
1907(8~12월)	323	44,116
1908	1,451	69,832
1909	898	25,763
1910	147	1,891
1911(1~6월)	33	216
합 계	2,852	141,818

자료 : 윤병석, 〈의병의 항일전〉, 《한국사》 19, 454~456쪽

호남의 항일의병투쟁 일본의 소위 남한대토벌작전에 끝까지 항전하다 체포된 호남 의병장들. 가슴에 포로번호를 달고 있다. 앞줄 왼쪽부터 송병운, 오성술, 이강산, 모천년, 강무경, 이영준, 뒷줄 왼쪽부터 황장일, 김원국, 양진녀, 심남일, 조규문, 안계홍, 김병철, 강사문, 나성화 의병장

한말의병부대 F. M. 메켄지 촬영, 《대한제국의 비극》 게재

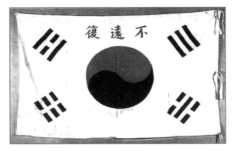

의병의 불원복기(1906)
전라남도 고광순 의병장이 사용한 태극기로 머지않아
국권을 회복한다는 글을 써넣었다.

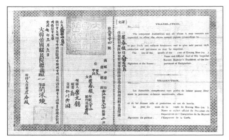

대한제국 여권(광무 7년) 1904년 3월 6일 민영환이 발권

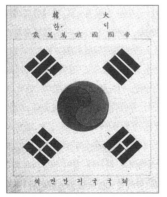

대한제국국기 만만세도
장서각 소장의 각국기도各國旗圖에
실려 있다. 태극의 양의가 상하가 아니라
좌우로 나뉘었다.

되었다. 이 운동을 주도한 것은 관동창의대장關東倡義大將 이인영李麟榮(1868~1909)인데 그는 전국 의병장들에게 격문을 보내 경기도 양주楊州에 집결해 줄 것을 호소했다. 동시에 서울의 각국 영사관에 통문을 보내 의병을 국제공법상의 전쟁단체로 인정하고 후원해 줄 것을 요청했다. 이는 의병을 '폭도'로 규정하고 있는 일본의 부당성을 시정하고, 정당한 독립전쟁임을 대외적으로 밝히기 위함이었다.

1907년 겨울, 마침내 전국 각지에서 1만여 명의 의병이 경기도 양주에 집결하여 '13도창의군'을 결성하고(1907. 12), 총대장에 이인영, 군사장軍師長에 허위許蔿(1854~1908)를 중심으로 각 지방의 창의대장을 정하여 24개 진을 편성했다. 이들은 1908년 1월 서울진공작전을 개시했는데, 허위가 거느린 300명의 선발군이 일본군의 선제공격으로 서울 동대문 밖 근교에서 패하고, 때마침 총대장 이인영이 부친상을 당하자 '불효는 불충'이라면서 귀가해버려 결국 서울진공작전은 실패하고 말았다. 서울진공작전이 실패한 뒤 창의군은 해산되고, 의병부대들은 독자적인 활동을 전개했다. 허위 부대는 임진강 방면으로, 이강년 부대는 충북·경북 지방으로, 이인영·민긍호 부대는 강원도로 각각 진출하여 대일항전을 계속했다. 이 과정에서 민긍호(?~1908)는 전사하고, 이인영·이강년은 붙잡혀 사형을 당했으며, 허위는 옥사했다.

연합의병부대와는 별도로 함경도 국경지대에서 맹활약을 보인 홍범도 의병은 특기할만하다. 머슴, 광산노동자, 산포수山砲手로 전전하던 홍범도는 산포수들을 모아 의병을 구성하고 삼수·갑산 등지에서 일본군과 37회의 전투를 벌이고 친일파세력을 응징하는 데 큰 공을 세웠다. 기동력과 전투력에서 그들은 발군의 실력을 발휘했다. 전라도지방에서는 전해산全海山, 심남일沈南一, 임창모林昌模, 강무경姜武京 등의 의병장이 앞장 선 다수의 의병부대가 활약했다. 의병활동은 경상·강원·경기·황해·전라의 여러 도에서 특히 활발했으나, 전국적으로 의병이 일어나지 않은 곳이 없을 정도였다.

일본은 범국민적 의병투쟁에 당황하여 1개 사단 이상의 보병, 1개 연대 이상의 기병, 6천여 명의 헌병을 투입하고, 새로 개설된 철도망과 도로망을 이용해 기동성을 최대로 발휘하면서 의병을 진압했다. 의병은 화승총, 활, 칼, 곤봉과 같은 낡은 무기로 싸우면서도 기관총과 소총으로 무장한 일본군을 곤경에 빠뜨렸다.

1907년에서 1910년에 이르기까지 의병과 일본군 사이의 교전횟수는 3,500여 회에 이르고, 전투에 참가한 의병은 15만 명에 달했다. 그 가운데 1908년은 의병전쟁의 절정기로써 2천여 회의 전투에 연인원 8만 명이 참가했다. 의병 참가자 가운데 전사자는 1만 7천여 명, 부상자는 3만 6천여 명에 달했으니, 독립전쟁의 치열함이 어느 정도였는가를 알 수 있다.

안중근의 글씨
비단에 먹,
36.5×140.5cm,
나라를 위하여 몸바침은
군인의 본분이다.

안중근 의사 하얀 리본은 사형수 번호
안중근 단지혈서 엽서 안중근이
1909년 3월 2일에 연해주 지방에서
단지동맹을 맺고, 태극기에 대한독립
이라는 네 글자를 혈서로 썼다.

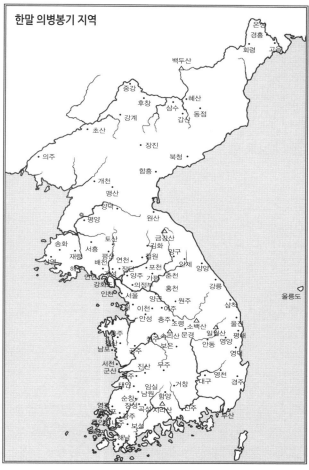

한말 의병봉기 지역

일본군의 의병탄압은 포악하기 그지없었다. 특히 전라도지방의 의병을 진압하기 위해 남한대토벌작전(1909. 9~1909. 10) 계획을 세우고, 이른바 교반작전攪拌作戰을 써서 의병이 근거지로 삼을만한 촌락과 가옥을 닥치는 대로 방화·약탈·폭행을 자행했다. 일본의 국권강탈은 이와 같은 야만적인 무력행사에 의해서 이루어진 것이었다.

일본군의 악랄한 탄압으로 국내에서의 의병전쟁은 1909년 이후로 점차 약화되고, 국치 이후에는 그 무대를 중국 동북[간도], 연해주 지방으로 옮겨 독립군에 가담했다. 통화通化·집안集安 지방의 유인석柳麟錫(1842~1915) 부대, 장백·임강 지방의 이진룡李鎭龍 부대, 환인桓仁 지방의 조채준趙采準 부대, 장백현의 홍범도 부대 등은 그 대표적 무장투쟁세력이었다. 그 가운데 홍범도 의병부대는 3·1운동 이후 대한독립군으로 재기했다. 한편, 국내에서는 임병찬林炳瓚(1851~1916) 등이 독립의군부獨立義軍府를 조직하던 중 발각되어 미수로 끝났다.

중국 동북 지방에서의 항일 무장운동 가운데서 가장 충격적인 사건은 대한의군 참모중장이던 안중근安重根(초명 應七; 1879~1910)이 이토 히로부미를 처단한 것이다. 황해도 해주 출생으로

철도파괴 혐의로 무참하게 학살당하는 한국인

어려서 한학과 천주학을 공부한 그는 1909년 10월 26일 아침 한국침략의 원흉인 이토를 만주 하얼빈역에서 사살하고, 곧 체포되어 뤼순 형무소에서 옥고를 치르다가 1910년 3월 26일 순국했다. 32세로 일생을 마감한 그는 《동양평화론》[22]을 집필할 만큼 역사감각이 뛰어난 지식인이었으며, 많은 유묵遺墨을 남겼다. 안중근은 지금까지도 한국인의 사랑을 받고 있다.

의병의 항일구국전쟁은 멀리는 왜란 때의 반일의병에서부터 시작하여 개항 전후 시기에는 위정척사운동으로 이어져 왔으며, 그것이 명성황후 시해사건을 계기로 다시금 반일의병으로 나타나고, 을사늑약과 군대해산을 거치면서 한층 대규모 항일전쟁으로 발전해 온 것이다. 그 과정에서 참가 주도층도 양반과 유학자에서 점차 평민 출신으로 바뀌어 갔으며, 유교적 충효사상에서 근대국가의 주권옹호를 위한 독립전쟁의 형태로 변화되어 갔던 것이다. 그리고 이 흐름이 일제시대의 항일무장투쟁으로 이어지면서 적극적인 항일운동을 이끌어가게 되었다.

2. 구국계몽운동

1) 구국계몽운동의 두 흐름

을사늑약을 전후하여 지방유생과 평민들의 항일의병전쟁이 격렬하게 전개되고 있을 때, 서울 및 지방도시의 자산가, 지식인, 관료 그리고 개혁적 유학자들은 교육·언론 등 문화활동과 산업진흥을 통해 문화·경제적 실력을 양성함으로써 국권을 회복하려는 평화적인 계몽운동을 전개했다. 계몽운동가들은 당시 국제관계를 약육강식과 적자생존의 원리가 지배하는 치열한 힘의 각축시대로 인식하여 부국강병한 나라를 만들어야 독립을 지킬 수 있다고 믿었다. 그들은 제국주의 이론을 뒷받침하는 스펜서Spencer의 사회진화론社會進化論을 수용한 것이다.

그러나 구국계몽운동은 실천방법을 둘러싸고 크게 두 개의 흐름으로 갈라졌다. 하나는 실력양성이 선행되어야 궁극적으로 독립을 달성할 수 있다고 믿는 급진개혁파이고, 또 다른 하나는 독립이 선행되어야 실력양성이 이루어질 수 있다고 보는 온건개혁파이다.

독립보다 실력양성을 앞세우는 부류는 변법개화사상을 계승한 인사들로서 서양의 자유, 평등, 민권사상을 선호하면서 서양식 근대 시민국가를 수립하고자 했다. 이 부류의 인사들은 일본을 우호적으로 바라보고 일본의 통감정치를 오히려 긍정적으로 받아들여 우리나라를 문명국으로 발전시킬 수 있는 좋은 기회라고 믿었다. 그리하여 일본과 협력하는 길을 찾고, 의병

---

22) 안중근의 동양평화론은 일본이 주장하는 동양평화론에 대한 반론이다. 일본은 이웃나라를 침략해 종속시키는 것을 동양평화로 보고 있으나, 이는 동양평화의 교란에 지나지 않는다. 진정한 동양평화는 한국, 중국, 일본이 각각 독립을 유지하면서 서로 상부상조하여 서양의 제국주의를 막자는 것이다.

전쟁을 나라를 망하게 하는 '비문명적인 폭력'으로 비난하기도 했다. 결과적으로 이들은 일제의 침략이 가속화될수록 친일파로 전락해 갔다. 일진회一進會가 대표적인 단체이다.

한편, 실력양성보다 독립이 선행되어야 한다고 생각하는 부류는 혁신적 유학자 출신의 지식인들에게 많이 나타났다. 이들은 위정척사사상을 계승하면서 서양문물을 부분적으로 채용하여 부강한 국가를 건설하려는 동도개화파 계열의 사상가들이었다. 이들은 유교의 폐단을 비판하면서도 유교문화를 새롭게 혁신하여 계승해야 한다고 믿었고, 우리역사와 문화에 대한 자부심이 매우 컸다. 일제의 침략성을 폭로, 규탄하면서 민족주의사상을 퍼뜨리는 데 총력을 기울였다. 대체로 〈황성신문皇城新聞〉이나 〈대한매일신보大韓每日申報〉 계열의 인사들이 이 부류에 속했다. 일제의 침략과 탄압이 가속화되면서 이 부류의 인사들은 지하운동으로 숨어들었다가 1910년 이후에는 중국으로 망명하여 독립운동을 지속적으로 전개했다. 1907년에 조직된 신민회新民會는 그 대표적 단체이다.

2) 정치·사회 단체의 활동

독립협회가 해산된 뒤 정치적 사회단체를 다시 만들어 구국계몽운동의 선봉에 선 것은 1904년에 송수만宋秀萬, 심상진沈相震 등이 조직한 보안회輔安會였다. 이 단체는 일본이 '황무지개척'을 구실로 토지를 약탈하려 하자 대중적인 반대운동을 일으켜 이를 철회시키는 데 성공했으나 일본의 압력으로 곧 해산되었다.

1905년에는 윤효정尹孝定(1858~1939), 이준李儁, 양한묵梁漢默 등이 헌정연구회憲政研究會를 조직하여 의회제도를 중심으로 한 입헌정치의 수립을 목표로 활동했으나 통감부가 설치된 직후에 정치집회가 금지되면서 해산당했다.

헌정연구회를 이끌었던 윤효정이 장지연張志淵, 심의성沈宜性 등과 함께 1906년 4월 대한자강회大韓自强會를 조직하였다. 교육개발과 식산흥업, 외세배격 등을 내건 대한자강회는 전국에 25개의 지회를 두고, 월보月報를 간행하는 등 활동을 넓혀가다가 통감부에 의해 강제로 해산당했다(1907. 7). 이 단체는 일본인 오가키大垣丈夫를 고문으로 앉히고 활동했는데, 1907년에 해산되자 다시금 천도교天道敎의 오세창吳世昌, 권동진權東鎭 등과 합세하여 대한협회大韓協會(1907. 11)를 조직했다. 대한협회는 전국에 70개 소에 지회를 둘 정도로 그 세력이 컸음에도 불구하고 일본의 통감부 통치를 문명화 지도로 긍정하면서 의회정치·정당정치 구현을 목표로 삼아 친일적 색채를 드러내기 시작했다. 말하자면 독립보다 민주화와 실력양성을 중요시하다가 구국계몽의 목표를 상실하고 말았다.

정치단체가 일제의 탄압으로 활동이 위축되면서 교육과 식산흥업에 역점을 둔 각종 학회가 전국 각지에서 조직되었다. 평안·황해도의 서우학회

서북학회월보 1908년 6월 창간, 편집인: 김달하
기호흥학회월보 1909년 8월 창간, 편집인: 이해조
호남학보 1908년 6월 창간, 편집인: 이기

일본 경찰에 끌려가는 신민회 회원들(1911년)

양기탁
한말의 언론인·독립운동가

西友學會, 한강 이북지방의 한북흥학회漢北興學會, 경기도와 충청도의 기호흥학회畿湖興學會, 전라도의 호남학회湖南學會, 강원도의 관동학회關東學會, 경상도의 교남학회嶠南學會 등이 대표적 학회였다. 이 학회들은 기관지를 발행하여 애국사상과 민족사상을 고취하고, 사립학교를 세워 애국지사를 양성하고 있었다. 이들 학회의 이름은 학술단체지만 실제로는 국권회복을 목표로 한 정치·사회 단체와 다름이 없었다.

한말의 정치·사회 단체 가운데 끝까지 친일을 거부하면서 실력양성의 실효를 거둔 것은 신민회新民會(1907.4)였다. 안창호安昌浩(1878~1938), 양기탁梁起鐸(1871~1938), 이동휘李東輝, 이승훈李昇薰 등 평안·함경도 출신의 실업인·지식인·종교인과 신채호申采浩, 이동녕李東寧 등 충청도 인사들이 비밀결사로 조직한 신민회는 한편으로 민족자본을 육성하면서 다른 한편으로 교육·문화사업을 통해 국민들의 민족의식과 민주의식을 고취시키는 일을 병행했다. 그리하여 평양에 대성학교大成學校, 정주에 오산학교五山學校 그리고 평양과 대구에 태극서관太極書館을 설립하여 교육·출판사업을 벌이고, 인격수양단체로서 청년학우회靑年學友會를 조직했으며, 평양근교에 자기회사磁器會社를 설립, 운영하는 이도 있었다.

그러나 국권상실이 기정 사실로 되면서 회원들 사이에 실력양성에 주력하려는 온건파와 무력투쟁을 주장하는 강경파 사이에 노선의 갈등이 일어났다. 안창호를 중심으로 하는 실력양성파는 나라가 망한 뒤 미국으로 건너가 흥사단興士團(1913)을 조직하여 '무실역행務實力行'(공리공론을 배척하며 참되고 성실하도록 힘써 행할 것을 강조하는 사상)의 문화운동을 계속했다. 이동휘를 대표로 하는 무력투쟁파는 중국 동북지방과 연해주로 이주하여 독립기지를 건설하고 무장독립투쟁을 전개했다. 그리고 국내에 남아 있던 인사들은 일본이 조작한 데라우치寺內正毅 총독 암살미수 사건에 연루되어 탄압을 받았다. 이 사건으로 105인이 유죄판결을 받아 '105인 사건'(1911)이라 부른다.

3) 언론활동과 국채보상운동

국민들의 애국심을 계몽하기 위해서는 언론기관과 교육기관의 설립이 필요했다. 이에 따라 많은 신문이 발행되고, 학교가 설립되었다.

먼저, 구국계몽에 앞장섰던 신문으로 〈황성신문皇城新聞〉, 〈대한매일신보大韓每日申報〉, 〈제국신문〉, 〈만세보萬歲報〉 등을 들 수 있다. 1898년 남궁억南宮檍 등이 창간한 〈황성신문〉은 동도개화파의 대변지로써 국한문혼용체로 발간되었다. 한문교육을 받은 지식인이 주로 구독했는데, 서양지식의 보급보다는 민족의식을 고취하는 데 주력하여 항일의 선봉에 섰다. 을사늑약이 발표되자 이 신문은 장지연이 쓴 〈오건조약체결전말〉과 〈시일야방성대곡是日也放聲大哭〉이라는 유명한 논설을 실어서 일제침략과 매국관료에 대한 국민의 비분강개한 의사를 대변했다. 〈황성신

  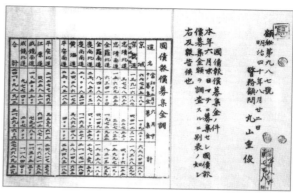

〈황성신문〉　〈대한매일신보〉한글판 창간호　　국채보상금 모금액표　1907. 8. 자료: 한국독립운동사 사전 1

문〉이 발행되던 해(1898)에 이종일李鍾一 등이 순한글로 간행한 〈제국신문〉은 정치적 논설보다는 일반대중을 위한 사회계몽기사를 많이 실었다.

　　일본의 검열을 피하면서 구국계몽운동의 실효를 거두기 위해 양기탁이 영국인 베델Bethell(裵說)을 발행인으로 초빙하여 만든 것이 〈대한매일신보〉(1904)이다. 당시 영국은 일본과 동맹을 맺고 있었으므로, 영국인이 경영하던 신문사에 검열을 가할 수 없었다. 이 점을 이용하여 이 신문은 일본의 침략행위와 일부 한국인의 매국행위 그리고 항일운동을 낱낱이 보도했다. 특히 신채호申采浩(1880~1936), 박은식朴殷植(1859~1925) 등이 쓴 애국적인 논설은 독자에게 큰 감명을 주었다. 고종이 을사늑약의 불법성을 폭로하는 친서를 발표한 것도 이 신문이었다. 양기탁이 신민회를 조직하면서 〈대한매일신보〉는 신민회 기관지처럼 되었다. 〈대한매일신보〉는 처음에 국한문혼용으로 간행했으나, 뒤에는 일반대중을 위해 순한글판을 발간했고, 외국인을 위한 〈*The Korea Daily News*〉도 간행했다.

　　1906년에 손병희, 오세창 등 천도교 측에서 발행한 〈만세보萬歲報〉는 국한문 혼용체 신문으로 일진회 등의 매국행위를 주로 비판했으며, 이밖에 장로교 계통의 〈그리스도신문〉, 천주교 계통의 〈경향신문〉(1906, 주간지) 그리고 대한협회의 기관지인 〈대한민보〉(1909)도 계몽운동에 참여했다. 한편, 해외에서는 미국교민이 〈신한민보新韓民報〉를, 연해주교민이 〈해조신문海潮新聞〉을 각각 발간하여 독립정신을 고취했다.

　　일본은 한국 언론의 구국계몽활동에 당황하여 〈한성신보〉, 〈국민신보〉(일진회 기관지), 〈경성일보〉 등 친일신문을 발행하여 대응했으나 실효가 없자 제도적으로 민족언론을 탄압하기 시

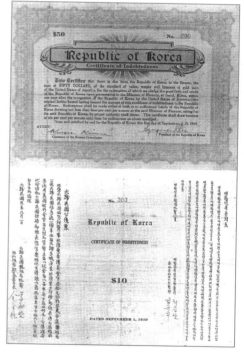

대한민국원년 독립공채　상하이 임시정부 수립 후인 대한민국 원년 9월 1일자로 발행. 영문 공채는 50달러, 한문공채는 10달러임. 이승만과 김규식 공동명의로 되어 있다.

작했다. 통감부는 이른바 〈신문지법〉(1907. 7)을 공포하고, 이어 〈출판법〉(1909. 2)을 제정하여 모든 출판물의 원고를 사전에 검열했다.

한말의 민족언론이 일으킨 구국계몽운동 가운데 한 가지 특기할 것은 국채보상운동國債報償運動(1907)을 주도한 일이다. 정부가 일본으로부터 빌린 차관이 1,300만 원에 달해 빚더미 위에 올라서자, 이를 상환하여 경제적 독립을 이룩하기 위해 1907년 대구에서 국채보상기성회가 조직되었는데, 당시 민족언론들이 모금운동을 일으키면서 전국적으로 확대되었다. 국민들은 이에 호응하여 남자는 담배를 끊고 절약한 돈으로 모금에 참여하고, 부녀자들은 비녀·가락지 등을 팔아서 이에 호응했다. 그러나 이 운동은 통감부가 배일운동으로 간주하여 그 지도자인 양기탁을 구속하는 등 탄압을 가하여 중지되고 말았다.

4) 민족교육운동·종교운동

개항 직후부터 일기 시작한 근대교육의 열기로 전국 각지에서 사립학교가 세워지기 시작하고, 갑오개혁 때에는 교육입국敎育立國의 조서詔書[23]가 발표되면서 서양식 근대 교육제도가 도입되어 각종 관립학교가 세워졌다.

근대민족교육이 절정에 이른 것은 을사늑약 이후부터였다. 이제 기울어져 가는 나라를 되찾는 길은 장기적으로 교육을 통한 애국적 인재의 양성밖에 없다는 자각이 널리 퍼지게 되었다. 선각적 지식인과 자산가들 사이에도 '배우는 것이 힘이다'라는 구호가 유행할 만큼 앞다투어 학교설립에 나섰다. 교육을 중요시하는 것은 조선왕조의 오랜 전통이기도 했지만 그 전통이 구국적 애국심과 연결되어 폭발적인 교육열기를 몰고 온 것이다.

불과 3~4년 사이에 전국적으로 3천여 개의 사립학교가 세워졌는데, 대부분은 서울에 집중되었으나, 평안도의 평양·정주·선천 등지에 많은 사립학교가 세워진 것이 눈길을 끈다. 이것은 이 지방에 자산가층과 기독교인들이 많은 것과 관련이 깊었다.

을사늑약 이후 세워진 사립학교 가운데 오늘날까지도 명문의 전통을 이어오고 있는 학교들은 1905년의 보성普成, 양정養正, 1906년의 진명進明, 숙명淑明, 중동中東, 휘문徽文, 1907년에 세운 평양 대성大成, 정주 오산五山 학교 등이다. 특히 서울에는 황실과 관련이 깊은 인사들이 세운 학교가 많은 것이 주목된다. 이는 대한제국이 황실재정의 일부를 근대교육에 투자했음을 보여주는 것이다.

한말 사립학교의 교육내용은 서양의 학문과 사상이른바 신식학문과 우리나라의 역사와 지리가 중심을 이루었다. 즉 민족교육과 서양의 신학문을 병행시킨 동도서기적 교육이라 할 수 있다. 〈애국가〉와 〈권학가勸學歌〉가 애창된 것도 이 시기였다. 그리고 이에 따라 각급 학교의 교과서들이 편찬되었다.

일본은 이런 교육열이 항일운동과 연결된다는 것을 깨닫고 이를 탄압하는 일에 나섰다.

---

23) 갑오개혁 때 반포된 '교육입국조서'의 내용: "… 우내宇內의 형세를 보건대 부富하고 강强하며 독립하여 유지하는 모든 나라는 다 인민의 지식이 개명開明하였다. 지식의 개명은 교육敎育의 선미善美로 되었으니, 교육은 실로 국가를 보전하는 데 도움이 된다."

1908년에 사립학교령私立學校令을 만들어 통감부(학부)의 인가를 받도록 하고 교과서도 검정을 받은 것만 사용하도록 통제했다. 배일적 내용을 담은 교과서는 금서로 지목되어 이를 사용할 경우 처벌을 내렸다.

한편, 구국계몽운동의 일환으로 종교운동도 활발하게 전개되었다. 당시 종교운동으로 기독교가 가장 영향력이 컸다. 이미 개항 직후부터 미국 선교사들의 활약으로 개화파인사들 사이에 기독교인의 수가 부쩍 늘었는데, 특히 서북지방에서 큰 호응을 얻었다. 이 지방은 유학의 뿌리가 약할 뿐 아니라 상공인 세력이 상대적으로 강하여 자본주의 문명과 결합된 기독교를 한층 적극적으로 받아들였다. 당시 저명한 기독교인 개화사상가로는 서재필·이상재·윤치호 등을 들 수 있다. 서울의 기독교인들은 1903년 황성기독교청년회(YMCA의 전신)를 조직하여 시민들의 애국심과 근대사상을 주입시키기 위한 다양한 활동을 벌였는데, 그 영향을 받은 청년 중에서 적지 않은 애국지사들이 배출되었다.

민족종교로 창도된 동학은 일본의 가혹한 탄압과 회유정책으로 우여곡절을 많이 겪었다. 동학교인 이용구李容九(1868~1912)가 친일단체인 일진회一進會(1904)와 시천교侍天敎(1907)를 창설하여 동학의 전통을 왜곡하자 동학혁명 당시 북접의 지도자였던 손병희孫秉熙(1861~1922, 3대 교주)[24]는 이보다 앞서 천도교天道敎(1906)를 창설하여 정통성을 이어가면서 민족운동을 전개했다. 손병희는 이용익과 더불어 보성사普成社라는 출판사를 차리고, 이용익이 세운 보성학교를 인수하고 동덕여학교同德女學校도 인수했다. 또한 〈만세보〉라는 기관지를 발행하기도 했다.

유교계에서도 유학의 약점을 버리고 민족주의와 민주주의이념에 적합한 부분을 극대화하여 새로운 민족종교로 강화하려는 움직임이 일어났다.《유교구신론儒敎求新論》(1909)을 쓴 박은식朴殷植은 그 대표적 인사로서, 공자의 대동주의大同主義와 맹자의 민위중설民爲重說을 발전시켜 민

〈한말 주요 사립학교 일람표〉

연 대	학 교	설립자	위치
1883(고종20)	원산학사	정현석	원산
1885(고종22)	배재학당	미 북감리회	서울
1886(고종23)	이화학당	미 북감리회	서울
	경신학교	미 북장로회	서울
1887(고종24)	정신여학교	미 북장로회	서울
1897(광무1)	숭실학교	미 북장로회	평양
1898(광무2)	배화여학교	미 남감리회	서울
1903(광무7)	숭의여학교	미 북장로회	평양
1904(광무8)	호수돈여숙	미 남감리회	개성
	청년학원	전덕기	서울
1905(광무9)	보성학교	이용익	서울
	양정의숙	엄주익	서울
1906(광무10)	신성, 보성여학교	미 북장로회	선천
	진명여학교	엄귀비	서울
	숙명여학교	엄귀비	서울
	양규의숙	진학신	서울
	중동학교	신규식	서울
	서전서숙	이상설	간도
	휘문의숙	민영휘	서울
1907(융희1)	신흥, 기전여학교	미 남장로회	전주
	대성학교	안창호	평양
	오산학교	이승훈	정주
	오성학교	서북학회	서울
	봉명학교	이봉래	서울
1908(융희2)	기호학교	기호흥학회	서울
	동덕여자의숙	이재극	서울
	대동전수학교	대동학회	서울
	보인학교	보인학회	서울
1909(융희3)	소의학교	장지영	서울

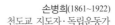

손병희(1861~1922)
천도교 지도자·독립운동가

만세보 창간호(1906. 6. 17)
발행인: 손병희

---

24) 동학의 3대 교주인 손병희는 1898년 일본으로 망명하면서 국내교단 조직관리를 이용구李容九에게 위탁했는데 이용구는 1904년 손병희의 지시에 따라 전국 각지에 진보회를 세워 혁신운동을 전개했다. 그러나 이용구는 정부의 탄압에 몰려 송병준宋秉畯의 일진회와 합세하여 일진회를 재창립했다. 1905년 귀국한 손병희가 이용구를 축출하자, 이용구는 1907년 시천교侍天敎를 창시했다.

한용운 충남 홍성 출신

나철 전남 보성 출신

주적·평등적 종교로 발전시키고자 하는 뜻을 담았다. 유교개혁주의 자들은 서민적이고 실천성이 강한 양명학에도 주목하는 경향이 있었는데, 이들 가운데서 김택영金澤榮, 박은식, 정인보鄭寅普 등 애국적인 역사가들이 많이 배출되었다.

불교계에서도 한용운韓龍雲(호 萬海, 1879~1944)이 나와 일본 불교의 침투에 대항하면서 민족불교의 자주성을 지키기 위해 노력했다. 그가 쓴 《불교유신론佛敎維新論》(1913)은 불교를 한층 현대적이고 사회개혁적인 방향으로 개혁하려는 의도를 담은 것으로, 한용운은 뒷날 3·1 운동에 주동적으로 참여했다.

한말의 종교운동으로 특기할 만한 점은 1909년에 창립된 단군교檀君敎(뒤에 大倧敎로 개칭)였다. 을사늑약에 참여한 대신들을 응징하려다 실패한 적이 있던 나철羅喆(1863~1916), 오기호吳基鎬, 이기李沂(호남학보 발행) 등 호남 출신 지식인들은 예부터 민간신앙으로 전해 오는 단군신앙仙敎, 혹은 神敎을 현대종교로 발전시켜 국수주의 성향이 가장 강한 종교운동을 전개했다. 단군교는 일제의 탄압으로 이름을 대종교大倧敎[25]로 바꾸었으나, 1910년대에는 많은 애국지사들이 여기에 가담하여 간도·연해주 등 해외 항일운동의 정신적 지주가 되었으며, 그 신도 수도 20만 명을 헤아리게 되었다. 그러나 일본은 단군교를 일본의 신도神道와 일치시키고, 단군을 일본의 아마테라스 오미카미天照大神와 남매로 해석하여 친일에 이용하기도 했다.

일본은 민족종교운동을 억누르기 위해 대동학회大東學會(1907)[26] 라는 유교단체, 동양전도관東洋傳道館이라는 기독교단체, 본원사本願寺 라는 불교단체 등을 세워서 친일적인 종교로 유도해 나갔다. 이에 따라 종교계에도 친일파와 민족주의자 간에 갈등을 빚기 시작했다.

5) 국학운동과 신문학운동

구국계몽운동은 국사와 국어를 연구하여 민족의식을 고취하려는 국학운동으로도 나타났

---

25) 대종교는 환인, 환웅, 단군 등 삼신三神을 삼신일체의 신격으로 숭배하면서, 삼신이 전인류의 조상이자 우리민족[배달민족]의 조상으로서 조화造化, 교화敎化, 치화治化의 일을 맡았으며, 만주와 한반도에 걸쳐 웅장한 고대제국을 건설하고 세계 최고의 문명국가를 건설했다고 주장했다. 대종교의 제1대 교주는 나철羅喆(弘巖宗師), 제2대 교주는 김교헌金敎獻(茂園宗師) 제3대 교주는 윤세복尹世復(檀崖宗師)으로 이어져 오다가 1930년대에 일제의 탄압으로 쇠약해졌다. 대종교의 경전으로는 《삼일신고三一神誥》, 《신사기神事記》, 《회삼경會三經》 등이 있으며, 역사책으로는 김교헌이 지은 《신단민사神檀民史》, 《신단실기神檀實記》, 《단조사고檀祖事攷》 등이 유명하다.

26) 1907년 이완용, 조중응趙重應이 유림계를 친일화시키기 위해 이토 히로부미로부터 자금을 받아 설립했다. 참여자는 신기선申箕善(회장), 홍승목洪承穆, 서상훈徐相勛, 김가진金嘉鎭, 정교鄭喬, 조병건[경기도], 김경규[충청도], 박제빈[전라도], 신태휴[경상도] 등이다. 1909년 공자교회孔子敎會로 이름을 바꾸고 이용직李容稙을 회장으로 하였다가, 그가 학부대신이 되자 김학진金鶴鎭으로 바꾸었다.

주시경　황해도 봉산 출신

다. 이미 학교교육에서도 민족교육이 강조되었지만, 신문·잡지와 같은 언론기관도 국학에 관한 많은 글을 실어 국민계몽에 앞장섰다.

국어 분야에서는 국한문이 병용되는 추세에 따라 국문표기방법을 통일할 필요가 생겨서 이 방면의 연구들이 나타났다. 유길준의 《조선문전朝鮮文典》(1897~1902)에 이어 이봉운李鳳雲의 《국문정리國文正理》(1897), 지석영池錫永의 《신정국문新訂國文》(1905), 주시경周時經(1876~1914)의 《국어문법國語文法》(1910)과 《말의 소리》(1914) 등이 이런 필요에서 저술되었다. 한편, 1907년에 최초로 학부 안에 국문연구소가 설립되어 여러 학자들이 국어정리에 참여했는데, 주시경·지석영 등의 활약이 두드러졌다. 특히 주시경은 1908년 국어연구학회를 창립했는데, 이것이 뒷날 조선어연구회(1921)의 모체가 되었다.

국사 분야에서는 갑오개혁 이후 근대학교가 설립되면서 각종 국사교과서가 편찬되었다. 이때 교과서편찬에 참여한 이는 장지연張志淵(1864~1921), 김택영金澤榮(1850~1927), 현채玄采(1886~1925) 등 중인출신이었는데, 그 내용은 대체로 안정복의 《동사강목》을 서양식 역사서술체계에 맞추어 축약한 것이었다. 이를 신사체新史體라 불렀다. 그러나 이때부터 일본인이 쓴 왜곡된 한국사 서술의 영향을 받아 임나일본부任那日本府의 설치와 신공황후神功皇后의 신라정벌을 인정하는 등 문제점도 많이 나타났다.[27]

신채호　충북 청원 출신

국사교과서의 친일경향을 맹렬히 비난하면서 민족주의에 바탕을 둔 새로운 근대사학을 성립시킨 이는 신채호申采浩(호 丹齋)였다. 그는 을지문덕, 강감찬, 최도통[최영], 이순신 등 애국명장에 관한 전기를 써서 애국심을 고취하고, 《독사신론讀史新論》(1908) 등의 사론을 발표하여 만주와 부여족[단군족]을 중심에 둔 새로운 역사체계를 세우기 시작했다. 이는 중국 동북지방에 독립운동기지를 두려는 목적과 관련된 역사의식을 말해준다.

한국사뿐 아니라 세계사에 대한 관심도 커졌다. 특히 서양에서 근대 민족국가 성립을 주도한 영웅들에 대한 관심에서 스위스의 건국을 그린 《서사건국전瑞士建國傳》, 미국독립을 서술한 《미국독립사》, 이태리독립을 서술한 《의태리독립사意太利獨立史》와 《이태리건국삼걸전》, 독일통일을 가져 온 비스마르크의 전기인 《비사맥전》 그리고 러시아의 근대화를 이룩한 표트르 대제의 전기인 《피득대제》 등이 편찬되고, 베트남과 폴란드의 망국에 대한 역사책도 나오게 되었다.

한편, 민족고전을 출간하여 민족의식을 높여 주려는 출판활동이 전개되었다. 최남선崔南善(1890~1957)이 조직한 조선광문회朝鮮光文會에서 실학자들의 저술을 간행하기 시작한 것은 그 대표

---

27) 일본은 메이지유신(1868) 이후 1886년 동경제국대학에 사학과를 설립하고, 1888년에는 국사과를 설치하여 일본사와 더불어 조선사를 연구하기 시작했다. 그 결과 제국대학 교수들이 《국사안國史眼》(1890)이라는 일본사개설을 편찬하고, 그 후 1892년에는 사학과 출신의 하야시 다이스케林泰輔가 《조선사》를 편찬했다. 이들 저서에는 단군이 일본 신화에 보이는 스사노오노 미코토素箋鳴尊의 아들이며, 신공황후神功皇后가 신라를 정복하고(209년), 임나일본부라는 식민지를 남한에 건설했다는 등의 왜곡된 내용을 실었다. 이러한 메이지시대의 조선연구는 18세기 일본 국학자의 학풍을 계승한 것이며, 이러한 황국사관은 그 후 시라토리 구라키치白鳥庫吉를 비롯한 실증사가들에 계승되어 이른바 일제식민사관으로 전개되어 갔다. 개화파 역사가들은 특히 하야시의 책에서 많은 영향을 받았다.

최남선(1890~1957)

잡지 《소년》

혈의 누 이인직

자유종 이해조

적인 예이다.

문학 분야에서는 서양식 소설과 시의 형식을 따르는 이른바 '신소설'과 '신체시'가 나타났다. 그 내용은 자유·평등·미신타파 등 근대사상을 고취하면서 순국문으로 씌어져 형식면에서 근대적인 문학의 모습을 띠었다. 이인직李人稙은 신소설의 개척자로서 《혈의 누》, 《귀의 성》, 《치악산》 등의 작품을 남겼다. 이밖에 안국선安國善은 《금수회의록》, 이해조李海朝는 《자유종》, 최찬식崔瓚植은 《추월색》 등을 썼다. 신체시운동의 선구자는 최남선으로서 《소년》지에 발표한 〈해海에게서 소년에게〉는 현대시의 효시를 이룬다.

그러나 신문학은 자주성보다는 근대성을 적극 추구하면서 점차 친일문학 쪽으로 흘러갔다. 이에 반해 전통적인 한문학을 계승하면서 자주정신을 고취하는 또다른 문학풍조가 있었다. 신채호가 〈대한매일신보〉에 연재한 〈천희당시화天喜堂詩話〉를 비롯하여 국내외의 위인들의 전기를 엮어낸 것이 그 대표라 할 수 있다. 이 흐름은 1910년대에 들어와 꿈의 형식을 빌어 애국심을 고취하는 각종 사화史話식 소설로 발전되어 갔다.

한편, 조선시대 가사문학의 전통을 계승하여, 여기에 애국심과 근대정신을 담으려는 노래가 유행했다. 이른바 '창가'라고 불리는 노래 가운데에는 〈독립가〉, 〈권학가〉, 〈한양가〉 등이 널리 애창되었다.

제5장 일제강점기(1) 1910년대의 민족해방운동

1. 일제의 무단통치와 경제적 약탈

1) 조선총독부의 탄압통치

일본은 우리나라를 식민지로 만들자 통감부 대신 조선총독부朝鮮總督府를 설치하여 통치했다. 총독은 대장大將 가운데서 임명하고 일본의 내각총리대신과 동격으로 입법·사법·행정 및 군대통솔권을 장악했다. 총독부는 총무, 내무, 탁지, 농상공의 행정부처와 사법기구로 재판소, 치안기구로 경무총감부, 자문기구로 중추원과 취조국을 두고, 지방은 도道, 부府, 군, 면의 행정체계를 갖추었다. 그리고 경제침탈기구로 철도국, 통신국, 세관, 임시토지조사국 등의 기구를 두었다.

초대 총독은 1910년 5월 3일 제2대 통감으로 왔던 데라우치 마사타케寺內正毅가 맡았다. 데라우치는 한국인의 저항이 워낙 강한 것을 알고 헌병이 경찰 업무를 맡도록 하는 이른바 헌병경찰제도를 실시했다. 헌병경찰에게는 치안뿐만 아니라 사법·행정에도 관여할 수 있는 광범한 권한을 부여하여 한국인의 생살여탈권을 행사했다. 이밖에 일본은 2개 사단의 병력을 서울의 용산·남산 등지와 지방에 배치하여 무력통치 조직을 구축했다. 문자 그대로 파쇼통치가 시작된 것이다.

일본은 몰락한 대한제국의 황실을 관리하는 기구로 이왕직李王職을 일본 궁내성宮內省 안에 설치하고 고종황제를 덕수궁이태왕德壽宮李太王으로 봉하고, 순종황제를 창덕궁이왕昌德宮李王으로 봉하여 일본 천황의 신하로 강등시켰으며, 종친들에게는 차등을 두어 공후백자남公侯伯子男 등의 작위를 수여했다. 고종과 귀비엄씨貴妃嚴氏 사이에 태어난 황태자 이은李垠(1897~1970)[28]을 1907년에 강제로 일본으로 이주시킨 다음 일본 여인[마사코]과 결혼시키고, 고종과 후궁 귀인양씨貴人梁氏 사이에 태어난 덕혜옹주德惠翁主(1912~1989)는 1926년 대마도주 후손과 강제결혼시켜 불행하게 살다가 1962년에 귀국한 후 사망했다.

---

28) 순종황제는 후사가 없어서 그의 이복동생[귀비 엄씨 소생] 이은李垠(1897~1970)이 1900년에 영친왕英親王으로, 다시 1907년에 황태자로 책봉되었다. 통감 이토는 1907년 이은을 강제로 일본으로 보내 일본교육[육군사관학교·육군대학]을 시키고, 일본 여인 마사코[李方子]와 결혼시켰다. 1910년 순종이 폐위되자 이은도 황태자에서 왕세자로 강등되고, 1926년 순종이 돌아가자 이은은 이왕李王으로 불렸다. 허수아비 왕노릇을 하던 그는 해방이 된 후 귀국하지 못하고 있다가 1963년 귀국하여 지병에 시달리다가 1970년에 74세를 일기로 세상을 떠났다. 그의 부인 마사코 여사는 귀국 후 한국인으로 귀화하고 이름을 이방자로 바꾸었다. 이방자 여사는 창덕궁 안의 낙선재樂善齋에 거주하다가 1989년에 타계했다. 이은의 아들 이구李玖(1931~2005)는 일본에 거주하다가 2005년 타계했다.

비운의 황실(1915년경 촬영) 왼쪽부터 황태자 이은, 순종, 고종, 순종비, 덕혜옹주

영친왕 이은과 이토 히로부미　덕혜옹주

남산의 조선총독부(1910~1926)

경복궁 안의 조선총독부(1926~1945) 1995년 8월 15일 광복
50주년을 기념하여 철거를 시작하여 1996년 11월 철거완료됨

이완용을 비롯한 매국관료들에게 귀족의 작위와 이른바 은사금恩賜金을 주고, 중추원中樞院이라는 형식적인 자문기관을 두어 황족과 송병준 등 매국노들을 의관議官에 임명했다. 물론 중추원의 의장은 총독부 2인자인 정무총감이 맡았고, 자문사항은 한국인의 운명과 크게 관계가 없는 관습 조사와 같은 하찮은 일들이었다.

총독부는 항일민족운동의 뿌리를 뽑겠다는 생각으로 애국인사들을 대량으로 체포·구금하는 일에 나섰다. 먼저, 독립운동자금을 모으고 있던 안명근安明根을 체포한 것을 기화로 황해도 지방의 애국인사 160여 명을 체포했다(1911). 이 사건을 '안악사건安岳事件'이라 한다. 그리고 데라우치 총독 암살을 모의했다는 혐의를 뒤집어 씌워 가장 강력한 구국민족운동 단체인 신민회 회원 600여 명을 검거하여 악독한 방법으로 고문을 자행하고, 그 가운데 105명을 기소했다. 이 사건을 '105인 사건'(1911)이라 부른다.

조선총독부는 국권강탈 후 모든 정치 결사를 해체시키고, 민족언론지들을 폐간시켰다. 그 대신 〈경성일보〉, 〈매일신보〉, 〈조선공론〉 등 어용신문과 잡지만을 발행하도록 했다. 민족교육을 금지시키고, 일본의 충량한 국민을 만드는 교육을 위한 조선교육령(1911)과 사립학교규칙 그리고 서당규칙(1918) 등을 제정하여 학교의 설치와 교육내용을 총독부가 통제했다. 그 결과 1908년에 3천여 개에 달하던 사립학교가 1919년에는 690여 개로 줄었다.

일제에 대한 저항심이 가장 강했던 유생들을 회유하기 위해 지방의 노유老儒들에게 은사금을 지급하고, 유생들의 세력기반인 향교의 재산을 몰수하여 공립보통학교의 유지비로 충당했다. 조선시대의 향촌 초등교육기관인 서당書堂도 통제의 대상이 되었다. 일제는 그 대신 대학이나 전문학교 같은 고급교육기관을 두지 않았고, 지방에는 보통학교[지금의 초등학교], 서울을 비롯한 대도시에는 극소수의 고등보통학교와 사범학교를 설치하여 식민지 하수인으로서 필요한 교육만을 받도록 했으며, 그것도 일부 극소수 한국인에게만 입학을 허용했다.

또한 한국인을 위압하기 위해 일반관리나 교원에게도 제복을 입히고 칼을 차고 다니게 했다. 그리하여 민족교육이 급속히 약화되고, 식민지 노예교육이 시작되었다.

국권침탈과 더불어 조선왕조 519년간의 얼이 담긴 한양도 식민지 도시로 급속히 파괴되었다. 조선왕조의 왕궁 경복궁에 있던 220여 채의 전각이 대부분 헐리고 1916년부터

창경궁 사적 123호, 조선 성종 14년(1483) 창건, 광해군 7년(1615) 재건, 창경원 시절 사진, 서울특별시 종로구 돈화문로 소재

1926년에 걸쳐 근정전 앞에 거대한 조선총독부 청사를 지어 경복궁의 기를 꺾어 버렸다. 성종 때 지은 창경궁昌慶宮은 1909년 순종의 오락장을 만든다는 이유로 대부분의 전각을 헐고 그 자리에 박물관, 동물원, 식물원을 짓고 이름을 창경원昌慶苑으로 격하시켰으며, 광해군 때 창건하고 순조 때 중건한 경희궁慶熙宮도 완전히 헐리고 그 자리에 경성중학교[광복 후 서울중·고등학교]를 세웠으며, 창경궁 건너편 영희전永禧殿[임금 영정을 모신 집]이 헐리면서 그 자리에 경성제국대학 의학부[지금의 서울대학교 의대]가 설립되었다.

5대궁의 하나인 창덕궁도 원인 모를 화재에 의해 많은 전각들이 소실되었는데, 그 자리에 경복궁의 일부 건물을 옮겨 짓고 혹은 검도장을 짓기도 했다. 서울은 왕도의 상징물이 대부분 파괴되고 식민지 통치를 위한 관청·학교·은행·상가 등이 들어섬으로써 민족혼이 사라진 식민지 도시로 변모되었다. 대한제국의 제천단인 환구단을 헐어 그 자리에 철도호텔을 짓고, 을미사변 때 순국한 애국지사를 제사하는 장충단에는 이토 히로부미를 추모하는 박문사博文寺라는 절을 지었다.

읍성邑城과 관아로 구성되어 있던 지방도시도 서울과 마찬가지로 대부분의 문화유적이 파괴되었다. 일본은 우리나라가 오랜 전통을 가진 문화국가임을 잘 알고 있었던 까닭에 민족의 독립정신을 없애기 위해 민족문화유산을 철저히 파괴하여 일본문화에 동화시키는 정책을 추진했다.

2) 토지·자원 및 산업의 침탈

을사늑약 이후부터 토지침탈에 광분하고 있던 일본은 국권침탈 이후 한층 본격적으로 토지침탈정책을 추진했다. 1910년에서 1918년에 걸쳐 실시한 이른바 토지조사사업이 그것이었다. 이를 위해 일본은 1910년 토지조사국을 설치하고 1912년 '토지조사령'을 반포했다. 이 사업은 전국의 토지를 측량하여 소유권과 가격 그리고 지적地籍을 확정한다는 명분으로 실시한 것인데, 까다로운 신고주의에 익숙하지 않은 농민들이 신고 절차를 밟지 않아 토지를 빼앗기는 사례가 많았다. 또한 역둔토驛屯土, 궁장토宮庄土 등을 비롯한 국유지, 동중洞中이나 문중門中의 공유지共有地는 신고주가 없어 총독부나 유력한 친일인사들에게 넘어갔다. 토지조사사업 결과 13만 5천 정보의 역둔토와 4만 6천여 정보의 민유지가 총독부 소유로 되었다. 1930년까지 총독

만주 간도벌판에 모인 한국인들 간도 용정龍井 부근의 우시장, 용정은 만주 이민의
첫 기착지로서 한국인의 제2의 고향이 되었다.

부가 소유한 토지는 전 국토의 40%를 차지했다. 그 과정에서 약 10만 건에 달하는 소유권분쟁이 있었으나 총독부의 탄압으로 묵살되었다.

토지조사사업과 병행하여 일본인의 농업이민이 10배로 급증하고, 그들의 소유농지는 4배로 증가하여 큰 지주로 성장해 갔다. 총독부의 지세 수입도 1919년 현재 1911년의 두 배로 늘고 과세지는 10년 사이 52% 증가했다. 결국 근대적인 토지소유권을 확립한다는 핑계로 실시된 토지조사사업은 총독부와 동양척식주식회사의 토지 강탈로 귀결되었다. 소수의 지주들만이 이 사업으로 토지소유권을 획득했으나 자작농이나 자·소작겸농 등 소농들은 대부분 몰락하여 소작농과 농업노동자로 전락하거나 화전민이 되었고 또는 중국 동북부지방 등지로 떠나가는 등의 사례도 많았다. 1918년 당시 소작농과 자·소작겸농은 전체 농민의 77%에 달했으며, 3%의 지주가 경작지의 50% 이상을 소유하는 식민지적 지주제가 성립되었다. 원래 우리나라는 '소작'이라는 말이 없었고, 지주와 작인 사이에는 서로 대등한 협력관계라는 뜻의 '병작'이라는 말이 있었을 뿐이었다. 이러한 병작이 소작으로 바뀐 것은 작인의 지위가 그만큼 격하된 것을 의미한다.

일본은 광산, 어장, 산림 등 자원에 대해서도 수탈을 강화했다. 조선광업령(1915)에 의해 한국인의 광산경영을 억제하고, 미쓰이三井, 후루카와古河 등 일본 광업자본이 들어와 인천·갑산 등 주요 광산을 차지했다. 1920년 현재 일본인 소유 광산은 전체 광산의 80%를 차지하고 한국인 광산은 0.3%에 불과했다.

어업분야에서는 조선어업령(1911)에 의해 황실 및 개인소유 어장이 일본인 소유로 재편성되었다. 일본인은 어업기술이 한발 앞섰기 때문에 어민 1인당 어획고는 한국인의 4배 이상 차이가 나타났다. 1905년에 독도를 강탈한 것도 수산자원 침탈을 위한 것이었다.

국유림을 비롯한 삼림에 대해서도 1908년의 삼림법森林法과 1911년의 삼림령, 1918년의 임야조사사업을 통해 강탈하여 일본인에게 불하했는데, 전체 산림의 50% 이상이 총독부와 일인 소유로 넘어갔다. 특히 압록강·두만강 유역의 목재를 대대적으로 벌채하여 막대한 이득을 챙겼다. 일본은 우리 민족기업을 탄압하기 위해 회사령會社令(1910. 12)을 다시 공포하여 회사를 설립할 경우 총독부의 허가를 받도록 했다. 그 결과 전기·철도·금융 등 큰 기업은 일본의 미쓰이三井·미쓰비시三菱 등에게 넘어갔고, 인삼·소금·아편 등은 총독부에서 전매했다. 한국인 기업가는 주로 정미업·피혁업·요업·방적업·농수산물 가공업 등 주로 경공업에 한정되었다. 1919년 현재 전체 공장의 자본금에서 일본인은 91%를 차지하고, 한국인은 6% 정도에 지나지 않았다.

교통 부문은 호남선·경원선·함경선 등의 철도가 신설되고, 간선도로가 보수되어 1919년 현재 2,200km의 철도망과 약 3,000km의 도로망이 구축되었다. 전기와 전신망도 각각 8,000km, 7,000km 정도로 확장되었다. 그러나 이러한 시설은 한국인의 조세 부담으로 이루어진 것이었으며, 일본 식민통치의 수단으로 이용되었다.

금융 부문도 일본이 장악했다. 조선은행(1911), 조선식산은행(1918) 그리고 동양척식주식회사(1908)가 금융계를 장악하고, 지방에는 금융조합이 침투하여 서민금융을 통괄했다. 조선총독부는 "식민지 경영을 위한 경비는 식민지에서 마련한다"는 원칙 아래 재정수입을 높이기 위해 세금을 대폭 강화했다. 소득세·수익세·소비세·교통세·부과세·특별세 이외에 각종 잡부금이 부과되고, 이들 수입은 주로 한국인을 탄압하고 토목공사를 일으키는 비용으로 지출되었다.

식민지적 경제구조에서 무역 또한 일본 중심으로 개편되었다. 수출의 90%, 수입의 65%가 일본으로 집중되었는데, 쌀·잡곡·잎담배 등이 주요수출품이었고, 옷감·경공업 제품이 들어왔다. 이러한 무역구조가 일본 자본주의의 발달을 촉진시키는 데 기여한 것은 물론이다. 결국 우리나라는 국권상실과 더불어 일본 자본주의의 원료 공급지와 상품시장 그리고 조세수탈의 일방적인 피해자로 전락하고 말았다.

〈한국인과 일본인의 공업 참여 비교〉(1917년)

업 종	민족별	공장수	자본금(원)
면업, 염직업	한국인	70	236,390
	일본인	36	6,894,989
펄프, 제지업	한국인	51	15,886
	일본인	4	15,000
피혁업	한국인	37	52,900
	일본인	8	1,991,036
요업	한국인	115	137,720
	일본인	67	506,500
비누, 비료제조업	일본인	20	474,200
금속세공업	한국인	106	202,250
	일본인	57	279,270
제재,목공업	한국인	22	33,917
	일본인	43	544,010
제분, 정미업	한국인	154	546,420
	일본인	152	3,682,906
	기타국인	1	500
국수, 제과업	일본인	36	170,250
담배 제조업	한국인	5	211,880
	일본인	21	2,214,413
양조업	한국인	6	101,000
	일본인	108	1,968,485
	기타국인	3	23,000
얼음, 소금	일본인	47	786,281
인쇄업	한국인	11	103,110
	일본인	59	617,965
제련업	한국인	2	15,000
	일본인	26	8,832,555
	기타국인	7	2,207,582
전기, 가스업	한일합작	3	384,733
	일본인	17	4,402,548
	기타국인	1	850,000
기타 공업	한국인	26	226,320
	한일합작	1	25,000
	일본인	35	279,950
	기타국인	1	5,000
총계	한국인	605	1,882,793
	한일합작	4	409,733
	일본인	736	33,660,358
	기타국인	13	3,086,082

2. 1910년대 국외·국내의 민족운동과 3·1 운동

1) 1910년대 국외의 민족운동

일제의 파쇼통치로 국내에서의 독립운동이 어렵게 되자 많은 애국지사들이 만주와 연해주지방으로 망명하여 적극적인 활동을 전개했다. 이곳은 일제의 침략이 상대적으로 미약했고, 특히 만주의 간도間島(두만강, 압록강 대안) 지방은 대한제국시대 우리 교민들이 많이 이주하여 독립운동기지로 적당한 곳이었다.

간도와 연해주에서 활약한 독립운동가들은 대부분 대종교를 신봉하던 열렬한 국수주의

이회영(1867~1932)

이동녕(1869~1940)

이상설(1871~1917)

이동휘(1873~1935)

신규식(1879~1922)

인사들이었다. 그들은 간도를 독립기지로 하여 장차 고구려와 발해의 옛땅인 만주를 되찾아 대조선大朝鮮을 세운다는 원대한 계획을 세우고 많은 교육기관·군사기관·산업시설을 설치했으며, 무력에 의한 독립쟁취를 목표로 했다. 말하자면 한말의 의병전쟁을 계승하고 있었다.

대종교인이 세운 독립운동기지로 유명한 것은 이회영李會榮, 이시영李始榮, 이동녕李東寧, 이상룡李相龍 등이 서간도[유하현]의 삼원보에 세운 경학사耕學社라는 자치기관이며, 이를 모체로 하여 독립군 양성을 위한 신흥강습소[1919년 신흥무관학교로 개칭]가 설치되었다. 이밖에 윤세복尹世復(대종교 3세 교주)이 환인지방에 세운 동창학교東昌學校(1911)에는 신채호·박은식 등 저명한 역사가들이 참여하여 여러 가지 위인전기를 편찬하여 교재로 사용했으며, 김교헌金敎獻(대종교 2대 교주)이 지은 《신단실기神檀實記》(1914), 《신단민사神檀民史》(1914, 1923) 등의 역사책도 재만교포들 사이에서 널리 읽혔다. 이곳에서는 역사교육과 군사교육이 가장 중요하게 다루어졌다. 재만 독립운동가들은 1918년 12월에 39명의 대표가 모여 〈대한독립선언서〉[일명 무오독립선언]를 발표하여 무력항쟁의 강렬한 의지를 보여 주기도 했다.

시베리아의 연해주지방에는 이미 1905년 한국인 자치기관인 한민회韓民會가 설치되었고, 〈해조신문〉을 발행하여 언론활동과 한민학교韓民學校(1909)를 중심으로 한 교육활동도 활발했다. 1910년 이후에는 이상설, 이동휘 등이 블라디보스토크海蔘威에 대한광복군정부大韓光復軍政府(1914)라는 최초의 임시정부를 수립하고 독립군을 조직하여 무장투쟁을 계획하고 있었다. 또 이상설은 만주 용정龍井에 서전서숙瑞甸書塾을 세워 민족교육의 요람으로 키웠다. 또한 1917년에는 시베리아 한인의 핵심단체인 전로한족회중앙총회가 결성되고, 1919년에는 대한국민의회大韓國民議會로 발전했다. 이밖에도 연해주에는 권업회勸業會(이상설)·대한청년교육회, 공공회, 대한민공제회, 철혈단鐵血團 등 많은 단체가 설립되어 활동하였다. 그리고 1917년 러시아혁명의 영향을 받아 1918년 이동휘 등은 하바롭스크에서 한인사회당韓人社會黨(1921년 고려공산당으로 재편)을 결성하기도 했다.

한편, 중국 국민당정부와의 긴밀한 협력관계가 편리한 상하이도 해외독립운동의 중심지 중 하나가 되었다. 1912년 대종교의 신규식申圭植이 조직한 동제사同濟社는 대표적 단체였다. 신규식은 신해혁명(1911)에도 참여하여 국민당 인사들과 친교가 깊었는데, 국민당 인사들과 연합하여 동제사를 신아동제사로 개편, 1915년에는 박은식과 더불어 대동보국단大同輔國團을 조직하고 〈진단震壇〉이라는 잡지를 발간하기도 했다. 그의 외교적 활약은 뒷날 대한민국임시정부의 활동에 큰 도움을 주었다. 상하이의 민족지도자들은 1919년 1월 신한청년단을 조직하고, 제1

차 세계대전을 마무리하는 파리강화회의(1919. 1~6)에 김규식金奎植을 대표로 파견
하는 등 활발한 외교활동을 전개했다.

스티븐스
대한제국의 미국인 외교고문

미국에서의 민족운동은 한국교민이 많이 거주하는 하와이에서부터 시작되었
는데 1907년에 국민회國民會와 한인합성협회를 조직하는 등 많은 단체가 생겨났다.
한편 미국 본토에서도 역시 한국교민이 있는 샌프란시스코가 중심이 되어 공립협
회共立協會(1905) 등이 조직되었는데, 교민 장인환, 전명운이 친일 망언을 일삼는 스티
븐스를 캘리포니아에서 사살한 사건(1908)을 계기로 재미한국인의 단결이 공고해져
1909년에 하와이교민과 본토교민이 연합하여 국민회[뒤에 大韓人國民會로 개명]를 조직
하기에 이르렀다. 그 중심인물은 박용만朴容萬(1881~1928), 이승만李承晚(1875~1965)이었다.
이승만은 1904년에 미국으로 건너가 조지워싱턴대학과 하버드대학(석사), 프린스턴
대학에서 철학박사 학위를 받고(1910), 하와이에서 독립운동을 전개하다가 1919년
상하이임시정부가 수립되자 44세의 나이로 대통령에 추대되었다.

한편, 신민회의 회원이던 안창호가 샌프란시스코에서 조직한 흥사단興士團
(1913)의 활동도 활발했다. 재미교포들은 대부분 기독교인으로서 군인양성과 외교
활동에 역점을 두는 민족운동을 전개했다.

안창호(1878~1938)

일본에서는 젊은 유학생들을 중심으로 제1차 세계대전이 끝날 무렵부터
점차 독립운동의 기운이 일어났다. 최팔용崔八鏞이 중심이 된 조선청년독립단은
해외의 독립운동과 제1차 세계대전 후의 민족자결주의 그리고 러시아혁명에 고
무되어 1919년 2월 8일 도쿄의 기독교청년회관에 모여 독립선언서[2·8 독립선언]와
결의문을 발표했다. 이 선언은 국내의 3·1 운동을 일으키는 도화선이 되었다.

2) 1910년대 국내의 민족운동

일제의 가혹한 탄압으로 국내의 독립운동은 큰 제약을 받지 않을 수 없었다. 특히 안악사
건과 105인 사건으로 서북지방의 독립운동이 큰 타격을 입었다. 그러나 그러한 제약 속에서도
비밀결사의 형태로 지하에 숨어든 독립운동단체들이 전국 각지로 확산되어 갔다.

1910년대의 독립운동은 대체로 무력항쟁을 기본으로 하여 독립군을 직접 양성하거나 지
원하는 방법을 택했다. 그러나 독립후의 국가에 대해서는 대한제국의 회복을 주장하는 측과 주
권재민의 공화국을 건설하려는 측의 노선차이가 있었다.

대한제국의 회복을 추구하는 대표적 단체는 독립의군부獨立義軍府(1913)를 들 수 있다. 한말
에 최익현과 더불어 의병전쟁에 참가한 바 있던 임병찬이 주도한 이 단체는 전라남도를 중심
으로 무력항쟁을 벌였으나 1914년에 임병찬이 체포되어 거문도에 유배되었다가 자결함으로써
끝났다(1916). 이밖에 1907~1915년에 황해도·평안도 지방을 중심으로 한 채응언蔡應彦의 의병활
동도 있었다.

공화국 건설을 목표로 한 비밀단체로는 박상진朴尙鎭, 김좌진金佐鎭 등이 1913년에 조직한
대한광복단(1915년 大韓光復會로 개편)의 활동이 두드러졌다. 대구에서 결성된 이 단체는 각도에 지

의병장 채응언 1915년 체포당시 모습

부를 두고 해외의 애국지사들과 연계하여 군대양성과 친일파 숙청을 도모하다가 1918년에 발각되어 잠시 그 활동이 위축되었으나, 3·1운동 이후에 활발한 투쟁을 계속했다.

경상도 지방에서는 대종교에 귀의한 윤상태尹相泰, 서상일徐相日, 이시영 등 유생들이 1915년 조선국권회복단을 조직했다. 이들은 3·1운동이 일어나자 이에 적극 참여하여 만세운동을 주도했다.

평안도 지방에서 일어난 공화주의 단체로는 조선국민회朝鮮國民會(1917)[29]를 들 수 있다. 평양의 숭실학교 학생과 기독교청년들이 중심이 되어 조직한 이 단체는 하와이의 대조선국민단 및 간도의 독립운동단체와 연계하면서 군자금을 모으고 무기를 구입하기 위해 활동했으며, 3·1운동 당시 평안도의 만세운동을 주도했다.

이밖에 서울에서 교사들이 중심이 되어 조직한 조선산직장려계朝鮮産織獎勵契(1914), 함경남도 단천에서 조직된 자립단(1915), 평양 숭실여학교 교사들이 조직한 송죽회松竹會(1913), 민단조합(1915), 자진회自進會(1918) 등 수많은 비밀결사가 활동했는데, 이들은 주로 교육문화활동과 실력양성에 치중했다.

1910년대의 민족운동을 주도한 것은 도시의 중산층과 교사·학생·유생 등 지식인층이 중심이었으며, 기독교·불교·대종교·천도교 등 종교단체와 깊이 연결되어 있었다. 또한 사립학교와 서당도 독립정신을 고취하는 교육문화운동의 중요한 거점이 되었다. 이와 같이 1910년대의 축적된 역량이 1919년의 3·1운동으로 폭발하게 된 것이다.

3) 3·1 운동의 전개

이미 을사늑약 이후로 일본의 강도적 침략행위에 대한 각계각층의 분노와 대각성이 일기 시작하고, 1910년 이후의 야만적 탄압통치를 경험하면서 그 분노와 각성은 계층적으로나 지역적으로 한층 확장되면서 민족의 역량이 하나로 결집되어 갔다. 드디어 1919년 3월 1일 전 세계를 깜짝 놀라게 한 평화적 만세운동이 전국 각지에서 일어났다.

3·1운동은 개항 이후 척사운동에서 시작하여 동학농민전쟁과 의병전쟁 그리고 구국계몽운동으로 이어져 온 항일투쟁의 연장선상에서 일어난 것이지만, 그것이 1919년 3월 1일에 발생한 직접적인 원인은 국내외의 특수한 상황에서 찾을 수 있다.

첫째, 1917년에 러시아혁명이 일어나고, 뒤이어 1918년에 제1차 세계대전이 전체주의 국가의 패배로 끝나면서 이제 전 세계는 군국주의·제국주의가 후퇴하고 인도주의·평화주의·민족자결주의 시대가 도래한다는 믿음이 널리 확산되어 있었다. 미국 윌슨 대통령의 주도로 국제연맹이 결성되고 민족자결주의가 제창되면서 세계 개조에 대한 믿음은 더욱 크게 확산되었다. 우리의 독립운동가들은 이러한 국제정세의 변동을 우리 민족이 독립할 수 있는 호기로 포착하여 인도주의적·평화적 도수혁명徒手革命(맨손혁명)으로 거국적 만세운동을 벌이게 된 것이다.

---

29) 북한에서는 김일성의 아버지 김형직金亨稷이 조선국민회를 주도했다고 주장한다.

둘째, 세계정세에 예민하지 못한 일반 민중의 일본에 대한 적개심을 한층 북돋우는 사건이 1919년 1월 21일에 일어났다. 그것은 이날 밤 덕수궁 함녕전에서 식혜를 먹고 갑자기 승하한 고종 황제를 일제가 독살했다는 소문이 퍼진 것이다. 황제는 일제의 독립운동 포기 요구를 끝까지 거부하고, 후궁 귀인 장씨의 소생 의[친]왕 이강義親王 李剛(1877~1955)과 더불어 독립운동을 후원하여 국민의 흠모를 받다가 갑자기 승하한 것이다. 고종의 장례식은 3월 3일로 정해져 있었고, 3월 1일은 장례의 습의習儀[예행연습]를 치를 예정이어서 이날 많은 군중이 모인 것이다.

고종황제의 승하를 애도하는 국민들(1919. 1. 22) 덕수궁 대한문 앞

셋째, 해외의 독립운동가들이 제1차 세계대전의 뒷처리를 위해 파리강화회의가 열리고 있는 것을 기회로 맹렬한 독립외교를 펼친 것이 국내인사들에게 큰 자극을 주었다. 윌슨의 민족자결주의에 고무된 미주의 대한인국민회는 1918년 12월에 파리강화회의에 이승만 등을 대표로 보내려고 했으나 실현되지 못했고, 1919년에 들어와 신한청년당이 김규식을 파리강화회의(1919.1~6)에 파견하여 〈독립청원서〉를 제출했다. 그리고 1919년 2월에는 도쿄의 한국인 유학생들이 조선기독교청년회관에서 독립선언서[2·8 독립선언]를 발표했다.

3·1 독립선언서

국내의 독립운동가 중에서는 그동안 온건한 교육·외교·문화운동에 주력해 오던 종교단체가 이와 같은 국제정세의 흐름에 가장 예민하게 반응을 보였다. 그리하여 손병희, 최린崔麟 등 천도교 인사, 이승훈李昇薰 등 기독교계 인사, 한용운

3·1 운동 가두행진 3·1 운동 이후 미주 지역에서 태극기를 들고 가두행진을 하고 있는 한인교포들

韓龍雲 등 불교계 인사들이 연합하여 대외적으로 우리의 독립을 청원하고, 대내적으로는 대중화·일원화·비폭력의 3대 원칙에 따라 운동을 진행한다는 방침을 세웠다. 그리고 거사시기는 고종의 장례일인 3월 3일의 이틀전인 3월 1일 정오로 정했다. 민족대표 33인의[30) 이름으로 서

---

30) 3·1 운동을 주도한 민족대표 33인의 명단은 다음과 같다. 손병희孫秉熙(대표), 권병덕權秉悳, 권동진權東鎭, 김창준金昌俊, 김병조金秉祚, 김완규金完圭, 백용성白龍成, 이필주李弼柱, 길선주吉善宙, 이승훈李昇薰, 이명룡李明龍, 이갑성李甲成, 유여대劉如大, 양한묵梁漢默, 양전백梁甸伯, 나인협羅仁協, 나용환羅龍煥, 신석구申錫九, 신홍식申洪植, 박동완朴東完, 박희도朴熙道, 박준승朴準承, 임예환林禮煥, 이종일李鍾一, 이종훈李鍾勳, 홍기조洪基兆, 홍병기洪秉箕, 한용운韓龍雲, 최린崔麟, 최성모崔聖模, 정춘수鄭春洙, 오화영吳華英, 오세창吳世昌. 그러나 33인 가운데 박희도, 최린, 정춘수 등 3명은 뒤에 친일인사로 변절했다.

동대문 일대의 시위 군중

부녀자들의 만세행진

광화문 비각 앞의 시위군중

작두와 칼로 목이 잘린 시신들

화성군 제암리 주민학살 현장

명한 〈독립선언서〉[31]도 이종일李鍾一에 의해 비밀리에 준비되어 전국에 미리 배포되었다.

서울의 민족대표들은 원래 군중이 많이 모이는 탑골공원에서 독립선언서를 낭독할 예정이었으나, 폭력사태가 일어날 것을 염려하여 음식점인 태화관泰和館(인사동 소재)으로 옮겨 독립선언서를 낭독하고 일제 관헌에 이 사실을 알려 주어 자진 투옥되었다. 그 대신 탑골공원에서는

31) ‘독립선언서’를 기초한 인사는 최남선崔南善이다.

학생들이 독립선언서를 낭독한 다음 군중시위를 주도했다.

서울시위와 때를 같이하여 평양·진남포·안주·의주·선천·원산 등 이북지역의 주요도시에서 태극기를 들고 나와 '대한독립만세'를 외치는 만세운동이 일어났으며, 3월 10일을 전후해서는 남한 일대로 파급되어 각 지방의 중소도시와 농촌에까지 확산되어 갔다. 5월 말까지 지속된 이 운동에는 전국 218개 군에서 2백여 만의 주민이 1,500여 회의 시위에 참가하여 그야말로 거족적인 독립의지를 유감없이 보여 주었다. 그 주도층은 지식인·청년·학생·종교인 등이었지만, 중소상공인과 노동자·농민 등 모든 계층이 망라되었다.

서대문 형무소의 유관순(1902~1920)

3·1 운동은 비폭력, 무저항주의로 출발했지만 시위가 확산될수록 동맹파업과 예금인출 그리고 전차공격과 광구파괴, 면사무소와 헌병주재소 습격 등 점차 폭력적 형태로 발전해 갔다.

거족적인 3·1 운동에 놀란 일본은 군대, 헌병, 경찰을 모두 풀어 시위자를 폭도로 규정하고 발포, 살육 그리고 고문, 방화 등 무자비한 방법으로 탄압했다. 특히 농촌에서의 탄압은 처참하기 이를 데 없었다. 예컨대 경기도 화성군 송산면에서는 마을 전체를 불태우고 마을주민을 학살하였으며, 화성군 향남면 제암리에서는 마을주민을 교회에 가두고 불질러 타 죽게 하였다 (4. 15). 전국적으로 7천 5백여 명이 피살되고 4만 6천여 명이 체포되었으며, 1만 6천여 명이 부상당했다. 49개 소의 교회와 학교, 715호의 민가가 불타버렸다. 또한 천안의 아오내[並川] 장터에서 만세시위를 벌이다 체포되어 악랄한 고문 끝에 죽은 유관순柳寬順 소녀의 경우처럼 체포당한 인사들의 고통은 말하기 어려울 정도였다.

3·1 운동은 그 목표가 대한의 독립이었으며, 태극기가 독립의 상징물이었다. 이 상징물은 바로 대한제국의 상징물이기도 하다. 따라서 대한제국의 부활을 독립으로 생각했던 것이다. 이 운동은 당장 독립을 성취하는 효과를 가져오지는 못했지만 우리 민족의 독립운동을 한 차원 높이는 계기를 가져왔을 뿐 아니라, 일제의 파쇼통치를 소위 '문화통치'로 바꾸는 전기를 마련했다. 3·1 운동은 또한 세계 약소민족국가들의 민족운동을 고양시키는 파급효과를 가져왔는데, 중국에서 일어난 5·4 운동(1919)과 인도에서의 비폭력 무저항운동 그리고 베트남·필리핀·이집트 등지에서의 민족해방운동에 큰 자극을 주었다.

제6장 일제강점기(2)
1920년대 실력양성운동과 민족협동운동

1. 일제의 기만적 문화통치와 경제수탈

1) 문화통치의 기만성

사이토 마코토(1858~1936)

3·1 운동으로 우리 민족의 강인한 독립의지를 알게 된 일제는 '문화의 창달과 민력의 충실'을 시정방침으로 하는 이른바 '문화통치'를 내걸었다. 무단통치武斷統治에서 유화적인 문화통치文化統治로 바뀌면서 몇 가지 개량적인 조치가 취해졌다. 헌병경찰제를 보통경찰제로 바꾸고, 관리나 교원의 제복과 칼차기를 폐지했으며, 언론·출판·집회·결사를 제한적으로 허용했다. 그리고 의회를 설립하여 참정권을 부여한다는 명목아래 지방행정기관인 도·부·면에 협의회協議會를 설치하여 친일인사들을 위원으로 임명했다.

그러나 일제의 문화통치는 우리 민족을 기만하면서 민족분열을 부추기기 위한 고도의 술책에 지나지 않았다. 총독을 무관에서 문관으로 바꾼다는 약속은 애당초 지켜지지 않았다. 3·1 운동 이후 새로 총독으로 온 사이토 마코토齋藤實[32] 이후 6명의 총독[33]은 모두 육·해군 대장이었다. 헌병경찰을 보통경찰로 바꾸면서 전국의 경찰관서와 경찰관을 3배 이상 늘리고, 부와 군마다 한 개의 경찰서, 면마다 한 개의 주재소駐在所를 설치하여 거미줄 같은 탄압망을 짜놓았다.

언론·집회·결사의 자유 허용도 허위와 기만에 가득찬 것이었다. 치안유지법治安維持法(1925)을 만들어 저들

〈한국인과 일본인의 학생수 비교〉(1925년)

학교	민족별	학생수	인구 1만명에 대한 비율	비율의 비교
초등학교	한국인	386,256	208.20	1
	일본인	54,042	1,272.35	6
중등학교(남)	한국인	9,292	5.01	1
	일본인	4,532	106.70	21
중등학교(여)	한국인	2,208	1.19	1
	일본인	5,458	128.50	107
실업학교	한국인	5,491	2.96	1
	일본인	2,663	62.70	21
사범학교	한국인	1,703	0.92	1
	일본인	611	14.38	16
전문학교	한국인	1,020	0.55	1
	일본인	605	14.24	26
대학(예과)	한국인	89	0.05	1
	일본인	232	5.46	109

자료: 조선총독부 통계연보(1925년도), p.656~657

---

32) 사이토 총독은 부임 직후인 1919년 9월 2일 마차를 타려는 순간 64세 고령인 강우규姜宇奎(1855~1920) 의사의 폭탄세례를 받았으나 살아 남았고, 수행자 37명이 중경상을 입었다. 강우규는 1920년 11월 29일 서대문형무소에서 형장의 이슬로 순국했다.

33) 역대총독 명단은 다음과 같다. 1대 데라우치 마사타케寺內正毅, 2대 하세가와 요시미치長谷川好道(1916), 3대 사이토 마코토齋藤實(1919), 임시대리 우가키 가즈시게宇垣一成(1927), 4대 야마나시 한조山梨半造(1927), 5대 사이토 마코토(1929), 6대 우가키 가즈시게(1931), 7대 미나미 지로南次郎(1936), 8대 고이소 구니아키小磯國昭(1942), 9대 아베 노부유키阿部信行(1944)

의 비위에 거슬리는 언론·집회·결사를 탄압하고 검거했기 때문이다. 〈동아일보〉(1920), 〈조선일보〉(1920), 〈시대일보〉(1924)와 같은 우리말 신문의 창간이 허용되었으나, 심한 검열을 받아 삭제·압수·벌금·정간 등의 사건이 끊이지 않고 일어났다. 결국 언론을 허용하는 척하면서 친일언론으로 길들이기 위함이었다. 결사나 집회의 허용도 친일단체를 조직하는 데 이용되었다. 대동사문회大東斯文會, 유교진흥회, 조선불교교무원, 상무당, 조선경제회 등의 친일단체를 만들어 자산가·유학자·종교인들을 포섭하고, 노동자·농민·학생 그리고 사회주의 단체들의 조직과 집회는 가차없이 탄압했다.

광화문 비각에 세워진 입후보자들 입간판 한국인 자치를 허용한다는 미명하게 각급 의회의원을 선거하자 친일인사들이 후보로 나섰다.

국외에서도 탄압은 역시 혹독했다. 만주에서는 독립군에 대한 보복으로 1920년 이른바 훈춘사건琿春事件[34]을 조작하여 3천여 명의 북간도교민을 학살했고, 일본에서는 1923년 관동대진재關東大震災 때 한국인이 폭동을 일으켰다고 허위선전하여 자경단自警團으로 하여금 도쿄와 그 인근지역에 살던 7천여 명의 교민을 참살하는 만행을 저질렀다. 이를 '관동대학살'이라고 한다.

관동대학살 도쿄 야나기바시柳橋 집단학살 현장

일제는 한국인의 독립정신을 말살하기 위해 무엇보다도 한국인의 자존심을 부추기는 역사의식을 바꿔야 한다고 생각했다. 특히 박은식朴殷植이 일제의 한국침략사를 서술하여 중국 상하이에서 발행한 《한국통사韓國痛史》(1915)가 독립운동가들 사이에 널리 읽히는 것에 충격을 받아 대대적인 역사왜곡작업에 나서기 시작했다. 1915년에 중추원을 중심으로 우리나라 역

경성제국대학 종로구 동숭동

사를 왜곡하는 편찬사업을 시작하다가 3·1 운동 이후 이를 확대하여 1922년 총독부 산하에 조선사편찬위원회(1925년 조선사편수회로 개편)를 설치하고 일본인 어용학자와 일부 한국인 역사가를 참여시켜 35권의 방대한 자료집인 《조선사》를 간행했다. 이 사업은 원래 10개년 계획이었으나

---

34) 훈춘사건은 일본이 만주의 한국독립군을 토벌할 명분을 얻기 위해 중국 마적을 매수하여 훈춘의 일본영사관을 습격하게 하고 이를 한국인에게 뒤집어씌워 학살한 사건이다.

차질이 생겨 16년이란 작업 끝에 1937년 완성되었다. 이 책에는 한국상고사에 관한 자료들이 고의적으로 삭제되었다.

또한 한국인의 교육열을 무마하기 위해 이른바 신교육령新敎育令(1922)을 발표하고 일본인과 한국인을 동등하게 교육시킨다는 이념을 표방했다. 그리하여 최초의 대학기관으로 경성제국대학京城帝國大學(1924)[35]을 설치하고 전체 학생의 약 3분의 1 정도를 한국인에게 할당했다. 그리고 전문학교 설치를 허용하고, 초등교육과 실업교육을 약간 강화했지만, 한국인 학령아동의 약 18%만이 취학하는 데 그쳤다. 그나마 민족교육은 제외되고 일본문화에 동화시키는 교육만이 시행되었다. 그리하여 일제시대 교육받은 인사들이 독립운동에 기여하는 측면은 적을 수밖에 없었다.

2) 경제수탈의 강화

일본은 1910년대 이후 자본주의 경제가 급속하게 발전하면서 농민들이 도시에 몰려 식량조달에 큰 차질이 빚어졌다. 이를 해결하기 위해 이른바 산미증식계획을 세웠다. 이 계획은 토지개량(수리개선, 지목변경·개간)과 농사개량(시비증가·견종법개선)을 통해 식량생산을 대폭 늘려 일본으로 더 많은 쌀을 가져가고 우리나라 농민생활도 안정시킨다는 목표로 추진되었다. 그러나 제1차(1920~1925)·제2차(1926~1934) 계획이 계속 추진되었음에도 불구하고 1936년 현재 쌀생산량은 1920년보다 약 30%가 증가한 데 불과했으나, 일본으로의 반출량은 약 8배로 증가했다. 1932~1936년의 평균 쌀생산량은 1,700만 석인데, 일본으로 가져간 것은 그 절반이 넘는 876만 석이었다. 그 결과 한국인 1인당 연간 쌀소비량은 1920년의 약 7두에서 4두 정도로 줄어들었다. 이에 비해 일본인은 1년에 1인당 1석 2두를 소비했다. 한국인은 부족한 식량을 만주에서 들여오는 잡곡(조·수수·콩) 등으로 메꾸었다.

우리나라 농민들은 식량사정만 나빠진 것이 아니라, 과도한 수리조합비로 자작농이 소작농으로 몰락하는 사례가 많았고, 농업구조와 유통구조까지 쌀 중심으로 개편되어 경제구조의 파행성이 심화되었다. 결국 일제의 산미증식계획은 1920년대 이후 소작쟁의가 격화되는 원인을 제공했다.

한편, 일본은 일본자본의 침투를 촉진시키기 위해 회사령을 철폐하여(1920) 회사설립을 허가제에서 신고제로 완화했다. 이로써 일본인 자본가의 투자가 크게 늘어났는데, 1930년 현재 회사자본의 62.4%를 일본인이 차지하고, 한·

〈쌀 생산량과 반출량〉

연 도	생산량	반출량	국내 1인당 소비량
1912~1916 평균	1,230만 석	106만 석	0.72석
1917~1921 평균	1,410만 석	220만 석	0.69석
1922~1926 평균	1,450만 석	434만 석	0.59석
1927~1931 평균	1,580만 석	661만 석	0.50석
1932~1936 평균	1,700만 석	876만 석	0.40석

자료: 안병태,《조선사회의 구조와 일본제국주의》, p.264

〈1916년 농촌의 계급구성〉

계 급	호 수	백분비
지주	66,391	2.5%
자작	530,195	20.1%
자작 겸 소작	1,073,360	40.6%
소작	971,208	36.8%
합 계	2,641,154	100.0%

자료: 이여성·김세용,《숫자조선연구》 1, p.20

---

35) 경성제국대학은 법문학부(법과, 철학과, 사학과, 문과), 의학부 그리고 예과로 구성되었다. 법문학부는 지금의 동숭동(뒤의 서울대학교)에, 의학부는 영희전永禧殿(옛 景慕宮)이 있던 지금의 서울대학교 의대에, 그리고 예과는 청량리에 두었다. 1941년에는 다시 이공학부를 증설했다.

일합자가 30.8% 그리고 한국인은 6.4%에 불과했다. 투자대
상은 주로 상업·공업·운수업에 치중했는데, 공업과 관련된
것으로는 조선수력전기회사에 의한 부전강수력개발(1926)과
함경도 흥남에 건설된 질소비료회사가 규모가 큰 것이었다.

군산항의 쌀 군산은 1899년 개항하여 한국쌀 수탈기지로
급성장했다.

한국인이 건설한 회사로는 호남지주 출신의 김성수金
性洙와 김연수金秊洙 형제가 세운 경성방직주식회사의 규모가
큰 편이었고, 대구와 평양의 메리야스 공장, 부산의 고무신
공장 등이 민족기업으로 성장했다. 그러나 대부분의 한국인
회사들은 중개상업·고리대·토지투기 등 비생산적인 부분에
투자하여 대자본으로 성장하지 못했다. 그러나 1920년대에
회사가 크게 늘어남으로써 노동자층이 확산되고 농민·노동
자운동이 일어나게 되었다.

그밖에 일본은 목화재배를 장려해 헐값으로 가져가고, 누에고치 생산을 강제해 통제가격
인 헐값으로 가져갔으며, 광업생산의 80% 이상을 독점했다. 그리고 연초전매제도(1921)와 교통·
체신의 관영사업을 통해 총독부 수입을 늘리고, 총독부재정의 80%에 해당하는 액수를 각종 세
금을 통해 충당했다. 총독부는 크게 늘어난 수입을 일본인 지주와 자본가를 지원하고 각종 탄
압기관을 운영하는 데 지출했다.

2. 대한민국임시정부의 수립과 활동

3·1 운동을 전후하여 독립운동가들 사이에서는 임시적 형태의 근대정부를 세우려는 움
직임이 활발하게 진행되었다. 독립 후의 국가를 준비하고, 독립운동을 효과적으로 조직하기 위
함이었다. 고종황제의 죽음으로 높아진 반일감정이 정부건설운동을 촉진시키는 요인이 되었다.
명성황후의 죽음이 대한제국을 건설하는 촉진제가 된 것과 비슷한 현상이 나타난 것이다.

1919년 2월부터 4월 사이에 국내외에서 민주공화국 건설을 위한 여러 임시정부가 세워
졌다. 제일 먼저 망명인사들이 많이 모인 소련의 블라디보스토크(海蔘威)에서 3월 21일 손병희孫
秉熙(1861~1922)를 대통령, 이승만李承晚(1875~1965)을 국무총리, 이동휘李東輝(1873~1935)를 군무총장으
로 하는 대한국민의회가 세워지고, 이어 두 번째로 상하이의 프랑스 조계지에서 4월 11일 대한
민국 가정부가 세워졌다. '임시헌장'을 만들어 3권분립에 입각한 민주공화정을 표방한 가정부
는 의정원의장에 이동녕李東寧(1869~1940), 국무총리에 이승만, 그리고 국무위원을 임명했다.

세 번째로 세워진 정부는 3·1 운동을 주도한 인사들이 주축이 되어 13도 대표를 모아 4
월 23일 서울에서 선포한 한성정부漢城政府이다. 여기에는 집정관 총재에 이승만, 국무총리 총재
에 이동휘를 추대했다. 한성정부는 형식상 국민대표가 세우고, 미국의 UP 통신(United Press)이 이
를 보도하여 법통상으로는 가장 권위가 있었다.

이렇게 한국, 소련, 중국 세 곳에 임시정부가 세워지자 이를 통합할 필요성이 제기되었는

대한민국임시정부 인사들 신민회 최고위간부인 안태국安泰國(?~1920) 선생 장례식에 참석한 임시정부 인사들. 중국 상하이 교외

데, 지리적으로 망명정치인을 받아들이고 있는 상하이의 프랑스 조계지가 가장 유리하다고 판단하여 이곳에 통일정부를 수립하게 되었다. 그리하여 1919년 9월 6일 세 정부를 통합하고 '임시헌장'을 개정하여 57개 조에 이르는 '임시헌법'을 만들고, 이에 따라 9월 11일에 정부각료를 임명했다. 대통령에 이승만, 국무총리에 이동휘, 각료로는 이동녕(내무), 박용만(외무), 노백린(군무), 이시영(재무), 신규식(법무), 김규식(학무), 문창범(교통), 안창호(노동국)가 임명되었다.

대한민국임시정부가 국호를 '대한민국'으로 정한 것은 대한제국의 정통성을 계승한다는 의미가 있었다. '임시헌법'에서 "구황실舊皇室을 우대한다"고 천명한 것이나, 대한제국의 국기인 태극기를 국기國旗로 정한 것, 대한제국의 정치목표인 민국民國이란 호칭을 받아들인 것도 대한제국의 정통성을 계승한 것이었다. 이는 3·1운동에서 전국민이 "대한독립만세"를 외친 뜻을 받드는 것이기도 하다.

고종황제의 둘째 아들인 의왕 이강義王 李堈을 탈출시켜 추대하려던 시도[대동단사건]가 있었으나, 1919년 가을 만주에서 일본 관헌에 붙잡혀 실패로 끝났다. 그러나 이강은 일본이 명성황후를 시해하고, 한일합방조약의 무효를 주장한 고종황제를 죽음에 이르게 했다는 것을 중국 언론에 폭로했다. 만약 이강이 합류했더라면 임시정부의 위상은 법적인 측면에서도 망명정부의 성격을 띨 수도 있었을 것이다. 그래도 양녕대군의 후손인 이승만이 대통령에 임명된 것은 임시정부의 위상을 높이는 데 기여했다.

하지만 대한민국임시정부는 대한제국의 정체政體인 제정帝政을 공화정共和政으로 바꾸었다는 점에서 새로운 정부의 출현을 의미한다. 그러니까 '대한'이라는 국가는 이어지고, 정부가 바뀐 것이다.

임시정부는 분열된 민족운동을 통합하고, 국제외교를 통해 주권국가로 인정받는 데 주력했다. 하부조직으로는 본국과의 연락을 위해 도, 군, 면에 책임자를 두는 연통부聯通府와 교통국交通局을 설치했으며, 〈독립신문獨立新聞〉을 기관지로 발행했다.

외교활동으로는 1919년 6월에 제1차 세계대전의 뒤처리를 위한 파리강화회의가 열리자 김규식金奎植(1881~1950)을 파견하여 20개 항의 '독립청원서'를 각국 대표에 발송했다. 그 요지는 ① 일본 및 열국은 대한제국과 맺은 조약에 기초하여 독립을 보전할 책임이 있으며, ② 일본은 속임

수와 폭력으로 대한제국을 병합했으므로 열국은 응당 이에 간섭해
야 하며, ③ 한국인은 3·1 운동을 통해 일본의 침략에 저항하여 독립
을 선언했으며, ④ 한일합방조약의 영원한 폐기가 파리강화회의의
권리인 동시에 책임이라는 것이다. 그러니까 세계 각국이 승인한 대
한제국을 한국인의 의지와 관계없이 약탈한 '한일합방조약'을 무효
화할 책임이 일본과 세계 각국에 있다는 것을 지적한 것이다.

대한민국임시정부　중국 상하이 소재

　　대한민국임시정부는 파리강화회의를 통한 외교뿐 아니라,
더 나아가 워싱턴, 파리, 북경 등 주요 강대국의 수도에 외교관을
파견하여 강대국의 승인을 받고자 했다. 특히 대통령 이승만은 국
제외교가 절실하다고 느끼고, 미국에 머물면서 미국 대통령에게
국제연맹에 의한 위임통치를 청원하는 등 활발한 외교활동을 전개
했다. 당시 임시정부는 법적인 정통성이 없어서 국제적으로 승인을 받지 못하고 있
었기 때문에 외교적인 노력이 필요했던 것이다.

박은식(1859~1925)
역사학자·독립운동가

　　그러나 사회주의 계열 인사들은 외교보다 적극적인 무장투쟁이 필요하다고 주
장하면서 이승만의 사임을 요구하고 나서 노선갈등이 일어났다. 이에 이승만은 상
하이로 와서 6개월간 체류하면서 사회주의 계열의 국무총리 이동휘를 해임시키고
(1920), 이동녕李東寧, 신규식申圭植, 노백린盧伯麟을 번갈아 국무총리대리로 임명했다.

　　임시정부 안에 노선갈등이 일어나자 이를 조정하기 위해 1923년 1월에 국민
대표회(1923. 1~1923. 5)가 소집되었다. 그러나 이 모임에서도 임시정부의 조직만 개조하
자는 개조파와 완전히 해체한 후 새 정부를 구성하자는 창조파, 그리고 임시정부를
그대로 두자는 현상유지파(이동녕, 김구 등)가 엇갈려 결론을 내지 못했다.[36]

　　그 뒤 개조파와 창조파는 대부분 상하이를 떠나 임시정부의 권위는 크게 떨어졌
는데, 현상유지파는 1925년에 이승만을 해임시킨 다음 두 번째로 헌법을 개정하여 국무령 중심의
의원내각제로 바꾸고, 창조파의 박은식朴殷植(1859~1925)을 제2대 대통령으로, 이상룡李相龍(1858~1932)
을 국무령으로 추대했다. 이어 1927년에는 세 번째로 헌법을 개정하여 국무령國務令을 없애고 집
단지도체제 형식의 주석제主席制를 채택했는데, 이동녕과 김구金九(1876~1949)가 잇달아 주석에 취임
했다. 또 이때 한국독립당韓國獨立黨을 처음으로 결성하여 정당정치를 운영하기 시작했다.

　　1931년에 일본의 만주침략이 시작되자(만주사변), 임시정부는 무력투쟁노선을 따르기 시작
했다. 1932년에 주석 김구는 무장공격단체인 한인애국단韓人愛國團을 조직했는데, 단원 이봉창李
奉昌은 1932년 1월 도쿄 요요기 연병장에서 히로히토 천황裕仁天皇에게 수류탄을 던졌으나 실패
했다. 같은 해 4월에 윤봉길尹奉吉은 채소장수를 가장하여 상하이 홍커우 공원虹口公園에서 열린

---

36)　개조파는 실력양성을 우선으로 하면서 자치운동과 외교활동을 강조했는데, 이를 지지하는 인사는 안창호와
　　상하이파 공산주의자 등 57명 정도였다. 한편 창조파는 무력항쟁을 강조하면서 조선공화국 수립을 내세웠는
　　데, 원세훈元世勳, 김규식金奎植, 김창숙金昌淑, 박은식朴殷植, 신채호申采浩, 이동휘李東輝, 이상룡李相龍 등 민족주의
　　좌파계열과 소련 내 공산주의자 등 80여 명의 지지를 얻었다. 창조파의 노선은 의병전쟁의 노선을 계승했다
　　고도 볼 수 있다.

천황생일 경축식에서 폭탄을 던져 일본군 최고사령관 시라카와白川 대장을 죽게 했다.

애국단사건을 계기로 일본의 압박이 심해지자 김구를 비롯한 각료들은 상하이를 떠나 항주杭州, 가흥嘉興, 진강鎭江 등지로 이동했다. 이 무렵 중국과 미국에 흩어져 있던 우파와 좌파의 독립운동단체들은 통일전선의 필요성을 느끼고 1933년에 한국대일전선통일동맹을 결성했는데, 1935년에는 노선갈등이 일어나 조선민족혁명당과 한국국민당으로 갈라졌다.

1937년에 일본이 중일전쟁을 일으키자 임시정부는 이에 대응하기 위해 광복군光復軍(1940)[37]을 결성하고, 1941년에 태평양전쟁이 발발하자 중국 국민당과 힘을 합쳐 대일전선에 참가했다. 그 사이 전세에 따라 국민당정부가 수도를 옮기자, 임시정부도 이를 따라 난징藫江기강부근과 충칭重慶중경으로 이동했다. 이 무렵 한국국민당을 한국독립당(1940)으로 다시 개편하고, 조소앙趙素昻의 삼균주의三均主義를 채택하여 좌우통합노선을 따랐다.

임시정부는 주석의 지도력을 높이기 위해 1940년 10월에 네 번째로 헌법을 고쳐 주석중심제로 바꾸어 주석인 김구의 지도력이 한층 강화되었다.[38] 그 뒤 1941년에는 좌파계열의 조선민족혁명당이 임시정부에 참여하고, 1942년에는 김원봉金元鳳이 조직한 조선의용대(약 400명)도 광복군에 편입되어 임시정부와 광복군의 위상이 한층 높아졌다. 1944년에는 이렇게 확대된 인사들을 지도부에 참여시키기 위해 다섯 번째로 헌법을 개정하여 부주석제를 신설하고, 국무위원과 행정부를 나누었다.[39]

태평양전쟁기 광복군의 일부는 인도, 미얀마[버마] 전선까지 진출하고, 일부는 미군의 특수부대인 OSS[전략정보체]와 협동작전을 벌였으며, 또 일부는 일본군에 편입되어 있던 한국인을 광복군으로 복귀시키는데 노력했다. 일본 관동군 장교였던 박정희朴正熙가 광복군에 들어온 것이 이 무렵이다.

그러나 임시정부는 이렇게 적극적인 항일전쟁을 벌였음에도 불구하고 끝끝내 연합국의 승인을 얻지 못했다. 그 이유는 망명정부도 아니고, 영토와 주권을 가진 국가가 아니었을 뿐 아니라, 소련이 반대하여 중국과 미국 등이 소극적인 태도를 보였기 때문이었다. 실제로 상하이 임시정부는 가장 대표적인 독립운동단체의 성격이 더 강했다.

임시정부의 정책과 건국강령에 대해서는 뒤에 다시 설명할 것이다.

3. 만주지역의 무장투쟁

상하이 임시정부가 평화적인 독립운동을 펼치고 있는 동안 약 50만 명 정도의 우리 동포

---

37) 광복군 총사령관은 이청천, 참모장은 이범석이었다.

38) 1940년 임시정부의 국무위원 명단은 다음과 같다. 김구(주석), 조완구(내무), 조소앙(외무), 조성환(군무), 박찬익(법무), 이시영(재무), 차이석(비서장)

39) 1944년의 국무위원은 김구(주석), 김규식(부주석), 이시영, 조성환, 황학수, 조완구, 차이석, 장건상, 박찬익, 조소앙, 성주식, 김붕준, 유림, 김원봉, 김성숙, 조경한이다. 행정 각부의 책임자는 조소앙(외무), 김원봉(군무), 조완구(재무), 신익희(내무), 최동오(법무), 최석순(문화), 엄항섭(선전)이다.

가 살고 있던 만주지방에서는 무력으로 일제와 싸우는 독립군 활동이 거세게 펼쳐지고 있었다. 망명인사와 동포들이 힘을 합쳐 경제적 기반을 다지고, 군대를 양성하여 독립전쟁 기지를 튼튼하게 만들어 놓았기 때문이었다.

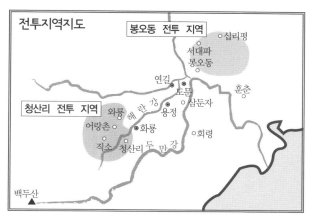

전투지역지도

봉오동 전투 지역

청산리 전투 지역

백두산

3·1 운동을 전후하여 만주와 연해주에는 30여 개의 독립군 부대가 조직되어 있었는데, 국수적이고 민족주의적인 종교인 대종교를 신봉하던 박은식, 신채호, 김교헌 등이 쓴 역사책을 교재로 배워 정신적으로도 강인하게 무장되어 있었다. 그들은 본국의 해방뿐 아니라, 우리의 옛 강토였던 만주지역을 수복하여 장차 대조선을 건설한다는 웅장한 목표를 세우고, 만주에 살고 있던 만주족[여진족], 거란족, 몽고족 등을 우리와 핏줄을 같이하는 배달겨레로 간주하여 동화시켜 나가기도 했다. 대종교인들이 쓴 역사책이 우리 역사의 중심무대를 만주에 두고, 몽고족이 세운 원나라, 거란족이 세운 요나라, 여진족이 세운 금나라와 청나라를 한국사로 편입시켜 서술한 이유가 여기에 있었던 것이다.

청산리전투에서 대승한 김좌진부대
길림성 용정시 안도현 동쪽 삼도구

1920년대에 활동한 독립군 부대 가운데 명성이 높았던 것은 서간도[압록강 이북]와 북간도[두만강 이북] 지역의 군정부軍政府(뒤에 西路軍政署로 개편), 대한국민회군大韓國民會軍, 북로군정서北路軍政署, 대한독립군, 대한의용군, 광복군총영 등이었다. 이들은 두만강과 압록강 부근에서 일본군과 싸웠으며, 때로는 국경을 넘어와 국내진공작전을 펴기도 했다. 독립군 부대가 펼친 전투 가운데 가장 큰 전과를 올린 전투는 1920년 6월에 홍범도洪範圖와 최진동이 이끄는 대한독립군이 길림성 왕청현 봉오동鳳梧洞 전투에서 거둔 승리로 일본군 1개 대대를 격파했다. 같은 해 10월 김좌진金佐鎭과 이범석李範奭이 이끄는 북로군정서 부대는 청산리青山

봉오동전투 기념비 길림성 왕청현

里 전투에서 일본군 1,200여 명을 사살하고 2천여 명을 부상시키는 전과를 거두었다.

독립군 부대와의 전투에서 패배를 거듭한 일본군은 간도지역에 대한 침략 구실을 만들기 위해 1920년 10월에 훈춘사건琿春事件을 조작했다. 중국 마적을 매수하여 일본 영사관을 공격하게 한 후, 이를 한인 동포에 뒤집어씌우고, 군대를 보내 수천 명의 동포를 학살하고 수천 채의 민가와 30여 채의 학교를 불태워버렸다. 이 사건을 경신참변庚申慘變 또는 간도학살사건이라고 부른다.

일본군의 잔학한 만행으로부터 동포사회를 구하고 그들의 추격을 피하기 위해 독립군 부대들은 소련과 만주의 국경지대인 밀산부密山府에 모여 '대한독립군단'을 조직하고, 수십만 명의 동포가 살고 있는 연해주의 자유시自由市[알렉세예프스키]로 들어갔다. 그런데 이곳에서 소련 내 적군赤軍[혁명군]과 백군白軍[구 러시아군] 사이의 내분에 말려들어 이른바 자유시참변(1921. 6. 28)을 겪고, 적군에 의해 무장해제를 당하고 말았다.

그러나 이러한 애로에도 불구하고 만주지역의 독립군 부대들은 재통합운동을 벌여 집안시 일대에서 1923년 채찬菜燦, 김승학金承學 등을 중심으로 한 참의부參議府가 결성되어 임시정부 산하로 들어가고, 길림성과 봉천성 일대에도 오동진吳東振, 지청천池靑天 등이 중심이 되어 1925년에 정의부正義府를 조직하고, 같은 해 북만주 일대에서는 연해주에서 돌아온 독립군들이 김혁金爀, 김좌진을 중심으로 다시 뭉쳐 신민부新民府를 조직했다. 이 세 조직은 1929년에 국민부國民府로 통합되어 어느 정도 정부기능을 갖추고 동포사회를 관할했다.

4. 민족문화 수호운동과 사회주의운동

1) 국내의 문화운동과 실력양성운동

3·1운동 뒤 일제가 기만적인 문화통치를 내걸고 한국인을 회유하고 나서자 국내의 우익세력은 총독부와 어느 정도 타협하면서 대한제국기의 실력양성운동을 계승하자는 부류가 나타나고, 해외에서는 일제의 민족문화 왜곡에 맞서 민족문화를 확산시키려는 운동이 나타났다.

국내의 실력양성론자들은 이른바 '민족개조론'과 '자치론'을 들고 나와 우리 민족의 좋지 않은 민족성을 개조하여 산업사회에 적응할 수 있는 시민정신을 길러야 한다고 역설하면서 나아가 총독부가 지방행정에 적극 참여해야 한다고 주장했다. 이 부류의 대표적인 지식인은 일본 유학생 출신의 최남선崔南善(1890~1957)과 이광수李光洙(1892~1950) 등이다.

서울의 중인출신인 최남선은 최초의 와세다대학 유학생으로서 중도에 돌아와 광문회를 설립하고 민족고전을 발간하는 일에 앞장서다가 1922년 총독부 산하에 조선사편찬위원회(조선사편수회로 개편)가 설립되자 거기에 참여하는 한편, 일제의 식민사관에 대항해 〈불함문화론弗咸文化論〉(1925)을 썼다. 여기서 그는 불함문화권을 인도-유럽문화권, 중국문화권과 더불어 세계 3대 문명의 하나로 자리매김했다. 여기에는 한국과 일본, 몽골 등이 포함되며, 태양과 밝음을 숭상하는 종교(샤머니즘)가 특징이라고 주장했다. 그리고 그 중심지는 백두산 일대라고 했다. 그의 주장은 학술적 가치가 높았으나, 일본은 뒷날 이 주장을 한국인의 신사참배神社參拜를 정당화하는 데 이용했다. 또 최남선은 〈역사를 통하여 본 조선인〉이라는 글에서 우리의 국민성 가운데 사대주의, 타율성, 조직력 부족, 형식병, 낙천성과 같은 나쁜 점이 있다고 지적하고, 이를 극복하지 않으면 '불구미성자不具未成者'가 된다고 주장했다.

와세다대학을 나온 평안도 정주 출신의 이광수도 최남선과 비슷한 주장을 폈다. 그는 1922년에 쓴 〈민족개조론〉에서 우리 민족의 결점으로 허위, 비사회성, 이기심, 나태, 무신無信

등이 있다고 주장하고, '무실역행務實力行'으로 바꾸어 산업을 발전시키고 교육을 진흥시켜야 한다고 역설했다. 또 그는 1924년에 〈민족적 경륜〉이라는 글을 발표하여 총독부가 강조하는 '자치론自治論'을 지지하고 나섰다. 실력양성론자들은 실력을 양성하는 구체적 방법으로 언론을 통한 주민계몽과 문맹퇴치, 민립대학民立大學 설립, 물산장려운동을 들고 나왔다. 당시 〈동아일보〉가 이런 운동을 후원했다.

특히 민립대학 설립은 대한제국 말기부터 추진하다가 좌절되었는데, 3·1 운동 직후인 1920년 한규설韓圭卨(1848~1930), 이상재李商在 등 100여 명이 앞장서서 재추진하였는데, 이승훈李昇薰, 윤치호尹致昊, 김성수金性洙, 송진우宋鎭禹 등 천여 명이 넘는 인사가 참여했으며, 1923년 3월에 500여 명의 인사가 '민립대학설립기성회'를 정식으로 만들고 이를 위한 모금운동에 나섰다. 총독부는 민립대학설립운동을 정치운동으로 간주하여 백방으로 방해하다가 1924년에 경성제국대학京城帝國大學을 설립하였다. 이로써 민립대학 설립운동도 수포로 돌아가게 되었다.

조선민립대학 기성회 창립총회 1923년

물산장려운동은 대한제국기의 국채보상운동과 맥락이 닿아있는 것으로, 1920년 조만식曺晩植 등이 평양에서 조직한 평양물산장려회를 시초로 하여 1923년 서울에서도 조선물산장려회가 조직되어 자급자족, 국산품애용, 소비절약, 금주, 금연 운동을 펼쳐나갔다. "조선인이 만든 것을 입

호남학회 간부들의 물산장려활동 호남학회 김의겸 부회장이(오른쪽 끝)
고향에서 조합을 결성하여 생산운동을 하고 있는 모습. 전라남도 광산 동곡

1922년 평양 조선물산장려회의 근검절약 및 토산품 애용 포스터

물산장려운동 관련 기사(동아일보 1923. 2. 16)

고, 먹고, 쓰자"는 것이 이 운동의 구호이고 민족자본과 민족산업을 키우자는 것이 이 운동의 목표였다. 그러나 워낙 거대한 일본자본에 밀려 기대한 결과를 얻지는 못했지만, 1919년에 설립된 김성수와 김연수의 경성방직이 이런 분위기 속에서 민족기업으로 성장했다.

한편, 종교인의 운동은 총독부의 탄압을 더욱 심하게 받았다. 먼저, 1911년에 사찰령寺刹令(1911)을 만들어 전국 사찰을 30개의 본산本山과 1,300여 개의 말사末寺로 편제했으며, 총독이 사찰의 병합과 재산관리에 대한 허가권을 장악했다. 다시 1924년에는 조선불교중앙교무원朝鮮佛教中央教務院을 설치하여 총본산을 태고사太古寺에 설치하고, 총독이 사찰의 주지를 임명했다. 태고사는 원래 북한산에 있었으나 지금의 서울 조계사曹溪寺로 이름만 옮겼다가 1954년에 조계사로 다시 바뀌어 현재에 이르고 있다.

총독부의 이와 같은 불교 장악에 반대하고 나선 것은 한말에 〈불교유신론〉을 써서 불교의 혁신을 주장하고 나섰던 만해 한용운韓龍雲이었다. 충남 홍성에서 태어난 그는 1921년에 조선불교유신회를 조직하여 총독부와 맞섰으며, 1930년에는 '만당卍黨'을 결성하여 대항했다. 또 그는 1926년에 유명한《님의 침묵》이라는 시집을 내어 조국에 대한 사랑과 해방에 대한 열망을 노래했다.

한편, 1909년에 국수적 민족종교로 탄생한 단군교檀君教는 이름을 대종교大倧教로 바꾸었으나, 일제의 탄압을 심하게 받아 1대 교주 나철羅喆(1863~1916)은 1916년 황해도 문화현에 있는 삼성사三聖祠(환인, 환웅, 단군을 모신 사당)에서 스스로 목숨을 끊었으며, 그 뒤를 이어 수원 출생의 김교헌金教獻(1868~1923)이 2대 교주가 되었다. 그는 정치운동보다는 종교운동으로 점차 방향을 바꾸면서 대종교의 교리를 다듬어 여러 경전을 편찬했다. 김교헌이 1923년에 세상을 떠나자 밀양출생의 윤세복尹世復(1881~1960)이 3대 교주가 되었는데, 일제의 탄압으로 1930년대에 문을 닫고 말았다. 하지만 중국에서 활동하던 애국지사들은 대종교의 경전과 역사책을 통해 독립정신을 길렀을 정도로 그 영향력은 매우 컸다.

2) 해외의 민족문화 수호운동

국내의 문화운동이 주로 일본에서 교육받은 유학생을 중심으로 하여 전통문화를 비판하면서 근대 자본주의사회에 적응할 수 있는 시민정신을 가진 인재를 양성하는 데 목표를 두었다면, 해외로 망명한 인사들은 민족주의에 바탕을 두고 항일독립정신을 고취시키는 민족문화 수호운동을 펼쳤다.

역사학은 민족문화의 중심에 자리하고 있었다. 근대 민족주의 역사학을 창도한 신채호申采浩(호 丹齋, 1880~1936)와 박은식朴殷植(호 白巖, 1859~1925)의 활동이 가장 영향력이 컸다. 충남 대덕 출생으로 충북 청원에서 성장한 신채호는 중국에서 망명생활을 하면서 1920년대에 〈조선일보〉와 〈동아일보〉에 연재한 《조선사》,《조선상고사》,《조선상고문화사》,《조선사연구초》등을 잇달아 펴내 큰 감동을 주었다. 그의 고대사 연구는 만주에서 꽃핀 부여족 고조선과 고구려의 정치사와 문화사가 중국보다도 앞섰다는 시각에서 연구하여 자랑스럽게 찾아낸 것이 특징인데, 1930년에 활동한 위당 정인보鄭寅普와 민세 안재홍安在鴻 등에게 큰 영향을 주었다.

신채호가 고대사 연구를 개척한 것과
달리 황해도 황주 출생의 박은식은 근대사 연
구에 빛나는 업적을 내놓았다. 이미 1915년에
《한국통사韓國痛史》를 써서 일본의 한국침략과
정을 폭로하여 총독부를 놀라게 한 그는 1920
년에 그 후속편인 《한국독립운동지혈사韓國獨
立運動之血史》를 펴내 3·1 운동에 이르기까지 우리민족이

일본의 식민사학에 대항하여 민족사학을 발전시킨 역사책들
왼쪽부터 박은식, 안재홍, 신채호, 문일평, 정인보의 저술

어떻게 일본과 맞서 피나게 항쟁했는가를 정리했다. 앞
책에서는 나라의 구성요소를 정신적인 '혼魂'과 물질적
인 '백魄'으로 나누어, '백'을 잃더라도 '혼'을 잃지 않으
면 나라를 되찾을 수 있다고 하여 독립정신을 잃지 말
것을 강조했다. 뒤 책에서는 '혼'과 더불어 전 세계 민
중의 단결된 힘이 제국주의를 무너뜨릴 수 있다는 점
을 강조하면서 일본은 필연적으로 패망할 것이라고 예
견했다. 이는 1917년의 러시아혁명과 제1차 세계대전
(1914~1918)에서 군국주의가 패배한 것과 3·1 운동 등에
서 민중의 힘을 발견했기 때문이었다.

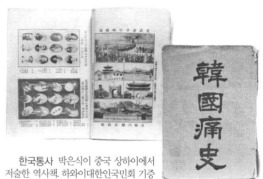

한국통사 박은식이 중국 상하이에서
저술한 역사책. 하와이대한인국민회 기증

박은식은 독립운동의 정당성을 주장하면서도, 우리가 왜 일본에 나라를 빼앗기게 되었는
가를 뼈아프게 반성했다. 그 원인으로 박은식은 대원군의 쇄국정책, 갑신정변과 갑오개혁, 독립
협회의 조급성, 동학운동의 무식함을 들었다. 대원군은 과단성의 장점이 있으나 세계사의 변화
를 읽지 못한 한계가 있고, 갑신정변과 갑오개혁, 독립협회를 이끌어간 개화파들은 민중적 기
반 없이 일본에 의지하여 조급하게 개혁을 달성하려다가 일을 망치고 말았으며, 동학농민운동
은 생존권을 위한 정당한 항거였지만, 국가를 운영할만한 경륜이 없었다는 것이다.

박은식은 이러한 과거의 실패경험에 비추어 가장 올바른 운동방법은 《열자列子》에 나오는
우공愚公의 지혜를 배워야 한다고 결론지었다. 힘이 센 과보夸父는 자신의 힘을 믿고 태양을 붙잡
으려고 서쪽으로 쉬지 않고 달려가다가 기진맥진하여 죽고 말았으나, 90이 넘은 우공은 아들과
손자의 힘을 합하여 대를 이어 가면서 하루에 한 삼태기씩 흙을 날라 산을 옮기는 데 성공했다
는 이야기로 말하자면 지속적이면서 점진적인 방법이 가장 온당한 방법임을 가르쳐주고 있다.

3) 사회주의 및 노동자·농민운동

1917년 러시아에서 공산주의혁명이 일어나 제정러시아가 붕괴되고 레닌Lenin이 이끄는
볼셰비키당이 정권을 잡고, 모스크바에 본부를 둔 코민테른Comintern[국제공산당조직]의 지도노선과
자금지원에 의해 사회주의운동이 전 세계적으로 확산되기 시작했다. 여기에 일본의 자본주의
경제가 한국에 들어온 이후 경제적 침탈이 강화되면서 소작농과 노동자들이 급속히 증가하자
코민테른의 영향을 받게 되었다.

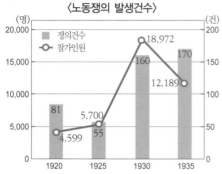

〈한국인 노동자의 증가〉

연도	공장노동자	광산노동자	합계
1931	106,781	35,895	142,676
1936	188,250	139,934	328,184
1942	520,027	223,996	744,023

자료: 김윤환·김낙중,《한국노동운동사》, p.62

〈노동쟁의 발생건수〉

자료: 이종범·최원규,《자료 한국근현대사 입문》, p.284

〈소작쟁의 발생건수〉

출처: 조선총독부 경무국,〈최근 조선의 치안 상황〉, 1938

사회주의운동은 소련지역의 한인 동포 사이에 가장 먼저 일어났는데, 1918년 연해주에서 이동휘, 박애朴愛, 김립金立 등이 조직한 한인사회당韓人社會黨을 시발로 하여 아무르, 모스크바, 이르쿠츠크[우즈베키스탄], 치타, 중국의 상하이 등지에 공산주의 단체들이 조직되었다. 그 후 이들은 통합운동을 벌여 1921년에 이르쿠츠크파 고려공산당과 상하이파 고려공산당으로 양분했다. 소련 내 한인이 주축이 된 전자는 노동자와 농민이 연합하는 노농소비에트 건설을 목표로 했으며, 망명객들이 주축이 된 후자는 민족해방을 우선적 과제로 세워 노선의 차이가 생겼다.

상하이파 고려공산당의 위원장인 이동휘는 코민테른의 자금을 받아 활동하면서도 "나는 공산주의가 무엇인지 아무것도 모르는 사람"이라고 말할 정도였으며, 임시정부 안에 들어가서 1920년에는 국무총리로 활동한 일도 있었다. 그는 함경도 단천 출생으로 대한제국 시절 육군 참령參領을 지낸 적도 있었는데, 사회주의를 제대로 공부한 인물이 아니었다.

한편, 국내에서는 1920년대 초에 소련 및 일본 유학을 다녀온 젊은이들이 중심이 되어 공산주의 단체들이 조직되었다. 신사상연구회(1923), 화요회(1924), 북풍회(1924) 등이 그것이다. 이들은 신문, 잡지 등 언론계에 들어가 사회주의 사상을 퍼뜨리는 한편, 통합운동을 벌여 1925년 조선공산당과 고려공산청년회가 탄생하기에 이르렀다. '조선공산당'은 이르쿠츠크파의 김재봉金在鳳이 책임비서가 되었고, 고려공산청년회는 충남 예산 출생으로 경성고등보통학교[지금의 경기중학 전신]를 졸업하고 상하이와 소련에서 공산주의를 배우고 돌아온 박헌영朴憲永(1900~1955)이 책임을 맡았는데 당시 나이 26세였다.

사회주의자들은 코민테른의 승인을 받고 활동을 벌였는데, 1926년 4월 24일에 순종황제가 세상을 떠나자 6월 10일 장례식을 계기로 일어난 만세운동을 주도했다. 이 운동은 주로 서울의 학생층이 참여했는데, 사회주의자 권오설이 자금을 대어 전단지를 만들고, 상여가 지나가는 종로거리에서 전단지를 뿌리며 만세를 불렀다. 전단에는 "우리의 교육은 우리들 손에 맡겨라. 일본제국주의를 타파하라. 토지는 농민에게 돌리라. 8시간 노동제를 채택하라"는 내용을 담았다. 이 만세운동은 지방으로 확산되었으나 3·1 운동에 비할 만큼 규모가 크지는 않았다. 이 운동은 사전에 발각되어 조직이 붕괴되다시피 했다.

그 후 사회주의자들은 민족주의 좌파와 연합하여 1927년부터 신간회新幹會를 조직하고 민족운동을 전개했으나, 1928년에 코민테른에서 공산당의 해체를 명하고, 일제의 집요한 탄압까지 겹쳐 지하로 숨어들었다. 코민테른은 조선공산당이 노동자와 농민을 포섭하지 못하는 지식인 당에 머물렀을 뿐 아니라 내분까지 겹쳐 해체를 명한 것이다.

한편, 1920년대부터 노동자들은 일본인의 절반에도 미치지 못하는 임금수준과 가혹한 노동시간에 항의하여 임금인상과 8시간 노동제를 요구하는 노동쟁의를 일으켰는데, 1920년 대에 일어난 노동쟁의는 890여 건에 이른다. 그 가운데 3천여 명이 참가한 원산노동자총파업 (1928~1929)은 규모가 가장 컸다. 전국적인 노동단체로는 조선노동공제회(1920)와 조선노동연맹회 (1922)를 거쳐 1927년에 조선노동총동맹이 만들어졌다.

소작농민의 농민운동도 1920년대부터 증폭되었다. 50%가 넘는 소작료와 소작권의 빈번 한 이동이 불만 요인이었다. 소작쟁의 가운데 규모가 가장 큰 것은 전라남도 무안군의 암태도 농민이 일으킨 소작쟁의(1923~1924)와 황해도 재령군 동양척식주식회사 농장의 소작쟁의(1924), 평안도 용천의 불이흥업주식회사不二興業株式會社 소속 서선농장瑞鮮農場의 소작쟁의(1923~1931) 등이 있다. 특히 동양척식주식회사 농장의 소작쟁의는 항일운동의 성격을 지닌 것이 특징으로서 재 령 출신 나석주羅錫疇가 1926년에 이 회사에 폭탄을 던진 것도 같은 맥락에서 일어난 것이었다.

5. 국내외 민족협동운동의 진전

1) 신간회운동(1927~1931)

3·1 운동 후 일본의 유화적이고 기만적인 문화통치로 우파에서는 타협주의 세력이 늘어 나고, 여기에 사회주의가 들어오면서 좌파가 민족운동에 참여했으나 일제의 가혹한 탄압으로 인해 지하로 숨어들면서 독립운동에 큰 위기감이 조성되었다. 이러한 상황에서 좌우가 손을 잡 고 연합전선을 펴야 독립역량을 키울 수 있다는 인식이 양심적인 우파와 온건한 좌파 사이에 확산되었다. 연합의 방법으로 우파는 좌우를 통합하는 중도이념을 내세웠고, 좌파는 이념통합 보다는 전략적, 일시적 제휴를 희망했다.

좌우협력운동은 1925년에 결성된 조선사정연구회와 1926년에 조직된 정우회正友會로 나 타나기 시작했는데, 이 운동이 더욱 확산되어 1927년 2월에는 드디어 신간회新幹會가 조직되었 다. 이를 주도한 인사는 이상재李商在, 신석우申錫雨, 안재홍安在鴻, 홍명희洪命熹, 문일평文一平, 한기 악韓基岳 등 '조선일보' 계열의 인사, 이갑성李甲成, 이승훈李昇薰 등 기독교계 인사, 권동진權東鎭 등 천도교 구파 인사, 한용운 등 불교계 인사, 그리고 와세다대학 출신의 한위건韓偉健(1896~1937)을 비롯한 공산당원 등으로 발기인은 28명이었다.[40] 회장은 이상재(1850~1927), 부회장은《임꺽정》 의 작가로 유명한 홍명희(1888~1968)가 맡았다.

신간회는 전국에 약 140여 개소의 지회를 두고, 약 4만 명의 회원을 확보했는데, 농민이 가장 많았고, 노동자, 상인이 주류를 이루었으며, 그밖에 기자, 교원, 사업가 등 각계각층이 망라

---

40) 신간회 발기인의 명단은 다음과 같다. 김명동金明東, 김준연金俊淵, 김탁金鐸, 권동진權東鎭, 정재룡鄭在龍, 이갑성李 甲成, 이석훈李錫薰, 정태석鄭泰奭, 이승복李昇馥, 이정李淨, 문일평文一平, 박동완朴東完, 백관수白寬洙, 신석우申錫雨, 신 채호申采浩, 안재홍安在鴻, 장지영張志暎, 조만식曺晩植, 최선익崔善益, 최원순崔元淳, 박내홍朴來泓, 하재화河載華, 한기 악韓基岳, 한용운韓龍雲, 한위건韓偉健, 홍명희洪命熹, 홍성희洪性熹.

신간회 강령 및 규약

신간회 창립 보도기사

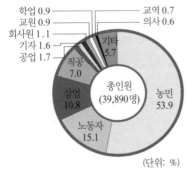

신간회 회원 직업분포

학업 0.9
교원 0.9
회사원 1.1
기자 1.6
공업 1.7
직공 7.0
상업 10.8
노동자 15.1
총인원 (39,890명)
농민 53.9
기타 5.7
교역 0.7
의사 0.6

(단위: %)

되었다. 자매단체로 유영준劉英俊과 김활란金活蘭(1899~1970) 등 여성들이 조직한 근우회槿友會가 있었다. 여성운동이 시작된 것도 특기할 일이었다.

신간회는 각 지방을 순회하면서 강연회를 열었는데, 그 요지는 ① 조선인에 대한 착취기관 철폐, ② 일본인의 조선이민 반대, ③ 타협적 정치운동 배격[기회주의 배격], ④ 조선인 본위의 교육제도 실시, ⑤ 사상연구의 자유 등을 주장했다. 그밖에 신간회는 노동쟁의와 소작쟁의, 동맹휴학 등을 지도했는데, 원산노동자총파업(1928~1929)과 단천의 농민운동, 그리고 광주학생운동(1929. 11. 3)을 지원한 것은 그 대표적인 활동이었다.

그런데 사회주의 계열의 참여가 점차 커져 신간회의 주도권을 장악하고, 1929년 6월에는 좌파계열의 허헌許憲(1885~1951)[41]이 집행위원장이 되어 운동노선을 대규모 민중집회로 몰고 갔다. 처음에 신간회를 관망하고 있던 총독부는 신간회가 좌파의 민중운동으로 기울고, 특히 1929년 일어난 광주학생운동의 진상을 알리기 위해 군중대회를 열려고 하자 탄압에 나섰다.

이에 신간회는 다시 온건하고 합법적인 노선으로 돌아가서 김병로金炳魯(1887~1964)[42]를 위원장으로 하는 새로운 간부진은 자치운동을 주장하는 천도교 신파[최린 등]와 손을 잡았다. 이에 적극적인 투쟁을 주장하는 좌파들은 온건하고 합법적인 운동에 반대하여 신간회의 해체를 주장하고 나섰다. 때마침 모스크바의 코민테른도 1927년에 중국에서 국민당과 공산당의 합작이 실패로 돌아간 것을 보고, 우파와의 연합을 반대하는 노선을 취하여 공산당의 해체를 명령하자 좌파는 신간회에서 탈퇴하고 말았다. 그리하여 신간회는 1931년 5월에 마침내 해산했다.

신간회운동은 비록 4년여 만에 중단되고 말았지만, 처음으로 민족주의자와 사회주의자가 대규모 민족협동전선을 구축했다는 점에서 의의가 컸다. 특히 안재홍을 비롯한 우파인사들이 극우와 극좌의 이념을 배격하고, 중간이념을 가지고 중앙당中央黨 또는 민족유일당民族唯一黨을 만들려고 시도한 것은 새로운 실험으로써, 광복 후에도 중도정당과 좌우합작운동이 열리는 길을 터놓았던 것이다.

---

41) 허헌은 함경북도 명천 출생으로 일본 메이지대학 법과를 나왔다. 해방 후 건국준비위원회 부위원장을 거쳐 북한 김일성대학 총장을 지냈다.

42) 김병로는 전라도 순창 출생으로 일본 메이지대학 법과를 나온 후 변호사가 되어 독립운동가들을 무료로 변호하여 이름을 떨쳤으며, 해방 후 한국민주당 창립에 참여하고 초대 대법원장이 되었다.

2) 광주학생운동(1929)

일제시대 학생운동은 1919년 3·1 운동을 시작으로 1926년 6·10 만세운동을 주도하였다. 그러다가 1929년에 학생운동을 뜨겁게 달군 사건이 전라남도 광주에서 일어났다.

1929년 10월 30일, 일본인 광주중학교 학생[후쿠다]이 통학 기차 안에서 한국인 광주여자고등보통학교 여학생[박기옥]을 희롱하자 이를 본 여학생의 사촌동생인 광주고등보통학교 2학년 박준채가 일본인 학생을 혼내준 데서 사건이 터졌다. 이 사건을 계기로 두 나라 학생 사이에 대규모 충돌이 일어나고, 11월 3일에는 광주지방 학생들이 총궐기하여 독립만세를 외치고 경찰, 소방대와 충돌했다.

박준채 한국인 여학생을 희롱한 일본인 학생 구타로 광주학생 항일운동을 촉발시켰음.

그 뒤 학생운동은 전국적으로 퍼져서 1930년 3월까지 계속되었는데, 참가한 학교가 194개 교, 참가 학생수는 5만 4천여 명, 퇴학 582명, 무기정학 2,330명, 구금 1,642명에 이르렀다. 이는 3·1 운동 이후 가장 규모가 큰 저항운동이었다. 학생운동은 단순한 동맹휴학에 그치지 않고, 적극적인 가두시위 형태로 전개되고, 격문을 통해 언론, 집회, 결사, 출판의 자유를 요구하고, 식민지 교육제도의 철폐와 조선인 본위의 교육제도 확립을 강력하게 주장하고 나섰다. 이런 주장은 신간회의 지도를 받은 것이기도 했다.

광복 후인 1953년 국회는 11월 3일을 '학생의 날'로 정하여 매년 기념행사를 치렀는데, 1973년 유신선포로 폐지되었다가 1984년에 다시 부활시켰다.

김좌진(1889~1930)

3) 해외의 민족협동운동과 의열단

1920년대 후반기에 국내에서 신간회운동이 전개될 무렵에 해외에서도 좌파와 우파 사이의 협동운동이 추진되었다. 중국의 베이징, 상하이, 난징, 우한 등지에서 활동하던 애국지사들은 이념을 초월하여 민족유일당을 건설할 것을 선언하고 나섰다. 1926년 베이징에서 장건상張建相, 원세훈元世勳, 조성환曹成煥 등이 중심이 되어 한국독립유일당 북경촉성회를 조직한 것이 그 시초를 이루었다.

한편, 만주에서도 18개 독립운동 단체들이 모여 유일당 조직을 협의했는데, 그 결과 1929년에 정의부, 참의부, 신민부가 해체되어 국민부國民府로 통합되고, 1930년에는 김좌진金佐鎭(1889~1930)[43]이 중심이 된 한족총연합회가 발족하여 크게 두 단체로 통합되었다. 그 뒤 한족총연합회는 홍진洪震, 이청천李靑天(1888~1957)[44] 등이 주도하여 한국독립당韓國獨立黨을 만들고, 만주 동

---

43) 김좌진은 충남 홍성 출생으로 명문가인 안동김문 출신이다. 한말에 기호흥학회 등에 참여하다가 일제시대 만주로 망명하여 북로군정서를 이끌면서 독립전쟁을 벌여 청산리전투를 승리로 이끌었다. 1930년에 좌파 부하에게 암살당했다.

44) 이청천의 본명은 지대형池大亨이었으나 지청천池靑天 또는 이청천李靑天이라는 가명을 자주 사용했다. 서울 출생으로 대한제국 때 육군무관학교에 입학했다가 강점 후 일본 육군사관학교를 졸업했으나, 1919년에 만주로 망명하여 신흥무관학교에서 독립군을 양성했다. 상하이 임시정부에 참여하고 해방 후 정치인으로 활약하여 무임소장관, 민주국민당 최고위원을 역임했다.

의열단 활동을 보도한 동아일보 호외 사진은 김원봉

북지방에서 독립전쟁을 계속했다. 한편, 국민부는 조선혁명당朝鮮革命黨으로 개편되어 남만주 일대에서 독립투쟁을 이어갔다.

1920년대 민족운동단체의 하나인 의열단義烈團의 활동도 주목할 만하다. 1919년 11월에 김원봉金元鳳(1898~1958)[45]이 만주 길림시에서 조직한 이 단체는 1923년에 신채호가 쓴 〈조선혁명선언〉(일명 의열단선언)에 잘 나타나듯 민중의 직접폭력혁명에 따라 강도 일본을 무너뜨리고, '민중적 조선' 건설을 목표로 삼았다. 이는 무정부주의無政府主義(아나키즘) 노선을 따르는 독립운동 방법으로 과감한 테러를 통해 시설을 파괴하거나 요인을 암살하는 것을 행동강령으로 삼았다. 실제로 이들은 부산, 밀양, 종로의 경찰서에 폭탄을 던지고(1920~1921), 총독부와 동양척식주식회사, 조선식산은행 등에 권총을 난사하기도 했다(1922~1926). 그러나 1920년대 후반에는 조직적인 무장운동으로 방향을 바꾸고, 1926년에는 계급타파와 토지평균 등을 지도이념으로 하는 20개 조의 강령을 만들고 민족협동운동에 참여할 것을 선언했다.

1920년대 해외의 민족운동은 이렇게 좌우가 대동단결하는 방향으로 가닥을 잡았으나 단체들이 여러 곳에 흩어져 있었고, 단체마다 노선과 출신의 차이를 극복하지 못해 명실상부한 민족유일당 건설에는 실패했다.

---

45) 김원봉은 경상도 밀양 출생으로 서당에서 한문을 공부하다가 1913년 서울 중앙학교를 다니고, 1918년에 중국 난징 금릉대학金陵大學을 나온 후 만주로 이동하여 무장투쟁을 이끌었다. 그 후 의열단을 조직하고, 1935년 '한국민족혁명당'을 조직하여 활동했으며, 상하이 임시정부에도 참여하여 광복군을 이끌었다. 해방 후 남한 단독정부 수립에 반대하여 월북한 후 요직을 맡았다가 연안파로 몰려 숙청당했다.

제7장 일제강점기(3)
1930~1940년대 초의 민족통일전선운동

1. 일제의 중국침략과 한국의 병참기지화

1929년 미국에서 시작된 세계 경제공황으로 영국 등 선진자본주의 국가들은 보호무역주의의 일종인 블록경제권을 형성하여 공황에 대처해 나갔다. 선진국가의 공황은 후진자본주의 국가인 일본에 파급되어 심대한 타격을 주었는데, 일본은 이를 돌파하는 방안으로 아시아대륙을 침략하여 하나의 경제권으로 묶고 이를 독점적으로 지배하려 했다. 그 방법으로 군사파시즘정책을 강화하고 강력한 국가독점자본주의와 군국주의를 선택했다. 군벌이 중심이 되어 메이지유신(1868)의 근대화를 이룩하고, 무력에 의해 조선을 강점한 무력패권주의 전통이 되살아난 것이다.

일제는 대륙침략의 일차 목표를 만주에 두고, 출병의 명분을 찾던 중 1931년 7월 이른바 '만보산사건萬寶山事件'이 터졌다. 중국 지린성 창춘현 만보산농장을 이승훈李昇薰(南崗 李昇薰이 아님) 등이 조차하여 수로공사를 하던 중 중국인 농민과 분쟁이 일어나자 일본은 이 사건을 과대선전하여 한중 양국민을 이간시키고[46] 이런 분위기를 만주침략에 이용했다. 일제는 봉천(현재의 중국 심양)의 류타오거우柳條溝(유조구) 철도를 폭파하고 중국군이 폭파한 것처럼 꾸며 관동군關東軍 출병을 정당화했다. 그리하여 1931년 9월 '만주사변滿洲事變'을 일으켜 만주를 완전 점령하고, 창춘長春에 일본의 꼭두각시 정부인 만주국(황제 溥儀)을 수립했다. 이어 1937년에는 중국과 중일전쟁을 일으켜, 약 30만 명의 난징주민을 학살하는 만행(난징대학살)을 저질렀다. 이어 1941년에는 미국의 하와이를 공격해 이른바 태평양전쟁을 일으켰다.

이와 같은 침략전쟁의 연속 속에서 우리나라는 전쟁물자를 공급하는 일차적인 병참기지로 경제구조가 개편되었다. 우선 일본 내부의 쌀값

만보산사건의 발단이 된 수로

---

46) 만보산사건이 국내신문에 과장 보도되자, 흥분한 국민들은 평양·서울·인천·신의주·이리 등지에서 중국인을 박해하는 폭동을 일으켰다. 그러나 이 사건이 일본에 의해 조장된 것을 알고 안재홍 등 언론인들이 사태진정을 위해 노력했다.

1935년경의 인천항 일본으로 가져갈 쌀이 산더미처럼 쌓여 있다.

군산항 일본 본토로 가는 반출미가 산더미처럼 쌓여 있다.

〈한국인과 일본인의 공업자본〉(1938년)

구분	한국인 (불입자금비율,%)	일본인 (불입자금비율,%)	한국인 (불입자금, 천 원)	일본인 (불입자금, 천 원)
방직	6,075(20.8)	23,103(79.2)	164	593
금속기계	1,852(7.3)	23,654(92.7)	32	249
양조	12,054(46.7)	13,772(53.3)	38	107
제약	1,676(64.2)	934(35.8)	51	37
요업	432(2.7)	15,791(97.3)	36	395
제분, 정미	2,526(20.4)	9,860(79.6)	27	141
식료품	217(2.2)	9,621(97.8)	13	128
목제품	594(5.3)	10,553(94.7)	31	129
인쇄	625(30.0)	1,461(70.0)	14	35
화학	2,954(2.8)	100,736(97.2)	80	1,340
기타	1,193(18.6)	5,220(81.4)	18	39
합계	30,198(12.3)	214,705(87.7)	504	3,193

자료: A. J. Grazdanjev, *Modern Korea*, p.176

폭락으로 인한 농업공황을 타개하기 위해 1934년 조선에서의 산미증식계획을 중단했다. 이는 쌀생산과 수출에 주력해오던 조선농민에게 심각한 타격을 주었다. 농민운동이 단순한 소작쟁의를 넘어서서 적색농민조합을 조직하여 극좌적인 투쟁을 벌이게 된 이유가 여기에 있었다.

일제당국은 산미증식계획을 중단하는 대신 기만적인 '농촌진흥운동'을 강요했다. 표면적으로는 춘궁퇴치·자력갱생을 내걸었지만, 내면적으로는 읍장·면장·경찰은 물론이고, 학교장·금융조합 이사들이 총동원되어 농민생활을 속속들이 간섭하고 통제함으로써 농민의 긴축생활과 납세이행을 독려했다.

일제는 피해가 가장 큰 소작농을 보호한다는 명목 아래 소작조정령(1932), 농지령(1934)을 잇달아 발표했지만, 실제로는 소작쟁의의 조정을 지주·자본가·금융인들에게 맡겼기 때문에 지주 측에 유리한 결과를 초래했고, 농지령에 의한 소작기간의 설정과 소작권 이동의 금지는 소농들에게는 다소 도움이 되었지만, 소작쟁의에 대한 행정적·법적 통제를 강화할 수 있게 되었다.

1937년의 중일전쟁과 1941년의 태평양전쟁 기간 중에는 군량미 조달의 필요성에서 쌀에 대한 배급제도와 쌀·잡곡에 대한 공출제도供出制度가 시행되었다. 미곡증식계획도 다시 실시했다. 농민들은 스스로 생산한 쌀을 일제당국에 부락단위로 강제로 팔고, 필요한 식량을 배급받아 근근이 끼니를 이어가게 되었다. 그나마 태평양전쟁 말기에는 쌀 배급 받기가 극히 어려웠고, 만주에서 들여 온 잡곡으로 연명하는 지경에 이르렀다. 흰 쌀밥을 먹는 것이 소원이 된 것은 이때부터이다.

한편 일본자본가들의 과잉자본을 조선에 투자하고, 전쟁에 필요한 필수품 조달을 위해 군수공업을 위주로 하는 공업화정책이 추진되었다. '농공병진農工並進'이라는 그럴 듯한 슬로건이 내걸어졌다. 풍부한 공업원료와 수력자원 그리고 값싼 노동력이 일제의 공업화정책에 유리한 환경을 제공했다. 1930년대 일본의 주요 독점기업인 미쓰이三井, 미쓰비시三菱, 노구치野口 등이 들어와 공업과 광업의 여러 분야를 지배하게 되었는데 수력발전은 노구치, 섬유·방직·술·제분·화약은 미쓰이, 맥주는 미쓰비시가 각각 담당했다.

공업화정책 결과, 한반도에는 새로운 공업지대가 형성되었다. 함경도 흥남을 중심으로 한 북부공업지대[금속·화학], 진남포·신의주를 중심으로 한 서부공업지대[금속·화학], 서울·인천을 연결하는 경인공업지대[기계·방직]가 그것이다. 한반도 북부에 공업지대가 많은 것은 지하자원과 수력자원[압록강 수풍발전소, 부전강발전소, 장진강발전소]이 풍부한 여건도 있었지만, 국토의 균형적 발전보다는 일본 독점자본의 이득을 위한 배려가 크게 작용한 까닭이었다.

1930년대에는 외형상 공업화가 급속히 진전되었지만, 소수의 일본 기업이 방직·금속·화학·요업 등 중요 분야의 70~80%를 생산하는 파행적인 집중현상을 가져왔다. 이에 따라 경공업에 치중하고 있던 조선인 자본은 일본 대재벌과의 경쟁에서 열세하여 해가 갈수록 도산하는 사태가 벌어지고, 1942년에는 총독부의 기업정비령에 의해 강제로 문을 닫거나 기업을 정리하지 않으면 안 되었다. 이렇게 열악한 환경에서 조선기업인이 참여하는 경공업분야는 정미소精米所와 양조장이 가장 많았고, 그밖에 고무·면직물·메리야스·실크·인쇄업 정도가 있었다.

그러나 일부 조선인 민족자본가 중에는 일본 기업과 연계하여 발전해 가는 경우도 있었다. 조선석유주식회사[김연수·박홍식], 한강수력전기주식회사, 조선제철주식회사[김연수], 조선공작주식회사[김연수·박홍식·한상룡·민규식], 조선비행기주식회사[박홍식] 등이 그것이다. 조선의 공업화는 결과적으로 일본 독점재벌이 성장하는 밑거름이 되었다. 오늘날 일본 굴지의 대기업이 이때 급성장했다. 조선인 노동자들은 단순 노동에만 투입되어 고도의 기술 습득이 불가능했다. 8·15 광복 후 조선에서 성장한 미쓰이·미쓰비시 등 대재벌은 전후 일본경제를 이끌어가는 주역이 되었고, 기형적인 식민지적 공업의 유산을 물려받은 우리나라는 그나마 남북이 분단되면서 북부의 공업지대를 상실함으로써 한층 어려운 여건에 놓이게 되었다.

2. 일제의 민족말살정책

대륙침략을 위한 병참기지화정책과 병행하여 일제는 무력 탄압을 강화하면서 우리민족을 일본국민으로 동화시키기 위해 민족말살정책을 추진했다. 한국인의 독립정신을 없애지 않고는 그들의 병참기지화정책이 뜻대로 이루어지기 어렵다는 것을 알았기 때문이다. 기만적인 '문화통치'의 탈을 벗어 던지고 노골적인 파시즘이 시작된 것이다.

파쇼체제의 강화는 군사력과 경찰력의 증강에서 시작되었다. 1931년 만주침략 이후 종래 2개 사단이던 병력을 3개 사단으로 증파하고 그 뒤 지속적으로 군대를 증파하여 1941년에

일제의 포스터
국민총력조선연맹 이름으로 제작

내선일체를 새긴 비석(1942년)

는 3만 5천여 명, 태평양전쟁 말기에는 약 23만 명이나 되는 군대가 주둔했다.

한편, 경찰관서와 경찰요원도 대폭 늘어나 1923년에 2만여 명이던 경찰관이 1941년에는 3만 5천여 명으로 증가했다. 특히 정규경찰 이외에 비밀고등경찰, 헌병 스파이 그리고 경찰 보조기관인 경방단警防團 등을 두어 우리민족의 일거수일투족까지도 물 샐 틈 없이 감시했다. 철저한 정보망이 거미줄처럼 짜여졌고, 수많은 애국지사들이 검거·투옥·학살당했다.

1937년에는 '조선중앙정보위원회'를 설치하여 개인정보를 수집하고, 1938년에는 '조선방공협회朝鮮防共協會'를 조직하여 공산주의자 박멸에 나섰으며, 같은 해 사상전향자들의 단체인 '시국대응전선사상보국연맹時局對應全鮮思想報國聯盟'[47]을 조직하여 항일인사들을 탄압하는 데 앞장세웠다. 태평양전쟁을 준비할 무렵에는 사상보국연맹을 확대하여 '대화숙大和塾'(1941. 1)을 전국 각지에 설치하고 이른바 '사상범'으로 지목된 인사들에게 전향을 강요했다. 1939년에 조직된 '문인회文人會'[48]도 친일단체 중 하나였다.

일제는 전시체제를 빙자해 일반 주민생활도 철저히 통제했다. 중일전쟁 이후 주민생활을 통제하는 중심기구로 1938년 8월 '국민정신총동원조선연맹'[49]을 총독부 보익기관으로 설치했는데, 이 단체는 도道에서 말단 리里에 이르기까지 전국의 지방조직을 망라하고 그 밑에 10호 단위의 애국반愛國班을 두어 정기적으로 반상회班常會를 열어 총독부 시책을 따르도록 강요했다. 이 연맹은 각 직장단위로도 조직되었다. 일제는 1940년 10월 위 연맹을 '국민총력조선연맹國民總力朝鮮聯盟'으로 개편하고 총독이 총재로 취임하여 관의 통제를 한층 강화했다.

전국민을 물 샐 틈 없는 파쇼체제로 묶어 놓은 일제는 한국인의 민족의식을 말살하여 완전한 일본인으로 동화시키기 위한 이른바 황국신민화皇國臣民化 정책을 본격적으로 추진했다. 우선 1938년부터 모든 주민들로 하여금 황국신민서사皇國臣民誓詞라는 것을 일본어로 외우게 했는데, "우리들은 대일본제국의 신민臣民이다. 우리들은 마음을 합하여 천황폐하에게 충의忠義를 다한다."는 것이 그 요지다. 일본 천황에 대한 충성의 표시로써 천황이 거하는 궁성을 향해 절을 하도록 강요하기도 했다동방요배.

또한 학교교육과 관공서에서 우리말 사용이 금지되고 일본어를 국

---

47) 시국대응전선사상보국연맹에는 유억겸兪億兼(유길준의 아들)·박영희朴英熙·장덕수張德秀·김한경 등이 참여했다.

48) 문인회에 참여한 인사는 이광수李光洙·최남선崔南善·주요한朱耀翰·박희도朴熙道·김동환金東煥·최재서崔載瑞 등으로서, 이들은 일본과 조선의 일체, 즉 내선일체內鮮一體를 강조하는 일본어 '국민문학'을 제창하고 나섰다.

49) 국민정신총동원조선연맹에는 명망높은 인사들이 강제로 이사理事와 위원委員으로 위촉되었다. 이사에는 김성수金性洙·윤치호尹致昊·최린崔麟·김활란金活蘭, 문화위원에는 백철白鐵·유진오兪鎭午·홍난파洪蘭坡, 여성부 위원으로는 송금선·이숙종 등이 위촉되었다.

어라 하고, 일본어만을 사용하게 했다.(1938) 일본은 한 걸음 더 나아가 1939년부터 우리의 성姓과 이름을 일본식으로 바꾸는 이른바 창씨개명創氏改名을 단행했다. 성과 이름은 한국인에게 있어서는 가족 및 친족의 결속과 자존심을 심어 주는 중요한 수단이었으나, 이를 일본이름으로 바꾸지 않으면 학교입학이나 공문서발급이 금지되고, 식량과 물자 배급에서 제외되었으며 우편물도 전달되지 않았다. 이 때문에 부득이 창씨개명에 응하지 않을 수 없었지만, 전국민의 약 14%는 끝까지 이를 거부하는 기개를 보여 주었다.

남산의 조선신궁 현 남산식물원 자리,
전국에 1,141개의 신사를 세움

일본은 한국인의 민족정신을 근원적으로 말살하기 위해 일본인과 한국인이 같은 조상에서 나왔다는 이른바 일선동조론日鮮同祖論을 주장했다. 이 주장은 이미 1880년대부터 나오기 시작한 것이지만, 침략전쟁 이후로는 '내선일체內鮮一體' 및 '동조동근론同祖同根論'으로 바꾸어, 두 나라 주민을 민족도 하나이고, 국민도 하나라는 일체감을 심어주려고 했다. 1936년 새로 부임한 미나미 지로南次郎 총독이 이런 정책을 강력하게 추진했다.

일본은 메이지유신 이후 일본의 조상신 아마테라스 오미카미天照大神를 신앙하는 신도神道를 국가종교로 승격시켰는데, 일본천황의 조상신을 한국인의 조상신으로 떠받들도록 강요했다. 이를 위해 서울의 남산신궁南山神宮을 비롯하여 각 학교와 면마다 신사神祀를 세우고, 각 가정에서도 일본 시조신의 신주를 걸어 놓고 예배하도록 강요했다. 말과 이름을 빼앗기고, 종교마저 자유롭지 못하게 된 한국인은 신사참배에도 거부반응을 보였는데, 평양의 기독교학교인 숭실학교와 숭의여학교는 신사참배를 거부하다가 학교가 폐쇄되는 비운을 맞이하기도 했다.

여성근로보국대   애국부인회 문패

애국부인회 일제 강점기 말기 전쟁을 수행하면서
전쟁 물자를 수탈하기 위해 조선 여성들을 동원하여
애국부인회를 조직하고 황국신민화 정책을
강제적으로 수행하였다.

일본은 한국인의 민족정신을 말살하는 데 광분하면서 다른 한편으로는 한국인을 전쟁터로 몰아 넣어 일본을 위해 싸우게 했다. 처음에는 군대보충을 위해 '지원병제도'(1938)를 실시하다가, 뒤에는 '징병제도'(1943)로 바꾸어 패전할 때까지 약 20만 명의 청년을 강제로 징집했으며, '학도지원병제도'(1943)를 실시하여 약 4,500명에 달하는 학생들을 전쟁터로 끌고 갔다.

이밖에도 일본은 1939년부터 '모집' 형식으로, 1940년부터 '알선'형식으로, 1944년부터는 '징용'형식으로 일제말기까지 1백만 명 이상의 한국인을 전쟁을 위한 노동자로 끌고 갔다. 이들은 탄광·비행장·군수공장·철도 등의 공사장에 군대식으로 편제되어 강제수용된 가운데 노예처럼 혹사당했는데, 공사가 끝난 뒤에는 군대기밀을 지킨다는 이유로 무더기로 학살하기도 했

종군위안부의 규칙 동남아 일본주둔군 병참부 관장

종군위안부 일제는 약 10만여 명의 어린 한국인 여자들을 중국·동남아 일대, 필리핀 등지에 주둔하는 일본군의 성적노리개로 삼았다.

다. 특히 평양의 미림비행장, 쿠릴열도[사할린] 그리고 유구[오키나와]로 끌려간 대부분의 노동자는 무참하게 학살당했는데, 그 인원은 7천 명이 넘었다.

한편, '근로동원'이라 하여 어린 국민학생과 중학생들을 군사시설 공사에 끌어들이고, 여성들도 '근로보국대'라는 이름을 붙여 토목공사에 끌어들이고, '애국부인회'라는 어용단체를 만들어 충성을 강요했다. 그리고 전쟁 막바지에는 악명높은 '여자정신대근로령女子挺身隊勤勞令'(1944. 8. 23)이라는 것을 공포하여 12세에서 40세까지의 배우자 없는 여성 20만 명을 강제동원했다. 이들은 일본과 조선 내의 군수공장에서 일하는 경우도 있었지만, 그 가운데 상당수 인원을 중국과 동남아지역의 전쟁터로 보내 군인 상대의 위안부가 되게 하는 만행을 저질렀다. 이들 중 살아 남은 이들은 광복 후에도 정신적·육체적으로 황폐화되어 정상적인 생활을 누릴 수 없었다.

한국여성을 일본군의 성노예로 만든 것은 만주사변이나 중일전쟁 이후에도 있었다. 일본 정부의 부탁을 받은 관헌이나 위안부 경영자 그리고 알선업자

〈한국 노동자의 강제연행〉(1939~1945)

(단위: 명)

연도	지역	동원계획수	석탄광산	금속광산	토건	공장 기타	합계
1939	일본	85,000	32,081	5,597	12,141		49,819
	사할린		2,578	190	533		3,301
1940	일본	88,800	36,865	9,081	7,955	2,078	55,979
	사할린	8,500	1,311		1,294		2,695
	동남아					814	814
1941	일본	81,000	39,019	9,416	10,314	5,117	63,866
	사할린	1,200	800		651		1,451
	동남아	17,800				1,781	1,781
1942	일본	120,000	74,098	7,632	16,959	13,124	111,823
	사할린	6,500	3,985		1,960		5,945
	동남아	3,500				2,083	2,083
1943	일본	120,000	66,535	13,763	30,639	13,353	124,290
	사할린	3,300	1,835		976		2,811
	동남아	1,700				1,253	1,253
1944		290,000	82,859	21,442	34,376	157,795	286,432
1945		50,000	797	229	836	8,760	10,622
합계		877,300	342,763	67,350	118,634	206,158	724,965
종전 당시			121,574	22,430	34,584	86,794	365,382

자료: 이종범·최원규, 자료《한국근현대사 입문》(1995), 333쪽

들이 모집했는데, 간혹 자발적 참여자도 있었지만 대부분은 속임수로 유괴되어 끌려가 인간 이하의 노예생활에 시달렸다.

민족말살정책의 일환으로 언론·결사에 대한 탄압도 병행하였다. 당시 언론인 중에는 항일운동의 수단으로 언론활동을 전개한 이가 적지 않았으므로, 민족의식을 고취하던 〈조선중앙일보〉가 1937년, 〈동아일보〉와 〈조선일보〉가 1940년에 차례로 폐간되는 비운을 맞이했다. 동시에 모든 집회와 결사를 허가제로 바꾸어 국내의 조직적인 민족해방운동이 원천봉쇄되었다.

일본의 침략전쟁과 그로 인한 한국인의 고통은 말할 수 없이 커서 그 후유증은 광복 후 민족국가건설에 큰 장애요인이 되었다. 더욱이 일본은 한국인의 저항을 무마하기 위해 명망 높은 지식인을 회유, 또는 협박하여 수많은 친일단체를 조직하고, 일본의 황국신민화정책과 침략전쟁을 동조·찬양하는 일에 앞장서게 하였다. 그리하여 교육·언론·문학·미술·음악·영화·종교 등 각 분야에서 이름 있는 일부 인사들에게 친일의 오점을 남기게 한 것은 경제적 침탈보다도 더 큰 고통과 상처를 우리민족에게 안겨준 결과를 낳았다.

3. 민족문화 수호운동

일제의 민족말살 정책이 발악적으로 진행되던 1930~1940년대에 이에 대항하여 민족문화를 수호하고 이를 학문적으로 체계화하려는 애국운동이 꾸준히 일어나고 있었다.

먼저, 민족주의 역사가들 사이에서 이른바 '조선학朝鮮學' 운동이 전개되었다. 다산 정약용丁若鏞 서거 99주기를 맞이하는 1934년에 시작된 이 운동은 안재홍, 정인보, 문일평 등이 주동이 되어 과거 민족주의 역사학이 지나치게 국수적·낭만적이었음을 반성하고, 민족과 민중을 다같이 중요시하면서 우리 문화의 고유성과 세계성을 동시에 찾으려는 것이었다. 이에 따라 이들은 조선 후기 실학實學을 주목하고 고대사뿐 아니라 조선시대를 발전적으로 이해하려고 노력했다.

안재홍安在鴻(호 民世, 1891~1965)은 신채호의 고대사 연구를 계승·발전시켜 고대국가의 사회발전단계를 해명하는 많은 논문을 발표하여 광복 후《조선상고사감朝鮮上古史鑑》(1947)이라는 단행본을 엮어냈고, 우리나라 전통철학을 정리하여《불함철학대전不咸哲學大全》(1940)과《조선철학》(1944)을 저술했다. 그는 자신의 학문에 기초하여 광복 후 '신민족주의와 신민주주의'라는 독창적인 이론을 제시하고, 이에 의거하여 극좌와 극우를 배격하고 만민공생萬民共生의 통합된 초계급적 다사리 민족국가를 건설하려 했다.

정인보鄭寅普(호 爲堂, 1893~1950)는 광개토대왕비문을 연구하여 일본인의 잘못된 고대사 연구를 바로잡는 데 기여했고, 조선시대 양명학과 우리나라의 5천 년의 얼을 정리하여 민족정기를 세우려고 노력했다. 문일평文一平(호 湖巖, 1888~1939)은 조선시대 민중을 위해서 노력한 정치가들과 혁명가들을 드러내고, 세종과 실학자들의 민족지향·민중지향·실용지향을 높이 평가하는 사론을 발표하여 일반국민의 역사의식을 계발하는 데 기여했다. 또한, 그는 국제관계에서 실리적 감각이 필요함을 절감하고 이런 시각에서《대미관계 50년사》라는 명저를 내기도 했는데, 그의 저술은《호암전집》(1939)으로 정리되어 출간되었다.

조선어학회 회원 기념사진(1935년) ① 이윤재 ② 한징 ③ 안재홍 ④ 이숙종 ⑤ 이희승

이병도(1896~1989)

이극로(1893~1978)

1930~1940년대에는 유물사관唯物史觀을 도입하여 우리역사를 연구하는 학자들도 나타났다. 이들은 농민과 노동자의 계급적 각성을 촉구하여 일제와 국내 지주·자본가들에 대항하려는 목적을 지녀 계급보다 민족을 윗자리에 두려는 민족주의 역사학과는 갈등을 일으켰다. 그러나《조선사회경제사》(고대사, 1933)와 《조선봉건사회경제사》(고려시대, 1937)를 지은 백남운白南雲(1895~1974)은 정인보와 개인적으로 친하게 지내면서 토지제도사를 연구한 공로가 적지 않았다. 그는 좌익역사가 가운데서는 비교적 온건한 인물로서, 광복 후에는 양심적 지주, 자본가들과 손잡고 새 나라를 건설해야 한다는 '연합성신민주주의'를 제창했다.

한편, 1934년에는 실천성이 강한 유물사관과 민족주의 역사학을 모두 거부하면서 순수학문으로서 역사학을 전공하는 학자들이 결집하여 진단학회震檀學會를 창립하고《진단학보》라는 학회지를 발간하기 시작했다. 이병도李丙燾, 이상백李相佰, 김상기金庠基 등 와세다 출신 역사학자와 이윤재李允宰, 이희승李熙昇 등 국어학자, 송석하宋錫夏, 손진태孫晉泰 등 민속학자들이 참여한 이 학회는 독립운동에 직접 기여하지는 않았지만 우리나라 문화사 연구의 지평을 열어 주었고, 역사학을 비롯한 국학 전반의 학문적 수준을 높이는 데 크게 기여했다. 그리고 이 학회의 중심 인물은 광복 후 주요 대학의 교수로 취임하여 남한의 국학계를 이끌어갔다.

일제에 대한 저항운동은 문학인 중에도 일어났다. 이육사李陸史는 수십 회나 투옥되는 고난을 치르면서도 민족해방에 대한 확신을 가지고 '청포도'(1940)를 노래하다가 옥사했으며, 만주 용정龍井 출신 시인 윤동주尹東柱는 하늘을 우러러 한 점 부끄럼 없이 살아가기 위해 하늘과 바람과 별과 시를 읊으며 항일운동을 하다가 체포되어 28세라는 젊은 나이에 숨졌다.

민족의 얼을 지키기 위한 국어학자들의 노력도 치열했다. 일제의 국어말살 정책에 저항하여 우리말을 지키려던 조선어학회 회원들은 1942년 조선어사전 편찬을 진행하던 중 일본경찰에 발각되어 이중화李重華, 이극로李克魯, 최현배崔鉉培, 이희승李熙昇 등 수십 명이 투옥되고 이윤재李允宰, 한징韓澄이 옥사했다. 이를 '조선어학회 사건'이라 한다.[50]

---

50) 조선어학회 사건에 연루된 인사는 다음과 같다. 이중화李重華, 이윤재李允宰, 이극로李克魯, 최현배崔鉉培, 정인승鄭寅承, 한징韓澄, 김윤경金允經, 장지영張志暎, 이희승李熙昇, 권승욱權承昱, 이석린李錫麟, 이우식李禹植, 김법린金法麟, 정열모鄭烈模, 이병기李秉岐, 이만규李萬珪, 이강래李康來, 김선기金善琪, 이인李仁, 안재홍安在鴻, 김양수金良洙, 장현식張鉉植, 서승효徐承孝, 정인섭鄭寅燮, 윤병호尹炳浩, 이은상李殷相, 김도연金度演, 서민호徐珉濠.

4. 민족연합전선과 항일무장투쟁의 강화

1930~1945년 사이 국내에서의 항일운동은 일본의 무자비한 탄압으로 위축될 수밖에 없었다. 그러나 표면적인 위축에도 불구하고 지하운동을 통한 좌우연합전선이 꾸준히 지속되어 마침내 1944년 8월 비밀결사인 '건국동맹建國同盟'이 결성되었다. 신간회 이후 두 번째로 민족연합전선이 형성된 것이다. 여운형呂運亨이 중심이 되어 일제의 패망을 예견하고 조직한 건국동맹은 안재홍 등 민족주의 인사들도 참여하고, 하부에는 노동자·농민층까지 흡수하고 있었으며, 밖으로는 중국에서 활동하던 '화북조선독립동맹'(속칭 연안파)과도 연결하고 있어서 민족연합전선의 형태를 띠고 있었다. 일본의 갑작스런 패망이 왔을 때 즉각적으로 건국준비위원회를 조직하여 정권을 인수할 수 있었던 것은 이러한 준비가 있었기에 가능했다.

여운형 독립운동가, 정치인

국내에 비하여 일제의 탄압이 비교적 덜했던 중국지역에서는 파벌적 분열을 극복하려는 민족통일전선이 한층 활발하게 전개되었으며, 군대를 조직하여 적극적인 무장투쟁을 전개해 나갔다. 1931년 일본의 만주침략에 자극을 받은 중국 내의 독립운동 단체들은 1932년 상하이에 모여 각 단체의 통일체로써 '한국대일전선통일동맹'(1932. 11. 10)을 결성하고, 민족 유일당을 세우기로 합의했다. 여기에는 우파계열의 한국독립당(이동녕, 안창호, 김두봉), 한국동지회(김규식)와 좌파계열의 조선의열단(김원봉), 조선혁명당(최동오) 등이 참가했다. 이에 따라 임시정부를 고수하려는 일부 인사를 제외한 대부분의 인사들이 결집하여 1935년 7월 '민족혁명당'[51]을 창건하였다. 단순한 여러 단체의 동맹이 아니라 단일정당을 형성한 것이다. 그리고 당의 노선으로 조소앙趙素昻(1887~1958)의 삼균주의三均主義[52]를 받아들여 정치·경제·교육의 평등을 전제로 한 민주공화국의 건설을 내세웠다.

'민족혁명당'은 그 뒤 조소앙, 이청천李靑天, 최동오崔東旿 등이 탈퇴하자 김원봉金元鳳이 중심이 된 '조선민족혁명당'으로 개편되었으며(1937), 약화된 통일전선을 다시 강화하기 위해 '조선민족해방운동자동맹'(김규광, 김창숙), '조선청년전위동맹'(최창익), '조선혁명자연맹' 등의 단체들과 연결하여 1937년 12월 한구漢口에서 '조선민족전선연맹'을 결성했다. 그리고 그 예하 군대로 '조선의용대'를 조직했는데, 이는 김원봉의 의열단에서 시작하여 '민족혁명당'의 예하 부대를 이루었던 조선혁명군이 확대·개편된 것이었다. 이들은 중국 국민당 정부군과 합세하여 중국 각 지역에서 항일투쟁을 전개하여 많은 성과를 올렸다.

한편, 중국 남방지역에 근거를 두었던 대한민국 임시정부는 1923년 개조파와 창조파의 탈퇴로 그 활동이 크게 침체되어 있었으나, 1930년대에 들어와서는 김구金九의 지도 아래 '한인

---

51) 민족혁명당은 한국민족혁명당, 조선민족혁명당이라고도 하며, 주요인물은 조소앙趙素昻, 김원봉金元鳳, 김규식金奎植, 신익희申翼熙, 이청천李靑天, 최동오崔東旿, 양기탁梁起鐸, 김두봉金枓奉 등이다.

52) 조소앙의 삼균주의三均主義는 독립운동진영의 대표적 이론가인 조소앙이 좌우익의 대립된 이념을 지양하여 독립운동의 기본방략과 미래 조국건설의 지침을 삼기 위해 체계화한 정치사상이다. 그 요지는 개인과 개인人與人, 민족과 민족族與族, 국가와 국가國與國의 평등 실현을 전제로 정치·경제·교육의 평등을 강조했으며, 그 구체적 방법으로 보통선거제, 토지와 대생산기관의 국유제, 국비 의무교육, 언론·출판·집회의 자유 등을 내세웠다. 이 이론은 1920년대 말에 구상되어 1930년대에 한국국민당, 한국독립당의 정강으로 채택되고, 1941년에는 대한민국임시정부의 건국강령으로 수용되었다.

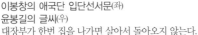

이봉창의 애국단 입단선서문(좌)
윤봉길의 글씨(우)
대장부가 한번 집을 나가면 살아서 돌아오지 않는다.

한국독립당 간부(1940. 5. 16)
앞줄 왼쪽부터 김붕준, 이청천, 송병조, 조완구, 이시영, 김구, 유동열, 조소앙, 차이석,
뒷줄 왼쪽부터 엄항섭, 김의한, 조경한, 양우조, 조시원, 김학규, 고운기, 박찬익, 최동오

김구(1876~1949) 독립운동가

애국단'을 조직하고 적극적인 테러투쟁을 전개하면서 차츰 국내외의 신망을 되찾아 갔다. 한인애국단 단원인 이봉창李奉昌이 도쿄에서 히로히토 천황을 공격하고(1932. 1. 8), 윤봉길尹奉吉이 상하이 홍커우虹口 공원에서 시라카와白川 대장 등을 살상(1932. 4)한 사건이 그것이다. 김구, 이동녕 등 임시정부 고수파들은 임시정부의 기초적 정당으로서 한국독립당(1930)을 조직하고 우익노선을 견지해 갔는데, 1935년 7월에 통일전선정당으로써 '민족혁명당'이 조직되어 임시정부의 해체를 요구해 오자, 이에 불응하고 조소앙의 삼균주의를 수용하는 새로운 정당으로서 '한국국민당'(1935. 11)을 창립했다. 그러나 중일전쟁을 계기로 민족협동의 필요성을 절감하고 좌익계열의 조선민족전선연맹과 제휴하여 '전국연합진선협회全國聯合陣線協會'를 조직했다(1939). 여기에는 7개의 단체가 가담했으나, 그 중심인물은 우익의 김구와 좌익의 김원봉이었다.

그 뒤 1940년 5월 대한민국임시정부는 기초정당을 '한국국민당'에서 '한국독립당'[53]으로 확대 개편했는데, 정강정책은 삼균주의를 그대로 채택하여 사회민주주의에 가까운 성격을 띠었다. 그리고 군사력의 필요에서 1940년 중경에서 '광복군光復軍'을 창립했는데, 김원봉이 이끄는 400여 명의 조선의용대가 1942년 5월 광복군에 편입되어 군사면에서도 좌우의 통일이 이루어지게 되었다. 이청천李靑天(일명 지청천)을 총사령, 이범석을 참모장으로 하는 광복군은 중국 국민당의 지원을 받으면서 주로 선전·초모 활동을 벌이다가 1943년 영국과 군사협정을 맺고 일부 병력을 인도와 버마미얀마 전선에 참전했으며, 또 일부 병력은 미국 전략정보처(OSS, CIA의 전신)와 협력하면서 국내진공을 준비했다.

---

53) 한국독립당은 1941년 일본의 패망에 대비하여 건국강령을 발표했다. 그 요지는 (1) 홍익인간을 최고의 공리公理로 하고, (2) 정치, 경제, 교육의 균등실현, (3) 토지와 대생산기관의 국유와 중소기업의 사영私營, (4) 빈농 우선의 토지분배, (5) 노동자, 농민, 지식인, 상인의 단결, (6) 적산敵産의 국유화 등이다. 또 소작농, 자작농, 소자산가, 소지주를 기본대오로 삼고, 대지주, 대생산기관, 불타협분자, 관리, 경찰에서 반정反正 소질을 가진 자를 충실한 옹호자로 설정했다.

대한민국 임시정부는 항일투쟁이 격화됨에 따라 지도체제를 강화하여 1940년 헌법 개정을 통해 국무위원제(집단지도체제)를 주석중심제로 바꾸어 행정·군사를 총괄하도록 했다. 이때부터 주석 김구의 영도력이 강화된 가운데 임시정부의 위상이 높아지게 되었다.[54]

중국 남부지역 독립운동의 주체가 대한민국 임시정부였다면, 만주지역에서 활약하던 독립운동가들도 1930년대에 들어와 좌우통일전선 조직으로 1936년 '조국광복회'를 결성했다. 오성륜吳成崙, 엄수명嚴洙明, 이상준李相俊이 중심이 된 이 단체는 10대 강령을 발표하여 모든

광복군 총사령부(1940. 12. 26) 가운데는 총사령관대리 황학수, 서안에서 촬영

계급이 일치단결하여 조국을 광복할 것을 선언했으며, 중공군과 함께 '동북항일연군'에 가담하여 항일 무장투쟁을 벌이던 김일성金日成[55] 부대와 연결하여 1937년 압록강 연안의 보천보普天堡에 있는 일본 경찰지소를 습격하기도 했다. 그러나 그 뒤 일본 관동군의 공세가 심해지자 김일

---

54) 대한민국 임시정부는 1919년 창립하여 1945년 8월 15일에 이르기까지 26년간 5차에 걸쳐 헌법을 개정했으며, 6차에 걸쳐 정부청사를 이전했다. 이를 표로 만들면 다음과 같다.

	시기	정치체제	주요 지도자	정부청사 위치
	1919. 4. 11		의장: 이동녕 국무총리: 이승만	상하이
1차 개헌	1919. 9	대통령제	대통령: 이승만(12월 박은식) 국무총리: 이동휘	상하이
2차 개헌	1925. 4	국무령제	국무령: 이상룡, 양기탁, 안창호, 홍진, 김구	상하이
3차 개헌	1927. 3	국무위원제	주석: 이동녕 국무위원: 이동녕, 김구 등 11명	1932년 상하이, 난징, 항저우 1935년 가흥 1937년 진강, 장사 1938년 광동, 유주 1939년 기강 1940년 충칭[중경]
4차 개헌	1940	주석제	주석: 김구	충칭[중경]
5차 개헌	1944	주석·부주석제	주석: 김구, 부주석: 김규식	충칭[중경]

55) 김일성(1912~1994)은 본명이 김성주金成柱로 증조부는 김응우金應禹(?~1878), 조부는 김보현(1871~1955), 아버지는 숭실학교 출신의 김형직金亨稷(1894~1926)이며, 어머니는 기독교 장로인 강돈욱康敦煜의 딸 강반석(1892~1932)이다. 평양 만경대에서 출생하여 1919년(8세) 아버지를 따라 만주로 이주하여 팔도구 소학교에 입학하고, 1923년(12세) 외조부 강돈욱이 설립한 평양 창덕학교, 1925년(14세) 만주 무송소학교, 1926년 만주 화성의숙, 1927년(16세) 만주 육문중학교에 입학하여 공산주의 교육을 받았다. 1931년(20세) 중국공산당에 입당, 1934년(23세) 항일유격대를 조직하고, 1935년(24세) 중국 동북항일연군에 참여하여 제1로군 제2군 제6사장을 맡았다. 1936년(25세) 조선광복회에 가담하고, 1937년(26세) 압록강 연안 보천보普天堡에 있는 일본 경찰파출소를 습격하여 일본이 현상금을 내걸자 그 이름이 〈동아일보〉에 보도되었다. 북한에서는 김일성이 15세 되던 1926년 '타도제국주의동맹'을 결성, 이때부터 진정한 공산주의운동이 시작되었다고 주장하고 있으며, 이해를 '현대사'의 시작으로 보고 있다. 북한은 또 증조부가 1866년 제너럴 셔먼 호를 격침시키는데 앞장서고, 아버지는 1917년 조선국민회를 조직하여 1919년 평양의 3·1 운동을 주도했다고 주장하고 있다. 그러나 이런 주장들은 앞으로 많은 검증이 필요하다.

수풍댐 건설에 동원된 한국인 노동자(1937년)

김두봉(1889~?)
독립운동가, 한글학자

성부대는 1941년 시베리아로 이동하여 소련군과 합세하여 정탐활동을 전개하다가 8·15 광복을 맞이했다.[56]

한편 중국 화북지방에서 활약하던 독립운동가들은 1942년 민족통일전선으로 '조선독립동맹'[속칭 연안파]을 결성하고 그 휘하에 약 5백 명의 '조선의용군'을 거느리고 중공군과 연합하여 항일전쟁에 참가했다. 그 중심 인물은 김두봉金枓奉, 김무정金武亭, 박효삼朴孝三, 최창익崔昌益, 한빈韓斌 등으로서 중국에서 군관학교 혹은 대학을 다닌 고급지식인이었다. 조선의용군은 특히 호가장 전투에서 큰 공을 세우고 광복 후에는 북한으로 들어가 인민군에 편입되었다. 이들은 모택동과 함께 연안지방에 본거를 두었기 때문에 속칭 '연안파'라고도 불린다.

통일전선의 형성은 단순한 일시적 연합으로만 그친 것이 아니라 자유민주주의에 사회주의를 가미한 건국방략을 수립한 것도 좌우이념의 대립을 새로운 차원으로 통합하려는 시도였다. 정치제도에 있어서는 보통선거에 의한 민주공화국 수립을 목표로 하고, 언론·집회·결사의 자유를 내걸었으며, 사회적으로는 남녀평등과 국비의 무교육을 채택하고, 경제적으로는 친일분자의 재산몰수와 토지 및 대생산기관의 국유화를 통한 소생산자의 보호를 목표로 했다.

그러나 광복 후 정치 상황은 민족운동의 본류를 이루고 있었던 이들 통일전선 인사들의 입지를 어렵게 만들고, 미국과 소련이 선호하는 정치세력에 의해서 두 개의 국가와 두 개의 건국방략으로 양극화되었다.

5. 공산당 재건운동과 노동자·농민운동

중국지역의 좌익세력이 민족통일전선에 호응하여 민족주의자와 협력하던 1930년대 이후 국내 공산주의자들은 일제의 탄압을 피해 지하운동을 통해서 공산당재건운동에 나섰다. 그러나 공산당재건운동은 각 지역별로 고립분산적으로 이루어져 통일성을 갖지 못했다.

---

56) 북한에서는 김일성이 1941년 시베리아로 가지 않고, 1941~1945년 사이에 백두산 부근의 비밀아지트[밀영]에서 활동하다가 광복을 맞았다고 주장한다. 아들 김정일이 출생한 곳도 이곳이라고 주장하나 소련 출생설도 있다.

그 가운데 박헌영朴憲永이 1939년 서울에서 조직한 소위 '경성콤그룹'이 대표적이었으나, 1941년 해체되었다. 이들은 대중적 기반의 취약점을 보완하기 위해 농민조합과 노동조합에 침투하여 조직을 확대하고, 운동방향을 공산주의 혁명운동으로 이끌어갔다. 그리하여 1930년대 노동조합과 농민조합은 단순한 노동자·농민의 권익을 보호·증진한다는 목표를 넘어서서 계급투쟁의 성격을 띠고 있었다.

공산주의자의 지도를 받아 조직된 농민조합은 전국적으로 약 80여 개나 되었는데, 함경도지방의 농민조합운동이 가장 격렬했다. 특히 함남 정평定平지역과 함북 명천明川지역이 그러했다. 소작농은 갈수록 증가하고 춘궁기의 농가가 전체의 70~80%로 확대되었으며, 농가부채도 1930년 5억 원이던 것이 1937년에는 30억 원으로 늘어났다.

일본은 우리 농민들을 해외로 추방시키기 위해 만주, 일본 등지로 이주를 유도했다. 그 결과 만주에는 약 140만 명, 일본에는 약 70만 명의 한국인이 거주하게 되었다. 이들이 오늘날 한국교민의 중심체를 이루고 있는 것이다.

일제의 병참기지화정책은 또한 엄청난

국제적 파문을 던진 원산 부두노동자 대파업(1929. 1. 14~4. 6) 국내 도처의 동정파업은 물론, 중국·프랑스 등지의 노동조합에게 까지 큰반향을 일으켰음

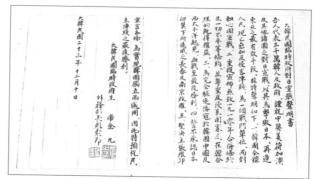

대일선전포고 태평양전쟁 발발 이틀 뒤 대한민국임시정부는 김구 주석과 조소앙 외무장관 명으로 대일선전포고(1941. 12. 10)를 선언했다.

노동자층의 증가를 가져왔다. 1933년에 약 21만 명이던 노동자가 일제 패망 직전에는 약 200만 명으로 늘어났다. 한국인 노동자들은 일본인 노동자의 절반 정도의 임금을 받고, 심한 민족차별과 열악한 노동조건에 시달림을 당했다. 특히 여성노동자와 어린이노동자의 처지는 말할 수 없을 정도였다. 공산주의자들은 이러한 열악한 상태의 노동자층에 호소하여 산업별·직장별 노동조합을 조직하고, 전국 각지에서 노동쟁의를 일으켰다. 특히 노동운동은 서울, 원산, 흥남, 평양 등 공장이 밀집되어 있는 대도시에서 활발했다.

그러나 이런 적색농민조합과 적색노동조합운동은 지나친 과격성으로 민족주의 인사들로부터는 물론이고 중소자본가·중소지주·부농들로부터도 외면을 당했다. 그리하여 이 운동은 민족의 역량을 최대한 결집시켜야 할 중요한 시기에 민족역량을 분산시키는 결과를 가져왔으며, 공산주의자의 입지를 더욱 좁히도록 만들었다. 국내 공산주의자는 광복 후에 박헌영을 중심으로 '조선공산당'을 재건하고 나섰으며, 이들이 뒤에 중도좌파 정당을 흡수하여 남로당(1946. 11)으로 개편되었다.

2

현대 민주국가_
분단과 대한민국의 발전

제1장 광복과 대한민국의 탄생(1945~1948)

1. 8·15 광복과 통일정부 수립운동

1) 일본의 패망과 8·15 광복

1945년 8월 15일 우리 민족은 36년간의 일제의 사슬에서 벗어나 광복의 감격을 맞이했다. 끊어진 역사의 맥이 다시 이어지고, 수천 년간 축적된 문화민족의 잠재력이 다시금 화산처럼 분출되기 시작했다.

1937년 중일전쟁에 이어 1941년 하와이 진주만을 기습하여 미국과의 태평양전쟁을 일으킨 일본은 전쟁 초기에는 싱가포르, 필리핀, 인도네시아, 미얀마[버마] 등 동남아를 점령하여 승세를 떨쳤으나, 1945년 여름 미국이 히로시마廣島와 나가사키長崎에 잇달아 원자폭탄을 투하하자 기세가 완전히 꺾였다. 여기에 8월 8일 소련이 대일선전포고를 하고 8월 9일 만주지방으로 내려오자 더 이상 버틸 힘을 잃고 마침내 8월 15일 무조건 항복을 선언했다.

한국 독립운동가들은 이미 일본이 패망할 것을 예견하고 건국강령까지 만들어 놓고 있었지만, 실제로 자율적인 건국은 난관에 부딪혔다. 여러 독립단체 사이에 주도권 다툼이 생기고, 미국과 소련이 거의 동시에 한반도에 진주하여 각기 다른 체제의 나라를 만들려고 시도했기 때문이다.

독립운동단체 가운데 가장 먼저 건국을 준비한 것은 국내의 건국동맹建國同盟이었다. 여운형이 중심이 되어 중도우파 민족주의자와 중도좌파가 연합하여 1944년 8월에 비밀결사로 조직된 이 단체는 8·15 광복 직후 조선건국준비위원회[약칭 건준][1]를 만들고 국내치안을 담당하기 위해 치안대를 설치하고, 전국에 145개의 지부를 만들었는데, 좌파의 적극적인 개

서대문 형무소에서 출옥한 인사들이 기뻐하는 모습
자료 : 한국독립운동사연구소, 《한국독립운동사사전》(2)

항복문서에 서명하는 일본대표
1945. 9. 2. 맥아더 장군이 지켜 보고 있다.

---

1) 조선건국준비위원회는 초기에는 건국동맹의 참여자와 중도우파인 안재홍安在鴻 계열의 연합에 의해 조직되었다. 8월 22일에는 조직이 더욱 확대되어 함상훈咸尚勳, 이용설李容卨 등 우파와 정백鄭栢, 이강국李康國 등 좌파가 참여했다. 그러나 9월 3일의 2차 조직개편 때 좌파가 다수를 차지하게 되자 우파와 중도우파가 탈퇴했다.

박헌영과 여운형

입으로 우파가 탈퇴하자 9월 6일 '조선인민공화국'[약칭 인공]을 선포했다. 그러나 우파가 빠진 인공은 약점을 보완하기 위해 미국에 망명 중인 70세의 이승만李承晩[2]을 주석으로, 부주석에 여운형, 국무총리에 온건좌파인 허헌許憲을 추대했다. 그러나 인공의 실권은 이미 조선공산당을 재건한 46세의 박헌영朴憲永[3]이 장악하여 실제로는 좌익정부나 다름 없었다.

그런데 인공이 선포되던 날(9. 6) 미군이 남한에 진주하자 사령관 하지John R. Hodge 중장은 즉각 '군정軍政'을 선포했다. 인공의 활동은 중단되었다. 미국은 우익정부를 수립하기 위해 송진우宋鎭禹, 김성수金性洙, 장덕수張德秀, 조병옥趙炳玉, 백관수白寬洙, 김병로金炳魯 등 일본이나 미국에서 공부한 인사들을 접촉하기 시작했고, 이들이 '한국민주당韓國民主黨'[약칭 한민당]을 만들었다(9. 16). 한민당은 상하이 대한민국임시정부의 법통을 계승하려 했으나 미국은 민족주의 색채가 강한 임시정부를 인정하지 않았고, 그 주석인 김구金九[4]의 입국(11. 23)도 개인자격으로만 허용했다.

---

2) 이승만(1875~1965)은 양녕대군의 후손인 이경선의 아들로 황해도 평산에서 태어났다. 호는 우남雩南이다. 1894년 배재학당에 입학, 다음 해 이 학교 영어교사가 되었다. 1896년 서재필이 미국에서 돌아와 독립협회를 조직하자 이에 가담하고, 〈협성회보〉와 〈매일신문〉 기자로 활약하면서 만민공동회에 참여하다가 황국협회의 고발로 투옥되어 종신형을 선고받았다. 1904년 민영환의 도움으로 석방된 뒤 고종의 밀서를 가지고 미국에 가 루스벨트 대통령을 만나 일본의 한국침략을 호소했으나 뜻을 이루지 못하자 미국에서 공부하기로 결심했다. 1907년 조지워싱턴대학을 졸업한 후 1908년 하버드대학에서 석사학위를, 1910년 프린스턴대학에서 〈미국의 영향을 받은 영세중립론〉으로 철학박사학위를 받았다. 이해 9월 귀국하여 기독교단체에서 활약하다가 '105인 사건'에 연루되었으나 선교사의 도움으로 위기를 모면하고 1912년 다시 미국으로 건너가 하와이에서 한인학원을 운영하고 〈한국태평양〉, 〈태평양〉을 창간하여 사설을 썼다. 3·1 운동 후 설립된 한성정부, 노령정부, 상하이 임시정부 등에서 대통령, 수상, 총리 등으로 추대되었다. 그는 1920년 12월 상하이로 가서 대통령에 취임하였으나 1921년 다시 미국으로 가서 외교활동에만 치중하여 1925년 임시정부 의정원에 의해 탄핵되었다. 1933년 국제연맹[제네바]회의에 참석하여 한국의 독립을 호소하는 등 외교활동을 계속하다가 1945년 10월 귀국하여 우익정치인의 지도자로 활약했다.

3) 박헌영(1900~1956)은 충남 예산 출신으로 1915년 대흥보통학교, 1919년 경성제일고등보통학교[경기고 전신]를 졸업한 뒤 1920년 상하이로 망명하여 1921년 고려공산청년단 책임비서가 되었다. 이해 5월 고려공산당[이르쿠츠크파]에 입당, 다음해 입국하다가 체포되어 평양형무소에서 복역, 1924년 출옥했다. 1924년 동아일보에 입사, 동맹파업을 주동한 혐의로 곧 해고되고, 조선일보사에 입사했으나 총독부의 강압으로 퇴직했다. 1925년과 1926년 공산당 검거사건 때 체포되었다가 병으로 보석되었다. 1928년 소련으로 망명, 다음해 모스크바의 국제레닌학교에 입학하여 1930년 졸업했다. 코민테른 조선문제 트로이카 위원이 되어 상하이로 가서 활동 중 체포되어 1934~1939년 옥중생활을 보냈고, 출옥한 후 경성콤그룹 지도자가 되었다. 1940년 12월 검거선풍을 피하여 1941년 12월까지 광주 벽돌공장으로 은신했다. 해방이 되자 상경하여 조선공산당을 재건하고 총비서가 되었다.

4) 김구(1876~1949)는 황해도 해주출생으로 호는 백범白凡이다. 인조 때 권신이며 효종 때 반란을 꾀하다가 죽은 김자점金自點의 방계후손이다. 본관은 안동이다. 어려서 한학을 배우고, 17세에 과거에 응시했다가 낙방한 뒤 18세에 동학에 입도하여 19세에 팔봉접주로서 동학농민전쟁에 참여하여 해주성을 공격했다. 이때 신천의 안중근을 만났으며, 만주의 김이언 의병부대에도 참여했다. 1895년 명성황후 시해사건에 충격을 받아 다음 해 안악에서 일본중위를 맨손으로 처단하고 체포되어 사형선고를 받았다. 1897년 사형직전에 탈옥하여 승려생활[마곡사 등]을 했으나 곧 환속한 후 기독교에 입교했다. 1905년 을사늑약에 분개하여 서울에 와서 조약철회 투쟁을 전개하고, 1907년 신민회에도 가담했다. 1911년 총독암살 모의사건으로 체포되어 17년 형을 선고받았으나 1917년 가출옥했다. 3·1 운동 이후 상하이로 망명하여 대한민국임시정부 경무국장, 내무총장, 국무총리대리를 거쳐 1926년 국무령이 되었다. 1930년 한국독립당을 창당하고 1931년 한인애국단을 조직하여 윤봉길, 이봉창 의거를 주도했다. 1939년 임시정부 주석이 되고, 다음해 충칭重慶에서 광복군을 조직하여 1941년 대일항전을 지휘하다가 서안에서 광복을 맞이하고 11월에 귀국했다. 그의 저서인 《백범일지》가 전한다.

이렇게 정부수립이 난항을 겪고 있는 동안 서울에는 수많은 정당이 결성되었다. 그 가운데, 박헌영의 조선공산당은 '부르조아 민주주의 혁명론'[8월테제]을 내세우고 노동자, 농민을 주축으로 도시 소시민 및 지식인들과 임시로 손을 잡고, 대지주의 토지 무상몰수를 내세우고, 전국적인 노동자 및 농민단체를 만들어 가장 강력한 조직을 형성했다.

안재홍(1891~1965)
정치인, 언론인, 사학자

한편, 김구가 귀국하자 '한국독립당'이 활동하고, 안재홍은 중도우파의 '국민당'(9. 24)을 결성하였으며, 여운형은 중도좌파의 '조선인민당'(11. 12)을 만들었다. 특히 '국민당'은 '신민족주의와 신민주주의'를 내걸고 좌우이념을 통합하고자 했다. 전체적으로 본다면 좌우연합을 지향하는 중도파정당이 지식인의 호응을 많이 받고 있었다.

2) 좌우합작운동과 과도정부 수립(1947. 2)

한국인의 자발적인 건국운동이 활발하게 전개되고 있던 1945년 말에 모스크바에서는 미국, 소련, 영국의 외상들이 모여 삼상회의(12. 28)를 열고 '한국문제에 관한 4개 항의 결의서'[이른바 신탁통치안[5]]를 결정했다. 이 안은 먼저 미·소공동위원회와 '임시정부'를 조직하여, 상호 협의하에 미국, 영국, 소련, 중국이 최고 5년을 기한으로 하는 신탁통치실시를 논의할 것을 주요골자로 했다. 이 결의서에 들어 있는 신탁통치안[공동관리안]은 이미 연합국이 1943년에 카이로(11. 12), 1945년에 얄타(2. 11), 포츠담(7. 17)에서 회담을 열어 전후처리문제를 협의하는 과정에 우리나라를 '민중의 노예상태에 유의하여 적당한 절차를 밟아서' 독립시키겠다고 결의한 방침에 따른 것이었다.

김구 주석과 이청천 장군(1945. 11. 5)
충칭을 떠나 귀국길에 상하이 비행장에 기착

연합국의 신탁통치안은 즉각적인 독립을 희구하던 한국인에게는 감정상 실망스러운 일이었다. 이 소식을 접한 이승만, 김구 등의 우익세력은 대대적인 신탁반대운동에 나섰다. 그러나 같은 반탁운동이라도 이승만은 남한에서만이라도 빠른 시일 안에 단독정부를 수립하기 위함이었고, 김구는 즉각적인 남북한 통일정부수립을 위해 신탁에 반대했다. 한편 공산당은 북한의 지령에 따라 신탁에 찬성하고 나섰다. 1946년부터 1947년은 이 문제로 좌우가 격렬하게 대립하던 시기였다.

임시정부 개선 환영식(1945. 12. 6)

---

5) 신탁통치안의 주요내용은 다음과 같다.
   ① 민주주의 원칙 아래 독립국가를 건설하기 위해 임시정부를 수립할 것
   ② 임시정부 수립을 원조하기 위해 미·소 공동위원회를 설치할 것
   ③ 미·영·소·중은 한국을 최고 5년간 공동관리[신탁통치]할 것
   ④ 2주일 이내에 미·소 사령부의 대표회의를 개최할 것

덕수궁의 미소공동위원회 미국대표 하지(오른쪽)와 소련대표 스티코프(왼쪽)의 대담장면

우익의 반대의사와는 관계없이 미국과 소련은 신탁통치안을 실천하기 위해 두 차례에 걸쳐 '미소공동위원회'를 열었다(1946. 3, 1947. 5). 그러나 이 위원회는 협의의 대상이 될 정당, 사회단체 선정을 둘러싸고 미·소가 첨예하게 대립하여 회담이 결렬되고 말았다. 소련은 반탁을 주장하는 우익의 참여를 반대하고, 미국은 우익의 참여를 찬성했기 때문이다.

신탁문제를 계기로 정부수립이 늦어지자 일부 우익세력은 남한만이라도 단독정부를 세우자고 주장하고 나섰다. 특히 북한에서 김일성의 지배권이 빠른 속도로 확립되고 있어서, 이에 대응하는 남한에서의 우익정부 수립이 불가피한 상황이 되었다. 드디어 1946년 6월 3일 이승만은 정읍井邑에서 단독정부 수립을 주장하는 연설을 하기에 이르렀다.

북한은 김일성이 장악하고 남한에서도 단독정부 수립운동이 일어나자, 남북분단을 우려한 인사들은 남북한 통일정부를 수립하기 위해 좌우합작운동을 벌였다. 미군정은 남한만이라도 좌우합작의 입법기구를 세우기 위해 이를 후원했다. 그리하여 김규식金奎植을 대표로 하는 5명의 우익과 여운형을 대표로 하는 5명의 좌익 인사들은 1946년 7월 하순 '좌우합작위원회'를 구성하고, 이해 10월 '좌우합작 7원칙'[6]을 발표했다. 이 원칙은 그 동안 우파와 좌파 사이에 이견이 심했던 토지문제와 친일파 처리문제 등이 중도적인 입장에서 조정된 것이 주목된다.

이승만과 김구 두 민족지도자의 악수

중도정부를 지향하는 '좌우합작 7원칙'이 발표되자 가장 반대한 측은 공산당[7]과 한민당이었다. 이에 미군정은 1946년 12월 12일 좌우합작위원회와 한민당계를 주축으로 '남조선과도입법의원'[의장 김규식]을 구성하자 여운형(1947. 7. 19 피살)의 중도좌파가 입법기구 조직에 반대하여 합작위원회에서 탈퇴했다. 미군정은 이어 1947년 2월 5일 민정장관民政長官에 중도우파의 안재홍을 임명하고, 5월 17일 '남조선과도정부'를 세웠다. 중단되었던 미소공동위원회도 이해 5월에 다시 재개되었다.

---

6) 좌우합작 7원칙의 내용은 다음과 같다.
① 모스크바 3상회의 결정에 따른 좌우합작의 임시정부 수립, ② 미·소 공동위원회 속개, ③ 토지개혁(몰수, 유상몰수, 체감매상에 의한 무상분배)과 중요산업 국유화, ④ 친일파 및 민족반역자 처벌조례 성안, ⑤ 정치범 석방과 테러행위 중단, ⑥ 언론, 집회, 결사 등 모든 자유 보장, ⑦ 합작위원회에 의한 입법기구의 구성

7) 조선공산당은 좌우합작에 반대하여 1946년 7월 26일 이른바 '신전술'을 표방하고 강력한 대중투쟁을 전개하기 시작했다. 이해 9월 총파업을 단행하여 전평全評의 주도 아래 전국 각 지역에서 철도 총파업, 전기, 전차 파업 등의 사태가 발생하고, 이해 10월 1일 대구민중봉기가 일어났다. '대구사건'은 경찰과 테러단의 탄압에 항의하고, 쌀을 요구하던 대구시민들에게 경찰이 총을 난사함으로써 경찰과 시민 사이에 대규모 유혈충돌이 발생한 사건이다. 이 사건은 다른 지역으로 확산되어 10월 한 달 동안 전국 각지에서 쌀 공출 폐지, 토지개혁 실시, 극우테러 반대를 요구하는 시위가 일어났다.

3) 남북협상(1948. 4)

1947년 5월에 미군정에 의해 '남조선과도정부'가 세워져 정부수립이 순탄하게 이어질 것으로 기대되었으나, 미국의 정책이 1947년 3월 이후 소련과의 냉전으로 인하여 강경정책으로 선회하면서[8] 종전의 좌우합작 지원방침을 철회하고, 한국문제를 미국이 주도하는 국제연합 [United Nations, 약칭 유엔]으로 끌고 갔다. 이에 따라 미소공동위원회는 완전히 결렬되고, 좌우합작위원회도 1947년 12월 해체되었다. 국제연합은 이보다 앞서 1947년 11월 14일 유엔 감시 하의 남북총선거를 통한 한국통일안을 가결했다. 그러나 인구가 남한보다 적은 북한이 총선거에 불리하다고 생각하여 소련이 이를 반대하자, 1948년 3월 유엔소총회는 남한만의 선거를 치르기로 결의했다. 분단은 이제 기정사실화된 것이다.

좌우합작에 대한 국내 좌우파의 반대와 미국의 태도 변화로 국내의 정세가 분단으로 굳어져가자, 한국독립당의 김구와 '민족자주연맹'(1947.12.20)을 조직한 김규식 등은 통일정부 수립을 위한 마지막 노력을 기울였다. 이들은 한국문제의 국제연합 이관을 반대하고, 북한의 김일성金日成과 김두봉金枓奉에게 남북지도자회의를 제안했다. 북한은 1948년 초에 이미 인민군을 창설하고, 헌법초안을 발표하는 등 독자적인 정권수립을 위한 준비를 이미 마쳤지만, 남북회담의 규모를 확대하여 남북의 모든 정당, 사회단체 대표자들이 평양에 모여 대중집회를 열자고 수정 제의했다. 회담을 군중대회로 바꾼 것은 남측 대표자들을 협박하여 북한 정권수립을 정당화하는 수단으로 이용하기 위함이었다.

1948년 4월 하순, 드디어 10일간에 걸친 남북지도자회의가 평양에서 열렸다. 남북의 56개 정당, 사회단체 대표 695명이 참가한 이 회의에서는 남한 단독정부 수립을 반대하고, 미·소 양군의 철수를 요구하는 결의문을 채택했다. 이 회의를 마치고 돌아온 후 김구와 김규식은 5·10 총선거에 불참하고, 1948년 7월 21일 '통일독립촉성회'를 결성하여 통일정부 수립을 위한 노력을 계속했지만 수포로 돌아갔다. 다음 해 6월 26일 김구는 자택 경교장에서 안두희의 총탄을 맞고 숨을 거두었다.

결국 유엔의 결의에 따라 1948년 남한에서는 5월 10일 총선거가 실시되고, 평양에서는 6월 하순부터 제2차 남북 제정당사회단체지도자 협의회를 열어 최고인민회의[의회]를 구성했다.

2. 대한민국의 재건[건국]과 김일성 정권의 등장(1948)

1) 대한민국의 재건[건국]

1948년은 1천 년간 통일된 국가를 이어온 우리 민족이 다시금 분단시대로 되돌아간 비극의 해였다. 그러나 그것은 불가피한 선택이었다. 이해 8월 15일 38선 이남에는 '대한민국'이 수

---

8) 1947년 3월 미국 대통령 트루먼Truman은 그리스와 터키에서의 공산주의자들의 활동을 저지할 것을 언명했는데, 이 트루먼 독트린을 계기로 소련과의 냉전이 시작되었다. 미국은 그 뒤 소련과의 냉전에 대응하기 위해 유럽에서 '마샬플랜'을, 일본에서 '역코스 정책'을 실시했다.

정부수립 선포식(1948. 8. 15)

김규식(1881~1950) 독립운동가, 정치인

립되고, 9월 9일 38선 이북에는 '조선민주주의인민공화국'을 표방한 북한 정권이 수립된 것이다.

38선을 만든 것 자체가 비극의 시작이었다. 연합국 가운데 소련군이 가장 먼저 8월 26일 평양에 진주하고, 미국이 뒤이어 9월 8일에 인천에 상륙했다. 소련은 한반도와 국경을 접하고 있어서 8월 8일 선전포고를 하고 며칠 만에 평양으로 들어왔으나, 미국은 거리가 멀어 뒤늦게 한국으로 들어왔다. 사태가 급박한 것을 깨달은 미국은 8·15 직전 일본군의 무장해제를 위해 38선을 경계로 북쪽은 소련군이, 남쪽은 미군이 담당하기로 소련에 제의하여 동의를 얻었다.

1948년 5월 10일 남한에서 총선거가 실시되었다. 좌익은 1948년 2월 7일 '남로당'[남조선노동당]의 지령에 따라 전평全評 산하 노조 30만 명이 총파업을 단행하여 통신, 운수, 송전이 중단되었다. 이해 4월 3일 제주도에서는 좌익의 사주로 단독선거 반대운동이 일어났는데, 이를 과잉진압하는 과정에서 수만 명의 무고한 양민이 죽었다. 이 사건으로 인하여 5월 중순 연대병력의 군대가 출동하여 진압작전에 나섰으나, 현지경찰과 극우청년단체 그리고 토벌군대의 가혹행위에 의해 사태가 더욱 악화되었다. 제주 4·3 사건은 정부수립 이후에도 계속되어 1948년 10월 여수에 있는 14연대를 투입시키려 했으나, 출동군인들이 반란을 일으키고 여수, 순천 등지의 양민들까지 가세하여 이 지역에 계엄령이 선포되고 군대가 파견되어 진압되었다. 그 뒤 반란군인과 반란가담 양민들은 지리산, 태백산, 오대산 등지로 들어가 인민유격대[빨치산]를 조직하고, 일부지역에서는 북한에서 파견한 훈련된 게릴라의 지도를 받으면서 1950년 6월 한국전쟁이 일어날 때까지 저항하다가 군·경 토벌대에 의해 완전 소탕되었다.

김구, 김규식 등이 이끄는 중도우파도 선거불참을 선언했다. 북한은 선거에 대한 보복으로 전기공급을 중단하여 공장의 조업이 중단되는 사태가 발생했다. 그러나 이 선거는 우리나라 역사상 최초의 서구식 보통선거로써 21세 이상의 모든 국민에게 동등한 투표권이 주어졌다.

5·10 선거로 선출된 제헌국회(198명)[9]는 대한제국과 상하이 임시정부시절부터 써오던 '대한민국'을 국호로 결정하고, 7월 17일 헌법을 제정했다. 이 헌법에는 "대한민국이 3·1 운동으로 대한민국을 건립하여 세계에 선포한 위대한 독립정신을 계승하여 이제 민주독립국가를 재

---

9) 제헌국회 의원들을 정당별로 보면, 이승만계의 독립촉성국민회 56명, 한국민주당 29명, 조선민주당 1명, 국민당 1명, 한독당 1명 그리고 무소속 83명으로 무소속이 가장 많았다. 무소속에는 다양한 인사들이 포함되어 있었는데, 제헌국회 활동을 통해 주로 중도파에 대한 지지를 보냈다. 부통령선거에서 김구가 2위로 득표하고, 소장파 활동이 활발했던 것이 그 대표적인 예라 할 수 있다.

건"한다고 밝혔다. 정부조직은 대통령중심제를 골간으로 하되, 대통령을 국회에서 선출하도록 하는 내각제 요소를 담고 있었다. 국회는 단원제로 했으며, 국회에서 74세의 이승만(1875~1965)을 대통령으로, 임시정부 요인이던 이시영李始榮(1869~1953)을 부통령으로 각각 선출했다. 국회의 장에는 임시정부 요인이던 신익희申翼熙(1894~1956)가 선출되었다. 이승만은 청산리전투의 주역이자 임시정부 산하의 광복군 참모장을 지낸 이범석李範奭(1900~1972)을 국무총리에 임명하여 내각을 구성했다. 대법원장에는 일제강점기 인권변호사를 했고, 한민당에도 잠시 관여했던 김병로金炳魯(1887~1964)가 임명되었다. 모두가 국민의 존경을 받던 인물로서 상하이임시정부의 요인이 요직을 차지했다. 5·10 선거에 참여한 한민당은 내각조직 과정에서 야당으로 밀려났다.

1948년 8월 15일 대한민국 '정부수립'을 선포하고,[10] 옛 총독부 건물을 정부청사로 사용하여 '중앙청'이라고 불렀다. 이해 12월 12일 유엔은 대한민국을 한반도에서 유일한 합법 정부로 승인했으며,[11] 우리 헌법도 대한민국이 한반도에서 유일한 정부임을 밝혔다. 그 뒤 소련과 그 동맹국가들을 제외한 미국 및 자유진영 50여 개국의 개별적인 승인을 받았다. 이로써 대한민국은 자유진영 국가의 일원이 되었다.

2) 김일성 정권의 등장

북한의 권력수립과정은 남한과는 다른 모습으로 순탄하게 진행되었다. 미군이 1945년 9월 8일 인천에 상륙하기 이전인 8월 9일 소련군은 이미 두만강을 건너 북한에 진주했고, 8월 24일 평양에 사령부사령관 치스차코프를 설치했다. 그러나 소련군은 군정을 통한 직접통치를 피하고, 각 지방별로 좌우합작의 '인민위원회'를 조직하여 자치를 하게 했다. 북한은 역사적으로 정치의 변방지역이어서 남한과 달리 처음부터 복잡한 정치세력이 없기 때문에 군정의 필요성을 느끼지 않았다.

그러나 소련은 소련군으로 귀국한 34세의 김일성(1912~1994)의 집권을 뒤에서 강력하게 지원했다. 9월 중순 소련군의 영향하에서 조선공작단을 지휘하던 김일성을 비롯한 항일 빨치산세력[약 200여 명]이 들어오면서 국내좌익을 누르고 주도권을 장악하기 시작했다. 평양의 주민들은 30대 초반의 젊은 김일성을 보고 놀랐지만 그는 빠른 속도로 권력을 장악해갔다. 1945년

---

10) 대한민국의 출범을 '건국'이라 하지 않고, '정부수립'이라고 하는 것은 상하이임시정부의 전통을 계승한다는 뜻이 담겨 있다. 그래서 1948년을 '대한민국 29년'으로 표시하기도 했다. 그러나 '제헌헌법'에는 상하이임시정부를 언급하지는 않았다. 그 이유는 임시정부의 주석인 김구가 단독정부 수립을 거부한 것과 관련이 있다. 그러다가 1987년 개정된 '헌법'에서 처음으로 '상하이임시정부의 법통을 계승한다'는 언급이 들어갔다.

11) 유엔총회가 선언한 내용은 크게 세 가지다. (1) 유엔총회는 한반도에서 유엔한국임시위원단이 감시하고, 협의할 수 있었고, 전체 한국인의 절대다수가 거주하고 있는 그 지역을 효과적으로 통제하고 관할할 수 있는 하나의 합법적인 정부대한민국가 수립되었다. (2) 이 정부는 임시위원단의 감시 아래 한반도의 해당지역의 유권자들의 자유로운 의지가 정당하게 표현된 선거를 통해 수립되었다. (3) 이 정부는 한반도에서 유일한 정부이다. [The General Assembly declares that there has been established a lawful government(the Republic of Korea) having effective control and jurisdiction over that part of Korea where the Temporary Commission was able to observe and consult and in which the great majority of the people of all Korea reside; that this government is based on elections which were a valid expression of the free will of the electorate of that part of Korea and which were observed by the Temporary Commission; and that this is the only such government in Korea.]

김일성

10월 중순에는 '조선공산당 북조선분국'이 조직되어 김일성이 책임비서로 선출되고, 11월 중순에는 '북조선 5도행정국'이 설치되어 기초적인 행정부가 수립되었다. 1946년 4월 중순에는 '조선공산당 북조선분국'을 '북조선공산당'으로 개칭하여 서울에 본부를 둔 '조선공산당'의 영향권에서 벗어났다.

이와 같이 김일성의 주도권 장악이 빠른 속도로 진행된 것은 소련군의 지원이 있는 데다, 기독교도가 많은 우파세력이 계속적으로 남한으로 내려와 저항세력이 미약하고, 김일성의 가장 강력한 라이벌로서 수적으로 우세한 '조선독립동맹'[속칭 연안파]과 그 산하군대인 '조선의용군'이 무장해제를 당한 가운데 1946년 뒤늦게 귀국하여 주도권을 발휘할 수가 없었기 때문이었다. 이들은 멀리 중국 서쪽의 연안延安지방에서 독립을 맞이한 데다, 중국공산당과 가까워서 소련의 신임을 얻지 못했다.

이밖에 소련파 공산주의자[12]가 광복 후 북한에 들어 왔으나, 토착적 기반이 미약하여 큰 세력을 형성하지 못했다. 북한지역의 우파지도자는 조만식曹晚植(1883~1950)이었으나 신탁통치를 반대하다가 반동으로 규탄받아 제거되었으며, 농민중심의 천도교 청우당靑友黨(1946. 2. 8)이 조직되었지만 큰 힘이 없었다. 그러나 좌익이 우세한 가운데서도 1945년 11월 함흥과 신의주 등지에서 반공학생의 궐기가 있었던 것은 기억해 둘 만하다.

북한은 1946년에 들어서자 재빠르게 개혁사업에 들어갔다. 이해 2월에 김일성을 위원장으로 하는 '북조선임시인민위원회'를 수립하여 인민민주주의[13] 독재정권을 세우고, 이른바 '반제반봉건민주혁명反帝反封建民主革命'을 실행했다. 민주혁명의 중심사업은 토지개혁과 중요산업 국유화였다.

1946년 3월에 단행된 토지개혁은 4%의 지주가 전체농지의 58%를 소유하고, 소작농이 전체농민의 73%를 차지하고 있던 북한의 농촌경제를 개조하기 위해 무상몰수, 무상분배의 원칙에 따라 이루어졌다.[14] 토지개혁 결과 지주들은 엄청난 타격을 입게 되었으나, 소작빈농이 하층 중농의 수준으로 향상되었다. 토지개혁에서 혜택을 입은 이들이 공산당에 대거 입당하여 처음에 4천 5백여 명의 당원으로 출발한 공산당원이 토지개혁 직후에는 27만 명으로 늘어났다. 그러나 농민에게 소유권을 준 것은 아니고, 경작권만을 주었다.

한편 1946년 8월에 단행된 중요산업의 국유화는 일본인 또는 한국인 기업가가 소유하던 기업소, 광산, 산림, 어장, 발전소, 철도, 운수, 체신, 은행, 상업, 문화관계산업 등을 국유화시킨 것으로, 이는 전체산업의 90%를 차지했다. 나머지 소규모의 개인 수공업과 상업은 자유로운 소

---

12) 소련파는 중앙아시아의 우즈베키스탄, 카자흐스탄에서 활약하던 한인 2~3세로서 허가의許嘉誼(또는 허가이許哥而), 한일무韓一武, 박창옥朴昌玉, 김열金烈, 박영빈朴永彬, 임해林海, 김승화金承化, 남일南日 등이다.

13) '인민민주주의'는 사회주의로 가기 위한 과도정치형태로써 노동자, 농민의 동맹세력을 기초로하여 진보적인 우파와 일시적으로 통일전선을 형성하고, 제국주의와 봉건주의를 타도하기 위해 강력한 독재정권을 세운다는 이념이다.

14) 북한의 토지개혁에서 몰수대상이 된 토지는 일본인과 민족반역자 그리고 5정보 이상의 토지를 가진 지주의 땅이었으며, 몰수된 땅을 노동력의 차이에 따라 무전농민無田農民에게 무상으로 분배하여 경작권을 주었다. 그 결과 약 90만 정보의 토지가 42만 호로부터 몰수되어, 72만 호의 농가에 분배되었다. 이는 북한 총 경지의 53%, 지주토지의 80% 이상이 몰수, 분배된 것이다.

유와 기업활동이 허용되었다. 그 결과 국영기업이 전체 기업의 72.4%를 차지하게 되고, 개인기업은 23.2%로 줄어들었다.

토지개혁과 중요산업국유화는 노동자, 농민에게 단기적으로는 유리한 경제환경을 만들어 주고 농업 및 공업생산력을 높이는데 기여했으며, 공산당의 입지를 강화시켜 주었다. 그러나 다른 사회주의국가에 비해 지나치게 과격한 사회개혁은 민족반역자뿐 아니라 양심적인 지주, 자본가, 종교인, 지식인들에게도 큰 타격을 주어 이들은 38선을 넘어 대거 남한으로 넘어왔다. 이들은 남한에서 가장 적극적인 반공운동의 중심세력이 되었다.

1947년 말 이미 월남민이 80만 명을 넘어섰으며, 그 뒤 6·25 전쟁 중에 월남한 수를 합하여 월남민의 총수는 200만 명을 넘어섰다. 개혁의 피해자들이 고향을 떠난 것은 역으로 북한의 개혁을 한층 용이하게 만들었다. 반면, 남한사회는 월남민으로 인구가 갑자기 증가하여 실업자가 더욱 늘어나고, 경제적 혼란을 가중시켰다.

북한은 이른바 '민주개혁'을 하는 이유로 '민주기지론'을 들고 나왔다. 북한에 튼튼한 민주기지를 쌓고, 이를 바탕으로 남한을 해방하여 통일로 밀고 가겠다는 전략이었다. 북한은 '민주개혁'과 병행하여 공산당을 보다 대중적인 조직으로 발전시키기 위해 1946년 8월 '북조선공산당'과, 연안파의 김두봉이 주축이 된 '북조선신민당'(1946. 2)을 통합하여 '북조선노동당'[약칭 북로당]을 창당했다.

이해 11월 남한에서도 박헌영을 중심으로 하여 공산당과 조선인민당, 남조선신민당이 합당하여 '남조선노동당'[약칭 남로당]이 창설되었는데, 남북 노동당의 당원 수가 거의 1백만 명을 헤아리게 되었다. 북한은 이보다 앞서 7월에 '북조선민주주의 민족통일전선'을 결성했는데, 이 또한 '일체의 애국적 민족역량을 결집'하여 '인민민주주의 독재'로 나가기 위한 전략을 담고 있었다.

1946년에 이미 경제개혁을 통해 지지기반을 확대한 북한은 1947년 2월에 최고행정기관으로 '북조선인민위원회'를 수립하고, 1948년 2월 8일 '인민군'을 창설했다. 이제 남은 것은 의회를 구성하여 정부를 선포하는 일이었다. 이해 5월 10일 남한에서 단독선거가 실시되고, 8월 15일 대한민국이 수립되자, 북한은 8월 25일에 최고인민회의 대의원 선거를 실시하고, 9월 8일 헌법[인민민주주의 헌법]을 통과시켰으며, 9월 9일 '조선민주주의인민공화국'[15]을 선포했다. 그리고 국기國旗와 국가國歌를 독자적으로 제정하고, 수도는 서울로 하고, 평양을 임시 수도로 정했다. 국호를 '조선'으로 정한 것은 대한제국과 대한민국임시정부의 정통성을 부인하기 위해 일제강점기 총독부가 사용한 지명을 그대로 받아들인 것이다. 국기에 별을 넣은 것도 한국인의 전통적인 정서와는 무관한 것이었다.

북한 정권은 지역정권이 아니라 남북한을 망라하는 대표국가인 것처럼 보이기 위해 1948년 6월 하순에서 7월 초순에 걸쳐 남한의 '제정당사회단체' 대표 1천여 명을 월북시켜 황

---

15) 조선민주주의인민공화국의 주요 권력자는 다음과 같다. 내각수상에 37세의 김일성, 부수상 겸 외무장관에 조선공산당의 영도자였던 박헌영, 부수상 겸 산업상에 빨치산 출신의 김책金策, 또 한 사람의 부수상에 신간회 참여자이며 《임격정》의 저자이기도 한 홍명희洪命憙, 최고인민회의 의장에 허헌許憲, 최고인민회의 상임위원회 의장에 조선독립동맹[연안파]의 지도자였고 한글학자인 김두봉金枓奉 등이다.

해도 해주에서 '제2차 남북 제정당사회단체 지도자협의회'를 열어 최고인민회의를 창설할 것을 결의하고, 360명의 남한 대의원을 뽑아 212명의 북한 대의원과 함께 최고인민회의에 참여시켰다. 그러나 이들 대의원은 남한처럼 주민의 직접투표로 뽑은 대의원이 아니라 1천 명 대표 가운데서 뽑은 대의원에 불과하다.

　　형식적으로 보면 북한의 정권수립이 남한보다 한 달가량 늦었지만, 실제적인 권력수립은 남한보다 한층 빨랐다. 그래서 남한단독정부 수립의 필요성이 절박한 상황에 있었던 것이다.

　　소련은 1948년 10월에 북한 정권을 승인한 후 12월에 군대를 철수했다. 1949년 6월에는 북로당과 남로당이 합당하여 '조선노동당'이 되어 남한 좌익의 대부분이 북으로 올라가게 되었으며, 같은 시기에 통일기구로써 '조국통일 민주주의전선'을 결성했다.

　　북한 우익은 남한으로 내려오고, 남한 좌익은 북한으로 이동하여 각각 국가건설에 협조했다. 이 부자연스러운 국토분단과 민족분열은 우리 민족이 스스로 선택한 것이 아니라 일제가 터를 다지고, 소련과 미국이 자기 세력을 확보하기 위해 갈라놓은 비극이었다. 그러나 남한만이라도 자유세계의 일원이 된 것은 오늘날 대한민국이 세계 선진국대열에 들어설 수 있는 토대가 되었다.

3. 일제잔재 청산의 진통

　　광복 후 북한사회보다 남한사회가 한층 어려운 과제를 안고 있었다. 조선왕조 이후 일제 말기까지 서울이 정치, 문화의 중심지였으므로 발전의 잠재력도 컸지만, 동시에 식민지 잔재도 가장 많을 수밖에 없었고, 동시에 일제가 공업시설을 북한땅에 건설하고 남한땅은 농업기지로 만들어 놓아 북한에서 보내는 전기가 끊어지면 모든 공장이 작업을 중단하는 경제의 불모지가 되었다.

　　일제 식민지잔재의 청산을 통해 끊어진 민족사의 맥박을 잇고, 토지개혁을 통해 민생문제를 해결하는 것이 가장 시급하고 절실한 과제였다. 이 문제에 대해서는 좌익과 우익 어느 편에서도 그 당위성을 부인하지 않았지만, 문제는 어느 선에서 해결하느냐가 갈등의 요인이었다.

　　미군정은 3년간 미국식 자유민주주의와 시장경제를 토대로 당면한 경제문제를 풀어갔기 때문에 소극적이고 온건한 개혁을 추진했다. 먼저 일본인과 동양척식회사가 소유한 토지를 미군정이 접수하여 신한공사新韓公社에 그 관리를 맡기고, 귀속재산의 일부를 개인에게 불하했다. 그러나 여론이 나빠지자 신한공사를 해체하고 약 30여 만 정보의 일본인 소유토지를 소작인과 귀국동포들에게 매각했다. 매각조건은 주생산물 가격의 3배에 달하는 땅값을 15년에 걸쳐 현물로 상환하는 것이었는데, 가난한 소작인에게는 감당하기 어려운 조건이었다. 광복 당시 소작농가가 전체 농민의 반을 차지하여 토지개혁의 필요성이 절실했으나, 미군정은 소작료를 수확량의 3분의 1로 낮추고, 지주가 일방적으로 소작계약을 파기하지 못하게 하여 소작권을 보호하는데 그쳤다. 생필품의 매점매석으로 인한 물가폭등을 막기 위해 생필품의 유통을 통제하는 정책을 썼으나 경제질서의 혼란을 수습하지 못했다.

대한민국 수립 이후 이승만 정부는 여론의 압력과 좌익의 사회운동 격화 그리고 북한의 토지개혁으로 더 이상 토지개혁을 미룰 수 없음을 깨닫고, '농지개혁안'을 만들어 국회에 상정했다. 그러나 지주 출신이 많았던 국회에서 오히려 견제를 받다가 1949년 6월에 가서야 '농지개혁법안'이 제정되고, 1950년 3월에 시행령이 공포되었다. 그 결과 총경지의 약 40%에 달하는 89만 2천 정보의 땅이 유상매입, 유상분배의 원칙에 따라 재분배[16]되었는데 3정보 이하의 땅은 매수대상에서 제외되었으며, 3정보 이상의 땅도 지주들이 이미 팔아버린 경우가 많아서 개혁대상에서 제외되었다. 남한의 농지개혁은 북한에 비해 온건한 것으로 소작인의 입장에서는 미흡한 것이지만, 그 대신 지주들의 피해를 줄여 북한과 같은 부작용은 없었다. 6·25 전쟁이 일어나기 직전에 농지개혁이 이루어진 것은 남한의 공산화를 막는데 기여했다.

식민지잔재 청산의 또 하나의 과제인 친일파 정리는 민족정기를 회복한다는 측면에서 매우 중요한 과제였으나, 불철저하게 끝났다. 광복 직후 미군정은 치안확보의 필요에서 총독부에서 복무한 관료와 경찰을 그대로 등용했다. 대한민국 수립 후에도 이승만 정부는 친일관료들을 대거 등용했다. 이들을 대신할만한 고급지식인과 숙련된 인재들이 적고, 이승만 자신이 오랜 망명생활로 국내세력기반을 갖지 못하여 이들의 도움을 얻어 권력을 유지할 수밖에 없었다.

1948년 9월 국회 소장의원들은 '반민족행위자처벌법'[반민법]을 국회에 상정하고, '반민족행위특별조사위원회'[약칭 반민특위]와 특별재판부를 구성하여 반민족행위자를 체포하기 시작했다. 그러나 이들의 활동은 처음부터 거센 저항을 받았다. 반민특위에 소속된 국회의원 일부가 남로당과 연결하여 간첩활동을 했다는 이른바 프락치사건이 터져 당시 부의장이던 김약수金若水 등 13명이 검거되었으며, 경찰이 반민특위를 습격하는 등 갖가지 방해로 친일파 처단은 유야무야로 끝나고, 1950년 6월 20일로 규정된 반민법의 시효기간을 1949년 8월 31일로 단축한 법안이 통과됨으로써 반민특위는 해체되고 말았다.

친일파 처리 문제는 너무 지나쳐도 안 되고, 너무 소극적이어도 안 된다. 친일파도 그 부류가 다양해서 교육, 언론, 문화, 기업인으로 활동하다가 일제말기에 강제동원되어 협력한 부류는 일제의 피해자로도 볼 수 있어서 처벌의 대상이 되기는 어렵다. 그러나 독립운동가들을 탄압하는 데 적극적으로 앞장섰거나 자진하여 일제에 협력한 부류는 처벌하는 것이 마땅하다. 북한 정권에도 문화, 예술계에는 친일인사들이 적잖이 참여하고 있었으므로, 친일파청산은 남한만의 문제는 아니었다.

4. 사회·교육·문화 운동의 갈등

미군정기와 대한민국 건국 초기에는 사회·교육·문화 부분에서도 심각한 좌우 갈등이 일어났다. 원래 남한은 일본강점기이래 농업중심지로써 공업기반이 약한 데다가, 좌익의 파업이

---

16) 정부는 지주의 토지를 연평균 생산액의 1.5배로 가격을 매겨 사들여서 소작인들에게 분배하고, 5년간 현물로 땅값을 상환하도록 했다. 농지개혁은 소작인들에게 부담을 준 것은 사실이지만, 지주제도가 없어지고 소작인이 자작농으로 상승한 것은 한국역사상 큰 전환점을 이루는 것이었다.

오천석(1901~1987)

빈발하면서 공업생산력은 일제시대보다 5분의 1로 감소했으며, 생필품 부족으로 물가가 폭등했다. 설상가상으로 노동자의 절반이 실업자가 되고, 이북에서 맨 손으로 넘어온 월남민과 일본, 중국 등지에서 180만 동포가 한꺼번에 몰려들면서 사정은 더욱 악화되었다. 생필품 중에서도 쌀값 폭등이 가장 심각했다.

미군정은 자유시장경제의 테두리 속에서 문제를 해결하기 위해 생필품의 유통을 통제하는 정책을 실시했지만, 생필품의 부족과 인플레이션을 막지는 못했다. 1946년 공산당이 주도한 9월 총파업과 10월 1일의 '대구사건'을 비롯한 전국적 민중봉기는 공산당의 의도적인 전략이 요인이었지만, 악화된 경제사정이 사태를 더욱 어렵게 만들었다.

한편, 미군정은 미국식 민주주의 교육과 기능인 양성을 위해 새로운 교육제도를 마련하고, 국립대학을 설치했다. 유억겸兪億兼[유길준의 아들], 오천석吳天錫 등의 도움을 받아 추진된 교육개혁에서 홍익인간, 애국정신, 민주공민 육성이 교육이념으로 채택되고, 6·3·3·4의 학제가 마련되었다. 특히 문제가 되었던 것은 1946년 6월 2일에 발표된 '국립서울대학교 설치안'[약칭 국대안][17]이었다. 고급지도자 양성을 목표로 하는 대학의 설치는 반드시 필요한 일이었으나, 좌익과 우익인사들의 교육이념이 다른데다, 일제가 세운 경성제국대학을 모체로 하여 뿌리가 다른 전문대학들을 강제로 통합하고, 관선이사官選理事를 두도록 한 것이 말썽의 불씨가 되었다. '국대안'은 좌우익의 격렬한 대립을 거친 끝에 내용이 수정되어 이해 9월 '국립서울대학교'가 창립되고, 초대총장에 미군대위 앤스테드Ansted 박사가 취임했다.

북한도 남한의 국립대학 설치에 자극을 받아 1946년 7월 8일 '김일성종합대학'의 설치가 공고되고, 이해 가을 문을 열었다. 최고의 인재를 양성하는 대학도 분단의 비극을 안게 된 것이다.

대한민국이 탄생한 뒤 이승만 정부는 미군정의 교육정책을 계승하면서 민족주의와 반공교육을 강화하고, '학도호국단'을 설치하여 이를 실천하도록 했다. 또한 국민학교의 의무교육을 실시하여 교육인구가 급속히 늘어나고 문맹률이 현저히 감소했다. 그러나 민족교육이 제대로 이루어지지는 못했다.

한편, 이념성이 강한 학술, 문학, 예술 등 문화계에서도 좌우의 대립이 일어났다. 일제시대 민족운동을 벌였던 학자나 문인들은 광복 후 생존한 이가 극히 드물었고, 그나마 정계나 언론계에 투신한 이가 많았다. 이러한 상황에서 교육, 문화계에는 우익인사와 좌익인사들이 서로 다른 단체를 조직하여 대립했는데,[18] 그래도 민족주의를 바탕으로 하여 사회주의와 자유주의가

---

17) '국립서울대학교안'은 일제시대 설립된 경성제국대학(법문학부, 의학부, 이학부)을 광복 후 개편한 경성대학을 모체로 하여, 여러 곳에 흩어져 있던 독립적 전문대학을 통합하여 12개 단과대학으로 편제한 것이었다.

18) 일제시대부터 프롤레타리아 문학을 표방해 온 좌익문인들은 홍명희洪命熹[벽초]를 위원장으로 하여 '조선문학가동맹'(1945. 12)을 결성하고, 우익계 인사들은 한문학자이며 역사가인 정인보鄭寅普[위당]를 위원장으로 하여 '조선문필가협회'(1946. 3)를 조직했다. 그리고 전위조직으로써 '조선청년문학가협회'(1946. 4)를 조직하여 김동리金東里를 회장으로 했다. 이러한 좌우단체의 결성은 미술, 연극, 음악 등 분야에도 파급되어 좌익은 '동맹', 우익은 '협회'라는 호칭을 써서 구별했다. 그리고 이들 개별분야의 단체들이 총망라되어 '조선문화단체총연맹'(1946. 2)과 '전국문화단체총연합회'(1947. 2)를 각각 구성했다. 그러나 홍명희와 정인보는 사돈을 맺을 정도로 좌우 인사들의 관계가 나쁜 것만은 아니었다.

접합되면서 새로운 이념과 문화가 창조될 기미가 보인 것은 주목할 만하다. '신민주주의'와 '신민족주의'[19]가 제창되고, 좌익정치인의 일각에서 '연합성 신민주주의'[20]가 출현했다.

이렇게 좌우가 서로 거리를 좁혀가고 있던 한국의 문화계를 극도로 단조롭게 만든 것은 6·25 전쟁이었다. 이 전쟁을 계기로 신민족주의자와 좌익 인사들이 납북 혹은 자진 월북하여 남한에서는 한동안 좌익이념과 더불어 신민족주의도 급속히 냉각되었다. 그대신 반공 일변도의 냉전문화와 서구식 자유주의 문화가 지배하게 되었다.

---

19) 정치계에서는 안재홍安在鴻민세이 신민주주의와 신민족주의를 주장하여 국민당의 정치이념으로 내세웠으며, 역사학계에서는 서울대학의 손진태孫晋泰남창가, 국문학계에서는 서울대학의 조윤제趙潤濟도남가 신민족주의를 제창하고 나섰다. 이들의 주장은 젊은 학도들에게 큰 호응을 불러 일으켰다. 신민주주의와 신민족주의는 극좌와 극우이념을 모두 배격하고 양자를 통합하려는 새로운 이념으로서 주목되었다.

20) '연합성 신민주주의'는 일제시대 유물사관의 개척자이며, 연희전문 교수였던 백남운白南雲이 〈조선민족의 진로〉라는 글에서 주장한 것으로, 광복 후의 국가 건설은 좌익만으로는 불가능하며, 양심적인 우익과 연합하는 것이 옳다는 것이다. 그는 이 이론에 입각하여 공산당의 극좌노선과 다른 온건 좌파노선을 걸어가면서 신민당, 사회노동당에 참여했다. 뒤에 월북하여 초창기 북한 역사학을 주도했다.

제2장 6·25 전쟁과 전후복구(1950~1959)

1. 6·25 전쟁(1950~1953)

1) 북한의 남침과 유엔군의 참전

좌익과 좌우합작파의 반발 속에서 출범한 대한민국의 이승만 정부는 경제난과 치안불안으로 정치적으로 어려운 상황에 직면했다. 1948년 제주 4·3 사건 이후 군대반란까지 일어나고 지리산, 오대산, 태백산 일대에는 1950년 봄까지 좌익 게릴라 활동으로 거의 내전상태에 빠졌다. 정부는 군대와 경찰, 월남민의 일부가 1946년 12월 조직한 서북청년회西北靑年會 등 극우 청년단체에 의존하여 치안을 유지하기에 바빴다.

이런 상황에서 1950년 5·30 총선거에서 이승만 지지세력은 210명의 의석 가운데 겨우 30명을 차지하는데 그쳤다. 설상가상으로 미군이 1949년 6월 군사고문단만 남겨 놓고 철수하고, 중국은 1949년 10월 장개석蔣介石의 국민당이 모택동毛澤東의 공산당에 패퇴하고 중화인민공화국中華人民共和國이 성립되었다. 바로 이즈음, 미국 국무장관 애치슨Acheson은 1950년 1월 태평양지역의 방위선에서 한국과 대만을 제외한다고 선언했다. 국내외 정세가 한국에 불리하게 전개되고 있었다.

남한의 어려운 사정과는 반대로 북한의 국력은 급속도로 성장하고, 소련의 스탈린과 중국의 모택동이 김일성 정권을 강력하게 지원하고 나섰다. 북한은 이미 1946년 미소공동위원회가 결렬될 때부터 북한을 소위 '민주기지'로 발전시켜 남한을 적화통일시키겠다는 전략을 세워 놓고, 남한에서 빨치산투쟁이 격렬해지자 훈련된 게릴라를 직접 파견하여 지도했다. 이와 병행하여 소련과 중국의 지원으로 인민군의 병력과 무기도 크게 증강되었다. 비행기와 탱크 등 무기는 소련이 보내주고, 중국은 중공군에 참여했던 조선의용군 5만 명을 인민군에 편입시켜 주었다. 병력 면에서 북한은 남한을 월등하게 앞질렀다. 그래서 여러 가지 정세로 보아 북한은 남한을 무력정복할 수 있다는 오판을 하게 되었다.

전쟁준비를 완료한 북한은 소련과 중국의 지원을 약속받아 1950년 6월 25일 일요일

끊어진 한강다리의 피난민 행렬(1950. 6. 28)

새벽을 기하여 갑자기 38선 전역에 걸쳐 남침을 개시했다. 한국 쪽에서는 전혀 예측하지 못한 돌발사태가 발생한 것이다. 당시 남북한의 군사력을 비교해보면 군인수는 남한이 약 10만 명, 북한이 11만 명으로 비슷하지만, 전차탱크는 남한은 1대도 없었으나 북한은 248대, 대포는 남한이 1,200문,

〈6·25 전쟁 직전 남북한 병력 비교〉

병력·무기	남 한	북 한
군 인	99,000명	111,000명
전 차	0대	248대
대 포	1,200문	1,700문
비행기	10대(연습기)	150대

북한이 1,700문, 비행기는 남한이 연습기 10대, 북한이 전투기 150대를 보유하고 있었다. 이렇게 화력이 월등한 북한군은 사흘 만에 서울을 점령하고, 두 달 뒤에 낙동강 일대까지 내려왔다. 국군은 적의 탱크를 수류탄으로 막는 것이 고작이었다. 정부는 서울을 포기하고 6월 29일 자정 한강다리를 폭파한 후 대전으로 피난했다가, 대전이 함락되자 다시 부산으로 내려갔다. 한강다리가 폭파되어 서울 시민은 미처 피난하지 못하고 공산당의 통치를 받았으며, 일부 지도층 인사는 다락방이나 토굴 속에 숨어 살면서 고통을 견뎌냈다.

한국과 이미 상호방위원조협정을 맺고 있던 미국은 6월 26일 즉각 유엔 안전보장이사회를 소집하여 북한을 침략자로 규정하고, 미국을 비롯한 16개국[21]이 제2차 세계대전의 영웅인 맥아더Douglas MacArthur 장군을 총사령관으로 하는 유엔군을 조직하여 파견했다. 특히 유엔군의 주력부대인 미군은 월등한 전력으로 9월 15일 인천상륙작전에 성공함으로써 전세를 역전시키고, 9월 28일 서울을 탈환했다. 3개월 만에 서울을 되찾은 것이다. 미군은 특히 공군력에서 북한군을 압도하여 하늘을 완전히 장악하고 끊임없는 공습으로 적을 타격했다. 이에 힘입어 포항까지 밀려났던 국군 백골부대는 9월 22일 반격을 시작하여 10월 1일 처음으로 38선을 돌파하여 강원도 양양으로 진격하고,[22] 유엔군도 이날 낙동강 연안 왜관에서 반격을 시작하여 10월 9일에는 38선을 돌파, 압록강까지 진격했다.

2) 중공군의 개입과 휴전(1953. 7. 27)

1950년 10월 유엔군과 국군이 압록강까지 도달하자, 이에 놀란 중국이 10월 하순부터 100만 명에 달하는 인민군대[중공군]를 보내 압록강을 건너와 북한군을 도와주자 전세가 다시 역전되었다. 중공군이 들어오자 맥아더 장군은 만주를 폭격할 계획을 세웠으나, 미국 대통령 트루먼이 이를 반대하여 맥아더 장군은 1951년 4월 해임되었다.

중국인민군은 화력은 크지 않았으나, 이른바 '인해전술人海戰術'로 압박하여 1951년 1월 4일 서울은 다시 북한군의 수중에 들어갔다. 서울을 되찾은 지 3개월 만에 또 다시 유린당한 것이다. 6·25 전쟁 당시 미처 피난하지 못해 고통을 받았던 서울시민들은 이번에는 대대적인 피난길에 올랐다. 노량진에서 출발하는 화물열차 지붕 위에 올라 차가운 눈보라를 맞으며 경부선을 따라 남으로 내려갔다. 부산에는 가장 많은 피난민이 모여들었는데, 국제시장에서 장사를

---

21) 6·25 전쟁 중 유엔군으로 전투병을 보낸 16개국은 다음과 같다. 미국, 캐나다, 영국, 프랑스, 뉴질랜드, 오스트레일리아, 네덜란드, 터키, 필리핀, 태국, 그리스, 남아프리카공화국, 에티오피아, 콜롬비아, 벨기에, 룩셈부르크이며 이밖에 스웨덴, 노르웨이, 인도, 덴마크, 이탈리아 등 5개국은 의료진을 보내왔다.

22) 1956년부터 38선을 돌파한 10월 1일을 기념하여 국군의 날로 정했다.

대동강 다리에 매달린 피난민 행렬
강 건너에 많은 군중이 기다리고 있다. 1950. 10. 12. 평양

하면서 목숨을 겨우겨우 연명했다. 그런 와중에도 서울의 여러 대학들은 부산, 광주, 전주, 대전으로 내려가 전시연합대학을 구성하고 학업을 계속했다.

중공군의 인해전술로 평택, 오산지방까지 밀리던 유엔군은 다시 총공세를 시도하여 1951년 초여름 전선은 오늘날의 휴전선 일대에서 교착상태에 빠졌다. 이 무렵 미국의 비공식제의를 받아들인 소련이 유엔을 통해 휴전회담을 제의해 유엔군과 북한군 및 중공군 사이에 휴전회담(1951. 6)이 진행되었다. 휴전회담은 2년여 계속되었으나 군사분계선 설정, 중립국 감시기구의 구성, 포로교환 등의 문제를 둘러싸고 난항을 거듭했으며, 그 사이 전쟁이 계속되어 밀고 밀리면서 쌍방 간의 희생이 더욱 커졌다.

1953년 6월 휴전협정이 성사될 즈음, 이승만 정부는 휴전을 반대하고 북진통일을 맹렬히 주장하면서 반공성향이 있는 거제도수용소의 인민군 포로 2만 6천여 명을 전격적으로 석방하여 세계를 놀라게 했다. 그러나 이승만 정부의 반대에도 불구하고 전쟁의 장기화를 원하지 않는 미국과 소련의 이해가 일치되어 마침내 7월 27일 휴전협정이 체결되었다.

휴전협정에는 유엔군을 대표하여 미국이, 공산 측을 대표하여 북한과 중국이 서명했으나, 한국정부는 서명하지 않았다. '휴전협정'은 단순한 '정전협정'으로 한반도의 평화를 보장하는 것은 아니었기 때문에, 그 뒤에 크고 작은 군사분쟁이 휴전선 일대에서 계속 일어났고, 그 때마다 판문점에서 유엔군을 대표한 미국과 북한 사이에 회담이 열렸다. 한국은 휴전당사자가 아니어서 회담에 나가지 못했다.

3년여에 걸친 6·25 전쟁은 베트남전쟁과 함께 제2차 세계대전 이후 최대의 국제전쟁으로서 엄청난 피해를 쌍방에 안겨주었다. 쌍방의 인명피해만도 군인사상자가 약 240만 명에 달했고,[23] 일반 국민의 사상자는 수를 헤아리기 어려웠다. 남북한의 산업시설, 주택, 학교 등이 거의 파괴되어 전국이 폐허로 변했다. 서울과 평양이 특히 집중적인 공습을 받아 처참한 도시로 변했다. 그러나 6·25 전쟁의 상처는 물질적인 면보다도 정신적인 면에서 더욱 심각한 후유증을 낳았다. 전쟁이 여러 차례 밀고 밀리는 과정에서 이데올로기가 무엇인지 모르는 선량한 국민들이 이쪽 저쪽에 강제로 협력하는 가운데 부역자로 몰려 처참한 보복을 당하고, 특히 북한은 남한의 점령지역에서 토지개혁을 단행하면서 이른바 인민재판을 실시하여 무고한 주민을 반동으

---

23) 우리 측 사상자는 국군 99만 명, 미군 40만 명, 유엔군 3만 명이었고, 북한 측 사망자는 인민군 51만 명, 중공군 50만 명, 부상자 수십만 명이었다.

로 몰아 즉결 총살했다. 이 때문에 동족 상호간에 원한과 불신의 벽이 높아지고, 통일의 가능성
은 그만큼 지연될 수밖에 없었다. 반공정책이 민주주의를 압도하는 분위기가 팽배된 것이다.

2. 6·25 전쟁 직후 정치적 혼란과 전후복구사업

이승만

이승만 정부는 전쟁 중 임시수도인 부산에서 정부기능을 강화하기 위해 여
러 가지 비상수단을 동원했다. 1951년 12월 국민회, 대한청년단, 노동총연맹, 농민
총연맹, 대한부인회 등 우익단체를 모아서 여당인 자유당自由黨을 조직하고, 1952년
7월 계엄령을 선포한 가운데 이승만의 재선을 위해 대통령직선제 개헌안속칭 발췌개
헌을 통과시켰다. 내각제를 원하는 야당의원들을 헌병대로 연행하고, 백골단白骨團
을 비롯한 압력단체들을 동원하여 험악한 분위기 속에서 통과된 새 헌법에 기초하
여 정·부통령 선거가 실시되고 대통령에 이승만, 부통령에 함태영咸台永(1873~1964)이
당선되었다.

대통령에 재선된 이승만은 영구집권을 위한 정비작업에 들어가, 야심이 있는
이범석 계열을 자유당에서 제거하고, 효령대군의 후손으로 충성심이 강한 이기붕李
起鵬(1896~1960)으로 하여금 자유당을 이끌게 했다. 그리하여 전쟁이 끝난 1954년 11
월 27일 대통령의 3선 중임제한을 철폐하는 개헌안을 표결에 부쳤다. 개표결과 재
적 의원 203명 가운데 135명이 찬성했는데, 야당은 136표를 얻어야 통과가 가능
하다고 주장하고, 여당은 사사오입四捨五入의 논리를 펴서 135명의 찬성으로 개헌안
이 통과되었다고 주장하여 관철시켰다.[24]

신익희(1894~1956)

새 헌법에 기초하여 1956년 5·15 선거가 치러지고, 이승만은 제3대 대통령
으로 당선되었다. 야당인 민주당의 신익희申翼熙(1894~1956) 후보는 '못살겠다, 갈아보
자'는 구호를 내걸고 인기가 높아져 있던 차에 갑자기 병으로 세상을 떠났다. 평화
통일과 혁신노선을 내세운 진보당進步黨의 조봉암曺奉岩(1898~1959) 후보가 전체 유효
표의 30%를 차지했으며, 부통령 선거에서는 민주당의 장면張勉(1899~1966) 후보가 이
기붕 후보를 누르고 당선되는 등 큰 파란이 일어났다. 이승만의 인기는 농촌을 제
외한 도시지역에서 급락했다.

위기에 몰린 이승만 정부는 민주당을 제외한 혁신계 정치인들을 좌익 혹은 간
첩으로 몰아 탄압에 나섰다. '신국가보안법'이 제정되고(1958. 12), '반공청년단'이 조
직되었으며(1959. 1), 냉전정치를 종식시키려던 진보당의 조봉암을 간첩혐의로 사형
에 처했다(1959. 7). 장면을 지지한 〈경향신문〉도 폐간시켰다(1959. 4). 이승만과 자유당

조봉암(1898~1959)

---

24) 당시 국회의원 재적 인원은 203명으로 3분의 2 이상의 찬성으로 가결할 수 있도록 되어 있었는데, 3분의 2
는 135.333명이었다. 그런데 투표결과 135명이 개헌안을 찬성했다. 이때 이승만 지지자들은 소수점 이하는
한 사람으로 간주할 수 없어 사사오입에 의해 떼버리면 135명이 되므로 개헌안은 통과되었다고 주장했다.
그러나 야당은 136명의 찬성을 얻어야 한다고 주장하여 논란이 되었다.

6·25전쟁으로 폐허가 된 서울시가

은 1960년 3월에 실시된 제4대 정·부통령 선거를 부정선거로 몰고 감으로써 학생과 시민세력이 주도한 4·19 혁명을 유발하고 말았다.

한편 6·25 전쟁은 원래부터 취약하던 경제기반을 더욱 어렵게 만들었다. 실업과 인플레이션이 극심한 가운데, 그래도 미국의 원조가 전후복구사업을 크게 도왔다. 미군정기에도 4억여 달러의 원조가 있었지만, 자유당 집권기에는 31억 달러의 원조가 제공되었다. 원조물품의 절반 정도는 원자재와 중간재였고, 4분의 1은 농산물이어서 식량의 어려움을 덜어주었다. 그러나 미국 원조액의 절반은 군사원조에 충당되어 산업재건에는 적극적으로 기여하지 못했다.

미국원조에 의해 성장된 산업은 주로 소비재공업이었다. 이른바 삼백산업三白産業이라 하여 밀가루, 설탕, 면화산업이 중심을 이루었다. 이병철李秉喆의 삼성三星이 대표적인 기업으로 성장했다. 소비재산업으로 극도의 궁핍은 벗어났으며, 5~8%의 경제성장이 1950년대 말까지 이루어졌으나, 산업의 대외의존도가 90%에 이르고, 공업생산은 일제말기의 절반 수준을 넘지 못했다. 쌀농사만이 일제시대 생산수준을 넘어섰다. 특히 규모가 큰 수력발전소가 모두 북한에 있었던 관계로 남한은 전기사정이 극히 어려웠으며, 1960년 현재 농촌의 82%, 서울의 39%가 전기의 혜택을 받지 못했다.

이병철(1910~1987)

그러나 1950년대 말을 고비로 경제성장이 가속화되고, 장기경제발전계획이 처음으로 수립되었다. 1958년 부흥부 안에 '산업개발위원회'가 설치되고, 1960년 4월 15일에 '3개년경제발전계획시안'이 국무회의에서 승인되었다. 이 계획은 며칠 후 자유당 정권이 몰락하면서 실천으로 옮기지 못했으나, 그 뒤 민주당 정권과 박정희 정부의 경제개발은 이에 기초한 것이다.

자유당시절의 1950년대는 남한사회의 전통적 사회질서가 밑바닥에서 해체되는 변화가 일어났다. 일제시대에도 유교전통이 강한 남한사회는 양반중심의 권위질서가 지방과 농촌에 남아 있었고, 북한은 남한과는 다른 서민적, 기독교적 기풍이 강했다. 그런데 수백만 명의 북한 주민이 월남하여 남한사회의 각 분야에서 활약하고 지도자로 부상하면서 양반문화의 권위는 급속도로 붕괴되었다.

더욱이 6·25 전쟁 중 수백만 명에 달하는 서울시민이 남쪽으로 피난하여 서울문화의 지방확산이 촉진되어 이 또한 지방사회의 양반문화를 해체시키는 기능을 했다. 이와 같이 민족대이동이 이루어지는 가운데 지방문화의 해체, 권위질서의 붕괴, 양반 지주계급의 소멸로 급속한 수평사회가 형성되었다. 이러한 변동은 사회발전의 활력소로 작용했으나 전통과 권위가 무너진 무질서와 가치관의 혼란을 가져오는 요인도 되었다.

미국의 경제원조와 함께 홍수처럼 밀려들어온 미국문화도 남한사회의 가치관과 생활풍속을 크게 바꾸어 놓았다. 미국식 자유민주주의 사상이 전통적 가치관을 해체시키면서 자유,

평등, 민주를 사랑하는 근대시민정신을 고양시킨 것도 사실이지만, 서양문화에 대한 숭배가 지나쳐서 전통을 총체적으로 비하하는 민족허무주의적 사고가 팽배함으로써 주체성의 상실을 가져왔다. 이는 일제 식민잔재를 청산하지 못한 문화풍토를 더욱 어둡게 만들었다. 당시 뜻있는 지식인들 사이에는 문화식민지를 우려하는 목소리가 높았다.

3. 1950년대 북한의 독재강화와 사회주의정책

북한에서도 6·25 전쟁을 거치면서 김일성과 노동당의 독재가 한층 강화되었다. 북한 정권이 처음 수립될 당시에는 당이나 내각에 계파가 다른 공산주의자들이 어느 정도 안배되어 있었다. 그러나 전쟁을 치르면서 김일성계를 제외한 다른 계파의 인물이 차례로 제거되기 시작했다.

먼저, 허가이를 비롯한 소련계가 전쟁 중이던 1950년 10월 당조직을 잘못 정비한 데 대한 책임을 이유로 제거되고, 이해 연말 평양방위를 잘못한 책임을 지고 연안파의 김무정金武亭 장군이 군에서 숙청되었다. 1953년에는 부수상 박헌영과 당비서 이승엽을 비롯한 남로당계에 대한 대대적인 숙청사업[25]이 벌어졌다. 이들에게는 종파분자이자 미제국주의의 스파이로서 쿠데타음모를 시도했다는 등의 혐의가 씌워졌다. 이로써 월북한 남한 좌익의 원로, 중진들이 김일성과의 권력투쟁에서 패배를 당하고 역사의 무대에서 사라졌다.

김일성의 입장에서 다음 단계의 거북한 경쟁자는 연안파 인사들이었다. 김일성은 6·25 전쟁 후 스탈린 노선을 모델로 하여 자립경제를 목표로 중공업과 경공업의 병진정책을 밀고 나갔으나, 연안파의 최창익崔昌益과 박창옥朴昌玉 등은 집단지도체제와 인민생활 향상을 위한 경공업우선정책을 주장하여 마찰을 빚었다. 이들은 1953년에 스탈린이 사망하고, 흐루시초프와 브레즈네프가 등장하여 스탈린을 비판하고 나서자 이에 자극을 받아 유연한 수정주의노선을 주장하다가 1956년 종파주의, 사대주의, 교조주의, 반혁명주의로 낙인찍혀 권력에서 밀려났다. 김일성이 '주체'를 강조하고 나선 것이 이 무렵으로, 소련의 영향을 차단하려는 의도가 담겨 있었다.

남로당계와 연안파가 제거됨으로써 일제시대 조국광복회 관련 인사들이 주축이 된 이른바 갑산파甲山派만이 남았다. 그런데 갑산파마저도 군사비지출과 경제정책에 대한 이견을 이유로 1967년에 제거하여 북한은 김일성파의 독무대로 변하고 말았다. 남한에서 이승만의 권력이 강화되는 것과 북한의 김일성 권력 강화는 서로 병행하면서 극단적인 대결구도 속에서 전후복구사업을 추진했다.

전쟁의 피해는 미군의 공습을 더 받은 북한 측이 심했다. 1953년의 공업생산은 1949년의

---

25) 박헌영을 비롯한 남로당계 인사들 10여 명이 사형선고를 받아 처형되었는데, 박헌영은 1955년 연말에 사형이 집행되었다. 이들이 쿠데타를 통해 세우려 했다고 알려진 정부의 요인은 다음과 같다. 부수상 박헌영, 상업상 장시우, 교통상 주영하, 내무상 박승원, 외상 이강국, 무력상 김응빈, 선전상 조일명, 교육상 임화, 노동상 배철, 제1서기 이승엽. 그러나 이들이 실제로 쿠데타 음모를 계획했는지는 확실하지 않다.

〈1950년대 남북한의 1인당 GNP 비교〉

	남한	북한
1953	58(67)	85
1957	85	90

자료:《한국경제연감》(1995년), 888쪽.
민족통일원,《남북한국력추세 비교연구》(1992년), 236쪽

64%로 감소했다. 북한은 전후복구와 자립적 민족경제 확립을 목표로 하여 1954년부터 '전후 인민경제복구발전 3개년 계획', 1957년부터 '1차 5개년 계획'을 연속적으로 세우고, 중공업과 경공업의 병진정책을 밀고 갔으며, 소련과 중국이 원조를 제공했다. 그리고 주민들의 생산노동참여를 경쟁시키기 위해 '천리마운동'(1957)[26]과 '3대혁명운동'(1958)[27]을 전개했다. 그 결과 북한 경제에서 중공업이 차지하는 비중은 1960년 현재 70%를 넘어서게 되고, 1954~1960년 기간 중 연평균 성장률은 20% 내외의 고속성장을 이룩했다. 그리하여 제철, 기계, 조선, 광업, 전기, 화학 등의 분야에서는 남한과 비교할 수 없을 만큼 현격한 차이를 보였다. 50년대 후반 남한에서 '북진통일론'이 고개를 숙이고, '평화통일론'이 대두하게 된 것은 이러한 사정과도 관련이 있었다.

한편, 북한의 농업도 크게 변했다. 1946년 '민주개혁'으로 이루어진 토지재분배는 토지의 사적경영을 인정한 것이어서 사회주의와는 거리가 있었다. 그리하여 토지의 사적 경영을 사회주의 경영으로 바꾸는 사업이 시작되었다. 전쟁이 끝난 1953년부터 농업협동화에 의한 협동농장 건설이 추진되어 1958년에 완료되었다.[28] 이 사업이 끝나자 북한은 다시 협동농장의 규모를 확대하여 하나의 협동농장 규모가 평균 80호에서 300호로 커졌다. 농업협동화를 계기로 북한은 사회주의의 기초를 다지는 단계로 나갔다.

농업협동화와 병행하여 개인수공업과 상업도 협동화를 추진하여, 영세한 개인 상공업자들을 집단화시켰다. 천리마운동은 농업과 상공업에도 적용되어 한동안 생산력의 증대를 가져왔다. 그러나 사회주의적 생산방법은 시간이 흐를수록 기술개발이 저조해지고 주민의 생산의욕이 감퇴하면서 1960년대 중반 이후로는 생산력이 저하되는 결과를 가져왔다.

---

26) 천리마운동은 '하나는 전체를 위하여, 전체는 하나를 위하여'라는 구호를 내걸고, 생산노동에 참여하여 성적이 좋은 사람을 영웅으로 높여 대중의 생산경쟁을 유도했다. 대중적 영웅주의와 생산에서의 집단 혁신운동을 경제발전의 추동력으로 이용한 것이다.

27) 3대혁명운동은 사상, 기술, 문화에서 낡은 사회의 유물을 청산하고, 공산주의 사상과 기술, 문화를 창조하자는 운동이다.

28) 농업협동화(협동농장)는 소련의 소프호즈와 중국의 인민공사人民公社를 모델로 세 단계를 거쳐 실현되었다. 첫 단계는 '국가사회주의형'으로 사유토지를 인정하고 작업을 공동했다. 다음 단계는 '반사회주의형'으로 토지를 통합하여 공동경영하고 노동과 토지의 규모에 따라 수확을 분배했다. 마지막 단계는 '사회주의형'으로 노동의 양에 따라 분배했다.

제3장 4·19 혁명과 남북한의 변화(1960~1970년대)

1. 4·19 혁명(1960)

6·25 전쟁 이후 원조경제로 경공업이 비교적 활기를 찾았으나 북한과의 경제적 격차는 매우 컸고 실업자는 아직도 넘쳐나고 있었다. 여기에 더하여 이승만 정부는 장기집권을 위한 잇따른 선거부정과 헌법개정으로 정권교체를 열망하던 도시 지식인층을 실망시켰다. 특히 1960년 3월 15일에 실시한 제4대 정·부통령 선거는 이승만 정권의 종말을 가져오게 한 최악의 부정선거였다. 민주당 후보인 조병옥趙炳玉(1894~1960)[29]이 선거 10일을 앞두고 급사하여 단일후보가 되었음에도 자유당의 충성파들은 40%를 사전투표로 하고 3인조 또는 5인조 공개투표를 자행하는 등 공무원과 관변단체를 동원하여 온갖 부정을 자행했다. 개표과정에 부통령으로 출마한 이기붕의 표가 100%에 육박하는 결과가 나오자 이를 79%로 하향 조정하는 희극도 연출되었다.

부정선거를 항의하는 국민시위가 대구, 부산, 서울, 마산 등 전국의 대도시에서 벌어지는 가운데, 마산에서 시위 도중 최루탄을 맞고 숨진 김주열金朱烈 군의 시체가 바다에서 발견되자 국민의 분노는 절정에 달했다. 이제 시위 목적은 부정선거 항의에서 독재정권 타도로 바뀌어 갔다. 4월 18일 고려대학교 학생의 시위에 이어 4월 19일에는 서울의 주요대학과 고등학생까지 시위에 참가하고, 시민들이 합세하여 광화문 앞거리가 시위군중으로 가득찼다. 그 중의 일부는 대통령관저인 경무대를 향하여 돌진하다가 경찰의 총격으로 100여 명이 목숨을 잃었다. 드디어 유혈사태가 벌어진 것이다.

4·19 혁명

---

29) 조병옥(본관 한양)은 충남 목천 출신으로 평양 숭실학교를 거쳐 연희전문학교를 졸업한 뒤 미국 컬럼비아대학에서 경제학을 공부한 후 1925년 귀국하여 연희전문학교 교수가 되었으며, 광복 후 한민당에 가입하고, 미군정청 경무부장으로 혼란기의 치안을 맡았으며, 6·25 전쟁 당시 내무장관으로 왜관방어선을 설치하고 대구사수를 진두지휘하여 막아냈으나 이승만의 독재에 실망하여 1954년 대구 을구에서 제3대 국회의원에 출마하여 당선되었다. 1955년 이후 야당인 민주당에 참여하여 1958년 민주당 최고위원으로 추대되고, 1960년 민주당 대통령 후보로 출마했다.

대학교수들의 시위(1960.4.25)

유혈사태로 국민정서는 크게 격앙되고, 4월 25일에는 '학생들의 피에 보답하라'는 플래카드를 든 서울시내 대학교수단의 시위가 일어나고, 미국측도 이승만의 퇴진을 권유했다. 이에 이승만은 4월 26일 "국민이 원한다면 대통령직에서 물러나겠다"는 성명서를 내고 하야했다. 이로써 12년간에 걸친 이승만 정권이 무너지고, 외무부 장관 허정許政(1896~1988)을 수반으로 하는 과도정부가 수립되었다. 농촌에서는 인기가 높아 마치 조선시대 왕처럼 생각하고, 도시에서는 독재자로 바라보았던 이승만은 하와이로 가서 91세를 일기로 세상을 떠났다.

이승만 정권을 붕괴시킨 주역은 학생이었으나 정권담당 능력이 없었다. 따라서 정치는 야당인 민주당이 주도하는 형세가 되었다. 허정 과도정부는 야당의 주장과 여론에 따라 내각제와 양원제兩院制를 골자로 하는 새 헌법에 의거하여 총선거를 실시했다(7. 29). 그 결과 1955년에 창당된 민주당이 민의원과 참의원선거에서 압승하고, 대통령에 민주당 구파의 윤보선尹潽善(1897~1990)[30]이 선임되고, 국무총리에 민주당 신파의 장면張勉(1899~1966)[31]이 임명되었다. 실권은 장면 총리가 장악했다.

2. 민주당 정부(1960. 8~1961. 5)

1960년 8월 23일 출범한 장면 정부는 미국식 자유민주주의를 실천하여 언론이 활성화되고, 자유가 넘쳐흘렀다. 그런데 정부의 모든 규제가 풀리면서 각계각층의 누적된 요구가 한꺼번에 터져나왔다. 여러 노동단체와 학생들의 요구와 시위가 봇물처럼 터지고, 위축되었던 통일논의와 진보적 정치활동이 재개되었다.[32] 4·19 혁명의 주역이었던 학생들은 서울대학을 중심

---

30) 윤보선(본관 해평)은 충남 아산 출신으로 영국 에든버러대학을 마치고 귀국하여 광복 후 한민당 창당에 관여하고, 대한민국 초대 서울시장을 거쳐 1949년 상공부장관을 지냈다. 1955년부터 야당인 민주당에 참여했다가 신익희, 조병옥 등이 사망하면서 1959년 민주당 최고위원이 되어 소위 민주당 구파(한민당계)의 중심인물로서 활약했다.

31) 장면(본관 옥산)은 인천 출신으로 광복 후 부산세관장을 지낸 장기빈의 아들이다. 1917년 수원고농을 졸업하고 1919년 서울기독교청년회관 영어학과를 졸업했다. 영어를 잘하여 천주교단체에서 활약하다가 미국 맨해튼 가톨릭대학을 졸업한 후 1939년 동성상업학교 교장으로 근무했다. 1948년 제헌의원으로 당선된 후 다음 해 초대 주미대사에 취임했다. 1951년 2대 국무총리를 지냈으나 곧 사임하고 1955년 야당인 민주당 창당에 참여하여 1956년 부통령에 당선되고 1959년 민주당 최고위원에 선출되었다. 한민당 출신의 민주당 구파와 계보가 다른 민주당 신파의 지도자로서 1960년에 내각책임제 하의 국무총리가 되었다.

32) 진보노선을 표방하던 혁신계는 4·19 이후 정치활동을 재개하다가 1960년 7월 29일 총선에서 참패한 후 사분오열되었다가 1960년말부터 정당통합운동을 벌였다. 옛 진보당계의 윤길중尹吉重, 민주혁신당계의 서상일徐相日, 사회혁신당의 고정훈高貞勳, 한국사회당의 김철金喆 등이 연합하여 1961년 1월 통일사회당을 결성했다. 통일사회당은 '민주사회주의'를 정강으로 내세우고 '중립화통일론'을 주장했다. 이밖에 옛 근로인민당계의 장건상張建相이 중심이 된 혁신당, 김달호金達鎬의 사회대중당, 최근우崔謹愚의 사회당社會黨 등이 통합논의를 진행했으나 5·16 쿠데타로 좌절되었다.

으로 '새생활운동'을 벌여 거리에 나와 양담배를 불태우기
도 하는 등 계몽운동을 벌였으나 별 실효가 없자, 1960년
말부터 통일운동 쪽으로 방향을 바꾸었다. 혁신계 인사들
의 학교방문이 잦아지고 인도, 쿠바, 인도네시아 등 제3세
계에 대한 정보가 홍수처럼 밀려오면서 민족주의 바람이
거세게 학원가에 불어 닥쳤다. 이러한 민족주의 열풍이 통
일운동에 불을 당기게 했다.

조병옥(1894~1960)   장면(1899~1966)

학생들의 통일운동을 선도한 것은 서울대학을 비롯
한 여러 대학 학생들이 1960년 11월에 결성한 '민족통일
연맹'[약칭 민통련]이었다. 한편 혁신계 정치인들도 '민족자주
통일협의회'[약칭 민자통]를 구성하여 학생들과 연계하여 통
일운동을 추진했다. 학생들이나 혁신계정치인들의 통일론
은 한 목소리가 아니었다. 중립화통일론, 남북협상론, 남북
교류론이 있는가 하면, 남북학생회담을 판문점에서 가지
려는 계획도 시도되었다.[33]

〈1960년 남북한 주요지표 비교〉

구 분	남 한	북 한
1인당 GNP(달러)	94(79)	137
전력 총생산(Kwh)	1,696,951,084	9,139,000,000
석탄(톤)	5,350,000	10,620,000
철광석(톤)	392,129	3,108,000
강철(톤)	115,340	641,000
시멘트(톤)	431,819	2,285,000
비료(톤)	64,000	561,000
자동차(대)	-	3,111
트렉터(대)	-	3,002
화학비료(톤)	13,000	112,000
미곡(톤)	3,046,545	1,535,000
소(두)	1,010,200	672,394
돼지(두)	1,438,900	183,208
어획고(톤)	342,470	620,000

또한 자유당 정부의 부정축재자와 부정선거 원흉에
대한 처벌요구도 장면 정부를 괴롭혔다. 설상가상으로 1950
년대 말 이후 경기침체로 실업자는 240만 명에 이르고,
1960년 말 현재 경인지역 공장의 80%가 조업중단에 들어
갔다. 2백만 명의 농민이 '보릿고개'라 하여 봄철의 식량난
에 허덕였다. 그야말로 쌀만 가지고 있어도 부자로 불렸다.

그런데 국민들의 높은 기대에 비해 민주당 정부는
강력한 개혁의지를 보여주지 못하고, 오히려 정파싸움에 휘말려 대통령 윤보선을 중심으로 하
는 민주당 구파가 독자의 정당(신민당)을 결성하고 나섰다. 이런 가운데서도 정부는 경제제일주
의를 내걸고, 1961년 봄부터 댐건설을 비롯한 '국토개발사업'에 착수했다. 그리고 '장기경제개
발계획'을 성안하여 다음해 시행하기 위해 재원확보에 나섰다. 1960년의 혼란기를 거쳐 1961
년 이후에는 정부와 민주당의 지도력이 차츰 강화되면서 사회가 안정을 찾아가고 있었다.

3. 5·16 군사정변과 군정(1961. 5~1963. 12)

학생과 진보적 정치인들의 급진적 통일운동으로 인한 사회적 혼란, 정부의 무능력 그리
고 경제불안에 가장 예민한 반응을 보인 것은 군부였다. 특히 경제제일주의를 내세우면서 감군
정책을 추진한 것이 군부의 불만을 크게 자극했다.

---

33) 4·19 이후 학생들이 통일운동으로 내세운 구호는 "오라 남으로, 가자 북으로", "한국문제는 한국인 손으로",
   "소련에 속지 말고, 미국을 믿지 말자" 등이다.

5·16 당시의 박정희 소장 뒤 왼쪽부터 박종규, 이낙선, 차지철

6·25 전쟁을 치르면서 가장 강력한 조직체로 성장한 것이 군대였으며, 미국식 군사행정의 합리주의를 가장 빨리 익힌 것도 군대였다. 이들은 4·19 혁명 이후의 정치 흐름을 관망하다가 1961년 5월 초 학생들의 남북회담이 확정되고 북한에서도 대대적인 지지를 보내오는 등 시위가 극에 달하자 마침내 군사정변을 결행했다. 1961년 5월 16일 새벽 제2군사령부 부사령관이던 45세의 박정희 朴正熙(1917~1979)[34] 소장을 지도자로 하여 육사 8기생이 중심이 된 청년장교들은 3천 6백여 명의 군대와 탱크를 이끌고 한강 다리를 건너 서울을 점령한 뒤 비상계엄을 선포했다.

정변군인들은 '군사혁명위원회'를 조직하여 정권을 장악하고, 6개 항의 '혁명공약'[35]을 발표하여 개혁의지를 천명했으며, 초헌법적인 최고통치기구로서 '국가재건최고회의'(1961. 6)와 그 직속기관으로 '중앙정보부'를 설치하여 본격적인 군정을 실시했다. 국가재건최고회의 의장에는 박정희, 중앙정보부장에는 36세의 金鍾泌(1926~)이 취임했다.

군정은 민생안정과 반공강화, 민족정기 정립에 최대역점을 두고, 국가재건비상조치법, 반공법, 집회에 관한 임시조치법, 정치활동정화법 등을 잇달아 공포하여 정치, 경제, 사회, 문화 전반에 걸쳐 강권적인 조치를 신속하게 진행시켰다. 먼저 정치에 있어서는 모든 구정치인들의 활동을 금지시키고, 용공분자의 색출을 내걸고 진보적 정치인들과 노조 및 학생 간부들 3천여 명을 검거하여 혁명재판에 회부했으며, 4천 명의 폭력배를 검거하고, 3·15 부정선거 관련자를 의법조치했다.

경제사회정책으로는 농어촌고리채정리법, 부정축재처리법, 농업협동조합법, 국가재건국민운동에 관한 법 등을 제정하여 구악일소에 나섰다. 1962년 6월에는 경제개발을 위한 내자동원을 위해 경제질서를 바로잡는다는 명목으로 10대 1의 '화폐개혁'을 단행했으나 민생안정에 별다른 성과를 거두지 못했다. 특히 민주공화당 창당과 관련된 4대 의혹사건은 국가경제기강을 무너뜨리는 계기가 되기도 했다.

---

34) 박정희(본관 고령)는 경북 선산군 구미면 상모리에서 빈농의 아들로 태어나 1937년 대구사범학교를 졸업, 문경소학교에서 3년간 교사생활을 한 다음, 1942년 만주 신경군관학교를 졸업하고 다시 일본육군사관학교로 유학하여 1944년 졸업과 함께 만주군 소위로 임관하고 일본 관동군關東軍으로 복무했다. 1946년 귀국하여 육군사관학교의 전신인 조선경비사관학교에 입학, 2기로 졸업하고 대위로 임관되었다. 1949년 육군정보국에 근무 중 여순반란사건에 연루되어 군법회의에서 무기징역을 언도받았으나 사면되고, 육군본부 정보국에서 문관으로 근무하다가 6·25 전쟁 중 현역 소령으로 복귀했으며, 1953년 장군이 되었다. 그 후 군의 여러 요직을 맡다가 1961년 제2군부사령관으로 재직 중 육사 5기 및 8기생과 더불어 쿠데타를 주동했다.

35) 혁명공약의 요지는 다음과 같다.
   ① 반공을 국시의 제일로 삼고, 반공태세를 재정비 강화한다
   ② 미국을 위시한 자유우방과의 유대를 공고히 한다
   ③ 모든 부패와 구악을 일소하고 청렴한 기풍을 진작시킨다
   ④ 민생고를 시급히 해결하고 국가자주경제의 재건에 총력을 경주한다
   ⑤ 국토통일을 위하여 공산주의와 대결할 수 있는 실력을 배양한다
   ⑥ 양심적인 정치인에게 정권을 이양하고 군은 본연의 임무로 복귀한다

군사정부는 혁명공약에서 2년 뒤에 정권을 민정으로 이양할 것을 약속하여 1962년 12월 대통령중심제와 국회단원제를 골자로 하는 새 헌법을 제정했다. 그러나 중앙정보부가 비밀리에 '민주공화당'[약칭 공화당]을 조직하여 민정이양 후에도 계속 집권할 것을 시도했다. 1963년 1월부터 정치인들의 정치활동이 재개되고, 이해 10월 새 헌법에 따른 대통령 선거가 실시되었다. 이때 박정희 의장[육군대장]은 원대복귀와 대통령 출마를 놓고 몇 차례 번의를 거듭하다가 결국 민주공화당 후보로 출마하여 윤보선을 15만 표 차로 근소하게 누르고 대통령에 당선되었다. 윤보선은 서울과 중부지역에서 승리하고, 박정희는 경상도에서 압승하여 묘한 대조를 보였다. 곧이어 치러진 국회의원 선거에서도 공화당이 압승하여 군부에 기반을 둔 제3공화국(1963. 12. 16)이 탄생했다.

4. 박정희 정부 – 제3공화국(1963. 12~1972. 10)

박정희 정부는 출범하자 곧 '경제제일주의'와 '조국근대화'를 구호로 내걸고, 경제건설에 필요한 재원을 조달하기 위해 한일국교 정상화와 베트남 파병에 최우선을 두었다.

박정희(1917~1979)

한·일국교 문제는 식민지지배에 대한 보상에 국민의 관심이 모아졌으나, 김종필과 일본 오히라大平正芳 외상과의 비밀교섭에서 '대일청구권자금'[일본은 독립축하금이라 부름] 형식으로 '무상 3억 달러, 유상 재정차관 2억 달러, 민간상업차관 1억 달러 이상'으로 낙착되자 여론의 반대가 거세게 일어났다. 일제강점에 대한 사죄와 보상을 제대로 받지 못한 굴욕적인 회담으로 보고 학생과 시민은 이른바 '6·3 사태'로 불리는 격렬한 반대시위운동을 전개했다. 그러나 정부는 계엄령을 선포한 가운데 1965년 6월 22일 한일협정을 체결했다. 한일협정으로 받은 대일청구권자금은 경부고속도로 건설을 비롯하여 경제건설사업에 투자되었다.

베트남전에 참전했던 청룡부대 개선식(1971. 12. 9)

한일협정이 국회에서 비준된 8월에 베트남 파병안이 국회에서 하루 먼저 비준되었다. 한일협정을 종용했던 미국의 강력한 파병요청을 정부가 수락한 것이다. 정부는 파병의 대가로 이른바 '브라운 각서'[36]를 통해 국군의 전력 증강과 경제개발을 위한 차관제공을 약속받았다. 그리하여 1965년에서 1973년까지 연인원 32만 명의 국군이 베트남내전에 참여하였다. 베트남파병은 '젊은이의 피

---

36) 1966년 3월 7일 주한 미국대사 브라운을 통해 한국정부에 전달된 각서의 주요 내용은 한국군 장비의 현대화, 베트남특수의 허용, 미국의 한국에 대한 신규차관 지원 등을 골자로 하고 있다.

7·4남북공동성명을 발표하는 이후락 중앙정보부장 1972.7.4.

를 파는 행위'라는 야당의 비판도 있었고, 실제로 많은 장병이 그곳에서 희생되었으며, 지금도 고엽제로 인한 각종 후유증에 시달리는 환자가 있지만, 경제발전에는 적지 않은 도움을 주었다. 베트남에는 정주영鄭周永의 현대건설 등 건설업체가 진출하여 인력수출의 길이 트였으며, 전쟁이 끝난 뒤 그 인력과 장비가 중동으로 진출하여 중동붐을 일으켰다.

베트남 특수에 힘입어 1960년대 중반 이후 경제발전이 가시적으로 나타나기 시작했다. 제1차경제개발계획의 성공적인 수행으로 인기가 올라간 박정희 대통령은 1967년 5월의 대통령 선거에서 윤보선 후보에 압승했으며, 그 다음 1971년 4월의 대통령 선거에서도 야당(신민당)의 김대중金大中 후보를 물리쳤다. 1971년 선거에서는 그동안 경제개발과 권력참여의 혜택이 많이 돌아간 영남과 그렇지 못한 호남지방의 표가 완연히 양분되는 현상이 나타났다. 그러나 박정희의 세 번째 대통령 당선은 1968년 북한 무장게릴라의 청와대 습격사건, 미국 정찰군함 푸에블로호의 납북사건, 울진·삼척 무장공비 침투사건 등 호재가 있었음에도 불구하고 1969년 9월의 개헌을 변칙처리하는 과정에 학생과 여론의 거센 반발을 받았고, 선거가 치러지던 해에도 가을에 위수령衛戍令이 발동되는 등 학생데모가 치열했다. 정부는 1971년 12월 국가비상사태를 선언하고, '국가보위에 관한 특별조치법'이라는 법을 만들어 국민의 기본권을 제한하는 초강경한 조치를 내렸다.

1971년은 대외적으로도 긴박한 상황이 전개되고 있었다. 이해 중국이 유엔에 가입하고, 다음해 닉슨 미국 대통령이 중국을 방문하여 미·중 간의 화해가 시작되었으며, 베트남의 공산화가 눈앞에 보였다. 정부는 이러한 상황을 위기와 기회로 받아들이고 난국을 돌파하기 위해 1970년부터 남북교류를 제의하고, 1971년 남북 간에 이산가족찾기운동을 위한 적십자대표의 예비회담이 열렸다. 남북대화가 열리는 사이, 정부는 비밀리에 중앙정보부장 이후락李厚洛을 북한에 보내 김영주金英柱와 만나게 하고, 1972년 7월 4일에는 7개 항으로 이루어진 '남북공동성명'[자주평화통일원칙][37]이 서울과 평양에서 동시에 발표되었다. 그동안 남북관계에서 수세에 몰려 있던 정부가 능동적으로 남북대화를 연 것은 남한의 경제력이 이 무렵 북한을 능가할 만큼 성장한 것이 배경이 되었다.

---

37) 7·4 남북공동성명의 요지는 다음과 같다.
   ① 통일은 외세의 간섭 없이 자주적으로 해결. 통일은 무력에 의거하지 않고 평화적 방법으로 실현. 사상과 이념, 제도의 차이를 초월하여 민족대단결을 도모
   ② 쌍방은 긴장완화, 중상비방중지, 무장도발중지 합의
   ③ 남북 간 제반교류 실시
   ④ 적십자회담 적극 협조
   ⑤ 서울과 평양 사이 상설직통전화 개설
   ⑥ 남북조절위원회 구성·운영
   ⑦ 합의사항을 성실히 이행할 것을 약속.

국민의 놀라움과 환호를 받은 7·4 남북공동성명을 계기로 정부는 남북대화를 뒷받침할 수 있는 '국민총화'와 '능률의 극대화'를 명분으로 내걸고 박 대통령의 영구집권과 권력강화를 위한 '유신체제維新體制'를 준비하고 있었다. 남북대화를 기회로 영구집권이 시도된 것이다.

5. 유신체제(1972. 10~1979. 10)

1972년 7·4 남북공동성명 이후 남북 간에는 처음으로 대화의 문이 열렸다. 이해 8월과 9월에는 적십자대표회담이 평양과 서울에서 열려 이산가족찾기 문제를 논의하고, 11월 30일 '남북조절위원회 구성 및 운영에 관한 합의서'에 서명했으며, 남북회담용 직통전화도 가설되었다. 북한에 대한 호칭도 '괴뢰'에서 '북한'으로 바꾸고, 11월에는 서로 방송으로 헐뜯는 일을 중지하기로 합의했다.

남북 간의 해빙무드가 국민의 기대를 모으는 가운데 10월 17일 대통령은 비상계엄을 선포하여 국회를 해산시키고, 비상국무회의에서 이른바 '유신헌법維新憲法'을 제정한 다음, 이해 11월 국민투표로 확정했다. 새 헌법에 따라 이해 12월 15일 '통일주체국민회의' 대의원 선거가 실시되고, 이어 12월 23일 장충체육관에 모인 통일주체국민회의 대의원들의 간접선거로 박정희를 8대 대통령(12월 27일 취임)으로 선출했다.

유신헌법의 골자는 '통일주체국민회의'라는 새로운 주권수임기구를 만들어 대통령을 간접 선거하도록 하고, 대통령의 중임제한을 없애며, 대통령이 의회와 사법부를 통제할 수 있도록 하여 대통령의 권한을 무소불위로 보장하는 것이었다.[38] 정부는 이를 '한국적 민주주의'라고 선전했으나, 유신체제에 대한 국민의 반발과 저항이 거세졌다. 학생들은 '민주청년학생연합'[약칭 민청학련]을 조직하여 전국적인 연대투쟁을 벌였으며, 언론인들도 '자유언론수호투위'를 결성하는 등 저항의 강도를 높여갔다. 1974년 11월에는 야당정치인과 종교인 등이 중심이 되어 '민주회복국민회의'가 결성되기도 했다.

정부는 대통령의 가장 강력한 경쟁자인 김대중을 제거하기 위해 일본에 체류 중이던 그를 1973년 8월 납치하여 자택에 연금시켜 놓아 국내외에 큰 충격과 파문을 일으켰으며, 1975년 8월에는 개헌청원운동을 벌이던 장준하張俊河(1918~1975)가 등산 도중 의문의 죽음을 당하기도 했다. 정부는 1974년 1월부터 이른바 '긴급조치'를 잇달아 발동하여 교수, 학생, 언론인, 종교인, 문인 등 민주인사들을 투옥 또는 해직시켰다.

유신체제가 출범하자 북한은 1973년 8월 남북대화의 중단을 선언하여 남북관계는 다시 경색되기 시작했다. 또한 박 대통령은 1975년 4월 베트남 공산화에

장준하(1918~1975)

---

38) 통일주체국민회의 대의원은 전국에서 2,395명을 선거에 의해 뽑았는데, 도시에서는 대선거구, 농촌은 소선거구로 하여 선출했다. 이 회의에서 대통령을 선출하는 기능을 맡았는데, 대통령이 이 회의의 의장이 되어 대통령의 직속기구나 다름없었다. 또한 유신헌법은 대통령이 국회의원의 3분의 1을 임기 2년 유정회維政會 의원이라는 이름으로 직접 임명하고, 법관에 대한 인사권도 가질 수 있게 했으며, 긴급조치권, 국회해산권 등 방대한 권한을 부여했다.

유신 선포 박정희 대통령의 10·17 특별 선언을
전단 표제로 보도한 1972년 10월 18일자 신문의 1면이다.

부마민주항쟁 당시 부산에 진주한 계엄군 1979년 10
월에 발생한 부마민주항쟁 당시 시위진압군이던 해병대

자극되어 대학에 '학도호국단'을 조직하고, '민방위대'를 창설하는 등 군사통치를 한층 강화했다.

유신반대운동이 고조되던 1974년 8월 15일 국립극장에서 열린 광복절행사 중에 재일교포 청년 문세광文世光이 대통령을 저격하는 사건이 발생하고, 영부인 육영수陸英修(1925~1974) 여사가 유탄에 맞아 절명했다.

1978년 박 대통령은 다시 대통령에 당선되었으나, 이보다 앞서 실시된 국회의원선거에서는 야당인 신민당이 여당인 공화당을 득표율에서 앞서는 이변이 일어났다. 이미 여당 내에서도 이탈자가 속출하고, 미국을 비롯한 국제사회에서도 인권탄압을 비판하는 목소리가 거세어져 더 이상 권력을 유지하기가 어려운 상황에 처했다. 이 무렵에 불어 닥친 제2차 국제원유가 폭등(오일쇼크)으로 인한 경제불황이 더욱 사태를 악화시켰다.

1979년 5월 말 야당인 신민당 당수로 선출된 김영삼金泳三 총재가 적극적인 민주화투쟁을 전개하자 국회는 그해 10월 그를 제명하는 조치를 취했다. 이 사건으로 국내외 여론의 지탄이 더욱 높아지고, 마침내 '부마민주항쟁釜馬民主抗爭'이라 불리는 대규모 저항운동이 부산, 마산 등지에서 일어나 전국적으로 확산되어 갔다. 이제 정부는 국민의 저항에 굴복하느냐, 아니면 군대를 풀어 무력으로 진압하느냐의 갈림길에 섰다. 이러한 가운데 10월 26일 청와대 부근의 궁정동에서 열린 정부고위층 만찬장에서 중앙정보부장 김재규金載圭(1926~1980)에 의해 대통령이 저격당해 숨졌다. 이로써 박정희시대는 18년 만에 종말을 고하였다(10·26사건).

6. 1960~1970년대의 경제와 문화

박정희 정권이 통치하던 1960년대와 1970년대에는 경제제일주의가 표방된 가운데 강력한 국가주도의 성장정책을 밀고 나갔다. 모든 정치적 폭압과 부정은 경제성장이라는 구호 아래 정당화되었다. 경제정책의 기본방향은 외국자본과 기술을 도입하여 공업을 육성하고, 양질의 값싼 노동력을 이용하여 생산된 제품을 수출하고 자본을 축적해 나간다는 전략이었다. 말하자면 수출주도형 경제발전전략이었다.

정부는 1962년부터 제1차 경제개발 5개년 계획을 세우고 수출주도형 공업화 정책을 추진한 결과 1960년에 3천 3백만 달러에 불과하던 수출이 1966년에는 2억 5천만 달러로 증가하여 연 44%의 고속성장률을 기록했으며, 경제성장률은 연평균 8.5%에 이르렀다. 1967년부터는 다시 제2차 경제개발 5개년 계획에 착수하여 이 기간에 수출은 연평균 33.7%, 경제성장률도 연평균 10.7%(1971년 수출 10억 6천만 달러)를 기록하여 경제발전에 탄력이 붙었다. 1964년에 가동되기 시작한 울산 정유공장, 1969년에 조성된 마산의 수출자유지역과 1970년 7월에 개통된 경부고속도로는 경제개발의 상징이 되었다. 일부에서는 '한강변의 기적'이라는 말이 나돌기 시작했다. 1972년에 남북대화가 열린 배경에는 남북 간의 경제력이 균형을 이룬 것이 한 요인으로 작용했다.

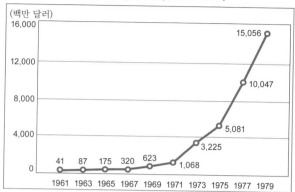

〈수출 증가 도표〉(1960~1970)

출처: 통계청(2000)

박정희 정부는 유신체제 하의 1970년대에도 수출주도형 성장정책을 지속적으로 밀고 나갔다. 1972년부터 제3차 경제개발 5개년 계획, 1977년부터 제4차 경제개발 5개년 계획이 시행되었는데, 이 시기에는 지금까지의 경공업중심에서 중화학공업 우선정책으로 방향을 선회하여 경제구조에 균형이 잡히고 산업구조의 고도화를 이룩하여 본격적인 산업사회로 진입하게 되었다. 1973년에 준공된 포항제철과 1978년에 준공된 고리원자력발전소는 이 시기 중화학공업의 상징적 사업이었다.

1970년대에는 중동의 석유수출국가들이 석유가격을 인상하여 경제발전에 압박을 가했으나 수출은 꾸준히 지속되어 1977년에 100억 달러, 1981년에 200억 달러를 돌파하고, 수출상품에서 공산품이 차지하는 비중이 90%를 넘어섰

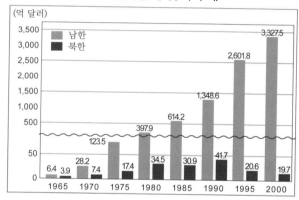

〈남북한 대외무역 추이〉

자료: 국가통계포털

다. 그리고 공업생산에서 중화학공업이 차지하는 비중이 55%를 넘어서게 되었다. 또한 이 시기에는 베트남 패망 후 중동으로 진출한 건설업체들이 외화를 버는 데 큰 몫을 담당했다.

전체적으로 1960년대와 1970년대의 수출신장률은 연평균 40% 정도, 경제성장률은 8.9%를 기록하여 세계적으로도 개발도상국의 모범이 되었다. 이러한 경제성장은 민족주체성을 강조하여 국민의 자존심을 부추기고, '하면 된다'는 말로 대표되는 박 대통령의 강력한 신념과 개발독재형의 지도력이 크게 작용한 것도 사실이지만, 국민의 높은 교육열과 성취욕, 그리고 수천 년간 선진문명을 꾸려온 문화적 잠재력이 되살아난 것이 원동력이 되었다.

그러나 외형적인 경제성장의 이면에는 많은 부작용이 따랐다. 대외적으로 미국과 일본에 대한 의존성의 심화, 재벌중심의 경제구조에서 오는 산업불균형, 재벌과 정치권의 유착에서 오는 부패의 만연, 지역발전의 편차, 농촌의 피폐와 도시빈민층의 형성, 공해 등의 문제가 제기되고, 이러한 모순점이 재야 및 학생운동을 격화시키는 요인이 되었다.

정부는 상대적으로 낙후된 농촌사회의 소득을 올리고, 생활환경을 개선하기 위하여 1971년부터 '새마을운동'을 전개했다. 근면, 자조, 협동 정신을 바탕으로 박 대통령이 발의하여 전개

〈산업구조의 변동〉

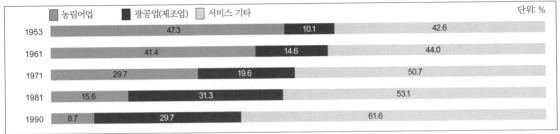

	농림어업	광공업(제조업)	서비스 기타	단위: %
1953	47.3	10.1	42.6	
1961	41.4	14.6	44.0	
1971	29.7	19.6	50.7	
1981	15.6	31.3	53.1	
1990	8.7	29.7	61.6	

〈도시와 농촌의 인구변화〉

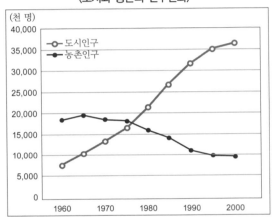

자료: 통계청,《통계로 본 한국의 발자취》(1995년)

국민교육헌장 선포식

된 이 운동으로 초가집의 개량, 농촌도로의 정비, 영농기반의 조성 등 침체된 농촌사회에 활력을 불어넣어 주었으며, 뒤에는 도시에까지 확대되어 총체적인 국가발전 전략으로 발전했다. '새벽종이 울렸네, 새 아침이 밝았네, 너도 나도 일어나 새 마을을 가꾸세'라는 노래와 '잘 살아보세, 잘 살아보세, 우리도 한 번 잘 살아보세'라는 노래는 새마을운동을 상징하는 국민가요로 전국 방방곡곡에 울려 퍼지고 직장과 모든 행정단위에도 실천조직이 짜여져 관민이 다 함께 이 운동에 참여했다. 북한의 '천리마운동'에 대응하는 의미도 가진 새마을운동은 1970년대의 국가발전에 기여한 점이 큰 것이 사실이지만, 박 대통령의 유신체제를 지탱하는 통치이데올로기로써의 기능도 함께 지니고 있다는 평을 받았다.

　박 대통령의 통치철학은 교육, 문화정책에도 큰 변화를 가져왔다. 4·19 혁명을 전후하여 불기 시작한 민족주의 열기를 박 정권은 통치이념으로 받아들여 교육, 문화 전반에 '주체적 민족사관'을 강조하고, 이를 교육이념으로 정착시키기 위해 이른바 '국민교육헌장'(1968)을 제정하고, 이를 각종 교육집회에서 낭송하도록 했다. "우리는 민족중흥의 역사적 사명을 띠고 이 땅에 태어났다"로 시작되는 국민교육헌장은 국가의 발전이 곧 나의 발전이요, 민족중흥이 시대적 사명이라는 강한 국가주의적 역사의식을 고취했다. 또한 이러한 민족과 국가관념을 높이기 위해 1970년대 이후로는 국사교육을 강화하고, '국민윤리'라는 새로운 과목을 신설하고 대학에도 국민윤리교육과를 설치했다.

　한편 문화정책 면에서는 일제시대 파괴된 성곽이나 고적들이 복원되고, 이순신이나 강감찬과 같은 애국 무장들의 사당에 대한 성역화사업이 이루어졌다. 정부는 국학연구와 고급인력의 연수교육을 겸한 연구기관으로 1978년 한국정신문화연구원을 경기도 성남(판교)에 세웠

는데, 10여 년의 작업 끝에 27권의 방대한《한
국민족문화대백과사전》(1988~1991)을 편찬했다.
이 사전은 1978년에 완간된 국사편찬위원회의
《한국사》(24권)와 더불어 박정희 정권의 대표적
학술문화사업으로 꼽을 수 있다.

한국정신문화연구원 성남시 분당구 산운로

정부의 민족주의 통치철학은 민주주의를
압살하고 개발독재를 강화하는 역기능이 노출
되어 민주화를 열망하는 재야의 비판적 지식
인과 마찰을 불러왔다. 자유당 시절에 반독재
의 선봉에 섰던 지식인층을 대변하는 잡지가
〈사상계〉(1953년 창간)였다면, 박정희 정권 하의
비판적 지성을 대표하는 교양지는 〈창작과 비
평〉(1966년 창간)과 〈문학과 지성〉(1970년 창간) 등
이었다. 그러나 박정희 정권의 민족주의는 광
복 후 일제 식민주의 잔재에 대한 반성과 비판
이 없던 상황에서 민족 주체성에 대한 국민적
자각과 자신감을 일깨우는 계기가 되고, 경제
발전의 정신적 추동력이 된 것은 사실이었다.

〈사상계〉,〈창작과 비평〉,〈문학과 지성〉

7. 1960~1970년대 북한의 변화

남한에서 강력한 군사정부가 수립되었던 1960년대에 북한에서도 항일빨치산 출신의 강
경파가 권력을 장악했다. 남로당, 연안파, 소련파 등 비교적 온건노선을 추구하던 세력이 이미
1950년대에 숙청되어 김일성 동료세력이 전면에 등장하게 된 것이다.

무장투쟁의 경력을 가진 항일빨치산세력은 1960년대부터 국방건설에 정책의 최우선을
두고, 이른바 '4대 군사노선'을 채택하여 전인민의 무장화, 전국토의 요새화, 전군全軍의 간부화,
전군의 현대화를 강력히 추진하면서 군수공업발전에 박차를 가했다. 말하자면 북한사회 전체
를 병영으로 개편한 것이다. 그리하여 국방비의 비중이 국가재정의 약 30%를 차지할 정도로
높아지고, 경제발전이 급속도로 둔화되기 시작했다. 박금철, 이효순 등 이른바 갑산파甲山派가
국방건설에 이의를 제기했으나 부르주아 수정주의 사상으로 규탄을 받고 1967년 숙청되었다.

북한이 국방건설에 우선을 둔 것은 남한에서 한일협정(1965)으로 한·미·일 안보체제가
구축되고, 베트남 파병 후 국군의 전력이 크게 강화되었으며, 대외적으로 소련 및 중국과의 관
계가 악화되어 국제적으로 고립상태가 되었기 때문이었다. 특히 소련에서 흐루시초프(1894~1971,
집권기간 1958~1964)가 등장하여 스탈린노선이 비판되고 수정주의와 평화공존이 추구되자 이에 위
협을 느끼게 되고, 설상가상으로 중·소 분쟁이 격화된 가운데 중국에서 '문화대혁명'(1966~1968

또는 1969)이 일어나 김일성을 수정주의자, 독재자로 비난하면서 양국관계가 악화되었다. 여기에 1968년 미국 군함 푸에블로 호가 북한연안을 정탐하다가 나포된 사건은 북한을 더욱 불안하게 만들었다.

북한은 위기상황을 돌파하기 위해 국방건설과 더불어 김일성과 노동당의 독재를 강화하기 위해 이른바 '주체노선'을 강조하기 시작했다. 1960년대 후반부터 시작된 주체노선은 자주(정치), 자립(경제), 자위(국방)를 강조했다. 또한 김일성과 노동당의 위상을 강화하기 위해 김일성 우상화와 김일성 가계의 성역화가 추진되고, 우리나라 역사를 조선인민의 입장과 계급적 입장을 조화시켜 서술하고, 특히 근대사와 현대사를 빨치산중심으로 쓰도록 강요했다. 역사연구의 주도권을 당이 장악하여 김일성의 '교시'가 등장한 것도 1960년대 초부터이다. 1969년에는 '주체사상'을 노동당의 '유일사상'으로 규정했다. 이는 고전적인 마르크스레닌주의가 크게 수정된 것을 의미한다.

1960년대의 북한은 강온 양면의 대남정책을 추진했다. 1960년 북한은 겉으로 평화적인 '남북연방제' 통일안을 제시하고, 내면적으로는 1960년대 초부터 남한에 '통일혁명당'을 조직하여 주체사상에 입각한 내부혁명을 부추겼다. 1970년 북한은 남조선혁명을 '민족해방 인민민주주의 혁명'으로 규정하여 미군철수를 최우선과제로 제시했는데, 이 이론이 1980년대 중반 이후 남한의 이른바 '주체사상파'[약칭 주사파] 학생운동에 영향을 주었다. 또한, 1968년에는 무장군인들을 남파하여 청와대를 습격하게 했고, 다음 해에는 무장게릴라를 삼척에 보내 무력도발을 계속했다. 그러나 이러한 무력도발은 도리어 남한의 안보의식을 자극하여 박 대통령의 권력강화와 군사통치를 강화하는 명분을 제공했다.

1970년을 전후하여 북한은 강경노선을 완화하면서 빨치산 세력 가운데 강경파에게 경제건설과 대남정책의 실패를 물어 숙청하고, 실무형 관료와 혁명 2세대를 등장시켰다. 이 과정에서 아들 김정일金正日(1942~2011)을 비롯한 김일성의 친인척이 권력의 핵심에 자리잡았다.[39] 그리하여 김일성 족벌체제가 출범한 가운데 안으로는 김일성의 권력을 무한대로 높이기 위해 1972년 12월 '인민민주주의 헌법'을 개정하여 '사회주의 헌법'을 제정했다. 이 헌법은 국가권력을 주석에게 몰아준 것이 가장 큰 특징이었다. 즉 내각수상을 주석主席으로 바꾸고, 주석에 직속된 '중앙인민위원회'에 행정, 입법, 사법의 모든 권력을 집중시켜 세계 역사상 유례없는 절대권력을 구축했다. 이러한 조치는 같은 해 남한에서 10월 유신이 이루어진 것에 대한 대응이기도 했다. 또한 새 헌법은 수도를 서울에서 평양으로 바꾸어 평양이 '민족의 심장부'라고 선전하기 시작했다.

1970년대 북한 절대권력을 밑받침한 것은 김정일이었다. 그는 30세 되던 1973년 9월에 당을 장악하고, 1974년 2월 중앙위원회 정치위원회 위원으로서 김일성의 유일한 후계자로 공

---

39) 김일성의 아우 김영주金英柱, 부인 김성애金聖愛, 김일성의 사촌매부 양형섭楊亨燮, 허담許錟, 박성철朴成哲, 김일성의 조카사위 황장엽黃長燁, 김일성의 사위 장성택張成澤, 김일성의 외사촌 강현수康賢洙, 강희원康希源 등이 요직을 차지했다. 특히 양형섭은 최고인민회의 의장, 허담은 조국평화통일 위원회 위원장, 박성철은 국가 부주석, 황장엽은 김일성대학 총장을 지냈다.

인되어 '당중앙'으로 호칭되었다. 그는 또한 1973
년부터 3대혁명 소조운동[40]을 지도하면서 수만
명의 젊은 엘리트를 장악하고, 1974년부터는 '대
를 이어 충성하자'는 구호가 나타나 김정일 세습
체제를 대중 속에 뿌리박았다. 김정일은 1976년
이후 정책노선에 대한 비판을 받아 한동안 활동
을 자제하다가 1980년 이후 다시 활동을 본격화
하여 권력강화와 아울러 이른바 '주체사상'을 이
론적으로 더욱 심화시켜 나갔다. 이러한 활동이
1985년에 이르러 《위대한 주체사상총서》(전 10권)
라는 제목으로 발간되면서 주체의 사상, 이론, 방
법이 마무리되었다. 주체사상의 확립을 계기로

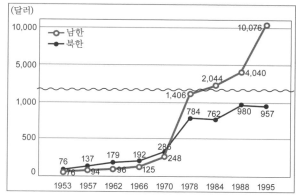

〈남북한 1인당 국민총생산(GNP) 비교〉

자료: 《한국경제연감》(1995년), 888쪽
민족통일원, 《남북한국력추세 비교연구》(1992년), 236쪽

북한은 그 동안 의지해온 마르크스레닌주의를 청산하고 주체사상을 유
일사상으로 천명했다.

　1970년대 북한의 경제는 여전히 침체를 면치 못했다. 6개년 계획
(1971~1977), 7개년 계획(1978~1984)이 잇달아 추진되었지만, 연평균 성장률
이 2%를 넘지 못했다. 이 시기 남한이 10% 내외의 고속성장을 이룩한
것과는 대조를 보였다. 1980년 현재 남한의 국민총생산은 북한의 4배
가까이 되었다. 북한은 경제발전을 다그치기 위해 3대혁명 붉은기쟁취
운동, 기업의 독립채산제 등을 실시했으나 별다른 성과를 얻지 못했다.
기술혁신의 부족, 외국원조의 감소, 대외무역의 부진, 전력과 석유의 부
족 등을 돌파하지 못하고, 노동력 동원에 의존한 경제건설이 한계를 드
러낸 것이다.

3대혁명 붉은기쟁취운동 포스터

　1970년대의 남북관계는 비교적 소강상태를 이루었다. 강경파의
퇴진으로 1972년의 역사적 남북대화가 열리고, 동서평화공존 분위기에
어느 정도 순응했다. 그러나 '남조선해방'을 내세워 북한주민을 결속시키고, 남한의 반정부운동
을 고무하는 정책은 변함없이 지속되었다.

---

40) 3대혁명 소조운동은 1973년 당 핵심들과 청년인텔리로 구성된 작은 지도그룹(指導小組)을 공장, 기업소, 협동
　　농장에 파견하여 사상, 기술, 문화의 세 분야에서 혁명을 지도하게 한 운동을 말한다. 이 운동은 주체사상을
　　대중 속에 뿌리내리려는 목적에서 이루어진 것이다.

제4장 전두환, 노태우 정부와 북한의 변화(1980년대 이후)

1. 신군부의 군사정변과 5·18 광주민주화운동(1979~1980)

1979년 10월 26일 박정희 대통령이 궁정동에서 피살된 뒤 최규하崔圭夏 국무총리가 통일주체국민회의 대의원회에서 제10대 대통령으로 당선되었다(12. 6). 국민들은 최 대통령을 매개로 하여 장차 유신체제와 군사통치가 종식될 것을 기대했다. 그러나 최 대통령이 등장한 지 6일 만인 12월 12일 국군보안사령관 전두환全斗煥(1931~) 소장, 9사단장 노태우盧泰愚(1932~) 소장 그리고 보안사령부 장교들이 중심이 되어 쿠데타가 일어났다. 대통령의 사전재가 없이 계엄사령관 정승화鄭昇和 대장을 체포하는 하극상이 벌어지고, 장차 권력을 잡으려는 움직임이 진행되었다.

5·18 광주민주화운동 1980년 5월, 사망한 아버지의 영정을 들고 있는 어린이

5·18 광주 민주화 운동 계엄군의 무차별 발포로 많은 사상자가 발생하자 항의 시위하는 광주시민들

뜻밖의 군사정변에 항의하여 1980년 5월 14일부터 서울에서는 '민주화 대행진'을 표방한 대규모 학생시위가 벌어지고, 5월 15일에는 10만 명이 서울역 앞에 모여 시위운동은 절정을 이루었다. 이 시위는 4·19 혁명 이후 최대규모로 '서울의 봄'이라고도 한다. 그러나 신군부는 5월 17일 전국에 계엄령을 선포하고, 일체의 정치활동을 정지시켰다. 대학에는 무장군인들이 진주하고 김대중, 김종필 등 정치인이 권력형 부정축재자로 체포되고, 야당총재인 김영삼은 자택에 연금되었다. 신군부는 이어 '국가보위비상대책위원회'를 설치하고, 전두환이 위원장이 되었다(5. 31).

민주화의 기대가 무산되자 국민들의 실망이 커져가는 가운데 1980년 5월 18일 전라남도 광주에서 대규모 학생시위가 일어났다. 신군부는 이를 진압시키기 위해 계엄군을 투입했다. 그러나 계엄군의 과잉진압으로 많은 사상자가 발생하자 흥분한 학생과 광주시민들은 무기를 탈취하여 계엄군과 시가전을 벌이는 사태까지 벌어지고 인근지역으로 시위가 확산되었다. 결국 계엄군이 무력진압하여 광주는 5월 27일 평온을 되찾았으나, 200여 명의 사망자를 낸 비극의 상처는 쉽게 아물지 않았다.

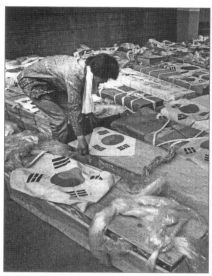

도청 안에 안치된 말없는 주검들(1980. 5. 23) 태극기로 관을 덮어주고 있다.

신군부의 명분 없는 쿠데타와 5·18 광주민주화운동에 대한 과잉진압은 전두환 정권의 큰 짐이 되었다. 이 사건은 1980년대의 재야 학생운동의 추동력으로 거세게 타올랐고, 미국이 방조 혹은 방관했다는 이유로 반미운동이 일어나는 계기가 되기도 했다. 서울, 광주, 부산 등 미국문화원에 대한 공격이 잦아진 것은 1980년대 학생운동의 한 특색이었다.

전두환 장군을 비롯한 신군부는 사회안정을 이유로 정치인의 정치활동을 규제하고, 언론을 통폐합했으며, 민주화에 앞장선 교수와 기자들을 직장에서 해임시켰다. 그리고 폭력조직을 근절한다는 이유로 약 2만 명의 시민이 '삼청교육대'라는 군대의 특수훈련장에 보내졌다.

1980년 8월 16일 최규하 대통령이 신군부의 압력으로 사퇴하고, 8월 27일 전두환 장군이 통일주체국민회의에서 11대 대통령으로 선출되어 9월 1일 취임했다. 이해 10월 27일 유신헌법을 일부 수정한 신新 헌법이 제정되어, 대통령 임기를 7년 단임으로 하고, 통일주체국민회의와 유사한 '대통령 선거인단'이 대통령을 간접 선출하도록 했다. 이 헌법에 따라 1981년 2월 전두환이 대통령 선거인단에 의해 다시 12대 대통령에 선출되고(3. 3 취임), 여당으로서 '민주정의당'[약칭 민정당]이 조직되었다. 이때를 헌법이 다섯 번째 바뀌었다 하여 5공화국이라고 부르기도 한다.

2. 전두환 정부(1981. 3~1988. 2)

민정당의 5공화국 정부는 정의사회 구현과 민주복지국가의 건설을 국정지표로 내걸고, 육사출신의 고급장교들을 전역시켜 주요관공서와 정부투자기관의 요직에 임용했다. 전두환, 노태우 등 신군부의 핵심세력은 경상도 출신의 정규 육사졸업생으로서, 박 대통령 시절부터 '하나회'라는 군대 내 사조직으로 결속되어 있다가 박 대통령의 사망을 기회로 권력을 장악했다. 박 대통령이 교수의 두뇌를 주로 빌렸다면, 전 대통령은 육사출신 엘리트의 힘을 빌렸다.

전두환 대통령은 취임 후 재야·학생 운동에 대해 강온 양면의 정책을 썼다. 학원의 시위현장에는 직접 정·사복 경찰을 캠퍼스 안에 투입시켜 진압했는데 1984년 3월까지 사복경찰이 대학에 상주했다. 1980년대의 학원은 전보다도 더 살벌했고, 최루탄가스가 그칠 날이 없었다. 또한 여러 언론매체를 통폐합하고, 반정부성향 기자를 대거 해직시켜 언론을 장악했다.

〈수출 증가 도표〉(1981~2006)

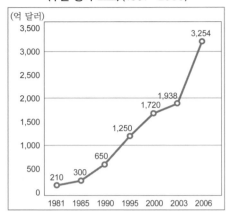

출처: 한국은행(ECOS 경제통계시스템)

현대자동차 포니엑셀

그러나 다른 한편 유화정책을 펴서 정치규제자를 단계적으로 해금하고, 중앙정보부의 이름을 '국가안전기획부'로 바꾸고(1980. 12), '반공법'을 폐지하여 '국가보안법'에 흡수했으며, 시위로 제적된 학생들을 복교시키기도 했다. 그리고 1984년에는 학도호국단을 폐지하고 학생자치기구를 부활시켰으며, 학원의 면학분위기를 조성하고 대학입시 재수생을 구제한다는 명분으로 '졸업정원제'를 실시했다. 그러나 졸업정원제 이후 대학정원이 대폭 늘어 교육의 질이 떨어지고, 학원데모를 대형화시키는 등 부작용이 불거지자 결국 1986년 졸업정원제가 폐지되었다. 1981년에는 해외여행이 자유화되고, 다음 해에는 통행금지가 해제되었으며, 중·고등학생의 교복이 자율화되었다.

5공시대의 경제는 다른 분야에 비해 비교적 성공적이었다. 1980년대 전반기에는 1960~1970년대 경제개발의 후유증으로 외채문제가 중요 현안으로 떠올랐고 장영자 사건, 명성그룹 사건, 국제그룹 해체 등 많은 문제가 표면화되었다. 그러나 1980년대 중반 이후로 정부의 긴축정책과 국제 원유가原油價의 하락, 달러가치의 하락, 금리 하락 등 이른바 '3저 현상'이 지속되어 물가가 한 자릿수로 잡히고 수출이 호조를 보였으며, 부가가치가 높은 자동차, 전자, 반도체 등 첨단산업이 활기를 띠고 성장했다. 1986년 현대자동차 포니엑셀이 미국으로 수출된 것은 우리나라가 자동차산업에서 선진국과 어깨를 겨루게 되는 첫 신호탄이었다.

한편 선진국의 시장개방 압력이 높아지면서 공산품뿐만 아니라 농축산물도 수입자유화의 폭이 확대되어 1986년 현재 수입자유화율은 91.5%에 도달했으며, 외국자본의 투자비율도 점차 확대하여 100%까지 허용했다. 정부의 시장개방정책은 대기업에 유리한 환경을 제공했으나, 값싼 외래 농축산물의 수입으로 농촌경제는 심각한 타격을 입었다. 10대 대기업이 국민총생산에서 차지하는 비율은 1979년의 33%에서 1989년에는 54%로 증가하고, 30대 대기업의 계열기업은 1970년 126개, 1979년 429개, 1989년 513개로 늘어났다. 이와 대조적으로 농촌인구는 급속히 감소하고, 이농민의 대다수는 도시빈민층을 형성하여 막노동에 종사하거나 산업노동자 혹은 서비스업으로 전환했다. 양곡자급률은 1970년의 86%에서 1985년에는 48.4%로 낮아졌다. 이제 한국인의 밥상에는 외래 농축산물이 큰 비중을 차지하는 시대가 되었다.

수출호조에 힘입어 국민총생산이 급속히 성장하여 매년 평균성장률이 10% 내외를 유지하게 되고, 1인당 GNP가 1987년 3천 달러를 넘어서서 중진국 대열에 들어갔다. 1977년의 100억 달러 수출이 1981년에 200억 달러를 돌파하고, 1989년에는 620억 달러를 달성했다. 1980년부터 컬러 TV 방송이 시작된 것도 경제성장의 한 징표였다.

1980년대의 경제성장에는 1981년에 결정된 88서울올림픽과 1986년에 개최된 아시안게임도 한몫을 했다. 우리나라에서도 아시안게임과 올림픽이 열린다는 자긍심이 국민을 분발시

켜 미래에 대한 희망과 자신감을 북돋아 주었다. 또한 정부는
아시안게임과 올림픽준비를 통해서 사회통합을 이끌어내고자
많은 노력을 기울였다.

아웅산묘소에서의 테러를 보도한 기사
매일경제신문 1983.10.10

1980년대에는 외형상 경제규모가 급속히 커졌으나, 빈
부격차와 도시와 농촌의 갈등 그리고 지역갈등의 문제는 더
욱 심화되었다. 산업노동자의 급증과 열악한 임금 및 노동환
경으로 노동운동이 일기 시작했으며, 농촌의 피폐에 따라 농
민운동도 고개를 들었다. 이 시기 학생운동이 노동자, 농민, 도
시빈민을 '민중'으로 간주하고, 이들과 연계하여 민중사회건설
을 표방하고 나선 것은 종전의 민족민주화운동과 성격을 달
리하는 것이었다. 이제 민족(반미), 민주(반독재), 민중(반자본가)을
합친 이른바 삼민三民 투쟁이 학생운동의 한 흐름을 형성했다.
학생운동은 반미운동에 중심을 둔 이른바 반미자주파[NL]와
민중해방에 역점을 둔 제헌의회파[CA] 또는 민중민주파[PD]로
나뉘어 주도권 다툼이 나타나기도 했다. 특히 전자는 북한 주
체사상의 영향을 받아 '주사파'라고도 불렸는데 수적으로 후
자를 압도했다.

대한항공기의 잔해 북한공작원 김현희가 미얀마 근해
상공에서 폭파한 대한항공기의 잔해

1972년 역사적인 7·4 남북공동성명이 발표된 후 가동되
던 남북조절위원회는 1973년 김대중 납치사건으로 중단되고
남북관계가 한동안 중단되었다. 이산가족 재회를 위한 적십자
회담과 남북체육교류를 위한 체육회담은 1970년대에도 있었
다. 그런데 1983년 10월 전두환 대통령이 버마(미얀마)를 방문하던 도중 랭
군의 아웅산 묘소에서 폭탄폭발사고를 만나 부총리 등 17명이 사망하고
14명이 부상하는 불상사가 일어났다(아웅산 사건). 이 사건의 배후에 북한이
관여했다고 알려지자 남북관계는 다시 냉각되었다.

설상가상으로 1986년에는 북한이 금강산댐을 건설하면서 이것이
88올림픽을 방해하기 위한 북한의 수공水攻 작전이라고 선전되어 국민성
금을 모으고 대응댐을 건설하는 등 소동이 벌어졌다. 1987년 11월 29일
에는 이라크에서 태국으로 가던 대한항공 여객기가 갑자기 공중에서 폭
파되어 승객 115명이 참사하는 사건이 발생했는데, 폭파범 가운데 한 사
람인 김현희[41]가 체포되어 조사한 결과 올림픽을 방해하려는 북한 공작
원임이 드러났다.

이렇게 남북관계가 악화되는 가운데 남북의 통일방안도 평행선을

남북이산가족의 만남
지학순 주교 남매의 상봉, 1985.9 평양

---

41) 김현희는 하치야 마유미라는 이름으로 일본인으로 위장하여 비행기를 탔다가 아랍에미리트의 아부다비공항
　　에서 내려 바레인으로 가려다가 공항에서 체포되었는데, 하치야 신이치라는 남자와 동행했다. 그는 공항에서
　　체포되자 독극물을 마시고 죽었다. 그 역시 북한공작원으로 알려졌다.

예술의 전당 오페라극장

독립기념관

국립현대미술관

달렸다. 북한은 1980년 10월 새로운 '고려민주연방공화국안'을 제시했다. 이것은 종전에 총선거로 가는 과도기로써 인정한 '연방제'와 달리 1국가, 2체제를 의미하는 것이었다.

이에 대해 정부는 1982년 '민족화합 민주통일방안'을 제시했다. 이는 남북대표가 모여 통일헌법을 마련하고, 그것에 따라 총선거로 통일정부를 구성하자는 것이다. 남과 북의 통일방안은 모두 자신에 유리한 조건을 내세운 것으로, 결국 선전적인 의미를 갖는데 지나지 않았다. 그러나 1천만 명이나 되는 남북이산가족의 재회는 통일 이전의 인도적인 문제로 남북한이 다같이 피하기 어려운 과제였다. 북한은 남한의 요구를 받아들여 1985년 9월 20일 드디어 쌍방 151명의 이산가족이 판문점을 넘어 3박 4일간 서울과 평양을 방문했다. 이 만남은 비록 일부인사에 국한되고 고향방문으로 이어지지는 않았지만, 분단 후 처음 있는 감격적인 장면이었다.

전두환 정부는 통치이데올로기로 국수주의적 역사를 선전했다. 일제강점기 초기에 유행했던 대종교계통의 역사책이 여과 없이 퍼져 고대사에 대한 허황한 자부심을 부추겼다. 각종 사회교육기관에서도 이를 대대적으로 취급하여 역사교육에 큰 혼란이 야기되었다. 결과적으로 이러한 역사인식은 현실에서 도피하려는 국민정서를 유도하여 체제유지에는 기여했으나 건전한 민족문화의 발전을 저해했다. 이에 대한 반발로 젊은 학도들 사이에는 이른바 '민중사학'이 유행하여 역사인식의 양극화가 초래되었다.

1982년 일본 역사교과서에 일본의 한국침략을 정당화하는 서술이 드러나 국민감정이 악화되자, 정부는 국민성금을 모아 천안에 독립기념관(1983년 기공, 1987년 개관)을 건설하여 국민감정을 무마했다. 1984년에는 우리나라 대통령으로는 최초로 일본을 공식방문하고, '한·일의원연맹'을 조직하여 일본 우익정치인과의 관계를 강화했다.

1986년 조선총독부건물을 수리하여 국립박물관으로 사용함으로써 이 건물을 감상하는 일본관광객이 늘어나게 되었다. 예술문화 공간으로는 우면산 기슭에 '예술의 전당'을 세워 오페라하우스, 서예관, 국립국악원, 음악당이 들어서게 되었으며, 청계산 기슭의 서울대공원 옆에 국립현대미술관(1986)을 건립했다. 이로써 국민의 문화에 대한 갈증이 어느 정도 해소되었다.

3. 민주화운동의 진전과 노태우 정부(1988. 3~1993. 2)

1986년의 아시안게임과 1988년의 서울올림픽은 정부의 입지를 강화하는 데도 기여했으나, 반대로 민주화운동을 가속화시키는 계기도 되었다. 세계인의 잔치를 펼치는 나라가 민주화된 모습을 보여주지 않는다면 국제적인 망신이 될 우려가 컸다. 또한 전 대통령의 임기가 끝나가는 시점에서 민주화를 쟁취해야 한다는 점도 고려되었다.

민주화추진협의회 김대중과 김영삼

그리하여 1980년대 중반부터 민주화운동은 학생뿐 아니라 정치권과 사회 각계각층으로 넓게 확산되어갔다. 이미 1983년 5월 야당지도자로서 자택에 연금되어 있던 김영삼이 단식투쟁을 벌인 것을 시작으로 다음해 5월에는 정치인과 재야인사들이 연합하여 '민주화추진협의회'[약칭 민추협]을 조직했으며, 1985년 4월에는 전국대학생의 연합조직인 '전국학생연합'[약칭 전학련]이 결성되었다.

1986년에 들어서자 대학교수 및 초중등교사 사이에서도 집단적인 민주화운동이 시작되었다. 이해 3월 고려대학교 교수 28명의 시국선언문이 발표된 이후 각 대학교수들이 잇달아 선언문을 발표했으며, 1987년 4월에는 평소 온건한 성향의 중진교수들이 망라된 122명의 교수들이 개헌과 민주화를 요구하는 시국성명을 발표하여 충격을 주었다.

학생들의 시위는 갈수록 격렬하여 민정당사와 민정당 연수원을 점령하기도 하고, 분신 또는 투신 자살하는 사례가 비일비재했다. 1986년 한 해에 서울대생 3명을 포함하여 4명의 대학생이 스스로 목숨을 끊었다. 이해에 3천 4백 명이 구속되고, 최루탄구입비가 60억 원에 이르렀다.

6월 민주항쟁 수백 명의 학생과 시민들이 서울 명동 성당에서 민주화를 요구하는 시위를 벌이고 있다.

1987년 1월에 거국적인 민주항쟁의 도화선이 되는 사건이 발생했다. 서울대 학생 박종철朴鍾哲이 경찰의 고문을 받다가 사망한 사건(14일)이 알려지면서 국민의 분노가 치솟는 가운데 전두환 대통령은 4월 13일 모든 개헌논의를 금지하는 '4·13 호헌조치'를 발표하여 타는 불에 기름을 부었다. 여기에 더하여 이해 6월 9일에는 연세대 학생 이한열李韓烈이 시위 도중 경찰의 최루탄에 맞아 사망하는 사건이 발생하자 시위는 전국으로 확산되었다. 6월 10일 민주당[총재 김영삼]과 '민주헌법쟁취 국민운동본부'가 강행한 시위운동을 계기로 매일 전국의 여러 도시에서 시위가 진행되다가 6월 26일에는 전국 37개 도시에서 백여만 명이 시위에 참가했으며, 서울에서는 시가전을 방불케 하는 격렬한 시위가 심야까지 연일 계속되었다.

정부는 더이상 버틸 수 없음을 깨닫고, 6월

이한열 군의 영결식 1987.7.9

6·29 선언 1989. 6. 29

5공 청문회

29일 마침내 차기 대통령 후보로 지명된 노태우 민정당 대표가 대통령직선제 개헌을 골자로 하는 8개 항의 시국수습방안을 발표했다. 이것이 이른바 '6·29 민주화선언'[42]이며, 이후 정치체제를 '87년 체제'로도 부른다.

6월 민주항쟁으로 얻어진 6·29 민주화선언으로 1987년 10월 직선제개헌안이 국민투표로 확정되고, 이해 12월 16일 대통령 선거가 실시되어 1971년 이후 16년 만에 직선으로 대통령을 뽑았다. 선거결과 36%를 득표한 노태우 후보가 당선되고, 김영삼 후보가 2위, 김대중 후보가 3위를 차지했다. 야당이 단일후보를 내지 못한 것이 여당의 승리를 가져오게 했다. 그 다음해 4월에 실시된 총선거에서는 평화민주당(김대중), 통일민주당(김영삼), 민주공화당(김종필) 등 야당이 여당인 민정당을 누르고 다수 의석을 차지했다. 그러나 야당의 득표는 세 김씨의 출신지역으로 확연히 구분되어 지역당의 한계를 벗어나지 못했다.

노태우 대통령은 직선제 대통령의 정통성을 지녔으나 신군부출신이라는 전력에다가 5공세력(민정당)을 여당으로 가져 과감한 개혁에 착수하지 못했다. 5공 핵심인물이던 그가 5공청산의 과제를 떠맡은 것이다. 그의 우유부단함과 부드러움은 '물태우'라는 애칭을 낳게 했다. 민주개혁의 목소리는 국회를 장악한 야당에서 나왔고, 야당은 곧 '5공 청문회'를 열어 전두환 등 신군부의 쿠데타와 광주학살 문제 그리고 전두환 일가의 비리를 단죄하기 시작했다. 마침내 전두환 부부는 대국민 사과문을 발표하고 설악산 백담사(百潭寺)로 거처를 옮겨 약 2년간 세상과 격리되었다.

세 김씨가 주도하는 강력한 야당에 끌려가던 노 대통령은 1990년 1월 세 김씨 가운데 두 김씨(김영삼, 김종필)와 손잡고 3당 통합을 선언하고 민주자유당(약칭 민자당)을 창립했다. 이 사건은 세상을 깜짝 놀라게 했다. 그 뒤 통합여당의 대표최고위원에 김영삼이 임명되었고, 1992년 12월의 대통령 선거에 여당인 민자당 후보로 출마하여 제14대 대통령으로 당선되었다.

임기 5년의 노태우 정부(1988.3~1993.2)는 취임 직후 88 서울올림픽을 성공적으로 치러냈다. 이를 계기로 한국의 국제적 위상이 높아지고, 국민들도 긍지와 자신감이 높아졌다. 특히 소련, 동구권과 중국 등 사회주의국가들이 모두 올림픽에 참가한 것은 우리가 이들 나라와 외교관계

---

42) 6·29 민주화선언 주요내용
1. 대통령직선제 수용 및 대통령 선거법 개정
2. 언론기본법 폐지 등의 언론자유 보장
3. 인간존엄성 존중 및 국민기본권 신장
4. 자유로운 정당활동 보장
5. 지방자치제와 대학자율화 실시
6. 사회정화조치 실시
7. 김대중의 사면복권 및 시국관련사범의 석방 등

를 맺을 수 있는 좋은 분위기를 조성했다. 노태우 정부는 북방외교에 총력을 기울여 1989년 2월 헝가리를 시발로 동유럽 여러 나라와 먼저 수교하고, 이어 1990년 9월에 소련, 1992년 8월에 중국과 차례로 외교관계를 맺었다. 1980년대 말부터 동유럽 국가들이 사회주의를 무너뜨리는 대변화를 가져오고, 소련에서도 고르바초프가 등장하여 개혁·개방정책을 펴면서 사회주의를 수정해가고, 1990년 10월에는 동독이 서독에 흡수·통일되는 충격적인 변화가 오면서 한국에 결정적으로 유리한 국면을 조성했다. 사회주의의 몰락과 동유럽 국가들과의 수교는 경제적으로도 우리의 통상대상을 넓히는 계기가 되고, 남북관계에서는 남한이 절대적 우위를 확보하는 전기가 되었다.

88 서울 올림픽

외교적으로 우위에 선 정부는 유화적인 태도로 북한의 문을 계속 두드렸다. 1988년 7월 7일 남북한 간의 적극적인 교류를 제의하고, 북한이 미국 및 일본과 관계개선하는 일에 협조할 뜻을 선언했다. 통일방안도 '민족화합민주통일방안'을 한 단계 진전시킨 '한민족공동체통일방안'을 제시했다. 이는 두 개의 주권국가의 연합을 과도기 단계로 인정한 것이 전과 달랐다.

서울올림픽 휘장과 마스코트(호돌이)

북한은 민간교류를 원하고 당국자 간의 교류를 회피해 왔지만, 미국 및 일본과 수교하기 위해서는 남북화해가 선결과제임을 깨닫고 남한의 교류제의를 수락했다. 마침내 1990년 9월부터 총리를 대표로 하는 남북고위급회담이 열리기 시작했다. 이 회의가 서울과 평양에서 번갈아 열리는 동안 범민족통일음악회가 서울과 평양에서 열리고, 남북의 축구팀이 통일축구대회를 서울과 평양 두 곳에서 가졌으며, 1991년 4월에는 일본 지바에서 열린 세계탁구선수권대회에, 5월에는 제6회 세계청소년축구선수권대회에 남북한 단일팀이 참가했다.

범민족통일음악회(1990)

남북화해의 분위기는 1991년 9월 17일 남북한 동시 유엔 가입이라는 결과를 가져왔다. 그동안 북한은 남북 단일의석에 의한 유엔가입을 주장해 왔으나 이를 후퇴시킨 것이다. 한국은 그 뒤 유엔의 여러 기구에서 이사국으로 선출되고, 1995년에는 안전보장이사회의 비상임이사국으로 진출하여 국제적 위상을 높였다.

1991년 12월 13일 서울에서 열린 제5차 남북고위급회담에서는 '남북 간의 화해와 불가침 및 교류협력에 관한 기본

세계탁구선수권대회 남북한 단일팀 출전 1991년 일본에서 열린 세계탁구선수권대회에서 남북한 단일팀으로 출전, 선전하고 있는 이분희(좌), 현정화(우) 선수의 모습

합의서[남북기본합의서]가 채택되었으며, 이해 12월 31일에는 '한반도 비핵화非核化 공동선언'이 채택되었다. 이 선언에서는 남북한이 서로 국가적 실체로만 인정하고 국가로는 승인하지 않기로 하고, 서로의 체제를 인정 존중하며, 내정에 간섭하지 않고 침략하지 않기로 합의했다. 이 합의서는 1972년의 7·4 남북공동성명 이래 남북관계를 가장 평화적으로 진전시킨 의의를 갖는다. 이것이 바탕이 되어 1992년에는 정치, 군사, 교류협력 3개 분과위원회가 구성되는 등 구체적 협의가 진행되었으며, 이해 7월에는 북한의 부총리[김달현]가 서울을 방문하여 산업시설을 시찰하고 조속한 남북경제협력의 추진을 요구하기도 했다. 그러나 순조롭게 진행되던 남북 간의 관계개선은 북한의 핵개발 의혹이 커지면서 남한에서 상호사찰을 제기하고 나서자 정돈상태에 빠졌다.

한편, 정부의 북한 접촉과는 별도로 전국대학생협의체인 '전대협全大協'과 재야인사 중에도 정부의 허가없이 방북하는 사건이 자주 발생하여 세상을 놀라게 했다. 1989년 4월 문익환文益煥 목사에 이어 이해 6월 한국외국어대학교 여학생 임수경林秀卿이 전대협 대표로 평양축전[세계 대학생축전]에 참석하기 위해 방북하고 8월 15일 돌아왔다. 그 뒤에도 8·15 범민족대회에 전대협 대표를 보내는 것이 관례처럼 되어 이를 저지하려는 당국과 갈등을 빚었다.

노태우 정부는 5년 재임기간 동안 주택난 해소에 힘을 기울여 전국적으로 2백만 호의 아파트를 건설하고, 서울 외각에 분당, 일산, 평촌 등 신도시를 조성했다. 이로써 부동산투기와 주택난이 크게 완화되었다.

정부는 민주화, 자율화를 위한 제도개선도 단계적으로 추진해 나갔다. 우선 정부의 통제 아래 묶여 있던 대학에 자율권을 부여하여 졸업정원제 폐지, 대학생 선발 등 일반학사행정을 스스로 결정하도록 하고 1989년 이후 대학이 자체적으로 총학장을 선출하고, 교수재임용제도 폐지를 국회에 상정했다. 또한 지방자치제 실시의 첫 단계로 1991년 3월 시, 군, 구의 의회의원을 선출하고, 이해 7월 광역의회의원[도의회의원]을 선거했다. 시장, 도지사 등의 광역단체장 선거는 문민정부가 들어선 1995년에 이르러 시행되어, 5·16 이후 중단되었던 지방자치제가 35년 만에 부활하였다.

6공 시절의 경제는 1980년대에 비해 상대적으로 성장이 둔화되었다. 격렬한 노동조합운동이 생산의 차질을 가져오고 임금상승에 따라 수출경쟁력이 떨어진 것이다. 5공 시대에 억눌렸던 노동조합운동이 민주화 바람을 타고 전 사회로 확산되어 생산근로자뿐 아니라 학교교사와 대학강사에까지 파급되었다. 1987년 6월 2,742개이던 노동조합이 1989년에는 7,861개로 늘었다. 조합원도 같은 기간에 백여만 명에서 190만 명으로 증가했다. 그 결과 근로자의 임금과 노동조건이 많이 개선되었으나, 이것이 물가상승과 수출부진의 요인으로 작용했다.

노동조합운동 가운데 1989년 5월에 조직된 전국교직원노동조합[약칭 전교조]은 단순한 임금투쟁이 아니라 교육계 전반의 비리개혁과 참교육 실현을 목표로 한 것으로 사회적으로 큰 파장을 일으켰다. 그러나 정부는 이들의 움직임을 반체제적이라고 규정하여 1989년 이후 수천 명의 교사를 해직했다. 해직된 교사들은 재야 민주화 운동에 투신하거나 출판업에 종사하여 출판업이 활기를 띠는 계기를 만들었다. 해직교사들은 문민정부 출범 이후 대부분 복직되었다.

4. 1980~1990년대 북한의 변화

김정일(1942~2011)의 후계체제를 공고화한 것이 1980년대 북한
정치의 특징이었다. 이를 위해서 김정일에 대한 개인숭배운동이 일어
났다. 먼저, 김일성에 비교해서 뚜렷한 업적이 없는 그를 미화하기 위
해 그의 출생의 위대함을 강조하기 시작했다. 1987년부터 김정일은
백두산 밀영(비밀 아지트)에서 탄생했다고 선전하면서, 이른바 '구호나무
학습'[43]이라는 새로운 캠페인을 전개했다. 둘째로, 1960년대 후반부터
그때까지 북한에서 쌓은 업적과 지도자로서의 자질을 치켜세웠다.

김일성과 김정일

한편, 김정일은 1970년대와는 달리 공식적인 후계자로서 국가
기관에 대해 직접적인 지도력을 행사하기 시작했다. 특히 1990년 5월
에 개최된 최고인민회의 제9기 1차회의에서 확대 개편된 국방위원회
의 제1부위원장으로 선출되고, 1991년 12월에는 김일성이 맡고 있던
조선인민군 최고사령관에 추대되었다. 이어서 1993년 4월 '군사주권의 최고지도기관'으로 격
상된 국방위원회의 위원장에 취임했다. 그리고 1994년 7월 김일성이 사망하자 그 동안 준비해
온 대로 북한의 최고지도자 자리에 올랐다.

경제적으로 북한은 1980년대 이후 전반적인 정체에 빠지고, 후퇴의 길을 걸었다. 이는
1970년대까지 북한이 경제발전을 위한 기본지침으로 사용했던 속도전의 방식이 한계에 부딪
친 것을 의미하는 것이다. 북한의 국제적 고립, 특히 1990년을 전후한 사회주의권의 붕괴가 경
제의 위기를 더욱 가중화시켰다.

북한은 위기를 벗어나기 위해 실용주의적 측면을 보완하기 시작했다. 김정일은 여전히
'1980년대 속도창조운동'을 내세웠으나, 다른 한편 부문 간 불균형을 시정하기 위해서 경공업
분야에 집중적으로 관심을 가지기 시작했다. 그동안 자력갱생의 기치 아래 비판적으로 보던 중
국의 개방정책을 부분적으로 원용하기 시작했다.

1980년대 초반 강성산을 정무원 총리로 기용하면서 1984년 9월 외국기업과의 합작관련
조항을 규정해 놓은 '합영법合營法'을 제정했다. 나아가 1990년대에 들어와서는 1993년 10월에
'합작법合作法'을 제정하고 1994년 1월에는 외국인투자가 한층 유리하도록 합영법을 개정하는 한
편, 나진·선봉지구를 경제특구로 지정하면서 외국기업과의 합작과 자본도입을 적극 추진했다.

그러나 이러한 실용주의 노선에도 불구하고 만성적인 에너지와 자재의 부족, 수송상의
애로, 외채누적, 설비 및 기술낙후 등 구조적 악순환이 계속되었다. 또한 북한당국도 실패를
자인할 정도로 경제성장은 목표수준에 미치지 못하는 성과를 냈다. 한국은행의 추계에 따르

---

43) 구호나무란 항일무장투쟁시절 유격대원들이 김정일의 탄생에 즈음하여 새로운 미래의 민족지도자의 탄생을
축하하기 위해 나무껍질을 벗기고 거기에 '2천만 백의민족 대통운 백두광명성 출현'과 같은 구호를 새겨넣
은 것이 고목이 되어 남아 있다는 나무를 말한다. 물론 구호나무는 분명히 있었지만 김정일의 탄생을 축하하
는 구호나무가 실제했는지 의문이다.

단군릉

면 1990년 이후 현재까지 계속해서 북한은 마이너스 성장을 보이고 있다.[44] 여기에 1995년과 1996년에 걸친 대대적인 수해水害로 인해 식량조달이 어려워 수백만 명의 아사자가 발생하는 등 경제사정이 더욱 악화되었다. 북한은 이를 극복하기 위해 1996년에 '고난의 행군'을 표어로 내걸고 주민들에게 인내를 강요하는 정책을 폈다. 이러한 정치·경제적 상황의 악화로 북한주민들은 남한이나 제3국으로 탈출하는 사례가 갈수록 늘어나게 되었다.

북한은 1990년대 이후로 '주체사상'에서 한 걸음 더 나아가 이른바 '조선민족제일주의'를 내걸고 있다. 이는 김일성을 수령으로 모시고 있는 조선민족이 세계에서 가장 자랑스럽고 행복할 뿐 아니라, 민족통일을 지상과제로 하여 각계각층의 인민들이 힘과 지혜를 모아 수령을 모셔야 한다는 이론이다. 말하자면, 남한의 권력자를 제외한 모든 주민이 계급과 이념을 초월해서 대동단결해야 한다는 것이다. 남한 기업과의 경제협력도 이러한 이론에 입각하여 정당화되고 있다.

또한 역사해석에 있어서도 단군조선과 고구려의 전통을 계승한 북한이 정통성을 가지고 있다고 선전하면서, 1990년대 이후로 단군릉[45] 복원과 고조선 역사연구에 박차를 가하고 있다. 북한은 위기를 극복하기 위해 시대착오적인 조선민족지상주의 이념에 매달리고 있는 것이다.

---

44) 통계청 발표를 따르면, 북한은 1985년에 2.7%의 경제성장을 이룩한 뒤로 1990년에 -3.7%, 1991년 -5.2%, 1992년 -7.6%, 1993년 -4.3%, 1994년 -1.7%, 1995년 -4.5%를 기록했다고 한다.

45) 북한은 처음에 단군에 대하여 매우 부정적인 태도를 보여 왔으나, 1990년대에 들어와 평안도 강동江東에 있는 속칭 단군무덤을 발굴하여 사람의 뼈와 금동관을 찾아냈다고 하며, 전자상자공명電子常磁共鳴 연대측정법에 의해 이 뼈의 주인공이 기원전 3천 년경의 단군이라고 주장했다. 또한 1993년 이 무덤을 만주의 장군총과 비슷한 피라미드 형식으로 크게 확대시켜 재건했다. 그러나 이 무덤은 원래 돌방흙무덤石室封土墳으로 많은 학자들은 고구려 시대의 무덤으로 보고 있다.

제5장 김영삼의 '문민정부'(1993. 2~1998. 2)

1. 신군부시대 청산과 민족정기 회복

1992년 12월 18일 당선된 제14대 김영삼 대통령은 다음해 2월 25일 국회에서 취임식을 가졌다. 1961년 5·16 이후 처음으로 정통성을 지닌 민간정부가 32년 만에 들어선 것이다.

김영삼 대통령 취임 선서

새 정부는 '문민정부'를 표방하면서 도덕성회복을 최우선 과제로 내걸고 사정司正 활동을 통해 5공·6공 정부의 비리와 부정을 시정하는 데 총력을 기울였다. 그 첫 번째 조치로써 1993년 3월 정부 차관급 이상 공직자의 재산을 공개하도록 하고, 이어 국회의원과 4급 이상 공무원에게까지 확대하여 재산등록을 실시했다. 이 과정에 부정축재 혹은 비리와 관련된 5·6공 인사들이 공직을 떠나거나 구속되었다.

한편 1995년 6월 27일에는 그동안 유보되어 왔던 지방자치단체장 선거가 실시되었다. 도지사, 시장, 구청장, 군수 등 245명이 주민의 투표로 직선되어 민선자치시대가 다시금 출범했다.

새 정부는 민주주의 정착을 위해서 군부세력의 청산이 주요과제라고 믿고, 신군부를 움직여온 군대 내 사조직인 '하나회'를 뿌리뽑기 위해 1994년 4월 하나회 소속 장성들의 보직을 해임했다. 뒤이어 여당인 민자당을 정리하는 작업에 나섰다. 신군부세력과 김종필계 그리고 김영삼계가 연합된 민자당이 김영삼계 중심으로 운영되면서 이에 불만을 품은 김종필계가 이탈하여 1995년 3월에 '자유민주연합'[약칭 자민련]을 따로 조직했다. 민자당 내의 신군부세력은 내란 및 반란죄로 기소되면서 자연히 민자당을 떠나게 되었다.

그 뒤 민자당은 재야 민주인사들과 직능인을 새로 영입하고 이름을 '신한국당'으로 바꾸어 면모를 일신했다. 한편 1992년 대선에 낙선한 후 정계은퇴를 선언했던 김대중이 다시 1995년 9월 '새정치국민회의'를 창당하고 총재에 취임하여 다시금 세 김씨시대가 도래했다.

신군부에 의한 12·12 사태와 5·18 광주민주화운동에 대한 평가도 새 정부가 해결해야 될 과제였다. 새 정부는 처음에 12·12 사태를 '쿠데타적 사건'으로 규정했으나 이를 사법처리하지 않고 '역사의 심판'에 맡긴다고 선언했다. 5·18 광주민주화운동은 처음으로 관민이 합동으로 추모식을 거행하여 명예를 회복시켰다.

신군부에 대한 사법처리를 유보해오던 정부는 사회여론에 따라 1995년 11월 16일 노태우 전 대통령을 비자금조성 혐의로 구속한데 이어 12월 3일에는 전두환 전 대통령을 12·12 사

구 조선총독부 건물 철거 1995년 8월 15일, 광복 50주년을 맞아 민족정기 회복을 위해 옛 총독부 건물을 철거하고 철거 자재로 천안 독립기념관에 전시공원을 조성하였다.

태 및 5·18 광주민주화운동과 관련하여 반란수괴 등 혐의로 구속했으며, 그 밖의 신군부 요인을 무더기로 구속 기소했다. 이들에 대해서는 12·12 사태의 피해자인 정승화 전 육군참모총장 등이 이미 1993년 7월에 반란 및 내란죄로 대검에 고소한 바 있었다. 그런데 정부는 두 전직 대통령의 반란 및 내란죄 이외에도 수천억 원대의 뇌물수뢰를 추가 기소했다. 그리고 뇌물을 제공한 혐의로 대기업 총수들이 또한 함께 기소되었다.

우리나라 역사상 전직 대통령이 구속된 것은 이것이 처음으로 국민들의 비상한 관심 속에 1996년 3월 11일부터 공판이 진행되어 이해 8월 26일 전두환 전 대통령은 사형, 노태우 전 대통령은 징역 22년 6월이 각각 선고되었으나, 이해 12월에 진행된 2심 공판에서는 전두환 피고를 무기징역으로 감형하고, 노태우 피고의 형량도 17년으로 줄이는 판결을 내렸다.

김영삼 정부는 민족정기를 바로잡기 위해 해외에서 숨진 박은식, 서재필, 전명운 등 애국지사들의 유해를 해외에서 국내로 모셔와 국립묘지에 안장시켰고, 1995년 8·15 광복 50주년을 기념하여 국립중앙박물관으로 써오던 옛 조선총독부 청사를 철거하기 시작하여 1996년 11월 완료했다.

1995년 이후로 한국 전통문화유산이 잇달아 유네스코가 지정하는 세계문화유산으로 등록되어 세계인의 관심을 끌고 있다. 이미 1995년에 불국사와 석굴암, 종묘, 해인사 장경판전藏經版殿이 등록된 데 이어, 1997년에는 수원 화성華城과 서울 창덕궁,《훈민정음》(기록유산),《조선왕조실록》(기록유산)이 등록되었다.

2. 금융실명제 실시, 세계화정책, 금융위기

새 정부의 출범과 더불어 경제정책에도 변화가 일어났다. 그 가운데 가장 주목되는 것은 1993년 8월 12일에 전격적으로 단행된 '금융실명제'이다. 은행의 가명계좌를 실명계좌로 바꾸는 이 조치로 금융시장이 위축되고 소규모 사업자들의 자금조달이 어려워지는 등 부작용이 있었지만, 장기적으로 경제개혁의 기초를 놓았다는 점에서 국민의 환영을 받았다.

1993년 12월에 정부는 수년 간 끌어오던 '우루과이 라운드' 협정을 타결지었다. 보호무역주의의 철폐를 골자로 하는 이 협정으로 우리나라는 상품, 금융, 건설, 유통, 서비스 등 모든 분야에서 외국에 문호를 열어 놓게 되었다.

금융실명제 김영삼 대통령은 '금융실명제 실시에 관한 긴급 재정명령'을 발표했다.

정부는 시장개방정책을 더욱 강화하기 위해 1996년 9월 12일 서방 선진국들의 경제협력개발기구(OECD)에 가입했다. 그리고 시장개방정책에 맞추어 낙후된 분야의 경쟁력을 높이기 위해 '세계화'를 강조하고 1995년 1월 '세계화추진위원회'를 공식 출범시켰다. 한국경제는 1995년 수출액이 1천억 달러를 돌파하고, 1996년 말에는 1인당 국민소득이 1만 달러를 돌파했다.

그러나 무역역조가 갈수록 심화되고 경제성장이 둔화되어 1996년의 경제성장률은 7%를 밑돌게 되었다. 이러한 수치는 1990년의 9.6%, 1991년의 9.1%, 1992년의 5.0%, 1993년의 5.8%, 1994년의 8.4%, 1995년의 8.7%에 비하여 침체기에 들어가고 있음을 보여주었다. 이렇게 경기가 둔화되는 과정에 기업들이 외환관리를 잘못하여 1997년에는 외채外債를 상환할 수 있는 한국은행의 달러보유액이 거의 바닥에 이르는 지경에 처하여 국가파산이 눈앞에 다가왔다. 그리하여 이해 11월 21일 정부는 국제통화기금(IMF)에 200억 달러 규모의 구제금

우루과이라운드 반대 농민시위(1993)

융지원을 긴급하게 요청하기에 이르렀다. 이런 사태는 처음있는 일이었다.

3. 남북관계의 교착과 정계개편

노태우 정권 말기인 1993년 초 북한이 국제 핵사찰을 거부함으로써 발화된 1차 핵위기로 한반도에 긴장이 조성되었다. 문민정부의 김영삼 대통령은 남북대화의 물꼬를 트기 위해 언제 어디서든 조건 없이 김일성 주석을 만나겠다고 밝혔다. 그리고 이산가족 문제해결과 신뢰회복, 남북관계 개선 분위기 조성을 위해 조건 없이 비전향장기수인 이인모 노인의 방북을 허용하고 입북조치하였다. 1994년 6월 15일 지미 카터 전 미국 대통령은 평양을 방문한 후 김영삼 대통령을 면담한 자리에서 김일성이 김영삼 대통령의 남북정상회담 제의에 고마움을 표시하면서 정상회담에 호응하겠다는 의사를 밝혔다고 전했다. 그 결과 1994년 6월 28일 정상회담을 위한 예비 접촉이 판문점 평화의 집에서 열렸다. 그러나 7월 8일 김일성의 갑작스러운 죽음으

김일성 사망 보도 조선일보 1994.7.9
김영삼 대통령과 황장엽 전 노동당 비서 '주체사상의 대부'로 불리는 황장엽은
최고인민회의 의장, 노동당 사상 담당 비서 등 최고위직을 두루 거쳤으며 노동당 국제 담당 비서로
있던 1997년 2월 12일 베이징 한국총영사관에 전격 망명을 신청해 북한에 큰 충격을 안겨줬다.

로 남북 정상회담은 무산되었다.

김일성 주석의 갑작스러운 사망 소식을 듣고 일부 재야인사와 학생들이 분향소를 마련하고 조문하는 사태가 벌어지자 정부는 이를 제지하고 조문을 공식적으로 거부하였다. 이 사건을 계기로 남북 간 공박이 거세져 관계는 다시 냉각상태로 돌아갔지만 전부터 진행되던 경제교류는 지속되었다.

1991년 12월 28일 북한은 국제적인 무역, 금융, 관광기지로 건설할 목적으로 중국의 경제특구를 모방해 나진-선봉 자유무역지대를 선포했는데, 여기에 1996년부터 우리 기업이 참여할 뜻을 밝히기도 했다. 그러나 1998년 북한이 남측 기업의 방북을 막자 우리나라 입장에서도 투자지역으로서의 가치를 상실하였다.

1994년 10월 21일 북한의 핵문제를 해결하기 위해 미국과 북한은 제네바합의를 체결하였다. 북한이 핵을 동결하는 대신 미국 측은 경수형 원자로 발전소 건립과 경제원조를 한다는 내용이다. 이에 따라 1995년 3월 9일 북한에 경수형 원자로 제공을 위한 KEDO(한반도에너지개발기구)를 설립하고 2000년에는 원자로 건설사업이 추진되어 한국도 이에 참여했다. 1995년 북한에서 큰 수해가 나 식량사정이 악화되자 정부는 인도적 차원에서 수만 톤의 쌀을 무상으로 지원했다.

그런데 1996년 9월 18일 남북관계를 다시 악화시키는 사건이 돌발했다. 무장군인 수십 명을 태운 북한 잠수함이 남한을 정찰하던 중 강릉 앞바다에 좌초하는 사건이 발생한 것이다. 이 사건을 남한에 대한 군사도발로 간주한 정부는 무장군인들 중 1명을 체포, 나머지 군인들을 소탕하고 북한의 사과와 재발방지를 촉구했다. 북한은 처음에 정상적인 훈련 중 좌초한 것이라고 주장하다가 12월 29일 사과성명을 발표하여 일단락되었다.

1997년 2월 12일 북한 노동당 비서를 지낸 황장엽黃長燁(1923~2010)이 망명하여 국내로 들어오면서 남북 간에 다시 긴장이 조성되고, 또 그가 가지고 왔다는 이른바 '황장엽 리스트'가 정계를 긴장시켰다. 북한과 연계된 정·관계 인사의 명단을 담았다는 이 리스트의 존재 여부는 논란의 대상이 되었다.

정치적으로도 새 정부는 시간이 갈수록 어려움에 처했다. 1996년 4월 11일에 15대 총선거가 실시되었는데, 여당인 신한국당이 과반수에 미달하는 사태가 벌어졌다. 여기에 더하여 1996년 말 신한국당이 노동법을 날치기로 통과시켜 논란이 일더니 1997년 초에는 한보철강의 부도를 계기로 한보그룹 정태수 회장이 구속되고(3.31), 한보그룹으로부터 돈을 받은 여야 정치인들이 무더기로 조사를 받았으며, 이어 대통령의 아들 김현철金賢哲이 한보비리를 비롯한 여러

〈남북한 통일방안 비교〉

구분	이승만 정부	장면 정부	박정희 정부	전두환 정부	노태우 정부	김영삼 정부	김대중 정부	노무현 정부	김일성 정권: 남북연방제(1960)	고려연방제(1973)	고려민주연방공화국(1980)	김정일 정권: 1민족 1국가 2체도 2정부(1991)	낮은 단계의 연방제(2000)
통일방안	남북 자유총선거 (유엔감시하)		평화통일구상선언(1970)	민족화합 민주통일방안(1982)	민족공동체 통일방안(1989)			평화번영정책					
원칙			자주, 평화, 민족대단결 3원칙		자주, 평화, 민주 3원칙					조국통일 5대강령			민족공조론
통일방법			선 건설 후 통일 → 선 평화 후 통일로	평화통일	1민족 1국가 1체제 1정부	1민족 1국가 1체제 1정부	연합제, 3단계 통일론		남조선 혁명론, 연방제 통일방안				선 남조선혁명 후 공산화통일
통일 목표			경제자립이 통일의 첫 단계, 실력배양론, 남북상호불가침협정 체결 제의		① 민족공동체헌장 마련 및 남북정상회의, 남북각료회의, 남북평의회 구성 ② 공동사무처와 상주연락대표 파견 및 평화구역 마련 ③ 과도적 통일체제: 남북연합, 통일헌법, 총선거, 통일국회와 통일정부 구성, 통일민주공화국 수립 단일국가(1민족1국가1체제)국가	① 화해협력단계 ② 남북연합단계 ③ 1민족 1국가의 통일국가	평화·화해·협력 실현을 통한 남북관계 개선 발표, 햇볕정책	북한핵문제 해결, 한반도 평화체제 구축, 동북아 경제중심 국가 건설, 개성공단 건설과 남북경협 협의사무소 개소(2005)		대민족회의 소집, 고려연방 공화국 단일 유엔 가입			
통일 정책			적십자회담 남북조절위원회 회담 7·4남북공동성명(1972) 평화통일 3대 기본원칙(1974)	남북정상회담(1984)	민족자존과 통일번영을 위한 특별선언 (7·7선언 1988) 한반도 비핵화 공동선언(1992)	자유민주주의 민족공동체 건설 남북기본합의서	6·15남북공동선언 (2000) – 최초의 남북정상회의	9·19공동성명 (2005) 남북관계발전 및 평화번영을 위한 선언 (2007) – 10·4 남북정상선언					조국통일 3대헌장(1997)

〈남북한 경제 비교〉(문민정부, 1993~1997)

연도	1인당 GNI (단위: 만 원)		경제성장률 (단위: %)	
	남한	북한	남한	북한
1993	674	78	6.3	-4.5
1994	782	80	8.8	-2.1
1995	95	80	8.9	-4.4
1996	1,007	80	7.2	-3.4
1997	1,094	77	5.8	-6.5

이권과 국정에 개입했다는 혐의를 받아 구속되는 사태가 벌어졌다(5. 17).

김영삼 대통령은 어수선해진 민심과 정치국면을 돌리고 12월의 대통령 선거에 대비하기 위해 고건高建을 총리로 세우고(3. 4), 신한국당 대표에 대법관 출신으로 감사원장을 지낸 이회창李會昌을 임명했다(3. 13).

강직한 인물로 알려진 여당의 대표가 새로 임명되면서 정치권은 선거에 대비하여 숨가쁘게 개편되었다. 우선 여당의 대통령 후보는 7월 21일 역사상 처음으로 전당대회에서 자유경선을 통해 이회창 고문이 후보로 선출되었는데, 민주주의의 일보 진전을 의미한다는 점에서 환영을 받았다. 그러나 경선에 출마하여 2위를 차지한 이인제李仁濟 경기지사는 이회창 후보가 두 아들의 병역시비로 인기가 떨어지자 신한국당을 탈당하여 독자적인 출마를 선언하고 급히 국민신당國民新黨을 창당했다(11. 4). 그러나 추종자가 적어 작은 정당으로 주저앉았다.

혼란에 빠진 여당과는 대조적으로 야당인 김대중의 새정치국민회의[약칭 국민회의]와 김종필의 자유민주연합[약칭 자민련]은 선거 후 연립정부 구성과 내각제 실시 등을 약속하고 김대중을 단일후보로 내세웠다(10월). 그 뒤 대구와 경북지역에 기반을 둔 박태준朴泰俊 의원도 자민련 총재가 되어 동참하면서 전라도, 충청도 그리고 경상도지역을 망라하는 대연합을 형성했다. 이를 세칭 'DJT 연대'라 한다.

야당의 결속에 당황한 신한국당은 11월 21일 민주당[총재 조순]과 합당하여 '한나라당'[총재 조순]으로 당명을 바꾸고 선거전에 임했으나, 이회창 후보는 김영삼 대통령의 탈당을 요구하면서 갈등을 빚어 여권의 단결이 이루어지지 못했다.

4. 외환위기와 사회불안

1997년은 김영삼 정부의 마지막 해이자 12월 18일 제15대 대통령 선거를 치르는 해였다. 집권 초기에 민심의 지지를 크게 얻었던 김영삼 대통령은 1997년에 이르러 정치와 경제에서 매우 어려운 처지에 빠지고 지도력을 상실했다. 대통령 선거를 한 달 정도 앞두고 외환위기가 찾아와 11월 21일 국제통화기금[IMF] 구제금융지원을 공식 요청하는 사태가 벌어진 것이다. 이 사건으로 김영삼 대통령과 여당의 인기는 급락하고, 그 책임을 둘러싸고 치열한 공방전이 벌어진 가운데 선거가 치러졌다.

제15대 대통령 선거는 옥외집회가 금지되고 TV 합동토론회와 신문광고 등을 통해 선거운동이 전개된 점이 종전과 달랐다. 그런 점에서 매스미디어 선거라고도 불린다.

12월 18일 실시된 선거결과, 김대중 후보가 40.3%의 지지율을 얻어 39만 표 차이로 이회창 후보를 누르고 당선됨으로써 역사상 처음으로 여야 간 정권교체가 이루어졌다. 김영삼 정

부는 선거를 공정하게 관리했다는 평을 받았다. 김대중 당선
자는 취임에 앞서 김영삼 대통령과 합의 하에 국민화합을 도
모한다는 명분으로 수감 중인 전두환과 노태우 전직 대통령을
특별사면하여(12. 22) 석방했다.

IMF 구제금융 공식요청

　김영삼 대통령 재임기간에는 대형사고가 잇달아 일어나
서 사회를 더욱 불안하게 만들었다. 1993년 3월 부산 구포역
에서 열차가 전복하여 78명이 사망하고, 10월에는 전북 부안
앞바다에서 서해 페리호가 침몰하여 승객 290여 명이 사망,
실종되었으며, 1994년 10월에는 서울의 성수대교가 붕괴하여 아침 출근길의 시민 32명이 사
망하고 17명이 부상당했다. 1995년 4월에는 대구 지하철공사장에서 도시가스가 폭발하여 100
명이 사망하고, 150여 명이 부상하는 참사가 발생했으며, 이해 7월에는 서울의 삼풍백화점이
갑자기 붕괴하여 501명이 사망하는 큰 사고가 발생했다.

제6장 김대중의 '국민의 정부' (1998. 2~2003. 2)

1. '국민의 정부'의 경제개혁

1998년 2월 25일 김대중金大中(1926~2009)[46] 당선자는 국회의사당 앞에서 제15대 대통령 취임식을 갖고 '국민의 정부'를 표방하고 출범하여 '민주주의와 시장경제의 병행발전'을 정책 기조로 삼았다. 국무총리는 대선 때 연합세력을 형성했던 자민련의 김종필金鍾泌 총재가 맡았다.

새 정부의 당면과제는 6·25 전쟁 후 최대의 국난으로 불리는 경제위기를 극복하는 일이 었다. 1997년 말 IMF[국제통화기금, International Monetary Fund] 관리 체제 이후로 하루에 150개가 넘는 기업들이 부도를 내고 도산했으며, 이에 따라 중산층이 몰락하고, 실업자가 하루에 1만 명씩 늘 어났다. 1997년 12월 현재 정부의 외환보유고는 39억 달러로 국가파산 직전까지 몰리고, 총 부 채는 1,500억 달러를 넘어섰다. 1996년에 1만 달러가 넘던 1인당 국민소득[GNI; Gross National Income]이 1998년에 는 7,607달러로 떨어져 세계 40위권으로 밀려났다. 이 해 경제성장률은 -5.7%로 마이너스 성장을 기록했다.

정부는 외환위기 극복과 구조조정을 통한 개혁에 발 벗고 나섰다. 대통령은 세계 각국을 방문하여 외자유 치에 힘을 쏟고, 국민들은 자발적으로 외환을 보충하기 위한 '금 모으기' 운동을 벌였다. 대한제국 말기의 국채 보상운동과 비슷한 이 운동은 전국적으로 퍼져서 단기 간에 엄청난 양의 금이 모여 달러로 바꾸었다. 한국인의 '금 모으기' 운동은 세계인을 감동시켰다.

금 모으기 운동(1998. 1. 12) 명동 YWCA에서 열린 금 모으기 행사에 참석한 김수환 추기경과 송월주 스님이 종교계 대표와 106개 단체 회원과 함께 금을 농협창구에 맡기고 있다.

---

46) 김대중(본관 김해)은 전남 목포시 신안면의 조그만 섬 하의도에서 농민의 아들로 출생했다. 1943년 목포상고 를 졸업하고, 서울 일본인 상선회사 경리사원으로 일하다가 광복 후 해운회사 사장을 역임, 건준과 신민당 에 잠시 참여했다가 6·25 전쟁 후 목포일보 사장을 거쳐 1956년 장면의 민주당에 입당하여 신파로 활약했 다. 1963년 목포에서 제6대 국회의원으로 당선되고, 그 후 7, 8, 13, 14대 국회의원을 지내면서 반독재투쟁의 선봉에 섰다. 1971년 제7대 대통령 선거에서 박정희에게 근소한 차이로 패배, 1972년 유신체제 이후 일본 으로 망명했다가 1973년 도쿄에서 납치되어 집에 돌아온 후 연금되었고, 그 후 몇 차례 구금과 연금을 거듭 하다가 1980년 12·12 사건 이후 내란음모죄로 군사재판에서 사형선고를 받았다가 형집행이 정지되어 1982 년 미국으로 망명했다. 1985년 귀국하여 김영삼과 함께 '민주화추진협의회' 공동의장이 되었다. 1987년 평화 민주당 후보로 제13대 대통령에 출마하여 노태우 후보에게 패배하고, 1992년 민주당 후보로 제14대 대통령 선거에 출마하여 김영삼 후보에게 패배하고, 정계은퇴를 선언했다가 1997년 새정치국민회의 후보로 제15대 대통령 선거에 출마하여 대통령에 당선되었다.

정부와 국민의 노력으로 1999년 말 외환보유고는 700억 달러를 넘어서고, 외국인의 투자도 급증했다. 정부는 한국전력이나 포항제철 등 기간산업에 대해서도 외국인의 투자를 30% 이내에서 허용했다. 그 결과 1998년에 -5.7%의 성장을 기록했던 경제가 1998년 말부터 플러스성장으로 돌아서서 1999년에는 10.7%의 경제성장률을 기록하여 1인당 국민소득은 9,778달러에 이르고, 경상수지는 250억 달러의 흑자를 냈다.

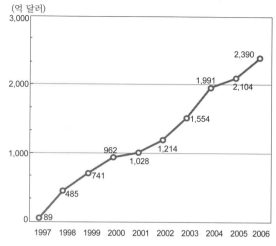

〈외환보유액 추이〉(1997~2006)

출처: 한국은행(ECOS 경제통계시스템)

수출은 반도체, 자동차, 컴퓨터, 휴대전화 등 첨단산업제품이 주류를 이루었고, 특히 삼성三星이 만든 반도체 메모리 분야는 세계 최고수준에 이르렀다. 자동차도 연간 300만 대를 생산하여 미국, 일본, 독일, 프랑스에 이어 세계 5위를 기록했다. 이어 2000년에는 국민총생산이 세계 13위, 총 교역규모는 세계 12위, 1인당 국민소득[GNI]은 11,292 달러로 세계 36위를 기록하며 드디어 1만 달러를 돌파했다. 그 다음 2002년에는 7.2%의 경제성장을 기록하여 1인당 국민소득은 12,100 달러로 늘어났으며, 1997년 외환위기 당시 39억 달러 보유로 국제통화기금[IMF]에서 빌려온 195억 달러를 2001년 8월 23일 전액을 조기상환하고도 1,028억 달러를 보유했고, 2002년에는 1,214억 달러를 보유하여 세계 각국의 경탄을 받았다.

외환위기를 겪게 된 직접적인 원인은 기업들과 금융권의 부실로 인한 경상수지 적자이다. 그 중에서도 대기업의 방만한 문어발식 경영이 가장 큰 원인으로 지목되었다. 특히 계열사 사이의 상호지급보증과 기업경영의 불투명성이 가장 큰 문제점으로 드러났다. 구조조정은 대기업에 집중되었으며, 그 결과 30대 대기업 가운데 11개 기업이 퇴출되고, 나머지 대기업도 문어발식 재벌 행태를 벗어나 주력 핵심사업만을 키우도록 했다. 예를 들어 현대는 63개의 계열사를 32개로 줄이고, 삼성은 65개를 40개로, 대우는 41개를 10개로, LG는 53개를 32개로, SK는 49개를 22개로 줄였다. 나머지 계열사는 독립, 청산, 매각, 빅딜 등의 형태로 처리하도록 했다. 그 과정에서 재계 2위까지 올랐던 대우그룹이 과도한 차입으로 1999년 8월 워크아웃을 신청하게 되었고 "세계는 넓고 할 일은 많다"고 외치면서 세계경영을 꿈꾸던 대우그룹의 김우중金宇中 회장이 물러나 해외로 도피하는 등 사회적으로 큰 충격을 주었다. 구조조정을 둘러싸고 정부와 기업 간의 갈등이 없지 않았지만 그 방향에 대해서는 이견이 없었다.

기업에 무분별하게 자금을 빌려준 금융계도 구조조정의 도마에 올랐다. 정부는 1998년 4월에 '금융감독위원회'를 설치하고 금융구조 조정에 나서 60개에 달하는 금융기관의 간판을 내리게 했다. 국제결제은행[BIS: Bank for International Settlements]의 자기자본 비율이 8% 이하인 금융기관이 퇴출 대상이 된 것이다. 은행 간의 합병도 추진되어 규모가 큰 한빛은행, 하나은행, 농협중앙회, 국민은행, 우리은행 등이 새롭게 개편되었다.

기업의 구조조정으로 많은 노동자가 실직하여 노사 간의 갈등이 증폭되었다. 갈등이 극

〈남북한 경제 비교〉(국민의 정부, 1998~2002)

연도	1인당 GNI (단위: 만 원)		경제성장률 (단위: %)	
	남한	북한	남한	북한
1998	1,064	80	-5.7	-0.9
1999	1,163	85	10.7	6.1
2000	1,277	86	8.8	0.4
2001	1,372	91	4.0	3.8
2002	1,514	95	7.2	1.2

심해지자 정부는 1998년 2월 '노사정위원회'라는 상설기구를 설치하고 노동자와 기업, 정부가 머리를 맞대고 현안문제를 풀어가기 시작했다. 이 기구는 1999년 7월에 '전교조'를 합법화하는 등 상당한 성과를 이끌어냈으나, 급진적 노동단체인 '민주노총'이 탈퇴하여 큰 역할을 하지는 못했다. 공기업과 정부기관도 구조조정에서 자유롭지 못했다. 108개의 공기업에서 평균 4분의 1의 인력이 감축되었고, 한국통신, 한국전력, 포항제철 등 공기업의 3분의 1 정도가 민영화되거나 통폐합되었다. 정부기관의 고급공무원 채용방식은 공개채용으로 바뀌었다.

2. 정부조직 및 교육개혁

국민의 정부는 문민정부에 이어 민주적 개혁을 한 단계 진전시켰다. 정부조직을 바꾸는 개혁을 단행하여 1999년 1월 '국가안전기획부'[약칭 안기부]를 '국가정보원'[약칭 국정원]으로 바꾸고, 정치사찰보다 대북사업에 전념토록 했다. 이해 '문화재관리국'을 '문화재청'으로 승격시켜 문화재 행정을 강화했으며, 2001년에는 '교육부'를 '교육인적자원부'[장관 한완상]로 바꾸고 장관을 부총리로 승격시켜 교육부의 위상을 높였으며, 기획예산처 장관도 부총리로 높였다. 특히 이해 처음으로 '여성부'[장관 한명숙]를 신설하고, 공직인사에서 일정한 수를 여성에게 할당하도록 조치하여 여성의 공직 진출이 활발해지기 시작했다.

정부의 개혁사업 가운데 가장 역점을 둔 것은 교육개혁이었다. 교육전문가가 아닌 이해찬李海瓚 의원이 교육부 장관에 취임한 것도 의외의 인사조치였다. 1999년 1월 교원정년을 62세로 앞당기자 원로교사들이 무더기로 교단을 떠나고, 전체 교장의 56.5%가 학교를 떠나면서 학교 경영에 공동이 생겨나기도 했으나 세대교체를 환영하는 분위기도 없지 않았다.

대학사회에도 개혁의 바람이 거세게 불었다. 정부는 2002년부터 대학입시제도를 획기적으로 개선하는 조치를 발표했다. 대학수학능력시험과 내신성적에 얽매인 학생들을 해방시키고 교육을 정상화시키기 위해 대학입시에서 교과성적 이외에 특기와 봉사활동, 교장의 추천서 등 다양한 기준에 의해 선발하고, 모집단위를 학과가 아닌 큰 단위인 학부로 통합하여 학생들의 전공선택 기회를 넓혀주기도 했다.

교육개혁이 발표되자 대학에서는 학과제도를 옹호하는 반발이 일어나고, 고등학교에서는 교과교육을 소홀히 하여 학생들의 실력이 저하되고, 입시에서 변별력이 떨어진다는 등의 비판이 일어났다. 이를 보완하기 위해 대학마다 독자적인 논술고사를 실시하는 등 새로운 대입제도가 실시되었다.

특히 대학사회에 또 하나의 혁신적인 정책은 1999년부터 시행된 '브레인 코리아 21'[BK21] 사업이었다. 이 사업은 새로운 경제성장동력인 정보기술[IT]과 생명공학[BT] 분야의 지원에 역점을 두고, 학과의 장벽을 넘어서 팀 중심으로 대학을 운영하고 경쟁력 있는 일부 학문을 육성하는 한편 지역 우수대학을 키운 결과, 정보기술과 생명공학의 발전에 기여했다. 그러나 인문, 사회, 자연 등 기초학문 분야에서 대학을 시장논리로 바라본다고 반발하고 지원대상이 일부 대학에 한정되었기 때문에 이에 대한 보완대책이 강구되었다.

또한 교육공무원 임용법을 개정하여 특정대학 출신이 전체교수의 3분의 2를 넘지 못하도록 했는데, 이는 대학사회의 폐쇄성을 막는 장점도 있으나 서울대학교의 경우는 교수의 질을 떨어뜨린다는 비판도 일어났다.

3. 대북 포용정책과 남북정상의 만남

1) 남북긴장완화의 진전

'국민의 정부'가 이전 정부와 근본적으로 다른 점은 대북정책 방향에서 나타났다. 새 정부는 남북 간의 '화해와 협력'에 바탕을 둔 적극적인 포용정책을 추구했는데, 항간에서는 이를 '햇볕정책'이라 부르기도 했다.

북한은 김일성 주석이 사망한 지 4년이 되는 1998년에 헌법을 일부 바꾸어 주석제主席制를 폐지했다. 김정일은 국방위원장의 자격으로 통치하면서 이른바 '선군정치先軍政治'를 표방하여 당보다도 군대를 최상위에 두어 권력을 안정시키는 정책을 추구했다. 김정일 위원장은 취임을 앞두고 1998년 8월 31일 '광명성 1호'로 불리는 인공위성을 발사하여 세상을 놀라게 했는데, 미국과 일본은 자신들을 겨냥한 미사일이라고 주장하면서 반발했다.

북한은 2000년 10월 군부 2인자였던 조명록을 미국에 특사로 파견하여 장거리미사일 개발 포기를 선언하고, 그 대신 경제지원과 체제보장을 내용으로 하는 '북미공동성명'을 발표했으며, 빌 클린턴 대통령Bill Clinton(재임 1993~2001)은 북한을 방문하기 위해 10월 23일 올브라이트 국무장관을 북한에 보내기도 했으나 클린턴 대통령의 방북은 성사되지 않았다. 김대중 정부의

세계를 감동시킨 정주영

북으로 가는 500마리 소 떼 행렬 정주영 회장과 소 떼를 태운 트럭들이 공동경비구역을 넘어 잠시 멈춰 있다.

〈금강산/개성 관광객〉

(단위: 명)

	1999	2000	2001	2002	2003	2004	2005	2006	2007	2008
금강산 관광객	148,074	213,009	57,879	84,727	74,334	268,420	298,247	234,446	345,006	199,966
개성 관광객	–	–	–	–	–	1,484	–	7,427	103,122

출처: 통일부

연도의 환영 인파(2000. 6. 13)
꽃술을 들고 김대중 대통령 내외를 환영하는 평양 시민들

6·15 남북정상회담

대북 포용정책을 미국 정부도 수용한 것이다.

북한은 '햇볕정책'이 북한체제를 붕괴시키기 위한 술책이라고 비난하고 대화에 응하지 않으면서 민간교류만 허용했다. 1998년 6월 16일 정주영鄭周永(1915~2001) 현대그룹 명예회장이 500마리의 소 떼를 몰고 판문점을 거쳐 북한을 방문하고, 이어 10월 27일에도 501마리의 소와 승용차 20대를 몰고 재차 방북하여 굳게 닫혔던 판문점을 민간교류 차원에서 열어 세상을 놀라게 했다. 그 결과 현대는 숙원사업이던 금강산 관광사업을 성사시켜 1998년 11월 18일 드디어 1,418명의 관광객을 태운 금강호가 분단 후 처음으로 동해항에서 출발하여 북한의 장전항을 향해 떠났다. 현대는 관광객 1인당 300달러의 입북료를 북한에 지불했다.

이렇게 민간교류의 물꼬가 터지면서 친지방문이나 사업차 또는 고적답사를 위한 민간인의 북한방문도 늘어났다. 1998년 한 해에 북한을 다녀온 인사는 3,317명에 이르러, 그 이전 9년간 북한을 다녀온 2,408명을 넘어섰다. 북한은 방문객들로부터 큰 액수의 대가를 받아내 실리를 취했다.

그런데 남북관계를 악화시키는 사건이 터졌다. 1999년 6월 7일 서해 연평도 근해에서 북한경비정 3척이 꽃게잡이 어선 보호를 핑계로 북방한계선[NLL: Northern Limit Line]을 무시하면서 침범과 철수를 반복했다. 6월 15일 오전 북한경비정이 대한민국 해군 고속정에 충돌공격을 실시하고 이어 먼저 사격을 가해 와 해군 역시 대응 사격을 하였다. 이로 인해 북한경비정이 침몰·파손되었으나 해군의 피해는 경미했다. 연평해전이라 명명한 이 사건은 더 이상 확대되지 않았으나 남북관계를 악화시켰다.

2000년에 이르러 남북관계는 극적인 전환을 맞이했다. 이해 6월 13~15일 남북정상이 평양에서 만나 5개 항의 '6·15 남북공동선언'[47]을 발표했다. 이 역사적인 사건을 전후하여 민간교

---

47) '6·15 남북공동선언' 요지는 다음과 같다. ① 통일문제의 자주적 해결, ② 통일을 위한 연합제와 연방제의 공통성 인정, ③ 이산가족 방문단의 교환과 비전향 장기수 문제해결을 위한 노력, ④ 경제협력을 통한 민족경제의 균형적 발전과 사회, 문화, 체육, 보건, 환경 등 제분야의 협력과 교류의 활성화, ⑤ 합의사항 실천을 위한 당국 사이의 대화 개최 약속.

류도 활발하게 전개되었다. 1999년 12월 초 북한이 빌 클린
턴 미국 대통령의 동생 로저 클린턴을 초청하여 공연을 가
질 때 한국 연예인 30여 명과 함께 방북하여 '2000년 평화
친선음악회'를 공연하고 돌아왔으며, 12월 21일에는 MBC
가 통일음악회에 참석하였다. 9월 말 평양에서 현대와 북한
남녀 농구팀 간의 남북농구대회가 개최되었고, 12월에는 북
한 선수들이 서울로 와서 통일농구경기를 했다. 2000년 5월
26일에는 평양 학생소년예술단이 서울의 예술의 전당에서
공연을 가졌고, 6월 3일에는 평양교예단이 잠실체육관에서
공연했다. 8월에는 조선국립교향악단이 와서 한국의 성악가
조수미 등과 함께 공연을 가졌다.

남북 정상의 헤어짐 2000년 6월 15일,
평양 순안공항에서 서울로 향하는 전용기 트
랩에 오른 김대중 대통령 내외를 향해 김정일
국방위원장이 손을 흔들어 배웅하고 있다.

남북정상이 만난 뒤에는 합의사항의 이행을 위한 장
관급 회담이 2000년 7월부터 12월까지 서울, 평양, 제주도
를 오가며 네 차례 열렸다. 그 결과 경의선철도 복원에 합
의하여 2002년 9월 18일 기공식을 가졌고, 2006년 3월에
준공되었으며, 2007년 12월부터 문산(도라산역)과 개성을 오
가는 화물열차가 개통되어 개성공단에 필요한
화물을 실어날랐다. 그러나 이명박 정부 들어
서 남북관계가 악화되자 북한은 2008년 11월
28일부터 화물열차 통행을 중단시켰다.

남북 이산가족의 재상봉도 2000년 8월
15일, 12월 2일, 2001년 2월 26일, 2002년 4
월 28일, 9월 16일 등 6차에 걸쳐 실현되어 매
회 남북에서 각각 100명의 이산가족이 서울
과 평양을 방문하여 눈물의 재회를 했다. 그러
나 1천만 이산가족의 한을 풀기에는 턱없이
부족한 만남이었다.

남북한 합동 연주회 2000년 8월 21일, 예술의 전당에서 열린
남북한 합동연주회에서 북한의 테너 리영욱과 남한의
소프라노 조수미가 이중창 '축배의 노래'를 열창하고 있다.

남북화해 움직임은 2000년 9월 15일 개최
된 시드니올림픽 개회식에 남북한 선수단이 똑
같은 제복을 입고 함께 입장하여 세계인의 환영
을 받는 등 남북화해의 분위기가 고조되었다. 남
북이 평화로운 분위기를 이어가는 가운데 이해
12월 10일 김대중 대통령은 민주화와 인권을 위
한 노력, 남북긴장 완화에 대한 공을 인정받아
노벨평화상을 수상하는 영광을 입었다. 한국인
이 노벨상을 받은 것은 이것이 처음이다.

시드니올림픽에서 남북선수단공동입장 모습 2000년 9월 15일

2) 부시 정권, 고이즈미 정권 출범과 남북관계의 변화

2001년에 들어서자 남북관계는 점차 어려운 국면으로 접어들었다. 1월 20일에 미국 공화당의 조지 부시George Bush(재임 2001~2009)가 43대 대통령으로 취임하면서 대외강경 정책으로 선회하여 2월 초에 영국과 더불어 이라크의 바그다드 외곽을 공습하고, 북한에 대해서도 '악惡의 축'이라 부르면서 압박을 가하기 시작했다. 김정일 위원장은 신년사에서 '신사고新思考'를 강조하며 개혁과 개방이라는 실용주의로 나갈 뜻을 비친 데 이어 중국 상하이를 방문하여 천지개벽했다고 감탄하고 돌아와서는 김대중 대통령의 방북에 대한 답방으로 한국을 방문할 예정이었다. 그러나 미국의 정책변화로 북한의 태도도 다시 경직되기 시작했다.

김대중 대통령 노벨 평화상 수상
김대중 대통령이 2000년 12월 10일, 노르웨이 오슬로 시청에서 노벨 평화상을 수상한 후 연설을 하고 있다.

미국의 강경책에 대한 반발은 중동에서도 일어났다. 2001년 9월 11일 뉴욕의 세계무역센터와 워싱턴 D.C.의 국방부가 비행기 테러로 붕괴되고, 수백 명이 숨지는 끔찍한 사건이 터졌는데, 그 배후에 반미적인 이슬람근본주의자 빈 라덴이 있다고 알려졌다. 미국은 이에 대한 보복으로 이해 10월 아프가니스탄을 공격하여 12월 초에 이슬람근본주의자 무장단체인 탈레반의 항복을 받아내고, 이어 2003년 3월 20일에는 이라크전쟁을 일으켰다.

미국은 북한의 핵무기 개발과 장거리미사일 개발에 깊은 우려를 나타내고 이를 철저히 조사해야 한다고 주장하는 등 압박수위를 높여갔다. 한편 일본에서도 2001년 4월 26일 보수파의 고이즈미 준이치로 小泉純一郎 내각이 출범하여 태평양전쟁 전범 위패가 있는 야스쿠니 신사 靖國神社에 참배하고 왜곡된 역사교과서 수정을 거부하는 등 한국을 자극하는 정책을 취하여 한국은 4월 10일 주일대사(최상룡)를 소환하는 조치를 취하기도 했다. 일본은 북한에 대해서도 일본인 납치사건을 공론화 하는 등 강경책을 쓰기 시작했고, 11월 25일에는 일본 자위대 군함을 중동 해안에 파견하여 미국 정책에 적극적으로 동참하고 나섰다.

이렇게 국제정세가 경직되어가자 남북관계에도 영향을 미쳤다. 2001년 8월 15일 평양에서 열린 '민족통일축전'에 참가한 몇몇 인사가 3대헌장 기념식 행사에 참석하는 등 국가보안법을 위반하는 행동을 하고 돌아와 구속되고, 9·11 테러 이후 한국 정부가 테러에 대비해 군사적인 비상경계조치를 취하자 북한은 이를 문제삼아 당국자 간 남북회담을 중단시켰다.

2002년 5월 31일 '월드컵축구대회', 9월 29일 '부산아시안게임' 등 큰 행사를 치르게 된 한국은 '6·15 남북공동선언'을 지키려고 노력했으며, 북한도 민족공조를 내세워 미국과 일본의 압박에 대응하는 전략을 썼다.

그런데 2002년 6월 29일 한국과 터키의 월드컵 3·4위전을 치르

9·11 테러 미국 뉴욕의 세계무역센터

던 날 뜻밖에 연평도 근해에서 다시 북한경비정의 기습포격으로 교전이 시작되어 아군 6명이 사망, 18명이 부상당하고, 경비정 1척이 침몰하는 사건이 발생했다. 이 사건은 '서해교전'이라 불리다가 2008년 4월 '제2 연평도해전'으로 격상되었다. 이 사건은 북한 정부의 지시에 의한 것이 아니라 북한 해군이 이전에 당한 패배에 대한 보복성 도발로, 우발적으로 발생한 무력충돌에 대해 유감스럽게 생각한다는 북측 전화통지문을 북한 정부의 사과로 받아들이고 일단락되었다.

북한이 부산아시안게임에 참가할 뜻을 밝히자, 정부는 이에 앞서 9월 7일 북한 축구팀을 초청하여 상암동 서울 월드컵경기장에서 한국 월드컵대표팀과 '통일축구' 경기를 가졌으며, 9월 27일에는 이미자李美子 등 남측 가수들이 평양 동평양대극장에서 특별 공연하여 갈채를 받았다. 이어 10월 3일에는 북한 태권도 시범단이 서울에 와서 시범을 보이고 돌아갔다.

9월 29일에 개막된 아시안게임에서는 북한 선수단이 참가하여 9위의 성적을 거두고 돌아갔다. 특히 북한 선수들을 응원하러 온 여성응원단은 빼어난 미모로 눈길을 끌었는데, 그 가운데 지금 김정은의 부인이 된 리설주도 포함되어있었다. 이어 10월 26일에는 북한 경제시찰단 15명이 내한하여 한국의 산업시설을 견학하고 돌아갔다.

이렇게 남북 간의 문화, 예술, 스포츠, 경제 등 비정치적 분야는 교류가 원만하게 진행되었다. 그러나 한국정부가 핵 문제에 대해 미국의 강경정책에 동조하고 탈북자·납북자 문제를 들고 나오면서, 8차에 걸쳐 진행되던 장관급회담도 10월 19일 평양회담(남측대표 정세현 통일부장관)을 끝으로 중단되고 말았다.

북한은 2003년 1월 10일 핵확산금지조약(NPT; Nuclear Non-Proliferation Treaty)의 탈퇴를 선언하여 국제사회에 큰 충격을 주었다. 미국 부시 정부는 대북 강경책을 펴고 북한이 핵개발을 포기하지 않는 한 남북 간의 경제교류도 달갑게 여기지 않았다. 한국은 미국과의 공조냐, 아니면 민족간의 공조냐를 놓고 깊은 고민에 빠졌다.

4. 스포츠와 문화

20세기를 청산하고 21세기의 문턱을 넘어서는 시기에 해당하는 김대중 정권기는 한국의 국제적 위상이 한 단계 높아졌다. 무엇보다도 2002년 '월드컵축구'를 한국과 일본이 공동으로 개최하여 88 서울올림픽에 이어 한국이 다시 한 번 전 세계인의 주목을 받았다. 특히 한국은 서울 월드컵경기장에서 개막식을 치르고, 기대 이상으로 4강에까지 오르는 성과를 거두었는데, 축구팀을 이끈 네덜란드 출신 히딩크 감독은 신드롬을 불러일으킬 정도로 영웅으로 대접받았다.

특히 광화문과 시청 앞 광장에 수백만 명의 시민이 모여 질서 있는 응원을 보인 것은 세계인을 감동시켰고, '붉은 악마'라 칭하는 응원단이 외치는 '대~한민국' 응원은 세계적 유행이 될 정도였다.

월드컵에 앞서 1998년에 미국에서 이름을 떨친 야구선수 박찬호와 여자 골프선수 박세리의 활약으로 외환위기에 빠진 국민들에게 자신감과 희망을 안겨주었다. 한국은 1980년대 이후

시청 앞에 모인 **월드컵 응원군중** 월드컵 4강 경기(2002.6.22) 때 붉은 셔츠를 입고 시청 앞 광장에서 전광판을 보며 응원하는 시민   **겨울연가**

로 역대 올림픽에서 꾸준히 세계 10위권 안팎의 성적을 거두어 스포츠 강국의 면모를 보였다.

한국의 관문인 인천국제공항이 착공한 지 8년 4개월 만인 2001년 3월 29일 개항한 것도 특기할 만하다. 세계정상급이라고 평가받는 신공항의 개통으로 김포공항 시대가 끝났으며, 동북아 물류중심의 위상이 한층 높아지게 되었다. 2001년 12월에는 인천과 목포를 잇는 서해안 고속도로가 개통되어 서해안 지역의 교통난이 완화되었다.

한국의 통신기술과 생명공학은 세계적으로 선진대열에 올라갔는데, 반도체 메모리 부분은 세계 최첨단을 달리고 있으며, 컴퓨터와 인터넷 통신망 설치율도 세계에서 가장 앞서 있다. 생명공학 분야에서는 서울대 황우석 교수팀이 복제 송아지 '영롱이'를 탄생시켜 화제를 모았다.

김대중 정부는 오랫동안 논란이 되어 왔던 일본 대중문화의 수입을 개방하는 조치를 내렸다. 다만 영화, 비디오, 만화를 일차적으로 개방하고 가요, 음반, 애니메이션(만화영화), 게임, 방송 등은 단계적으로 개방하기로 했다. 한국의 대중문화도 일본에 상륙하여 인기를 얻었다. 영화 〈쉬리〉가 폭발적인 인기를 누렸으며, 2003년에는 드라마 〈겨울연가〉가 일본에서 방영되면서 엄청난 '한류붐'이 일어나기도 했다. 영화, 드라마, 음악 등 한국 대중문화는 베트남, 중국 등지에서도 인기를 끌었다.

2000년에는 경주역사유적지구(남산, 월성, 황룡사지 등)와 고인돌지구(고창, 화순, 강화)가 유네스코 세계문화유산에 등록되었으며, 2001년에는 《직지심체요절直指心體要節》과 《승정원일기承政院日記》가 세계기록문화유산으로 등록되었다.

5. 여야의 정치적 갈등과 시민단체의 등장

김대중 정권 집권기 5년은 끊임없는 정쟁政爭의 연속이었다. 과거의 정쟁이 산업화세력과 민주화세력의 갈등이었다면, 김대중 정권기의 정쟁은 민주화세력 내부의 진보와 보수의 갈등이 중심을 이루었다. 갈등의 형태는 주로 상대방의 비리와 부정을 폭로하는 것이고, 갈등의 무대는 주로 국회였다. 그래서 국회가 파행으로 치달았다. 여야의 정쟁에 실망한 국민들은 점점 정치불신에 빠져들었다.

2000년 4월 13일에 실시된 제16대 총선거는 57.2%라는 저조한 투표율을 보였으며, 선거 결과 야당인 한나라당이 제1당(133석)으로 올라서고, 여당인 새천년민주당(약칭 민주당)이 제2당(115석), 여당과 공조관계를 맺었던 자민련은 17석을 얻는데 그쳤다. 한나라당이 다수당이 된 것은 여당에 대한 불신보다도 영남지역이 한나라당에 몰표를 몰아준 것이 주요 원인이었다. 민주당은 영남에서 단 1석도 얻지 못하여 영남과 호남의 지역갈등이 얼마나 심각한지를 드러냈다. 자민련의 쇠퇴는 충청도가 민주당으로 선회한 데 이유가 있었다.

이번 선거의 또 다른 특징은 이른바 거물정치인들이 대부분 낙선하고, '386세대'(30대, 80학번, 60년대 출생)로 불리는 젊은 신인들이 13명이나 당선된 것이었다. 순수한 민간조직으로 'NGO'라 불리는 '비정부시민단체'들이 차츰 정치단체로 변신하여 선거에 적극적으로 개입한 것도 국회의원의 세대교체에 한 몫을 했다.

국회의 소수당으로 전락한 여당은 의원 몇 명의 당적을 자민련으로 옮겨 20인 이상의 소속의원을 가진 교섭단체로 만들어 줌으로써 자민련과의 공조를 회복했는데, '의원 꿔주기'라는 여론의 비판을 받았다. 김대중 대통령은 야당의 약진이 보수언론에 책임이 있다고 보고, 2001년 2월 언론개혁을 명분으로 보수언론사들의 세금포탈을 조사하여 5천억 원 이상의 세금을 추징하고, 조선일보, 동아일보, 국민일보의 대주주를 구속했다. 언론사들은 이를 언론탄압이라고 반발했다.

여당과 정부를 더욱 곤경으로 빠지게 한 것은 여당 실세와 대통령 친척의 잇따른 비리사건이 터진 것이었다. 대통령의 둘째 아들이 2002년 6월 비리로 구속되어 김영삼 정부 말기와 비슷한 사태가 벌어졌다.

민주당의 인기가 추락하자 소장파 의원들은 일찍부터 당풍쇄신운동을 벌이며 2001년 1월 이른바 동교동계 실세로서 여러 이권에 개입한 것으로 알려진 인사를 일선에서 후퇴시켰고, 11월에는 대통령이 민주당 총재직을 사퇴했으며, 2002년 5월에는 민주당을 탈당했다.

김대중 대통령의 임기 막바지인 2002년 12월 19일은 제16대 대통령 선거일로 정해졌는데 여당과 야당 모두 경선을 통해 후보를 선출하는 방법을 택했다. 먼저 여당인 새천년민주당은 봄부터 경선을 시작한 결과 4월 27일 부산 출신의 노무현盧武鉉(1946~2009)[48] 의원이 최종 후

---

48) 노무현(본관 광주)은 경남 김해 출생으로 1966년 부산상고를 졸업하고 군복무를 마친 후 사법고시에 네 번 도전한 끝에 1975년 합격하여 판사생활을 시작했다. 1978년 판사를 그만두고 변호사를 개업하여 요트를 즐기는 등 평범한 생활을 하다가 1981년부터 인권변호사 활동을 시작하면서 정치에 발을 들여놓았다. 1988년 부산에서 김영삼의 통일민주당 후보로 나가 13대 의원에 당선되고, 제5공이 끝난 직후 5공청문회에서 죄가 없다고 주장하는 전두환 전 대통령을 몰아세워 국민의 관심을 끌었다. 1990년에 김영삼, 노태우, 김종필이 합당하자 이를 야합으로 반대하고 나와서 활동하다가 몇 차례 낙선하고, 김대중이 1997년에 조직한 '새정치국민회의'에 들어가 1998년에 서울에서 당선되었고, 2000년 총선 때 부산에서 "지역주의의 벽을 넘겠다"고 선언하고 '새천년민주당' 후보로 출마했으나 낙선했다. 연이어 국회의원과 부산시장 선거에도 낙선했다. 이를 안타깝게 여긴 네티즌들이 '노사모'를 조직하여 그를 후원하기 시작했으며, 김대중 정부가 들어서자 해양수산부장관을 지냈다. 2002년 새천년민주당의 대통령 후보로 제16대 대통령에 당선되었다. 퇴임 후 고향인 봉하마을로 귀향하였으나 재임 중 친인척 비리로 조사 받다가 2009년 5월 23일 사저 뒷산 부엉이 바위에서 투신, 서거하였다.

보로 선출되었고, 전주 출신의 정동영鄭東泳(1953~) 의원이 2위를 차지했다. 야당인 한나라당도 경선을 통해 당 총재인 이회창李會昌(1935~)이 후보로 선출되었다.

여론조사에서 한나라당 이회창 후보가 우세한 것으로 나타나 정권교체의 기대 속에 선거가 치러졌다. 그러나 결과는 의외로 57세의 노무현 후보가 48.9%의 지지를 얻어 46.6%의 지지를 얻은 68세의 이회창 후보를 누르고 당선되었다. 투표율은 역사상 가장 낮은 70.8%를 기록했다. 노무현 후보가 승리한 것은 '노사모'[노무현을 사랑하는 모임]를 비롯한 시민단체의 지지를 얻은 데다 노무현과 공조를 약속했던 정몽준鄭夢準(1951~)[49] '국민통합21' 대표가 투표 전날 갑자기 공조를 철회하여 젊은 유권자들의 반발이 작용한 까닭이었다.

---

49) 정몽준(본관 하동)은 현대 정주영 회장의 여섯째 아들로 태어나 중앙고를 졸업하고, 1970년 서울대 상대 경제학과에 입학했다. 졸업 후 ROTC 장교를 거쳐 1978년 MIT에 입학하여 경영학 석사를 마치고, 1985년에 다시 존스 홉킨스대학에 들어가 정치학을 공부하여 1993년에 박사학위를 받았다. 1988년에 13대 국회의원에 당선된 뒤로 14, 15, 16, 17대 무소속의원을 거치면서 대한축구협회 회장과 월드컵조직위원회 위원장으로 월드컵을 유치하는데 공을 세우고, 4강 신화를 이루어내는 데도 공이 커서 인기가 올라갔다. 이를 계기로 2002년 '국민통합21'을 조직하여 대통령 후보로 추대되었다가, 여론조사 결과 이회창 후보를 누를 수 없다는 것을 알고 노무현과 단일화를 시도했는데, 여론조사에서 약간 밀려 노무현이 단일후보가 되었다. 이후 노무현을 위한 선거운동을 전개하다가 노선 차이로 선거 전날 밤 공조철회를 선언했다.

제7장 노무현의 '참여정부'(2003. 2~2008. 2)

1. 정치권의 세대교체와 이라크 참전

2003년 2월 25일 국회의사당에서 취임식을 가진 제16대 노무현(1946~2009) 대통령은 58세로, 처음으로 광복 후 세대가 대통령이 되었다. 새 정부는 '참여정부'를 표방하여 자신을 키워준 이전의 '국민의 정부'와 차별화를 시도했다.

박정희 대통령 이후로 역대 대통령은 영남이나 호남 등 지역주의를 바탕으로 선거에서 승리했다면 노무현은 세대 간 대결에서 승리한 것이 다른 점이다. 그래서 새 정부에는 386세대가 권력의 중심에 들어가고, 젊은 네티즌들의 의견이 정책에 적지 않은 영향을 주었다. 이것이 노무현 정권이 표방한 '참여'의 의미였다. 이들은 5공시절의 권위주의에 저항하던 학생층이었다가 이제 사회주도그룹으로 성장한 것이다. 이들의 감각은 참신하지만, 너무 조급하여 경륜이 미숙함을 드러냈다. 기득권층과 기성세대를 지나치게 공격하여 세대갈등이 불거지고, 이념갈등이 필요 이상으로 증폭되었다.

그런데 새 정부가 가장 먼저 부딪친 문제는 2003년 3월 20일 발발한 이라크전쟁의 참전 문제였다. 이라크가 핵무기를 비롯한 대량살상 무기를 보유하고 있거나 개발하고 있다는 명분으로 시작한 것인데, 사찰을 통해 문제를 해결하자는 유엔의 결의를 무시하고, 미국의 부시정부는 영국 등과 연합하여 기습적으로 공격하여 20여 일 만에 수도 바그다드를 점령했다. 그 사이 수천 명의 이라크 국민이 희생당했으나 정작 대량살상 무기가 발견되지 않아 전쟁의 명분이 설득력을 잃게 되었다. 이라크전쟁은 석유자원 확보와 군수산업 진흥 그리고 종교적 갈등에서 비롯되었다는 비판도 적지 않았다.

이라크전쟁이 미국의 단기적 승리로 끝나고, 숨어 있던 후세인 대통령을 체포하여 처단하고(2006.12) 친미정권을 세우는 데는 일단 성공했으나, 자살폭탄 테러로 대응하는 이라크 국민의 저항이 완강하여 미군의 피해도 컸다. 이라크의 이슬람교도는 시아파와 수니파로 나뉘어져 있는데,[50] 타 종교에 관용적인 태도를 지닌 시아파가 국민의 절반을 차지하고, 미국과 무장항쟁을 주장하는 수니파가 절반을 차지한다. 미국에 저항하는 세력은 수니파이다.

---

50) 이슬람교의 창시자인 마호메트는 후사가 없이 사망하여 그 후계자가 누구인가를 놓고 두 파로 나뉘었다. 시아파는 마호메트의 사촌이자 사위인 알리Ali를 후계자로 보며, 의식을 주관하는 이맘의 〈코란〉 해석을 존중한다. 이에 비해 수니파는 역대 칼리프왕조의 칼리프(후계자, 계승자)를 후계자로 보며, 칼리프의 〈코란〉 해석을 존중한다. 수니파의 무장세력을 '탈레반'이라고 부른다. 9·11 테러의 배후로 지목된 빈 라덴은 바로 탈레반에 속한다. 이라크에는 시아파와 수니파가 각각 절반을 차지하고 있으며, 이란은 90%가 시아파로 구성되어 있다.

이라크전쟁 2003. 3. 20~4. 14

이라크 파병식

미국은 이라크 침공에 다국적군이 연합하고 있다는 인상을 주기 위해 한국에 파병을 요청해 왔다. 미국이 벌이고 있는 대테러전쟁 파병요구를 무시하기 어려운 현실적 상황에서 정부는 국민 여론이 찬반으로 엇갈린 가운데 국회의 동의를 얻어 2003년 4월에 연인원 1만 9천 명의 공병부대와 의료부대를 파견했다. 파병부대의 공식명칭은 아랍어로 평화를 상징하는 올리브라는 뜻의 '자이툰' 부대로 정했다. 한국군은 전투지역인 이라크 남부가 아니라 쿠르드족이 살고 있는 이라크 북부 아르빌에 주둔하여 대민봉사활동에 주력했는데, 현지인들은 '신이 준 선물'이라고 환영했다. 자이툰 부대는 4년 3개월의 임무를 마치고 2008년 12월 19일에 전원 무사히 귀국했다.

이라크 파병은 미국의 요청을 무시하기 어려운 상황에서 해외파병을 통해 전투력을 향상시킨다는 목적이 있었다. 한국은 한국석유공사가 유전개발권을 얻는 실익을 거두기도 했다. 이전 한국군의 해외파병은 1960~1970년대 베트남 파병과 1993년 아프리카 소말리아에 평화유지군 파병(공병대), 1999년 10월 동티모르에 419명의 상록수 부대를 평화유지군으로 파병, 2002~2003년에 아프가니스탄에 비전투병 파견 등이 있다.

2. 대통령 탄핵, 개혁과 반발

노무현 대통령이 새천년민주당(민주당) 후보로 당선되었으나 당선된 뒤에는 김대중계의 영향력에서 벗어나기 위해 개혁적 정치세력을 모아 2003년 11월 11일 '열린우리당'을 창당하고 2004년 1월 당의장으로 정동영 의원을 선출했다. 그러나 열린우리당의 국회의원은 47명에 불과하여 여당이면서도 소수당을 벗어나지 못했으나 야당인 한나라당과 새천년민주당의원은 190명을 웃돌았다.

압도적 다수를 차지한 보수야당은 급진적인 노무현 대통령을 탄핵할 수 있는 힘을 가진 것을 믿고 2004년 3월 12일 새천년민주당의 발의로 국회에서 탄핵소추를 결의했다. 역사상 현직 대통령이 탄핵을 받은 것은 이것이 처음이다. 야당(한나라당과 민주당) 의원 195명 가운데 193명의 찬성을 얻은 결과였다. 47석의 의원을 가진 여당(열린우리당)이 저지하려 했으나 경호원들에 의해 본회의장 밖으로 끌려나갔다. 탄핵사유는 대통령이 총선거에서 중립을 지킬 의무를 위반했다는 것, 대통령 선거 당시 불법자금을 받은 것, 대통령의 사돈이 대선과 경선 당시 수백억 원의 모금을 했다는 것 그리고 실정失政에 따른 경제파탄 등에 대한 책임을 물은 것이었다.

집권 1년간 노 대통령의 측근 비리가 터지고 경제가 불안해지면서 인기가 급속도로 내려간 것은 사실이지만, 그렇다고 지난 대선 때 이른바 '차떼기'로 도덕성을 상실한 한나라당이 대통령을 탄핵하는 것은 지나치다는 것이 여론이었다. 탄핵소추를 받은 대통령(2004. 3. 12)은 공직수행이 정지되어 고건高建 총리가 권한대행을 하게 되었는데, 헌법재판소는 이해 5월 14일 탄핵소추를 기각함으로써 대통령은 다시금 공직을 수행할 수 있게 되었다.

탄핵 사건을 계기로 야당의 지지도는 떨어지고 국민의 지지가 여당으로 기울어져 그 뜻이 2004년 4월 15일에 치러진 제17대 국회의원 총선거에 반영되었다. '열린우리당'이 152석을 얻어 다수당이 되고, '한나라당' 121석, '민주노동당' 10석, '새천년민주당' 9석, '자민련' 4석을 얻었으며, 정몽준이 창당한 '국민통합21'은 1석을 얻는 데 그쳤다. 이 총선은 정치지형을 바꾼 중요한 선거로써 김대중계와 김종필계, 정몽준계가 몰락하는 결과를 가져왔다.

4·15 총선 이후 힘을 얻은 정부는 의도했던 정책을 밀고 나갔다. 행정수도를 국토의 중심부인 연기–공주 지역으로 옮기는 일, 국가보안법을 철폐하는 일, 사립학교법을 개정하는 일, 친일 반민족 행위자를 소급해서 조사하는 일, 대북 햇볕정책을 적극적으로 추진하는 일, 보수언론을 개혁하는 일 등이었다.

먼저 행정수도 이전은 국토의 균형발전을 도모한다는 취지로 시작되었으나, 국민적 합의없이 추진되면서 여론의 거센 반발을 초래했으며, 급기야 헌법재판소는 위헌이라는 판정을 내렸다. 그러나 정부는 2005년 3월 행정수도 대신 '행정중심복합도시'로 바꾸어 특별법을 만들고 박근혜가 이끄는 한나라당이 이를 받아들여 이명박 정부 시기에 '세종특별자치시'로 출범하고 주요 정부기관이 이전하기 시작했다.

북한을 반국가단체로 규정하고 있는 국가보안법은 남북 간 화해와 협력이 이루어지고 있는 시대 흐름에 맞지 않는다는 것이 폐지의 이유였으나, 이 역시 야당과 보수단체의 거센 반발에 부딪쳐 뜻을 이루지 못했다.

사립학교법은 사립학교의 불투명한 운영과 재정으로 인해 만연한 사학비리와, 경영자와 직원敎師 간에 끊이지 않는 분쟁을 시정하여 운영과 재정을 투명하게 만들고, 이사진의 4분의 1 이상을 외부에서 영입하는 이른바 개방형 이사를 선임하여 사립학교의 건전한 발전을 도모하기 위해 개정되었다. 그러나 학교의 설립자나 재단 측은 사학의 자율성을 침해할 뿐 아니라 전교조 출신의 조정위원을 다수 임명했기 때문에 좌파인재를 양성하는 데 악용할 우려가 있다는 점을 들어 완강하게 반대하고 나섰으나, 여당은 2005년 12월 29일 이를 강행처리하여 통과시켜 오늘에 이르고 있다.

'친일반민족행위자진상규명법'은 광복 직후 유야무야로 끝난 친일파에 대한 진상규명을 다시 하여 민족정기를 바로잡겠다는 취지로 여당이 발의하여 2004년 3월 2일에 국회에서 통과되었다. 그리고 이 법에 따라 '친일반민족행위자진상규명위원회'(위원장 강만길, 뒤에 성대경)가 설립되어 조사에 착수해 2006년 제1차로 106명의 명단(1904~1919년간)을 발표하고, 이어 2007년 12월에 제2차로 195명의 명단(1919~1937년간)을 발표하였으며, 2009년 11월 27일 제3차로 704명을 공개했다. 위원회가 발표한 친일 인사는 모두 1,005명으로 위원회는《친일 반민족행위 진상규명 보고서》를 발간하고 11월 30일 활동을 마무리했다.

이 사업을 계기로 여당과 야당은 서로 상대방 조상의 친일행위자를 폭로하는 사태가 벌어져 적지 않은 평지풍파를 일으켰다. 학계에서 할 일을 정치권에서 한 데서 생긴 결과였다. 이상

개성공단 착공식(2003. 6. 30) 10 차례 열린 장관급 회담이 성과를 거두어 개성공업지구를 완공하여 가동 중이다.
(김윤규, 김한길, 김옥두, 정세균, 정몽헌 등 남한 측 인사와 북한 측 인사들이 참석했다.)

참여정부의 여러 정책은 원칙적으로 필요한 사업이었지만 방법이 조급하고 신중하지 못해 필요 이상으로 세대 간 갈등을 일으키고, 국론을 분열시키켜 보수층이 결집하는 반작용을 불러왔다.

3. 참여정부 시절의 남북관계

참여정부는 김대중 정부의 대북정책을 그대로 계승하여 화해와 협력을 위한 장관급회 담이 계속 이어지고, 이산가족상봉도 금강산에서 이루어지다가 2005년부터는 화상상봉畵像相逢 방식으로 바꾸어 비용을 절감하는 효과를 거두었다.

북한과의 경제협력사업에도 힘을 기울여 10차례 열린 장관급회담을 통해 경제협력을 구체화해갔다. 정동영 통일부장관은 2005년 6월 '6·15 남북공동선언' 5주년을 기념하여 북한 을 방문하여 김정일 위원장을 만나고 돌아오기도 했다. 이런 노력의 결과로 탄생한 것이 개성 공단이다. 2003년 6월 30일 착공하여 2004년 12월 15일 준공된 개성공단은 현대아산이 사업 을 담당하고, 2005년 3월 16일부터는 공단에 필요한 전력을 한국에서 직접 공급하기 시작하고, 2007년 12월 11일 광복 후 처음으로 끊어졌던 경의선철도가 연결되어 문산[도라산역]에서 개성 간 화물열차 운행이 시작되었다. 한국 기업체 직원은 서울에서 매일 개성공단으로 출퇴근이 가 능해지고 2008년 말 약 1만 8천 명의 북한 노동자들이 공단에서 일했는데, 규모가 갈수록 커져 2013년 현재 공단근로자는 약 5만 명에 이르렀다. 한국 기업은 우수한 북한 노동력을 싼값으 로 활용하고, 북한은 여기서 외화를 벌어들였다.

그러나 2008년 12월 초 북한은 이명박 정부의 대북정책에 불만을 품고 한국 상주인원을 크게 줄이고, 개성─문산 간 화물열차의 운행을 중단시켜 난항을 겪게 했다.

금강산관광사업도 계속되는 가운데 2003년 2월 14일부터는 육로관광이 시작되어 전보다 이동시간이 크게 절약되었다. 2007년 12월 5일부터는 개성관광사업이 시작되어 하루 일정으로 선죽교, 개성박물관(성균관), 박연폭포 등을 보고 돌아올 수 있게 되었다.

남북 간 스포츠교류와 대중문화교류도 계속되었다. 2003년 10월 6일에는 정주영 현대그룹 회장이 기증한 '평양유경정주영체육관'이 준공되었으며, 이를 기념하여 현대 남녀농구팀이 친선경기를 가졌다. 북한은 2003년 10월 23일 제주에서 열린 '민족평화축전'에 계순희(유도), 정성옥(마라톤) 등을 포함한 선수단을 보내 축구, 탁구, 마라톤 등 대항경기와 씨름, 그네, 널뛰기 등 민속경기를 통해 한 핏줄임과 문화공동체임을 확인했다.

2005년 8월 15일에는 남북친선축구 및 광복 60주년 8·15 민족대축전을 서울에서 열었는데, 북한대표 단장이 국립현충원을 참배하고 청와대를 예방하기도 했다. 2005년 8월 26일에는 대중가수 조용필이 평양에서 공연을 가져 뜨거운 환영을 받았다.

이렇게 남북관계가 민족공조를 바탕으로 진척되는 가운데 드디어 2007년 10월 2일 두 번째 남북정상의 만남이 평양에서 이루어졌다. 노무현 대통령은 김대중 대통령이 비행기로 방북한 것과 달리 직접 걸어서 휴전선을 넘어 북한 땅을 밟는 모습을 보여주었고, 자동차로 평양에 도착하여 김정일 위원장의 영접을 받았다. 이어 10월 4일에 남북 정상은 8개 항의 '10·4 남북공동선언[51]'을 발표했다.

제17대 대통령 선거를 불과 두 달 앞두고 이루어진 방북과 공동선언에 대해 북한 주민의 굶주림을 더욱 심화시키고 핵무기 개발을 도와줄 뿐이라는 일부 비판적 여론도 있었으나 국민들은 대체로 환영하는 분위기였다.

하지만, 남북관계가 개선된 것과는 별개로 북한의 심각한 경제난 때문에 북한을 탈출하여 제3국을 거쳐 한국으로 넘어온 탈북자는 2007년 5월 현재 1만 명을 넘어서고, 2013년 현재 약 3만 명에 이르고 있다. 유엔은 북한 주민의 인권을 보호하기 위해 2005년 11월 18일에 '북한인권결의안'을 통과시켰는데, 한국은 남북관계를 고려하여 기권했다.

한편 북한 핵문제는 답보상태를 이어왔다. 2001년 1월 미국 부시 정부가 출범하면서 대북강경정책을 펴자 북한은 이에 반발하여 2003년 1월 10일 '핵

군사분계선을 넘는 노 대통령 내외 노무현 대통령과 권양숙 여사가 2007년 남북정상회담을 위해 군사분계선을 도보로 넘고 있다.

개성공단을 방문한 노 대통령

밝게 웃는 남북정상 노무현 대통령과 김정일 국방위원장이 8개 항의 10·4 공동선언(2007. 10. 4) 후 평양 백화원 영빈관에서 열린 환송오찬에서 대화하며 환하게 웃고 있다.

---

51) 10·4 남북공동선언의 8개 항은 다음과 같다. ① 통일문제의 자주적 해결, ② 남북관계를 상호존중과 신뢰관계로 확고히 전환, ③ 군사적 적대관계의 종식, 불가침의무 확고히 준수, ④ 항구적인 평화체제를 구축한다는 인식을 같이함, ⑤ 경제협력사업의 활성화, 지속적인 확대발전, ⑥ 사회문화 분야의 교류와 협력발전, ⑦ 인도주의 협력사업 적극 추진, ⑧ 해외동포의 권리와 이익을 위한 협력강화

〈대북지원 현황〉

(단위: 억 원)

		2002	2003	2004	2005	2006	2007	2008	2009	2010
정부차원	무상지원	1,140	1,097	1,313	1,360	2,273	1,983	438	294	133
	식량차관	1,510	1,510	1,359	1,787	0	1,505	0	0	0
민간차원(무상)	민간차원(무상)	576	766	1,558	779	709	909	725	377	200
	총액	3,226	3,373	4,230	3,926,	2,982	4,397	1,163	671	332

출처: 통일부(내부행정자료)

확산금지조약'[NPT] 탈퇴를 선언, 이어 4월 이미 핵무기를 보유하고 있다고 호언하면서 불가침 조약 체결을 요구하여 북한 핵문제가 심각해졌다. 이어 북한 핵문제를 대화를 통해 평화적으로 해결하기 위해 한국, 북한, 미국, 중국, 러시아, 일본 등 한반도 주변 6개국이 참여하는 6자회담이 개최되었다. 2003년 8월부터 2007년 9월까지 모두 6차례 회담이 중국 베이징에서 개최되었다. 2005년 2월 북한은 또다시 핵무기를 보유하고 있다면서 미국을 압박하여 6자회담 타결에 난항을 겪다가 2007년 2월 13일 극적인 타결을 보았다. 북한이 핵시설을 폐쇄하고 핵 프로그램을 신고하는 대신 미국 및 일본과의 관계 개선과 5개국이 중유 100만 배럴을 제공하는 경제적 보상을 약속한 것이다. 이른바 '2·13 합의'가 채택되었다. 이 합의를 구체적으로 실행하기 위해 열린 제6차 회담에서 미국은 같은 해 3월 마카오 모 은행에 동결되어 있는 북한자금 2,400만 달러를 해제해 준다고 선언하고, 9월 북한을 테러지원국 명단에서 삭제한다는 등을 골자로 하는 합의가 채택되었다. 그러나 실제 집행과정에서 미국은 선 핵무기 폐기를 요구하고 북한은 선 지원을 요청하여 6자회담은 원점으로 돌아갔다.

4. 참여정부 시대의 경제, 문화, 스포츠

참여정부의 사회·경제 정책은 그동안 한국사회를 이끌어온 대기업과 서울 강남, 서울대 출신 등 이른바 엘리트층보다는 비주류에 속하는 계층 위주의 정책을 추구했다. 중요한 공기업을 지방에 이전하고, 각 도마다 기업도시를 선정하는 등 지방사회 균형발전에 힘을 쏟았으나 뚜렷한 실적을 올리지는 못했다.

김영삼 정권 때 외환위기(1997. 12. 3)로 국제통화기금 195억 달러 차입 이후 경제성장률이 둔화되기 시작하여 노무현 정권기 5년 동안에도 4~5%의 경제성장률을 보이는데 그쳤다. 그래도 2003년의 1인당 국민총소득[GNI]은 13,460달러, 2004년 15,082달러, 2005년 17,531달러, 2006년 19,691달러, 2007년 21,632달러에 이르러 대망의 2만 달러를 넘어섰다. 경제규모는 세계 13~14위를 기록했으며 외화도 2,622억 달러를 보유했다.

한국은 2004년 4월 1일 칠레와 자유무역협정[FTA]이 발효되어 우리의 공산품이 나가고 칠레의 농산물이 들어오고 있으며, 2007년 4월에는 한미자유무역협정[52]을 맺었다. 미국은 자동

---

52) 2006년 2월 3일 양국이 한미 FTA 협상 출범을 공식선언한 후 2007년 4월 2일 14개월간의 긴 협상을 마치

차산업에 미칠 영향을 우려하고, 한국은 미국의 농산물과 쇠고기수입이 농민에게 미칠 영향을 우려했다. 그러다가 이명박 정부에 들어와 비준되었다.

한국 기업 가운데 가장 국제경쟁력이 높은 것은 조선업造船業과 정보통신 분야 그리고 자동차 분야이다. 현대중공업, 삼성중공업, 대우조선이 현재 세계 1, 2, 3위를, 삼성, LG 모바일은 세계 2~3위를 기록하고 있으며, 현대자동차도 세계 빅5에 들고 있다. 삼성전자는 2004년 9월에 60나노 8기가 메모리를 개발한데 이어 2005년 9월에는 12기가 낸드 반도체를 개발하여 메모리분야에서 세계 첨단을 걷고 있다. LCD TV는 2008년 현재 삼성전자와 LG가 세계 시장의 1위와 2위를 차지하고 있다. IT 산업이 전체 국민총생산에서 차지하는 비중은 1996년 4.4%에서 2008년 현재 16.9%로 확대되어 한국 경제의 버팀목이 되어주고 있다. 한편 2004년 7월부터는 근로자의 주 5일근무제가 실시되어 주말의 여가를 즐기는 시대가 열렸다.

문화 면에서는 2005년 10월 용산에 터를 잡은 국립중앙박물관이 4년간의 공사 끝에 준공되어 세계 10대 박물관에 드는 시대를 열었다. 2007년에는 《고려대장경판高麗大藏經板》 및 제경판諸經板, 조선왕조 《의궤儀軌》가 유네스코 세계기록문화유산으로 등록되어 우리나라 기록문화의 우수성을 세계로부터 인정받았다. 이밖에 종묘제례宗廟祭禮와 종묘제례악宗廟祭禮樂, 판소리, 강릉 단오제端午祭가 무형문화유산으로 등록되었고, 2007년 제주도의 한라산 천연보호구역, 거문오름 용암동굴계, 성산일출봉 등이 세계자연유산으로 등록되었다.

스포츠 분야에서도 큰 성과를 이룩했다. 2004년 아테네 하계올림픽에서 한국 선수단은 세계 9위를 기록하는 성과를 올리고, 2008년 8월의 베이징 하계올림픽에서도 세계 7위를 기록하여 스포츠 강국의 전통을 그대로 이어갔다. 특히 베이징 올림픽에서는 역도의 장미란이 세계신기록을 수립했으며, 수영의 박태환 선수가 2관왕을 획득하는 쾌거를 이룩했다. 여자 피겨스케이팅 분야에서는 김연아 선수가 2006년 이후 세계 그랑프리대회에서 연속적으로 우승하여 국민 여동생으로 사랑을 받았다.

〈남북한 경제 비교〉(참여정부, 2003~2008)

연도	1인당 GNI (단위: 만 원)		경제성장률 (단위: %)	
	남한	북한	남한	북한
2003	1,604.0	94.4	2.8	1.8
2004	1,726.0	101.5	4.6	2.1
2005	1,796.0	105.2	4.0	3.8
2006	1,882.0	103.0	5.2	-1.0
2007	2,010.0	104.1	5.1	-1.2

자료: 한국은행 http://ecos.bok.or.kr>국민계정

한미자유무역협정 반대 1,000인 선언(2007.3.27)

고 최종타결하였다. 2007년 5월 25일 협정문 내용이 공개되고, 2010년 12월 3일 추가협상 타결, 2011년 10월 21일 미국 오바마 대통령 서명으로 미국 비준절차 완료, 2011년 11월 22일 한미 FTA 비준동의안 국회통과, 2012년 3월 15일 0시에 발효되었다. 한미 FTA 협상 결과 상품 분야에서는 전체 94% 수준의 수입량에 대해 관세를 조기철폐(즉시 혹은 3년 이내 철폐) 하기로 했다. 쌀 개방 문제로 농민들의 항의집회와 시위가 끊이지 않았는데 한국은 미국 조선업 시장 진출을 포기하는 대신 쌀 시장을 지켰다. 추가 협상 결과는 한국 측이 양보했다는 비판이 나오는 가운데 미국 측이 요구하던 자동차 부분을 대부분 수용했다.

국립중앙박물관 개관(2005.10.28) 용산에 터를 잡은 국립중앙박물관은 4년 여의 공사끝에 준공. 세계 10대 박물관 시대를 열었다.

2004년 4월 1일 경부고속철도와 호남고속철도가 동시에 개통되어 시속 300km의 KTX 가 서울과 부산을 3시간대로, 서울과 목포를 3시간 20분 안에 고속으로 달리는 시대가 열렸다. 고속철도의 개통으로 지방에서 서울로 올라와 상품을 구매하고, 병원 등을 이용하여 오히려 서울집중이 높아지는 역기능도 나타나고 있다.

2003년 10월 이명박 서울시장은 복개되었던 청계천을 하천으로 다시 복원하여 서울의 명소로 자리잡게 했으며, 뚝섬 경마장을 '서울숲'으로 가꾸어 서울시가 2005년 한일국제환경상을 수상했다.

2007년에는 반기문 외무장관이 유엔 사무총장에 취임하여 한국의 국위를 높이는 데 크게 기여하고 있다.

5. 참여정부 말기 정치와 제17대 대통령 선거

노무현 대통령의 탄핵소추가 헌법재판소에서 기각되면서 2004년 5월 14일부터 정무에 복귀한 노무현 대통령은 이해 6월 이해찬 의원을 국무총리로 기용하고 행정수도 이전과 국가보안법 폐지, 취재 선진화 방안이라는 명분으로 추진된 기자실 폐쇄 등을 강력하게 밀고 나가면서 다시 지지율이 하락하기 시작했다. 여기에 북한 핵문제에는 소극적으로 대처하면서 2002년 연평도해전 이후 서해안의 무력충돌을 막기 위해 2004년 6월 남북정상급 회담에서 북방한계선[NLL]을 북한과 협의하는 모습을 보이자 보수층이 크게 반발하고 나섰다.

2007년은 노무현 정권의 임기가 끝나면서 12월에 예정된 제17대 대통령 선거를 치르는 해로서 노무현 대통령과 열린우리당의 인기가 계속 하락하자 노무현 대통령은 2007년 2월 열린우리당을 탈당했다. 8월 열린우리당과 민주당 탈당파 그리고 한나라당을 탈당한 손학규 등이 모여 '대통합민주신당'을 창당하고 9월부터 경선이 시작되었다. 여당에서는 손학규孫鶴圭 경기도지사와 열린우리당의 당의장과 통일부 장관을 지낸 정동영鄭東泳(1953~) 등이 치열한 경선

청계천 복원(좌) 이명박 시장이 청계천 3·1고가도로(1971년 완공)를 철거하고 하천으로 복원한(2005.9.30) 청계천에는 수심 30㎝ 이상의 물이 흐르고, 21개의 교량이 새롭게 들어섰다.
반기문 유엔 사무총장 취임(우) 반기문 총장은 취임연설에서 "사무총장으로서 처음해야 할 일은 신뢰회복"임을 강조했다.(왼쪽은 전 사무총장 코피 아난)

끝에 정동영이 후보로 확정되었다.

한편 '한나라당'에서는 서울시장을 지냈던 이명박李明博(1941~)[53]이 당 대표를 지낸 박근혜朴槿惠(1952~)[54]와 치열한 접전 끝에 후보로 선정되었다. 두 번이나 대통령 후보였다가 김대중과 노무현에게 패배했던 이회창李會昌(1935~)은 '자유선진당' 후보로 출마하고, 민주당에서는 조순형趙舜衡과 이인제李仁濟 의원이 경합 끝에 이인제 후보가 당선되었다.

2007년 12월 19일 선거결과 이명박이 48.67%, 정동영이 26.14%, 이회창이 15.07%를 얻어 이명박 후보가 대통령에 당선되었다. 이명박은 이른바 'BBK 사건' 등으로 도덕성이 문제되어 고전할 것으로 예상되었으나, 경제 살리기에 적합한 인물일 것이라는 서민들의 기대와 지난 10년간 진보정권에 반발한 보수층이 결집한 결과로 당선되었다. 그러나 역사상 가장 낮은 62.9%의 투표율을 기록하여 정치에 대한 국민의 무관심이 높음을 보여주었다.

---

53) 이명박 대통령은 1941년 일본 오사카에서 출생하여 1960년 동지상고를 졸업하고, 1965년 고려대학교 상과대학 경영학과를 졸업했다. 학생시절 상대학생회장을 지내면서 한일회담을 반대하는 6·3 데모를 주동하고 징역 3년을 선고받고 복역했다. 1965년에 현대건설에 입사하여 정주영 회장의 신임을 받아 승승장구하여 계열사회장을 지냈다. 1992년에 민자당 제14대 전국구 국회의원이 되고, 1996년에 서울 종로에서 신한국당 후보로 제15대 국회의원에 당선되었으나 선거법 위반으로 사퇴했다가 2002년에 한나라당 후보로 제32대 서울시장에 당선되었다. 2003년 7월부터 청계천 복원공사를 시작하여 2005년 10월 1일 준공했다. 이밖에 뚝섬 경마장에 서울생태숲을 복원하고, 버스전용차로제를 실시한 것 등이 주요한 업적으로 꼽힌다.

54) 박근혜는 박정희 대통령의 맏딸로 1974년 서강대학교 전자공학과를 졸업하고 프랑스 유학을 떠났다가 이해 육영수 여사가 사망하자 귀국하여 청와대 퍼스트 레이디로 활약했다. 새마을운동의 일환인 새마음운동을 주도했으며, 1979년 박 대통령이 사망한 후 1982년 육영재단, 1994년 정수장학회를 운영하다가 1998년 대구보선에 출마하여 한나라당 국회의원에 당선되었다. 2001년 독자적인 정치세력을 만들기 위해 한나라당을 탈퇴했다가 다시 복귀했다. 2004년 3월 한나라당 대표가 되어 여당인 열린우리당과 경쟁하면서 2004년 3월 노무현 대통령 탄핵소추를 이끌었으며, 이해 4·15 총선에서 한나라당 국회의원 121석을 당선시키는 데 공헌했다. 2007년 대선후보 경합에서 이명박 후보에게 근소한 차이로 패배했으나 2008년 총선에서 자신을 따르는 의원을 무소속으로 다수 당선시켜 독자적인 정치세력을 형성한 후 이들을 한나라당으로 입당시키는 데 성공했다.

제8장 이명박 정부(2008. 2~2013. 2)

1. 쇠고기 수입 파동과 금융위기

2008년 2월 25일 국회의사당에서 취임식을 가진 제17대 이명박 대통령의 새 정부는 국민의 여망에 따라 '창조적 실용주의'와 경제 살리기를 국정지표로 내걸고, '화합적 자유주의'를 국정이념으로 내세웠다. 기업친화적인 정책을 추진하기 시작하고 각종 기업규제를 철폐하는 일에 나섰다. 그런데 출범 초기부터 첫 내각인사에서 편중된 모습을 보여 시중에 '강부자', '고소영' 내각이라는 평을 듣기도 했다.[55]

이명박 대통령 취임식

출범 초기의 새 정부를 더욱 곤궁에 빠뜨린 것은 4월 18일 미국산 쇠고기 수입 협상을 타결한 뒤부터 시작된 촛불시위였다. 광우병에 걸린 미국산 쇠고기 수입은 국민건강을 크게 위협한다는 언론보도가 계기가 되어 쇠고기 수입을 반대하는 야간촛불시위가 전국적으로 확산되어 한 달 이상 지속되었다. 특히 6월 10일 서울시청 앞 시위는 100만 명에 이르러 민주화운동 이후 최대 규모의 시위를 기록했다. 그러나 미국산 쇠고기에 대한 언론보도가 과장되고, 배후에 진보세력이 개입되었다는 것이 알려지면서 시위는 잦아들었지만 정권 초기부터 심각한 레임덕 현상이 나타났다.

버락 오바마 미대통령

설상가상으로 2008년 9월부터 미국발 금융위기가 닥쳐왔다. 미국의 부동산 거품이 꺼지면서 비우량담보대출[Sub Prime Mortgage]로 인해 리먼 브라더스, 메릴 린치 등 금융회사들이 파산하자 연쇄적으로 전 세계 금융계가 위기에 빠지고, 경기후퇴가 따라왔다. 미국은 이 파동으로 11월의 대통령 선거에서 공화당의 매케인 후보가 패배하고 민주당의 버락 오바마[Barack Hussein Obama(1961~) 후보가 최초의 흑인 대통령으로 선출(44대, 2008. 11. 5)되는 이변이 일어났다.

미국 금융위기의 직격탄을 맞은 한국 경제는 1,700선까지 올라갔던 코스피 지수가 2008년 가을부터 900선대로 하락하고, 1달러 당 1,000원대였던 환율이 1,400원대를 오르내리고, 외국 펀드에 투자했던 자금이 거의 바닥나는 사태가 벌어졌다. 여기에 수출이 부진하고 내수

---

55) 강남 땅부자와 고려대, 소망교회, 영남인을 중용했다는 뜻이다.

가 위축되면서 기업과 서민이 다 함께 어려움
을 겪었다. 그 결과 2008년의 경제성장률은
-0.6%로 후퇴하고, 2만 달러를 넘어섰던 국
민소득은 1만 9천 달러로 내려갔다. 경제불황
의 여파는 2009년에도 이어져서 경제성장률은
1.6%를 기록하고 국민소득은 1만 7천 달러로
더 내려갔다.

〈남북한 경제 비교〉(이명박 정부, 2008~2012)

연도	1인당 GNI (단위: 만 원)		경제성장률 (단위: %)	
	남한	북한	남한	북한
2008	2,113.0	114.3	2.3	3.1
2009	2,175.0	119.0	0.3	-0.9
2010	2,378.0	124.2	6.3	-0.5
2011	2,488.0	133.4	3.7	0.8
2012	2,559.0	137.1	2.0	1.3

자료: 한국은행 http://ecos.bok.or.kr

　　그러나 미국, 일본, 중국 등과 통화 스와
프를 맺으면서 외환보유고가 늘어나고 무역수
지가 개선되면서 2010년부터 경제가 다시 살아나기 시작했다. 그 결과 2010년에는 국민소득
이 다시 2만 달러로 올라서고, 경제성장률은 6.3%를 달성했으며, 2011년에는 무역규모가 1조
달러를 넘어서서 세계 9위를 기록했는데, 무역수지 흑자가 해마다 이어졌다. 다만 삼성의 모바
일, 반도체, 가전제품, 현대의 자동차와 조선, LG의 가전제품, SK의 정유사업 등 일부 대기업의
수출호조에 힘입어 이런 결과가 나왔으며, 중소기업과 소상인은 심각한 불황에서 벗어나지 못
하고 있는 것이 취약점으로 나타났다.

　　그래도 2011년 국민소득은 약 2만 2,400 달러, 2012년은 2만 2,700 달러에 이르고, 수출액
이 5천억 달러를 넘어서서 '세계 7대 20-50클럽'[56]에 들어갔다. 한국은행이 가지고 있는 외환보
유액도 2008년 약 2천억 달러로 축소되었다가 그 뒤 꾸준히 증가하여 2012년 현재 3,168억 달
러로 세계 8위에 올랐다. 미국발 금융위기로 전 세계가 경제적으로 큰 타격을 받고 있음에도 한
국경제는 상대적으로 안정을 유지하여 그만큼 경제의 기초체력이 튼튼해졌다는 평가를 받았다.

　　정부는 수출확대를 위해 세계 여러 나라와 자유무역협정[FTA] 체결에 나섰다. 노무현 정
부 때부터 추진되어오던 미국과의 자유무역협정이 야당이 반대로 돌아서서 많은 논란이 있었
으나, 2011년 국회의 비준을 통과하여(11. 22) 2012년 3월 15일부터 발효되었다. 한편 유럽연합
[EU]과의 자유무역협정은 순조롭게 진행되어 2010년 10월에 체결되어 2011년 7월부터 발효되
었다. 그밖에 칠레, 페루, 터키 등과의 자유무역협정도 체결되었다.

2. 노무현 대통령과 김대중 대통령의 타계

　　임기를 마치고 은퇴한 노무현 전 대통령은 고향인 경상도 김해 봉하마을로 내려가 평범
한 서민으로 살아가고 있었는데, 2009년 4월 '포괄적 수뢰죄'로 검찰에 소환되어 조사를 받기
시작했다. 재임 중에 태광실업이 청와대 비서를 통해 영부인에게 13억 원을 전달했다는 것이
주요 죄목이었다. 야당은 이것이 생계형 부정에 지나지 않는다고 옹호하고 나섰으나, 여당은
공격을 늦추지 않아 검찰조사가 시작된 것이다.

---

56) 국민소득 2만 달러 이상, 수출액 5,000억 달러 이상이 되는 나라들을 '20-50 클럽'이라 부르는데, 여기에 속
　　한 나라는 미국, 일본, 프랑스, 독일, 이태리, 영국 그리고 한국이다.

노무현 전 대통령 영결식 2009.5.29

김대중 전 대통령 영결식 2009.8.18

이렇게 검찰조사가 진행되던 5월 23일 새벽 노무현 대통령은 봉하마을 뒷산에 있는 부엉이바위에서 뛰어내려 스스로 목숨을 끊었다. 향년 64세였다. 전직 대통령이 자살한 사건은 역사상 처음있는 일로써 국민에게 엄청난 충격을 주고, 야당 안에서 친노세력을 강화시키는 요인이 되었다. 노무현 정부 청와대비서실장을 지낸 문재인文在寅이 노무현재단 이사장이 되어 추모사업을 주도하면서 친노세력의 중심인물로 떠올랐다.

2009년 8월 18일에는 김대중 전 대통령이 노환으로 향년 86세에 세상을 떠났다. 이례적으로 북한에서 김기남 노동당비서, 김양건 통일전선부장 등이 조문단으로 서울에 와서 이명박 대통령을 면담하고 돌아갔다(8.23).

3. 4대강 사업

전직 현대건설 사장이자 서울시장 재임 시 청계천을 복원하여 인기가 올라간 경험이 있던 이명박 대통령은 취임 직후부터 한반도대운하사업을 추진하기 시작했다. 그러나 대운하사업의 경제적 실효성과 생태계 파괴 등을 우려하는 반대여론이 비등하자 방침을 '4대강 살리기 사업'으로 바꾸어 한강, 낙동강, 금강, 영산강 등 4대강을 대대적으로 재정비하는 사업을 추진했다. 22조 원의 큰 예산이 투입된 이 사업은 2008년 12월에 착수되어 2012년 4월에 완료되었는데, 높아진 하상을 준설하고, 친환경 보洑와 중소규모의 댐을 건설하여 하천의 저수량을 대폭 늘려서 수질을 개선하고, 홍수를 조절하며, 생태계를 복원한다는 목표를 내세웠다. 이밖에 강변의 노후된 제방을 보강하고, 하천주변에 자전거길을 만들어 휴식처로 활용한다는 것도 부수적 목적으로 제시되었다.

이 사업으로 만성적으로 범람하던 낙동강과 영산강의 하구가 개선되어 여름철 홍수에 별다른 피해를 주지 않았다는 것이 드러났다. 그러나 수질이 오히려 나빠지고, 공사가 부실하여 하자가 발생하고, 대운하와 연결하려는 의도가 있었으며, 공사과정에 로비자금이 오갔으며, 하천 주변의 문화재가 파괴되었다는 등의 비판이 일어나 감사원이 감사에 나섰다. 그런데 감사원의 감사결과는 아직도 명확한 평가가 내려지고 있지 않다.

4. 남북관계의 냉각

보수정권으로 돌아간 이명박 정부는 대북정책으로 '비핵개방 3000'을 표방했다. 핵개발을 포기하고 개방정책으로 나가면 국민소득 3천 달러가 되도록 도와주겠다는 것이다. 그러면서 김대중 정권과 노무현 정권의 대북지원사업이 오히려 핵과 미사일을 개발하는데 도움을 주었다는 보수층의 비판을 받아들여 개성공단사업을 제외한 대북지원사업을 중단했다.

그런데 남북관계를 어렵게 만든 사건이 2008년 7월 11일 새벽 발생했다. 금강산을 관광하던 한국여성[박왕자]이 해변을 산책하다가 북한 초병의 총격으로 사망한 사건이 일어났다. 북한이 사과와 재발방지요구를 거부하자 정부는 관광사업을 중단시켰다.

북한은 정부의 대북강경정책에 맞서 김대중 정부의 6·15 남북공동선언 및 노무현 정부의 10·4 남북공동선언을 실행할 것을 요구하면서 이해 11월 개성관광을 중단시키고, 경의선철도 운행을 중단시켰으며, 우리 기업의 개성공단 출입을 제한하고, 체류인원도 줄였다. 그러다가 2009년 8월 김대중 대통령 조문단이 온 뒤로 남북관계가 다소 호전되어 남북이산가족 상봉이 몇 차례 이루어졌다.

그러나 2010년 3월 26일 남북관계를 최악으로 몰고 간 사건이 발생했다. 서해에서 통상적인 군사훈련을 마치고 백령도 연안에서 항해 중이던 해군함정 천안함이 한밤에 폭파되어 46명의 승조원이 사망하는 끔찍한 사건이 발생한 것이다. 북한은 자신의 소행이 아니라고 부인하고, 좌초설 등 여러 가지 억측이 나돌았으나, 정부는 면밀한 조사를 거쳐 북한 잠수정이 발사한 어뢰를 맞고 수중 폭발한 것으로 공식 발표했다. 한국은 북한에 대한 식량지원 등 그동안 해오던 대북지원사업을 모두 중단하는 조치를 취했는데 이를 5·24 조치라고 한다. 미국은 이 사건을 유엔 안보리에 회부하고(2010. 6. 6), 북한을 다시 테러국으로 지정하고 제재할 방안을 검토하기 시작했다.

천안함사건으로 남북관계가 악화된 가운데 2010년 11월 23일 또다시 북한의 무력도발이 연평도에서 일어났다. 역시 연평도 근해에서 통상적인 호국훈련을 마치고 휴식하던 중 북한군이 무차별 포격을 가하여 장병 2명과 민간인 2명이 사망하는 불상사가 일어났다.

남북관계가 초긴장 상태를 이어가던 중 2011년 12월 17일 아침 북한 김정일 국방위원장이 지방을 시찰하러 가던 열차 안에서 70세로 사망하여 충격을 주었다. 북한은 이미 김정일과 고영희 사이에 태어난 차남[57] 김정은을 김정일의 후계자로 지명해 놓고 2010년부터 후계자로 키우고 있었다. 2010년 9월에 인민군대장에 임명하고, 이어 당중앙군사위원회 부위원장 및 노동당중앙위원회 위원으로 만들어 제2인자의 자리에 있었기 때문에 김정일이 죽은 뒤에 권력1인자로 올랐다. 김정일의 추모기간이 끝난 2012년 4월 11일 제4차 당대표자회의와 4월 13일의 최고인민회의에서 30세의 김정은은 노동당 제1비서, 당정치국 상무위원, 중앙군사위원회

김정은

---

57) 김정일은 부인 성혜림 사이에 김정남을 낳고, 고영희 사이에 김정철과 김정은을 낳았으므로, 김정은은 셋째 아들이다. 그러나 김정남은 이복형이므로 둘째 부인을 기준으로 보면 차남이자 막내이다. 김정은은 1983년 1월 8일생이다.

제1위원장에 추대되어 3대 세습을 마무리했다. 그리고 4월 13일 '헌법'을 개정하여 북한이 '핵보유국'임을 명시해 놓았다.

　　왕조국가가 무너진 현대민주사회에서 권력이 3대에 걸쳐 세습된 나라는 지구상에 북한밖에 없다. 더구나 김정은 위원장은 30세의 약관으로 2년 동안 후계자 수업을 받은 것이 전부이며, 특별한 업적도 없어 어떻게 지도력을 발휘해갈지 세계인의 관심이 쏠리고 있다. 고모 김경희와 고모부 장성택이 배후의 실력자로 알려졌는데,[58] 장군들이 쥐고 있던 군사권을 당으로 집중시키는 작업을 추진하고, 핵무장과 경제발전을 동시에 추구하는 정책을 펴고 있는 것으로 알려졌다.

5. 스포츠와 문화

　　정치와 경제가 어두운 것과는 대조적으로 스포츠와 문화 부문에서는 즐거운 일들이 많았다. 2008년 8월 개최된 베이징올림픽에서 한국은 금메달 13개로 일본을 제치고 세계 7위를 기록했으며, 2012년 런던올림픽(7. 27~8. 12)에서도 금메달 13개로 세계 5위를 기록하여 스포츠강국의 모습을 보여주었다.

　　한편 피겨 스케이터 김연아는 국제대회에서 여러 차례 우승하다가 2010년 캐나다 밴쿠버 동계올림픽에서도 금메달을 차지하여 전 세계인의 찬사를 받았다. 이 대회에서는 모태범, 이상화, 이정수, 이승훈 등이 선전하면서 금메달 6개를 획득하여 세계 5위를 기록했다. 2011년 7월에는 2018년 평창 동계올림픽 개최권을 획득하여 또 한 번의 개가를 올렸으며, 8~9월에는 대구에서 세계육상선수권대회가 열려 국

김연아
2010 캐나다 밴쿠버 동계올림픽 금메달

위를 높였다. 2010년 6월 남아프리카공화국에서 개최된 월드컵에도 연속적으로 출전하여 그리스를 꺾고 16강에 진출하는 성과를 올리기도 했다.

　　문화 면에서도 한국의 국위가 크게 선양되었다. 특히 K-POP으로 불리는 대중가요가 전 세계적으로 한류 붐을 일으켰는데, 2012년 10월 가수 싸이가 부른 '강남스타일'은 폭발적인 인기를 얻어 미국 빌보드 차트에 연속적으로 2위를 기록하는 등 전 세계인의 '말춤바람'을 몰고 왔다.

　　한국전통문화가 세계적으로 인정받아 유네스코 세계문화유산으로 등록되는 일이 해마다

---

58) 장성택(1946~2013)은 김일성 전 주석의 큰 딸 김경희의 남편이자 김정일 전 국방위원장의 매제이며, 김정은의 고모부이다. 2011년 12월 김정일이 사망한 뒤 김경희와 함께 김정은 후계 체제의 핵심 후견 세력으로 떠올랐다. 그러나 김정은은 장성택이 군대를 동원한 군사정변을 꾀했다는 이유로 체포하여 나흘 뒤인 2013년 12월 12일 처형했다.

이어지고 있는데, 2009년에는 조선왕릉 40기가 유네스코 세계문화유산으로, 《동의보감》이 세계기록문화유산으로 등록되었다. 2011년에는 병인양요 때 프랑스군이 약탈해간 외규장각 의궤[297권]가 대여형식으로 반환되고, 이어 일본이 강점기에 가져간 의궤[81종 167책]와 이토 히로부미가 가져간 66종 938책도 반환받았다. 2012년 12월에는 옛 문화관광부 건물을 리모델링한 대한민국역사박물관이 개관되었다.

6. 제18대 대통령 선거

2012년은 이명박 대통령의 임기가 끝나고 제18대 대통령 선거가 치러지는 해였다. 보수정권이 계속 이어지느냐, 아니면 진보정권이 다시 권력을 되찾느냐의 한판 승부가 펼쳐지는 중요한 역사의 분수령이 결정되는 해이기도 했다.

그런데 국민들 가운데에는 여당인 한나라당이나 야당인 민주당에 다같이 실망하여 제3당의 출현을 고대하는 정서가 만만치 않게 팽배되었다. 여야 간에 이념대결이 필요 이상으로 치열하여 정쟁이 끊이지 않고, 민생을 외면하고 있는 데 대해 많은 국민이 염증을 느꼈다. 이런 정세에 혜성처럼 나타난 제3 정치세력이 안철수였다. 의학도 출신으로 컴퓨터백신을 개발하여 젊은 층에 인기가 높았던 안철수 서울대교수가 본인의 의사와 관계없이 중도적, 실용적 대안정치세력으로 떠올랐다. '안철수 신드롬'에 대해 여당과 야당은 긴장하는 가운데 대통령 후보자 경선에 나서 한나라당에서는 대표를 지낸 박근혜朴槿惠가 압도적인 지지를 얻어 후보로 확정되고, 민주당에서는 친노그룹의 문재인文在寅 초선의원이 손학규를 누르고 후보로 확정되었다.

그러나 여론조사 결과 안철수 교수가 가장 인기가 높아 여야 모두에게 위협적 존재가 되었다. 이에 여야당은 안철수와의 연대를 모색하고 나섰으나, 안철수는 여당보다는 야당과의 연대를 선호하여 야당과의 연대가 추진되었다. 그러나 민주당 내 인기는 문 후보가 앞서고 국민여론은 안철수가 앞서 누가 야당의 단일후보가 되느냐를 놓고 신경전이 벌어지다가 결국 안철수 측이 집권 후 정책협조를 약속받고 양보하여 문재인이 단일후보로 확정되었다(11. 22). 안철수는 개인인기는 높으나 정치세력으로 조직화되지 못한 것이 큰 약점으로 드러났다. 그런데 여론조사 결과 박근혜와 문재인의 양자 대결에서 박빙의 오차 내의 범위에서 승부가 갈라지게 나타났다. 이에 여당은 당명을 '새누리당'으로 바꿔 분위기를 쇄신하고 문재인이 노무현 정권 청와대 비서실장으로 재임 중에 있었던 남북정상회담의 북방한계선[NLL] 발언을 문제삼아 종북이미지를 부각시키려고 노력했으며, 야당은 국가정보원 직원이 인터넷 댓글로 선거에 관여하고 있다는 점과 박근혜를 유신세력의 부활로 공격하는 전략을 구사했다.

12월 19일 치른 선거결과 박근혜가 51.6%, 문재인이 48%의 득표를 하여 박 후보가 당선되었다. 선거 역사상 가장 박빙의 승부가 이루어진 것이다. 여당이 승리한 요인 가운데에는 20~30대의 젊은 세대와 50~70대의 장년과 노인층에서 보수성향을 드러낸 것과 이명박 정부 때 허가한 종편방송을 비롯한 보수언론의 지원이 큰 몫을 했다.

제9장 박근혜 정부(2013. 2 ~ 2017. 3. 10)

1. 험난한 남북관계와 한중우호관계의 증진

박근혜 대통령은 2013년 2월 25일 국회에서 취임식을 하고 집무를 시작했다. '국민행복시대', '복지정책', 그리고 '탕평정치를 통한 국민화합'을 국정목표로 내걸고 공약실천에 나섰다. 대한민국 역사상 최초로 여성대통령시대가 열린 것이다.

박근혜 대통령 취임식

큰 기대 속에 출범한 박근혜 정부는 처음부터 가시밭길을 걸어갔다. 무엇보다 북한의 잇따른 핵개발과 미사일 발사가 남북관계를 악화시키는 근본적 원인을 제공했다. 정부의 대북정책은 '한반도 신뢰프로세스'를 바탕으로 북한이 핵을 포기하는 진정성을 보이면 2010년 천안함 사건으로 내려진 '5·24 조치'를 철회하는 것은 물론 대대적으로 북한을 돕겠다는 것이다. 박 대통령은 이런 원칙을 구체화하여 2014년 3월 28일 독일 드레스덴에서 '한반도 평화통일을 위한 구상'을 선언했는데, 여기서 세 가지를 제안했다. 하나는 남북 공동 번영을 위한 민생 인프라 구축, 둘은 남북 국민의 인도적 문제 해결, 셋은 남북 주민 간 동질성 회복이다.

그런데 북한은 2012년 4월 초에 출범한 김정은 시대에 들어와 오히려 핵무기 개발과 미사일 개발에 더욱 박차를 가했다. 2012년 4월 13일 최고인민회의에서 헌법을 개정하여 북한이 '핵보유국'임을 명시하고, 핵무기 개발과 경제건설을 동시에 추구하겠다고 선언했다. 핵보유국이라는 큰 카드를 가지고 미국 및 남한과 협상하여 평화협정을 맺어 미군을 철수시키고 큰 규모의 경제지원을 얻어내겠다는 전략이었다.

북한은 핵무기를 더욱 작고 가볍게 만들고 이를 운반할 수 있는 장거리 미사일을 더욱 정교하게 만들기 위해 2012년 12월 12일 광명성 3호로 불리는 장거리 유도탄을 발사하여 궤도에 진입시켰는데, 북한은 이것이 실용위성이라고 선전했으나 미국은 대륙간 탄도유도탄 [ICBM]이라고 보았다. 이어 2013년 2월 12일에는 제3차 핵실험을 수행하여 핵농축기술을 한 단계 끌어올리는데 성공했다. 북한은 이제 당당한 핵보유국으로서 미국 본토까지도 핵무기로 공격할 수 있다고 호언했다.

북한의 잇따른 탄도미사일 발사와 핵무기 실험은 국제사회로부터 맹렬한 비난을 받았다. 국경을 접하고 있는 중국도 불편한 심기를 드러냈다. 북한의 핵 보유는 남한의 핵 보유를 불러

오고 미국 핵무기의 재반입을 가져올 것으로 보았기 때문이다. 특히 미국은 북한의 도발에 대응하여 핵잠수함과 B-52 전투기 등을 동원하여 한국군과 연합하여 강도 높은 군사훈련을 몇 차례 실시했다. 북한은 이 훈련이 북한을 공격하기 위한 침략훈련이라고 주장하면서 버튼만 누르면 미국과 한국을 한꺼번에 불바다로 만들 수 있다고 잇달아 협박했다. 이에 맞서 국방부 장관[김관진]은 만약 북한이 공격해오면 평양의 수뇌부를 정밀타격하겠다고 대응했다. 그러자 북한은 자신들의 '최고존엄'을 모독했다고 트집 잡으면서 대통령에 대해서도 악담을 퍼붓고, 이에 대한 보복으로 2013년 4월 3일부터 개성공단을 폐쇄하는 조치를 취하기 시작했다.

핵과 미사일 개발로 국제사회에서 완전히 고립된 김정은 위원장은 2013년 12월 12일 고모부 장성택張成澤(1946~2013)을 긴급체포하여 국가전복 음모를 비롯한 수많은 죄를 저질렀다는 이유로 약식 군사재판을 거친 뒤에 즉시 처형했다. 권력 서열 2인자이자 가장 가까운 후견인인 고모부까지도 무참하게 처형하는 김정은 위원장의 행보는 전 세계를 깜짝 놀라게 했다. 국제감각이 있고 정치 경험이 풍부하여 나이 어린 지도자를 보필하면서 개혁개방으로 인도할 가능성이 크다고 기대했던 장성택의 처형으로 서방세계와 중국의 북한에 대한 실망은 한층 증폭되었다. 특히 중국은 수십 년간 지켜온 북한과의 혈맹관계를 버리고 북한에 대한 경제지원을 대폭 줄였다.

북한이 개성공단을 남한에 대한 보복수단으로 선택한 것은 그곳에 들어가 있는 123개 기업체에 대한 압박을 통해 남한경제에 타격을 주겠다는 의도였다. 2013년 4월 3일 북한은 개성공단 123개 기업체 인력의 입북을 막고, 이어 5만 3천여 명의 북한 근로자를 철수시켜 공장 조업을 중단시켰다. 정부는 이에 맞서 개성공단의 폐쇄까지도 각오하고 한국 측 근로자들을 모두 귀환시키고, 우리가 제공해오던 전기공급을 중단하고, 이어 완제품과 상품자재를 가져올 수 있도록 북측에 요구하면서 실무자 회담을 제의했다.

개성공단이 폐쇄될 경우 피해를 보는 정도는 남한보다 북한이 더 컸다. 공단에 들어간 123개 기업체의 파산은 안타까운 일이지만, 한국의 경제 규모에 비추어 보면 매우 작은 부분으로 정부가 피해를 보상하기로 약속했다. 그러나 북한 근로자 5만 3천여 명이 실업자가 되면 약 30만 명 가족들의 생계가 어려워질 뿐 아니라 북한 정부가 벌어들이는 연간 8~9천만 달러[한화 약 1천억 원]의 수입이 없어지기 때문이다.

개성공단을 문제 삼아 남한을 압박하려 했던 북한은 남한의 예기치 않은 강경책에 놀라 남북 실무자 회담을 열자는 남측의 제의에 동의하여 일곱 차례에 걸친 회담 끝에 2013년 8월 7일 개성공단의 발전적 정상화에 합의했다. 앞으로 쌍방이 공단을 공동운영하고, 쌍방의 합의가 없이는 폐쇄하지 않으며, 공단을 국제화시키고, 공단의 발전을 가로막는 3통[통행, 통신, 통관] 문제를 개선한다고 약속했다. 이로써 공단이 폐쇄된 지 166일 만인 2013년 9월 16일 공단 조업이 재가동되었다.

개성공단 실무회담과 병행하여 금강산 관광과 이산가족상봉을 위한 장관급 당국자 회담도 열기로 합의하여 2013년 6월 12일 서울에서 갖기로 했다. 그러나 북한이 대표단장을 낮추어 명단을 통보하자 우리 측은 이에 대응하여 통일부 차관을 보내겠다고 통보하였고 북한은 격이 맞지 않는다고 트집 잡아 회담이 무산되었다. 그 뒤 다시 당국자 회담이 재개되어 이산상봉 날짜까지 정했으나 상봉날짜를 며칠 앞두고 북한이 갑자기 무기한 연기를 통보하여 또 무산되었다. 북한은 비용이 많이 드는 이산가족 상봉보다는 달러가 들어오는 금강산관광 재개를 더 원했으나 우리 측이 사과와 재발 방지 없이는 응할 수 없다고 하자 북한 측이 이산가족상봉을 무산시킨 것이다.

그러나 인도주의적 명분이 뚜렷한 이산가족 상봉을 외면할 수만은 없음을 깨달은 북한이 태도를 바꿔 2014년 2월에 두 차례에 걸쳐 금강산호텔에서 이산가족 상봉이 이루어졌다.

미국을 비롯한 국제사회는 북한을 고립시키기 위해 2014년 11월 18일 유엔총회 3위원회에서 111개국의 찬성을 얻어 대북인권결의안을 통과시켰다. 이 결의안은 북한의 최고 책임자를 반인도적 범죄를 저지른 가해자로 규정하여 국제형사재판소[ICC]에 회부할 것을 권고했다는 점에서 과거의 인권결의안과는 차원이 달랐다. 이 결의안에 중국과 러시아가 반대표를 던져 안보리에서 통과되지는 않았다. 북한은 이 결의안에 반대하여 10만 명을 동원한 군중대회를 열어 미국과 한국을 격렬히 규탄하고 나섰고, 제4차 핵실험을 예고했다.

미국과 북한의 관계가 험악한 것과는 별개로 남북관계가 다시 악화되는 사건이 2015년 8월 4일 비무장지대에서 터졌다. 철조망을 순시하던 우리 군인 2명이 북한이 매설한 목함지뢰를 밟고 크게 부상당한 사건이 일어났다. 우리는 이에 대응하여 대북확성기 방송을 11년 만에 재개하고 이 사건에 대한 북한의 사과와 진상조사를 요구했다. 북한은 전시상태를 선포하면서, 다른 한편으로 우리 측의 요구를 받아들여 8월 22일에 남북고위층이 판문점 '평화의 집'에서 회담을 하고, 8월 25일에 남북관계 개선을 위한 6개 항을 합의했다. 그 골자는 앞으로 당국자 회담을 열어 대화와 협상을 진행하고, 지뢰 폭발로 인해 우리 군이 부상당한 사건에 대하여 북한이 유감을 표명하고, 한국은 확성기방송을 8월 25일 밤부터 중단하고, 올해 추석을 계기로 이산가족 상봉을 지속적으로 추진한다는 것 등이었다. 이 회담에 참석한 인사는 북측의 총국장 황병서와 조국평화통일위원회의 김양건 위원장, 남측의 김관진 안보실장과 홍용표 통일부 장관이었다. 그 결과 금강산호텔에서 10월 하순에 두 차례에 걸쳐 이산가족 상봉이 이루어졌다.

그러나 이렇게 소강상태를 이루던 남북관계는 2016년 1월 6일에 북한이 제4차 핵실험을 강행하면서 급속히 악화되었다. 북한은 수소탄 실험이 성공했다고 선전했다. 우리는 중단했던 대북확성기 방송을 1월 8일부터 재개했다. 미국은 즉각 괌Guam에 주둔하고 있던 전략폭격기를 보내 한반도 상공을 비행하고 돌아갔으며, 유엔 안보리도 3월 3일 강력한 대북제재결의안을 통과시켰다. 우리도 국제사회와 공조하여 2월 10일에 개성공단사업의 중단을 북한에 통보했다. 북한은 그 다음 날 개성공단 근로자의 즉각 추방을 선언하여 124개의 기업체가 갑자기 문을 닫고 철수하게 되었다. 기계시설을 그대로 둔 채 일부 상품만을 승용차에 싣고 서울로 돌아왔다. 한미연합군은 3월 7일부터 김정은 참수를 위한 '키 리졸브 훈련'과 '독수리 훈련'을 실시하여 북한을 압박했다. 미국은 7월 6일에 김정은을 비롯한 15명을 인권문제 특별제재대상 명단에 올렸다.

북한은 미국과 국제사회의 압박에 반발하여 2016년 5월 16일 노동당대회를 열어 김정은을 노동당 위원장으로 추대하고, 이어 6월 29일에는 최고인민위원회를 열어 국무위원회 위원장으로 격상시켰다. 또 국제사회의 압박으로 핵과 미사일 개발에 필요한 자금이 줄어들자 외국 공관에 대하여 자금조달량을 강제로 배정하고 압박하였고 이를 감당하지 못한 외교관들의 이탈이 가속화되었다. 그러던 가운데 런던주재 공사였던 태영호가 2016년 7월에 가족을 데리고 한국으로 들어왔다.

북한은 국제사회의 압박에도 불구하고 핵폭탄을 가볍게 만들기 위한 핵실험을 포기하지 않고 2016년 9월 9일 건국절을 기념하여 제5차 핵실험을 강행했다. 이렇게 미국과 북한의 힘겨루기가 한층 높아져 가던 중에 미국에서는 제45대 대통령 선거에서 공화당의 도널드 트럼프 Donald John Trump(1946~) 후보가 11월 9일에 당선되어 파란을 일으켰다. 여론조사에서는 민주당의 힐러리 클린턴 전 국무장관이 우세한 것으로 나타났으나, 선거결과는 '미국제일주의'를 내건 사업가 출신의 극우성향 후보자가 몰락한 백인층의 지지를 받아 승리를 거둔 것이다.

2017년 1월 20일에 취임한 트럼프 대통령은 한국에 대해서도 사드 배치 비용을 청구하고, 주한미군 주둔비를 올리고, 한미 FTA를 재협상하겠다는 등 압박을 가하는 한편, 북한에 대해서도 초강경한 태도로 핵 개발과 미사일 개발을 폐기하라고 압박하면서 북한을 돕고 있는 중국에 대해서도 북한에 대한 경제적 압박을 가하기를 촉구했다. 그러나 중국은 북한 정권을 유지하는 범위 안에서 경제적 제재를 가하는 데 그치고 미국이 북한과 대화를 통해 문제를 해결하라는 태도를 고수하여 견해 차이를 보이고 있다.

도널드 트럼프 대통령

남북관계가 교착상태에 빠진 것과는 달리 북한을 압박하기 위한 박근혜 정부의 외교적 행보는 지속적으로 추진되었다. 대통령은 2013년 5월 초 미국을 방문하여 오바마 대통령과 회담하고[5. 7], 의회에서 신뢰프로세스에 의한 대북정책에 관한 연설을 하여 갈채를 받았으며, 이어 6월에는 중국을 방문하여 3월에 출범한 시진핑習近平(1953~) 주석과 회담하여[6. 27] 한반도 비핵화에 대한 합의를 얻어냈으며, 칭화대학淸華大學에서의 연설을 통해 한반도의 통일이 중국 동북 3성의 경제발전에 큰 도움이 된다는 것을 상기시키기도 했다.

시진핑 주석

시진핑 주석은 박 대통령의 중국방문에 대한 답방으로 부인과 함께 2014년 7월 3일 한국을 국빈으로 방문하여 서울대학에서의 강연을 통해 역사적으로 한국과 중국이 문화를 공유하고 어려울 때 서로 도와준 전통을 상기시키면서 우의를 과시했다. 박 대통령은 2014년 11월 초 베이징 APEC 회의를 마친 뒤 11월 10일 한중정상회담을 다시 갖고 한중자유무역협정[FTA]을 타결했다고 발표하여 경제적으로 더욱 가까운 사이가 되었음을 확인했다.

한중우호관계는 2015년 9월 3일 중국의 항일승전기념일에 참석하여 천안문 광장에서 시진핑 주석과 함께 중국군의 열병식을 참관하면서 절정에 이르렀다. 그러나 미국은 과거 6·25전쟁 때 싸웠던 중국군의 열병식에 참석한 것은 지나쳤다는 우려의 시선을 보내기도 했다. 이렇게 우호적이던 한중관계는 다음 해 미국이 한국에 사드[THAAD; 고고도미사일방어체계]를 배치하면서 급속히 냉각되고, 중국에 진출한 롯데와 현대자동차 등 한국 기업들이 보복을 받는 사태가 일어났다.

그러면 한일관계는 어떠했는가? 2012년 12월에 출범한 일본의 아베 신조安倍晋三(1954~) 정권은 극우 노선을 지향하여 과거의 침략행위를 반성하지 않으면서 평화헌법을 폐기하고 자위대自衛隊의 해외출병의 길을 열어가는 정책을 집요하게 추진했다. 일본은 북한의 잇따른 핵실험과 미사일 발사를 군사대국화의 명분으로 이용했다. 한국은 한·미·일 3국 공조체제 따르면서도 가장 시급한 현안인 위안부 문제에 대한 일본 정부의 공식적인 사과와 배상

아베 신조 총리

을 일본 측에 강력하게 요구했다. 미국도 이 문제로 한·미·일 공조체제가 흔들릴 것을 염려하여 일본과 한국 양측에게 위안부 문제의 조속한 해결을 촉구했다.

미국의 종용에 따라 한일 두 나라는 2016년 12월 28일에 위안부 협상을 종결했다고 선언했다. 그 골자는 일본 정부의 공식 사과를 피하는 대신 아베 총리의 개인적인 유감을 표하는 것으로 끝내고, 인도적 지원이라는 명목으로 일본이 10억 엔의 기금을 내겠다고 약속하고, 이 협상안은 최종적인 것으로 앞으로 다시는 재론하지 않는다고 못 박았다. 그리고 조속한 시일 안에 일본 대사관 앞에 세워진 위안부 소녀상을 철거하기로 합의했다는 소문이 퍼졌으나, 우리 정부는 그런 사실이 없다고 부인했다.

이 협상안이 발표되자 위안부 당사자들과 야당이 강하게 반발하고 나섰다. 위안부 당사자의 의견이 전혀 반영되지 않았을 뿐 아니라 내용이 굴욕적이라고 주장했다. 협상을 다시 해야 한다는 여론이 비등했으나, 박근혜 정부는 이것을 해결하지 못한 가운데 물러났다.

2. 대내정책, 세월호 참사, 국정국사교과서 파동

박근혜 정부는 대북정책과 외교정책은 비교적 무난하다는 평을 받았으나, 국내정치에 있어서는 출범 초기부터 난맥상을 보이기 시작했다. 출범 당시 '탕평정치를 통한 국민화합'을 내걸었으나 국민화합과는 맞지 않는 모습을 보이기 시작했다. 고위 공직자 임명에서 편향성을 보여 실망을 안겨 주었고, 공직자와는 물론이고 언론이나 국회와의 소통도 막혔다. 우선 총리 임명과정에서 부적격자를 잇달아 추천하여 낙마하는 사태가 이어지고 장관 임명과정도 순탄치 않았다. 더욱이 국무회의는 토론이 없고 대통령의 지시를 메모만 하는 회의로 변하여 민주정부의 모습을 보이지 못했다. 청와대 비서진 가운데에도 대통령을 직접 면담하기가 어렵고, 이른바 문고리 3인방으로 불리는 소수 특정인만이 대통령과 독대가 가능하다는 소문이 나돌았다.

대통령의 독주로 지지도가 점점 낮아지던 가운데 2014년 4월 16일 인천에서 제주를 향해 가던 여객선 청해진해운 소속 '세월호'가 아침 9시 15분 경에 진도 팽목항 앞바다에서 침몰하여 304명이 사망하고 174명이 구조되는 참사가 일어났다. 그 뒤 7개월간 밤낮으로 시신 수색작업을 벌여 295명의 시신을 인양하고 9명의 시신을 찾지 못한 가운데 2014년 11월 11일 수색작업을 종료했다. 희생자의 대부분이 안산시 단원고 학생으로 알려져 국민의 가슴을 더욱 아프게 만들었다.

이런 대형 참사에 국민의 충격은 너무나 컸다. 특히 아침에 배가 기울어져 침몰할 때까지

상당한 시간이 있었으나, 선장과 선원들이 먼저 배에서 탈출하고, 해경이나 정부가 제대로 구조작업을 벌이지 않은 것에 대한 원망과 질타가 들끓었다. 대통령은 사건이 일어난 지 7시간이 지난 오후 늦게서야 모습을 보여 국민들을 더욱 실망시켰다. 그 7시간 동안 대통령은 무엇을 했느냐는 의혹이 제기됐다.

참사의 원인에 대한 조사가 진행되면서 세월호의 실소유주가 구원파 목사이자 전 세모 그룹 회장으로 1987년 오대양 사건에 연루되어 투옥되었고 현재에도 많은 기업을 거느리고 있는 유병언俞炳彦(1941~2014)이라는 것이 밝혀지자 그 종교단체와 유병언에 대한 조사가 대대적으로 이루어지면서 기업의 비리가 속속 드러났다. 유병언은 경찰의 수사를 피해 3개월간 본거지인 안성의 금수원을 떠나 도피행각을 벌이다가 7월 22일에 순천 지역 야산에서 변사체로 발견되었다.

세월호 사건을 계기로 전직 공무원들이 퇴직 후 기업체에 들어가 일하면서 불법 로비를 통해 각종 비리를 저지른 사실들이 세상에 폭로되어 우리 사회가 총체적 도덕불감증에 빠져 있음을 보여주었다. 국민 정서가 허탈감에 빠져 소비심리가 위축되고 기업활동의 위축을 가져와 경제에 영향을 미쳤으며 정치에 대한 불신도 더욱 커졌다.

대통령의 독주가 일상화되고, 세월호 참사 때 대통령의 거취가 밝혀지지 않자 세간에서는 대통령 뒤에 보이지 않는 비선 실세가 있어 그들과 자주 만난다는 추측이 나돌았다. 2014년 11월 하순에는 대통령이 되기 이전에 비서실장을 지낸 정윤회와 문고리 3인방을 비롯한 10여 명이 실세로 활동하면서 인사를 비롯한 국정을 좌지우지한다는 문건이 청와대 일부 비서진에서 흘러나와 언론에 보도되었다. 그러나 대통령은 근거 없는 문건을 유출시켜 국기를 문란시켰다는 죄를 물어 문제를 일으킨 일부 비서들을 해임했다.

2015년에 들어서자 정부는 중·고등학교 국사교과서 내용이 좌편향되었다고 보고 이를 바로 잡기 위해 검인정제도를 없애고 국정화한다는 방침을 천명했다. 그러자 국민 여론은 찬성과 반대 여론이 맞섰는데, 반대여론이 우세했다. 교과서를 좋게 만든다는 데에는 누구도 반대하지 않았지만, 국정교과서는 전체주의 국가에서나 하는 것이고 민주국가에서는 자유롭게 방임하거나 검인정으로 하는 것이 세계적인 관례이기 때문이다. 전문가들은 기성 교과서에 문제가 생긴 것은 검인정제도에 있는 것이 아니라 검인정을 제대로 하지 않은 데 원인이 있다고 지적했다. 현행 검인정 교과서 가운데 일부 문제가 있는 교과서는 이미 교육부의 지시로 수정되었음에도 정부가 지나치게 과장하고 있다는 주장도 제기되었다. 또 정부가 국정화를 추진하는 목적은 친일파를 두둔하고 박정희 대통령의 치적을 크게 부각시키려는 데 있다는 의혹이 제기됐다. 국내외 수천 명의 역사학자들이 집단으로 반대성명을 내는 소동이 벌어졌다.

그러나 정부는 반대여론을 무시하고 2015년 10월 12일 국정화의 강행을 발표하고, 그 집필 작업을 국사편찬위원회에 맡겼다. 2016년 11월 28일에 교육부는 국사편찬위원회에서 새로 집필한 교과서를 공개했다. 그러나 역사학계와 전국 학교에서는 한두 학교를 제외한 모든 학교가 새 교과서를 쓰지 않겠다고 거부하고 나섰다. 그러자 교육부는 한 발 물러나 국정교과서를 원하는 학교에만 배포하고 지원금을 주겠다고 발표했다. 이런 조치는 국정교과서가 실패로 돌아간 것을 의미한다. 정부는 불필요한 평지풍파를 일으켜 정부에 대한 학계와 교육계의 불신감만 키우는 결과를 가져왔다.

3. 최순실 국정농단과 박근혜 대통령 탄핵

2017년 말은 대통령의 임기가 끝나고 차기 제19대 대통령을 선출하는 해였다. 그런데 2016년 10월에 이르러 충격적인 사건이 터졌다. 대통령의 최고 비선 실세가 최순실이라는 민간인으로 여러 가지로 국정을 농단했다는 것이 언론에 보도되기 시작하면서 전 국민이 분노에 휩싸이기 시작했다. 최순실은 박근혜 대통령이 영애 시절부터 깊이 정신적으로 의지해 오던 최태민崔太敏(1912~1994) 목사의 딸이자 정윤회의 부인이었다가 이혼한 사람이었다. 최태민이 죽은 뒤로 박 대통령은 최순실과 밀착하여 각종 비리를 저질렀다는 의혹이 계속 터져 나오자 분노한 시민들이 10월 29일부터 촛불을 들고 광화문 거리에 나와 대규모 시위를 벌이기 시작했다. 대통령은 세 차례에 걸쳐 대국민사과를 발표했으나 모두 책임을 회피하는 내용이었다. 대통령에 대한 탄핵과 하야를 촉구하는 촛불시위가 매주 토요일마다 계속 이어졌다. 시위 때마다 약 100만 명 내외의 인파가 광화문 일대를 가득 메웠다.

한편, 촛불시위가 거세지자 이에 대항하여 탄핵을 반대하는 시위도 12월 중순 무렵 시작되었다. 이들은 태극기를 들고 나와 시위를 하여 태극기시위라고도 불렀다. 그러나 그 세력은 촛불시위에 미치지 못했다. 그래도 두 시위가 서로 물리적으로 충돌하지 않고 끝까지 평화적인 시위로 일관했으며, 경찰과 충돌하는 불상사도 거의 없었다는 것은 우리나라 시위문화가 매우 성숙했다는 것을 보여주었다. 국민 여론은 탄핵찬성이 80% 정도이고, 반대가 20% 정도로 나타났다. 일부 여론은 박 대통령의 자진사퇴를 희망했으나 대통령은 이를 거부했다.

민주화운동 이후 이렇게 큰 시위는 처음이었다. 검찰은 10월 31일 독일에서 귀국한 최순실을 구금하여 본격적인 수사에 착수했고, 12월 9일 국회에서 대통령탄핵소추를 발의하여 299명 가운데 234명이 찬성하고 56명이 반대하여 탄핵소추안이 통과되었다. 이렇게 압도적인 찬성을 얻게 된 이유는 여당인 새누리당 안의 비박계 의원들이 찬성으로 돌아섰기 때문이었다. 뒤에 비박계는 새누리당에서 탈당하여 '바른정당'을 결성하고, 잔류 새누리당 의원들은 '자유한국당'으로 당명을 바꾸었다.

국회의 탄핵가결로 대통령의 직무는 정지되고, 황교안黃敎安(1957~) 국무총리가 대통령권한대행을 맡았다. 그러나 대통령의 탄핵은 헌법재판소에서 최종적인 결정권을 가지고 있어서 국회가 헌법재판소에 제소한 결과 2017년 3월 10일에 재판관 8명 전원일치로 탄핵을 인용認容했다. 그러니까 국회의 탄핵안을 인정한다는 뜻이다. 대통령의 국정농단이 헌법적 가치를 심대하게 훼손했다는 것이 그 이유였다. 그리하여 대통령은 3월 12일에 청와대를 떠나 삼성동 자택으로 돌아갔다. 우리나라 역사상 대통령이 탄핵으로 물러난 것은 이것이 처음이다. 박근혜 전 대통령은 그 뒤 검찰의 조사를 받다가 구속되어 2017년 현재 재판이 진행 중에 있다. '국민행복시대'를 열겠다고 약속한 박 대통령은 국민도 불행해지고 본인도 불행한 시대를 만들어 놓고 끝났다.

박근혜 정부의 경제정책은 '창조경제', '경제혁신 3개년 개혁', '공기업개혁', '규제개혁', '공무원연금개혁', '기준금리 인하', 'FTA 확장' 등을 강력히 촉구하면서 경제혁신을 실천하기 위한 정부 기구를 개편하여 미래창조과학부를 신설하고, 기획재정부 장관을 경제부총리로 격상시키는 조치를 취했다. 특히 미래창조과학부는 종전의 교육과학기술부의 과학기술 관련 업무와 방송통신위원회의 업무, 그리고 지식경제부의 일부 업무를 통합한 것으로, 과학기술과 정보통신 방송, 우정사업 등을 하나로 합쳐 시너지를 극대화하겠다는 취지로 만들었다.

위와 같은 경제혁신정책의 기본방향은 경제성장과 재정안정에 목표를 두고 있기 때문에 자연히 선거공약으로 내건 복지정책은 축소시키는 방향으로 수정되었다. 그러나 이러한 노력에도 불구하고 국제경제의 여건이 좋지 않아 수출이 둔화되고 경쟁력이 갈수록 약화되고 있으며, 국내의 소비심리가 위축되어 내수시장도 침체되고, 이에 따라 기업인들의 생산투자가 약화되었다. 전반적으로 디플레이션 현상이 심각하여 자칫하면 일본의 잃어버린 10년처럼 될 가능성이 커졌다.

그나마 다행인 것은 수출이 둔화됨에도 불구하고 수입이 대폭 줄어들어 무역수지가 계속적으로 흑자를 내고, 외환보유고가 늘어나고 있다는 것이다. 한국은행의 발표를 따르면 2013년의 경제성장률은 3%, 2014년 3.3%, 2015년 2.6%, 2016년 2.7%를 보였으며, 2016년 말 현재 1인당 국민소득은 2만 7,500달러를 기록하고 있다. 북한과 비교하면 국민소득은 약 25배, 무역규모는 150배에 이르고 있다.

그러면 박근혜 정부 시기의 문화와 스포츠에 대하여 알아보자. 2014년 8월 14일 교황 프란치스코가 한국을 방문하여 4박 5일의 일정을 마치고 돌아갔다. 방한 중에 조선시대에 순교한 윤지충尹持忠 등 124명의 시복식을 거행하여 복자칭호를 수여하고, 천주교 성지인 서산시 해미를 방문했다. 교황은 방한 중 소형차인 기아 쏘울을 타고 다니며 검약한 모습을 보여주었다.

2014년 2월 8일에 열린 러시아 소치 동계올림픽에서 우리나라의 이상화 선수는 2월 12일 여자 500m 경주에서 올림픽 기록을 세우면서 금메달을 획득하여 기쁨을 안겨주었다. 2010년 캐나다 밴쿠버 동계올림픽에서도 500m에서 금메달을 따서 이번이 두 번째 우승이다.

2014년 9월 19일부터 제17회 인천 아시안게임이 열렸다. 한국은 중국에 이어 금메달 79개를 얻어 종합 2위를 차지했다. 북한도 참가하여 금메달 11개를 획득하여 종합 7위를 기록했다. 10월 4일의 폐막식에는 북한의 군총정치국장 황병서, 노동당 비서 최룡해, 통일전선부장 김양건 등이 방한하여 참관하고, 김관진 청와대 안보실장과 홍용표 통일부 장관 등을 만나고 돌아갔다. 북한의 온건파로 알려진 김양건은 2015년 12월에 세상을 떠났다.

2016년 8월 6일부터 브라질 리우 올림픽이 개최되었는데, 한국은 금메달 9개를 획득하여 종합성적 8위를 기록했다.

한국은 지금 2018년 2월에 열릴 평창 동계올림픽을 성공적으로 개최하기 위해 만반의 준비를 갖추고 있다. 북한의 참가 여부가 큰 관심사로 떠오르고 있다.

4. 제20대 총선과 제19대 대통령 선거

　2012년 제18대 대통령 선거에서 패배한 민주당은 김한길을 대표로 선출하여 새 진로를 모색하기 시작했으며, 문재인에게 대통령 후보 자리를 내준 안철수는 서울 노원구에서 국회의원으로 당선되어 국회에 입성한 뒤 2013년 11월에 '새정치연합'을 조직했다. 그 뒤 2014년 3월 26일에 민주당의 김한길 대표와 안철수 대표는 손을 잡고 두 정당을 합쳐서 '새정치민주연합'을 창당하고 공동대표를 맡았다. 그러나 2014년 7월 30일 치러진 국회의원 재보궐선거에서 여당인 새누리당이 11석을 얻고 새정치민주연합은 4석을 얻는 데 그치자 두 대표가 대표직에서 물러났다. 그러나 2015년 4월 29일에 치른 보궐선거에서도 새정치민주연합은 또다시 완패했다. 이에 안철수 의원이 2015년 12월 13일에 새정치민주연합을 탈당하고, 이어 2016년 1월 4일에 김한길 의원도 탈당하여 정계를 은퇴했다.

　2016년 2월 2일 안철수는 광주에서 국회의원에 당선된 천정배와 손잡고 '국민의당'을 창당했는데, 17명의 국회의원을 확보했으나 교섭단체를 형성하지는 못했다.

　2016년 4월 13일에 제20대 총선이 실시된 결과 더불어민주당이 123석을 얻어 원내1당이 되어 파란을 일으켰다. 여당인 새누리당이 122석, 국민의당이 38석을 얻었고, 정의당은 6석을 얻었다. 통진당(통합진보당; 대표 이정희)은 일부 당원이 내란을 도모했다는 이유로 2014년 12월 19일 헌법재판소에서 해산 결정이 내려져 총선에 출마하지 못했고, 그 소속의원이던 이석기 의원은 체포되어 2015년 1월 22일에 대법원에서 내란선동죄와 국가보안법 위반죄로 징역 9년을 선고받았다.

　이번 총선거 결과 여당이 참패하고 야당이 다수당이 된 것은 박근혜 대통령의 인기가 하락한 추세와 맞물려 여당에 대한 국민의 심판이 크게 작용한 것이었다.

　본래 2017년 12월로 예정되었던 제19대 대통령 선거는 박 대통령이 3월 10일 퇴진하면서 두 달 뒤인 5월 9일로 앞당겨졌다. 19대 대선에서는 '더불어민주당', 새누리당 잔류파가 당명을 개정한 '자유한국당', '국민의당', 새누리당 탈당파들이 만든 '바른정당', 그리고 '정의당' 등 다섯 정당이 경쟁을 벌였다. 자유한국당은 유엔 사무총장직을 마친 보수성향의 반기문(潘基文(1944~))을 후보로 영입하려 했으나 반기문은 인기가 떨어진 자유한국당보다는 범 보수진영의 통합후보로 추대되기를 기대했고 뜻이 이루어지지 않자 중도에 하차했다. 이후 황교안 총리를 후보로 내세우려 했으나 선거를 관리할 당사자가 대선에 출마하는 것은 부적절하다는 여론에

문재인 대통령 취임식

밀려 그만두고, 그 대신 경남지사였던 홍준표를 대선 후보로 내세웠다. 바른정당은 유승민을 후보로 선출하고, 더불어민주당은 여론조사에서 계속 1등을 달리던 문재인을 후보로 내세웠다. 국민의당은 안철수, 그리고 정의당은 심상정을 각각 후보로 내세웠다.

　선거결과 문재인이 41.1%의 득표율로 대통령에 당선되고, 2위는 홍준표 후보로 24%, 안철수 후보는 21.4%, 그리고 유승민과 심상정 후보는 각각 7%

대의 득표를 했다. 홍준표 후보와 안철수 후보의 득표율을 합치면 45%를 넘어 문재인 후보를
앞지를 수도 있었으나 홍 후보는 보수를 지향하고 안 후보는 중도를 표방하여 단일화가 이루
어지지 못했다.

대통령에 당선되면 2개월 뒤에 취임하는 것이 관례였지만, 대통령이 부재중이므로 당선된
다음 날 국회에서 약식으로 취임식을 거행했다. 이로써 정권은 10년 만에 야당으로 넘어갔다.

5. 최근 북한의 경제 사정

북한 경제는 1960년대 중반까지는 고도성장을 기록하다가 1960년대 후반기 이후부터
자본 부족, 기술낙후, 과도한 군사비 지출, 주민의 생산의욕 저하 등으로 침체의 길을 걸어가서
1970년대 중반 이후로 국민총생산에서 남한에 추월당했는데, 그로부터 40년이 지난 지금에는
남한 국민총생산은 북한의 약 40배로 늘어나고, 1인당 국민소득은 북한이 약 1,200달러, 남한
이 약 2만 8천 달러로 약 24배의 격차를 보이고 있다. 무역총액은 남한이 1조 달러를 넘어섰으
나, 북한은 40억 달러 수준에 머물고 있어 거의 250배의 격차를 보이고 있다.

북한은 경제침체를 타개하기 위해 시장개방과 시장경제의 도입이 불가피함을 깨닫고
1984년에 이른바 〈합영법〉(1984. 9. 8)을 만들어 국내자본과 외국자본이 공동으로 투자하고 공동
으로 운영하여 투자 몫에 따라 이익을 분배하도록 했다. 1990년대에는 합영법에서 한 걸음 더
나아가 '경제특구'를 만들기 시작하여 먼저 함경도의 국경지대인 나진-선봉지역에 경제특구를
만들었다[1991]. 그러나 외국 기업의 투자가 부진한 가운데 1995년 이후에는 해마다 대홍수까지
겹쳐 1990~1998년의 연평균 경제성장률은 -3.8%를 기록하고 극심한 식량난을 불러왔다. 북
한은 이 시기를 '고난의 행군'으로 부르면서 주민의 인내를 강요했으나 배고픔을 이기지 못한
주민들이 목숨을 걸고 두만강과 압록강의 국경을 넘어 중국으로 탈출하는 사태가 봇물 터지듯
일어났다. 2017년 현재 남한으로 내려온 북한 이탈민은 약 3만 명에 이르고 있다.

그러나 2000년대 이후로 북한의 경제 사정은 다소 나아졌다. 1998년에 남한에 김대중 정
부가 들어서서 대북포용정책을 추진하고, 이어 2003년에 노무현 정부가 들어서서 대북포용정
책을 이어가면서 북한의 경제 사정이 다소 호전되어갔다. 여기에 금강산관광사업(1998)이 시작
되고, 개성공단 조업이 가동되고(2004), 남북 간 교역량도 늘어나서 2004년 당시 남북 간 교역량
은 북한 전체교역량의 약 20%를 차지했다.

북한은 2002년 7월 1일 이른바 '7.1 경제관리개선조치'를 내려 공장기업소의 책임경영
제와 독립채산제를 허용하고, 식량배급제를 중단하고 시장개설을 허용했다. 이에 따라 전국적
으로 많은 장마당이 들어서고 매매가 활성화되면서 2006년과 2007년을 제외하고는 경제성
장률이 마이너스에서 플러스로 돌아서고, 일부 부유한 계층도 나타났다. 그러나 인플레이션으
로 물가가 뛰어오르고 빈부격차가 커지는 부작용이 일어나 체제에 대한 위협이 갈수록 커지
자 2009년 12월 1일에 화폐개혁을 단행하여 100대 1로 돈을 바꾸어 주었다. 그 결과 부자들
이 심각한 경제적 타격을 입었을 뿐 경제 사정이 호전되지는 못했다.

북한은 경제난을 타개하기 위해 2002년에는 나진-선봉지역에 이어 신의주에도 경제특구를 만들어 외국 기업이 들어와서 자유롭게 기업활동을 할 수 있도록 했다. 무역, 상업, 공업, 첨단과학, 관광, 오락 산업 등이 모두 허용되었다. 그러나 교통과 통신시설이 낙후되고, 전력이 부족한 데다, 미국과 일본 및 서유럽 여러 나라들은 북한에 투자하지 않고 오히려 경제 제재를 가하고 있기 때문에 경제특구는 일본 조총련기업 몇 개만 들어왔다가 철수하여 실패로 돌아갔다.

2008년 이후로 남한에 보수적인 이명박 정부가 들어서고, 이어 2013년에 박근혜 정부가 들어서자 북한의 경제 사정은 더욱 악화되었다. 특히 2010년 3월 천안함폭침사건으로 남한이 '5·24 조치'를 내려 북한에 대한 경제교역과 경제지원을 전면적으로 중단하면서 북한의 경제 사정은 최악의 상황을 맞이했다.

설상가상으로 2012년 김정은 정권이 등장한 뒤로 2012년 12월 12일 대륙간탄도탄을 발사하여 성공시키고, 2013년 2월 12일 제3차 핵실험을 감행하고, 이어 2013년 12월 12일 장성택張成澤이 처형되면서 이에 분개한 중국이 경제지원을 대폭 축소시키자 대외경제 의존도가 가장 큰 중국마저 등을 돌리게 되어 사면초가의 어려움에 빠지게 되었다. 북한은 2013년에 73억 달러[한국의 0.41%]의 무역규모를 기록했는데, 그 가운데 89%가 대중국무역으로 중국에 대한 의존도가 얼마나 큰지를 알 수 있다. 중국에 나가는 수출품은 석탄과 광물이 가장 큰 비중을 차지하고 있다. 이렇게 벌어들인 돈을 신무기개발에 쏟아붓고, 여기에 마식령 스키장, 평양 물놀이공원, 승마장 건설 등 일부 부유층을 대상으로 한 오락시설에 대한 투자가 늘면서 민생은 더욱 어려움을 겪고 있다.

그 뒤로 제4차, 제5차 핵실험을 강행하고 잇따라 장거리 미사일을 쏘아 올리자, 그럴 때마다 미국 및 중국을 비롯한 국제사회의 경제제재가 갈수록 높아져서 더욱 어려움을 겪고 있다. 그럼에도 김정은은 평양에 여명거리, 과학자거리 등을 단시일에 건설하여 초고층 아파트가 즐비한 도시로 만들고, 이를 자신의 업적으로 과시했다.

2017년에 들어와서 북한을 더욱 고립시키는 사건이 발생했다. 이해 2월 13일에 마카오에 살고 있던 김정은의 이복형 김정남(1971~2017)이 말레이시아 수도 쿠알라룸푸르 공항에서 마카오행 비행기에 탑승하려다가 두 여인이 얼굴에 뿌린 독극물 스프레이 공격을 받고 사망했다. 조사 결과 북한대사관이 말레이시아 여성과 인도네시아 여성을 매수하여 일어난 사건으로 밝혀졌다. 그러나 북한은 이를 부인하여 두 나라 관계가 악화되고 말레이시아는 북한 노동자를 추방하는 조치를 취했다.

북한이 김정남을 제거한 이유는 확실치 않으나 자유세계로 망명할 가능성을 두려워했다는 설이 있다. 그 뒤 김정남의 아들 김한솔은 자유세계로 망명했다.

결론-새 천년을 열면서
법고창신法古創新의 새 문명을 기대한다.

한국인은 수십만 년 전 구석기시대부터 지금에 이르기까지 기나긴 역사의 대장정을 이어왔다. 그러나 엄밀히 말해서 역사에 끝이 어디 있는가. 21세기 초의 정거장에서 잠시 쉬고 있다고 하는 것이 적절한 표현일 것이다. 역사는 끝없이 이어지는 기나긴 릴레이 경주다. 오늘을 살고 있는 우리는 그 릴레이에서 20세기라는 짧은 한 순간을 뛰면서 앞 주자走者로부터 전달받은 바톤을 21세기 주자에게 넘겨주고 있을 뿐이다.

19세기까지는 어떻게 뛰어 왔는가. 우리는 20세기를 어떻게 뛰었는가. 21세기 주자는 어떻게 뛰어야 하는가.

크게 보면 역사의 굽이굽이마다 주자의 영웅상이 달랐다. 태초에는 신화神話 속의 하느님이 영웅이었다. 그래서 절대자인 하늘을 바라보고 하늘에 복종하면서 하늘로 돌아가기 위해 뛰었다. 고대에는 부처님이 영웅이었다. 부처님은 하늘이 아닌 인간이로되 진리를 깨친 각자覺者였다. 그래서 부처가 되려는 꿈을 안고 뛰었다. 그 다음에는 공자孔子가 영웅이었다. 공자는 각자覺者에는 이르지 못했으나, 보통사람보다 도덕수양을 많이 닦은 군자君子였다.

하느님에서, 부처를 거쳐 공자에 이르는 영웅상은 한결같이 도덕성을 대표하는 존재다. 그러나 하느님보다는 부처가 도달하기 쉽고, 부처보다는 공자가 더 보통사람과 가까웠다. 그래서 우리의 역사는 도덕성을 지향하여 살아왔으면서도, 그 영웅상의 눈높이를 단계적으로 낮추어 왔다. 그것이 바로 수직사회가 수평사회로 가는 과정이었다. 도덕성을 바탕으로 민주화를 추구하면서 살아온 셈이다.

20세기는 전혀 다른 영웅이 탄생했다. 모두가 서양 영웅이라는 것이 옛날과 다른 점이다. 아마 예수와 마르크스가 가장 큰 영웅이었을 것이다. 이들도 사랑을 전도했다. 그러나 예수는 개인사랑을 찾아주었고, 마르크스는 계급사랑을 심어주었다. 옛날의 영웅이 공동체사랑을 심어준 것과 다르다. 공동체사랑은 '안정'과 '평화'에 기여했으나, 개인사랑과 계급사랑은 공동체간의 갈등과 투쟁을 유발하면서 '발전'이라는 새로운 신화를 창조했다. 그래서 20세기는 미증유의 '발전의 시대'가 되었다. 발전의 시대는 '도덕'이 정의라기보다는 '힘'이 정의였다.

부도덕한 힘의 경쟁은, 원래 경쟁적 전통에서 살아온 서양보다도, 안정과 평화지향의 전통적 가치가 무너진 한국사회가 더 심했다. 그래서 20세기 한국은 지구상에서 가장 발전이 빠르고 그만큼 도덕성이 무너진 국가라 해도 과언이 아니다. 이것이 20세기 한국인 자화상의 빛과 그늘이다.

20세기 한국사를 서술하면서 느끼는 것은 경제와 기술의 끊임없는 성장과 정치의 끊임없는 타락이다. 정치는 그 시대 모든 것의 총화다. 그러므로 정치의 타락은 사회의 타락과 경제 그 자체의 타락을 의미한다. 그러니까 경제성장이나 기술의 성장도 극히 부도덕한 성장이었다는 뜻이다. 이는 인체에 비유하면, 상체와 하체가 고르게 건강하지 못하고, 하체만 키우려다가 상체가 병들고 급기야는 하체까지 병들어 중병에 걸린 형국과 같다고 할 수 있다.

우리는 분명 심각한 한국병에 걸려 있다. 이를 어떻게 치유하느냐에 21세기 운명이 걸려 있다. 이제 가야 할 길은 명확하다. 개인과 계급에 대한 사랑과 더불어 공동체에 대한 사랑을 회복해야 한다. 인간과 인간, 인간과 자연이 모두 한몸이라는 공동체정신이 그립다. 그런 점에서 옛날 영웅이 다시 주목되어야 한다. 옛날 영웅이 만들어낸 공동체정신이 곧 홍익인간이고, 홍익인간이 곧 선비정신이다.

21세기는 통일의 시대가 될 것이고, 또 그렇게 되어야 한다. 통일이 무엇인가. 공동체로 하나가 되는 것이 아닌가. 남과 북이 한몸이 되기 위해서는 하나의 영웅이 탄생해야 할 것이다. 그 영웅은 예수도, 마르크스도, 부처도, 공자도 아니다. 이 모두를 합한 것이어야 한다. 새로운 영웅을 탄생시키는 것은 결코 쉬운 일이 아니다. 그러나 그 길밖에 다른 길은 없다.

새로운 영웅의 창조는 한국인의 길인 동시에 세계인이 함께 가야할 길이기도 하다. 서양도 병들기는 마찬가지이기 때문이다. 서양도 가족공동체와 사회공동체와 나라공동체와 세계공동체를 사랑해야 한다.

한국인은 동양문명의 정수를 품고 살아온 민족이다. 그리고 나서 서양문명의 장단점을 뼈저리게 체험한 민족이기도 하다. 여기서 새로운 문명이 탄생할 개연성이 있고, 책임과 사명감도 가져야 하는 것이 아닌가.

역사의 진행은 인간의 자기최면에 의해서 깊이 좌우된다. 새로운 문명의 창조와 더불어 우리가 걸어야 할 또 하나의 최면은 300년 주기의 중흥中興의 역사다. 12세기의 고려중기, 15세기의 세종시대, 18세기의 영·정조 시대가 300년 주기의 중흥을 의미한다. 21세기는 18세기를 뒤이은 또 한 번의 주기다. 이 주기를 문화대국文化大國으로 도약하는 전기로 끌어안아야 한다.

새로운 문화영웅은 앞에서 말한 동양과 서양영웅을 합한 제3의 존재여야 한다. 그리고 그러한 영웅을 만드는 길은 중흥의 시대에 우리 조상들이 걸었던 바로 법고창신法古創新의 길이고, 선비정신의 길이기도 할 것이다. 옛것도 사랑하고 새것도 사랑하자. 여기서 미래의 희망을 걸자.

2014년 갑오년 제2 전면개정

부록

한국의 유네스코유산

세계유산(문화, 자연, 복합유산)

한국의 서원(2019)
산사, 한국의 산지 승원(2018)
백제역사유적지구(2015)
남한산성(2014)
한국의 역사마을 : 하회와 양동(2010)
조선 왕릉(2009)
제주 화산섬과 용암 동굴(2007)

경주역사유적지구(2000)
고창, 화순, 강화의 고인돌 유적(2000)
창덕궁(1997)
수원 화성(1997)
해인사 장경판전(1995)
종묘(1995)
석굴암과 불국사(1995)

인류무형문화유산

씨름 (2018)
제주해녀문화(2016)
줄다리기(2015)
농악農樂(2014)
김장, 김치를 담그고 나누는 문화(2013)
아리랑, 한국의 서정민요(2012)
줄타기(2011)
택견, 한국의 전통 무술(2011)
한산韓山 모시짜기(2011)
대목장大木匠, 한국의 전통 목조 건축(2010)

매사냥, 살아있는 인류 유산(2010)
가곡歌曲, 국악 관현반주로 부르는 서정적 노래(2010)
처용무(2009)
강강술래(2009)
제주 칠머리당 영등굿(2009)
남사당놀이(2009)
영산재(2009)
강릉단오제(2005)
판소리(2003)
종묘제례宗廟祭禮 및 종묘제례악宗廟祭禮樂(2001)

세계기록유산

조선왕실 어보와 어책(2017)
국채보상운동 기록물(2017)
조선통신사에 관한 기록(2017)
『무예도보통지』(2017; 북한)
한국의 유교책판(2015)
KBS특별생방송 '이산가족을 찾습니다' 기록물(2015)
새마을운동 기록물(2013)
『난중일기亂中日記』: 이순신 장군의 진중일기陣中日記
(2013)
『일성록日省錄』(2011)

1980년 인권기록유산 5·18 광주 민주화운동 기록물
(2011)
『동의보감東醫寶鑑』(2009)
조선왕조 『의궤儀軌』(2007)
고려대장경판 및 제경판高麗大藏經板−諸經板(2007)
『승정원일기承政院日記』(2001)
『불조직지심체요절佛祖直指心體要節』하권下卷(2001)
『조선왕조실록』(1997)
『훈민정음(해례본)』(1997)

*( )안은 등재 연도

참고도서

1. 사학사

한영우, 1981, 《조선전기 사학사연구》(서울대 출판부)
박 미하일, 1987, 《Korea: Essays of Korea》(한국사학사)
　(모스크바)
한영우, 1989, 《조선후기 사학사연구》(일지사)
한영우, 1994, 《한국 민족주의 역사학》(일조각)
조동걸·한영우, 박찬승 편, 1994, 《한국의 역사가와 역사
　학》상하 (창작과 비평사)
한영우, 2002, 《역사학의 역사》(지식산업사)
한영우 외, 2005, 《21세기 한국학, 어떻게 할 것인가》(푸
　른역사)
이만열, 2007, 《한국근현대 역사학의 흐름》(푸른역사)

2. 고고학

림영규 편, 1984, 《조선의 청동기시대》(평양, 사회과학출
　판사)
이융조, 1984, 《한국의 구석기문화 2》(탐구당)
윤무병, 1987, 《한국 청동기문화연구》(예경산업사)
박진욱·황기덕·강인숙, 1987, 《비파형단검문화에 관한 연
　구》(평양, 과학백과사전출판사)
손보기, 1988, 《한국 구석기학 연구의 길잡이》(연세대출
　판부)
윤세영, 1988, 《고분출토부장품연구》(고려대 민족문화연
　구소)
사회과학원 고고학연구소, 1988, 《조선고고학전서-고대
　편》(과학백과사전종합출판사)
윤동석, 1989, 《삼국시대 철기유물의 금속학적연구》(고려
　대출판부)
이선복, 1989, 《동북아시아 구석기연구》(서울대 출판부)
임효재, 1991, 《강원도 오산리 신석기토기연구》
임효재, 1992, 《한국고대문화의 흐름》(집문당)

임효재, 1997, 《동아시아 속의 오산리 신석기문화의 위치》
임효재, 2000, 《한국신석기문화》(집문당)

3. 고조선 및 고대

천관우 편, 1975, 《한국상고사의 쟁점》(일조각)
김철준, 1975, 《한국고대국가발달사》(한국일보사)
김철준, 1975, 《한국고대사회연구》(지식산업사)
이기백, 1975, 《한국고대사론》(탐구당)
최택선·이난우, 1976, 《고조선문제 연구론문집》(평양, 사
　회과학출판사)
사회과학원 고고학연구소, 1979, 《고조선문제 연구론문
　집》(북한)
전해종, 1980, 《동이전의 문헌적 연구-위략·삼국지·후한
　서 동이관계 기사의 검토》(일조각)
황기덕, 1984, 《조선원시 및 고대사회의 기술발전》(과학
　백과사전출판사)
홍윤식, 1985, 《삼국유사와 한국고대문화》(원광대출판국)
역사학회 편, 1985, 《한국고대의 국가와 사회》(일조각)
최몽룡, 1986, 《한국고대사의 제문제》(삼화사)
이기백 편, 1988, 《단군신화논집》(새문사)
조희승·김석형, 1988, 《초기조일관계사》상하 (북한 사회
　과학원출판사)
한국상고사학회, 1989, 《한국상고사: 연구현황과 과제》(민
　음사)
천관우, 1989, 《고조선사·삼한사연구》(일조각)
사회과학원, 1989, 《조선사람의 기원》(북한 사회과학원출
　판사)
이종욱, 1993, 《고조선사연구》(일조각)
윤이흠 외, 1994, 《단군》(서울대 출판부)
윤내현, 1994, 《고조선연구》(일지사)
한국역사연구회, 1995, 《한국고대의 신분제와 관등제》(민
　음사)

서영대, 1995, 《북한학계의 단군신화연구》(백산)

삼한역사문화연구회, 1997, 《삼한의 역사와 문화-마한 편》(자유지성사)

윤내현, 1998, 《한국 열국사연구》(지식산업사)

송호정, 1999, 《고조선 국가형성과정 연구》(학위논문)

이형구, 1999, 《단군과 고조선》(살림터)

최몽룡·이형구·조유전·심봉근, 1999, 《고조선문화연구》(한국정신문화연구원)

노태돈 외, 2000, 《단군과 고조선사》(사계절)

전덕재, 2002, 《한국 고대사회의 왕경인과 지방민》(태학사)

송호정, 2003, 《한국고대사 속의 고조선사》(푸른역사)

고구려연구재단, 2005, 《고조선, 단군, 부여 자료집》 전 3권, (고구려연구재단)

김용섭, 2008, 《동아시아 역사 속의 한국문명의 전환-충격, 대응, 통합의 문명으로》(지식산업사)

김정배, 2010, 《고조선에 대한 새로운 해석》(고려대 민족문화연구원)

한영우, 2010, 《한국선비지성사》(지식산업사)

신용하, 2010, 《고조선 국가형성의 사회사》(지식산업사)

4. 고구려

박시형, 1966, 《광개토대왕능비연구》

이진희, 1972, 《광개토왕능비의 연구》(日文, 吉川弘文館)

사회과학원 력사연구소, 1975, 《고구려문화》(평양, 사회과학출판사)

이지린·강인숙, 1976, 《고구려 역사연구》(평양, 사회과학출판사)

王健群, 1985, 《好太王碑研究》(역민사)

채희국, 1985, 《고구려력사연구》(평양, 종합대학출판사)

김문경, 1986, 《당 고구려유민과 신라교민》(일신사)

왕건군 외, 1988, 《好太王碑와 고구려유적》(讀賣新聞社)

武田幸男, 1988, 《廣開土王碑 原石拓本集成》(동경대학출판부)

이형구·박노희, 1988, 《광개토대왕릉비 신연구》(동화출판공사)

이용범, 1989, 《한만교류사연구》(동화출판공사)

武田幸男, 1989 《高句麗史と東アジア》(岩波書店)

박진석, 1996, 《고구려 호태왕비 연구》

여호규, 1997, 《1~4세기 고구려 정치체제 연구》(박사논문)

노태돈, 1999, 《고구려사연구》(사계절)

전호태, 1999, 《고분벽화로 본 고구려이야기》(풀빛)

전호태, 2000, 《고구려고분벽화 연구》(사계절)

김기흥, 2002, 《고구려 건국사》(창작과 비평사)

지배선, 2002, 《유럽문명의 아버지 고선지평전》(청아출판사)

신형식, 2003, 《고구려사》(이화여자대학교출판부)

이형구, 2004, 《발해연안에서 찾은 한국고대문화의 비밀》(김영사)

고구려연구재단, 2005, 《중국소재 고구려관련 금석문자료집》(고구려연구재단)

백위드 저, 정광 번역, 2006, 《고구려어-일본을 대륙과 연결시켜주는 언어》(고구려연구재단)

5. 백제

坂元義種, 1978, 《百濟史の研究》塙書房

김성호, 1982, 《비류백제와 일본의 국가기원》(지문사)古書房

김동욱, 1985, 《백제의 복식》(백제문화개발연구원)

김영태, 1985, 《백제불교사상연구》(동국대출판부)

노중국, 1988, 《백제정치사연구》(일조각)

윤무병, 1992, 《백제고고학연구》 백제연구총서 제2집, (충남대 백제연구소)

충남대 백제연구소, 1993, 《백제사의 비교연구》 백제연구총서 3집

신호철, 1993, 《후백제 견훤정권 연구》(일조각)

홍원탁, 1994, 《백제와 大和日本의 기원》

이도학, 1995, 《백제 고대국가연구》(일지사)

임동권, 1996, 《일본 안의 백제문화》(규장각)

이기동, 1996, 《백제사연구》(일조각)

김영심, 1997, 《백제 지방통치체제 연구》

충남대 백제연구소, 1997, 《백제의 중앙과 지방》 백제연구총서 제5집

권태원, 2000, 《고대 한민족문화사연구》(일조각)

6. 신라

이기백, 1974, 《신라정치사회사연구》(일조각)

井上秀雄, 1974, 《新羅史基礎研究》(東出版)

이기백, 1978, 《신라시대의 국가불교와 유교》(한국연구원) [1986 , 신라사상사연구》(일조각)

김영태, 1979, 《삼국유사소전의 신라불교사상연구》(신흥출판사)

이기동, 1980, 《신라골품제사회와 화랑도》(한국연구원) [1985 (일조각)]

이종욱, 1980, 《신라상대왕계승연구》(영남대 민족문화

연구소)

이종욱, 1982,《신라국가형성사연구》(일조각)

신형식, 1985,《신라사》(이화여대출판부)

김문경, 1986,《당 고구려유민과 신라교민》(일신사)

이기백, 1986,《신라사상사연구》(일조각)

김갑동, 1990,《나말여초의 호족과 사회변동 연구》(고려대 민족문화연구소)

신형식, 1990,《통일신라사연구》(삼지원)

최재석, 1990,《백제의 대화왜와 일본화과정》(일지사)

김상현, 1991,《신라화엄사상사연구》(민족사)

이명식, 1992,《신라정치사연구》(형설출판사)

이인철, 1993,《신라정치제도사연구》(일지사)

전해주, 1993,《의상화엄사상사연구》(민족사)

김상현, 1994,《역사로 읽는 원효》(고려원)

이기영, 1994,《원효사상연구 1》(한국불교연구원)

김두진, 1995,《의상: 그의 생애와 화엄사상》(민음사)

최재석, 1996,《정창원소장품과 통일신라》(일지사)

전덕재, 1996,《신라 6부체제연구》(일조각)

이기동, 1997,《신라사회사연구》(일조각)

정병삼, 1998,《의상 화엄사상 연구》(서울대 출판부)

남동신, 1999,《원효》(새누리)

김상현, 1999,《신라의 사상과 문화》(일지사)

이성시 저, 김창석 번역, 1999,《동아시아의 왕권과 교역–신라, 발해와 정창원 보물》(청년사)

강종훈, 2000,《신라상고사 연구》(서울대 출판부)

노명호 외, 2000,《한국고대중세 고문서연구》(서울대 출판부)

김기흥, 2000,《천년의 왕국 신라》(창작과 비평사)

정수일, 2004,《혜초의 왕오천축국전》(학고재)

노태돈, 2009,《삼국통일전쟁사》, 서울대학교 출판부

7. 가야

이종항, 1987,《고대 가야족이 세운 구주왕조》(대왕사)

윤석효, 1987,《가야사》(민족문화사)

이병선, 1989,《임나는 대마에 있었다》(서울서림)

천관우, 1991,《가야사연구》(일조각)

김태식, 1993,《가야연맹사》(일조각)

김현구, 1993,《임나일본부연구》(일조각)

이영식, 1993,《가야제국과 임나일본부》(吉川弘文館)

조희승, 1994,《가야사연구》(북한 사회과학출판사)

김병모, 1994,《김수로왕비 허황옥》(조선일보사)

김태식, 2002,《미완의 문명 7백년 가야사 1,2,3》(푸른역사)

8. 발해

주영헌, 1971,《발해문화》(북한 사회과학출판사)

駒井和愛, 1977,《中國都城·渤海研究》(雄山閣)

박시형, 1979,《발해사》(김일성종합대학 출판사)

사회과학원 역사연구소, 1979,《발해사》(조선전사 중)

왕승례, 1984,《발해간사》(新華書店) [송기호 역, 1987, 한림대 아시아문화연구소]

황유한, 1987,《발해국기》(신서원)

김정배 편역, 1988,《발해국사 1》(정음사)

최무장 편역, 1988,《발해의 기원과 문화》(예문출판사)

방학봉, 김정배 외 역,1989,《발해사연구》(정음사)

방학봉, 1992,《발해유적과 그에 관한 연구》(연변대학 출판사)

송기호, 1993,《발해를 찾아서–만주·연해주 답사기》(솔)

한규철, 1994,《발해의 대외관계사 연구–남북국의 형성과 전개》(신서원)

송기호, 1995,《발해정치사연구》(일조각)

방학봉, 1996,《발해의 강역과 행정제도에 관한 연구》(연변대학 출판사)

송기호, 1999,《발해를 다시 본다》(주류성)

이성시 저, 김창석 번역, 1999,《동아시아의 왕권과 교역–신라, 발해와 정창원보물》(청년사)

유득공 저, 송기호 번역, 2000,《발해고》(홍익출판사)

고구려연구재단, 2004,《러시아 연해주 크라스키노 발해 사원지 발굴보고서》(고구려연구재단)

고구려연구재단, 2005,《2004년도 러시아연해주 발해유적 발굴보고서》(고구려연구재단)

9. 고려

김상기, 1961,《고려시대사》(동국문화사) [1985, 서울대 출판부]

이기백, 1968,《고려병제사연구》(일조각)

변태섭, 1971,《고려정치제도사연구》(일조각)

旗田巍, 1972,《朝鮮中世社會史の研究》(法政大出版局)

이용범, 1976,《중세동북아세아사연구》(아세아문화사)

이재창, 1976,《고려 사원경제의 연구》(아세아문화사)

황운룡, 1978,《고려 벌족에 관한 연구》(친학사)

홍희유, 1979,《조선상업사》(과학백과사전출판사)

홍희유, 1979,《조선중세수공업사연구》(1989, 지양사)

강진철, 1980,《고려토지제도사연구》(고려대출판부)

박용운, 1980,《고려시대 대간제도연구》(일지사)

周藤吉之, 1980,《高麗朝官僚制の研究》(法政大出版局)

이기백, 1981,《고려 광종연구》(일조각)

허홍식, 1981, 《고려 과거제도사연구》(일조각)

허홍식, 1981, 《고려사회사연구》(아세아문화사)

홍승기, 1981, 《고려시대 노비연구》(한국연구원)

동북아세아연구회 편, 1982, 《삼국유사의 연구》(중앙출판)

변태섭, 1982, 《고려사의 연구》(삼영사)

신천식, 1983, 《고려교육제도사연구》(형설출판사)

홍승기, 1983, 《고려귀족사회와 노비》(일조각)

영남대 민족문화연구소, 1983, 《삼국유사연구》(영남대)

김충렬, 1984, 《고려유학사》(고려대출판부)

경희대 전통문화연구소, 1984, 《최충연구논총》

이수건, 1984, 《한국중세사회사연구》(일조각)

이희덕, 1984, 《고려유교정치사상의 연구》(일조각)

홍윤식, 1984, 《고려불화의 연구》(동화출판공사)

김성준, 1985, 《한국중세정치제도사연구》(일조각)

有井智德, 1985, 《高麗李朝史の硏究》(國書刊行會)

김의규 외, 1985, 《고려사회의 귀족제설과 관료제론》(지
식산업사)

박용운, 1985~1987, 《고려시대사》 상하 (일지사)

백산자료원, 1986, 《삼국유사 연구논선집 1》(백산자료원)

변태섭 외, 1986, 《고려사의 제문제》(삼영사)

허홍식, 1986, 《고려불교사연구》(일조각)

김당택, 1987, 《고려무인정권연구》(세문사)

김용선, 1987, 《고려 음서제도연구》(한국연구원)

문경현, 1987, 《고려태조의 후삼국통일연구》(형설출판사)

황운룡, 1987, 《한국중세사회연구》(부산대출판부)

한국정신문화연구원, 1987, 《삼국유사의 종합적 연구》

송방송, 1988, 《고려음악사연구》(일지사)

정용숙, 1988, 《고려왕실족내혼연구》(새문사)

하현강, 1988, 《한국중세사연구》(일조각)

황선영, 1988, 《고려초기왕권연구》(동아대출판부)

강진철, 1989, 《한국중세토지소유연구》(일조각)

김남규, 1989, 《고려양계지방사연구》(새문사)

하현강, 1989, 《한국중세사론》(신구문화사)

이기백, 1990, 《고려귀족사회의 형성》(일조각)

박용운, 1990, 《고려시대 음서제와 과거제연구》(일지사)

박종기, 1990, 《고려시대 부곡제연구》(서울대 출판부)

김광철, 1991, 《고려후기 세족층연구》(동아대 출판부)

김용선, 1991, 《고려 음서제도연구》(한국연구원)

윤용혁, 1991, 《고려대몽항쟁사 연구》(일지사)

이우성, 1991, 《한국중세사회연구》(일조각)

이정신, 1991, 《고려 무신정권기 농민·천민항쟁 연구》(고
려대 출판부)

채상식, 1991, 《고려후기 불교사연구》(일조각)

최정환, 1991, 《고려·조선시대 녹봉제 연구》(경북대 출
판부)

이기백 외, 1993, 《최승로상소문 연구》(일조각)

허홍식, 1994, 《한국중세불교사연구》(일조각)

노계현, 1994, 《고려외교사》(갑인출판사)

최상준 외, 1994, 《조선기술 발전사-고려편》(평양, 과학
백과사전 종합출판사)

신천식, 1995, 《고려교육사연구》(경인문화사)

박용운, 1996, 《고려시대 개경 연구》(일지사)

홍승기, 1996, 《고려태조의 국가경영》(서울대 출판부)

박경안, 1996, 《고려후기 토지제도연구》(혜안)

목은연구회, 1996, 《목은 이색의 생애와 사상》(일조각)

이원명, 1997, 《고려시대 성리학 수용연구》(국학자료원)

신호철, 1997, 《임연, 임연정권연구》(충북대 출판부)

한국역사연구회, 1997, 《고려시대 사람들은 어떻게 살았
을까》(청년사)

김일우, 1998, 《고려초기 국가의 지방지배체계 연구》(일
지사)

신천식, 1998, 《목은 이색의 학문과 학맥》(일조각)

김기덕, 1998, 《고려시대 봉작제연구》(청년사)

도현철, 1999, 《고려말 사대부의 정치사상연구》(일조각)

박용운, 2000, 《고려시대 중서문하성 재신연구》(일지사)

채웅석, 2000, 《고려시대의 국가와 지방사회》(서울대 출
판부)

이희덕, 2000, 《고려시대 천문사상과 오행설 연구》(일조각)

박종기 외, 2000, 《고려시대연구 1》(한국정신문화연구원)

박용운 외, 2000, 《고려시대연구 2》(한국정신문화연구원)

김용섭, 2000, 《한국중세농업사 연구-토지제도와 농업개
발정책》(지식산업사)

박종진, 2000, 《고려시기 재정운영과 조세제도》(서울대
출판부)

박용운, 2000, 《고려시대 상서성연구》(경인문화사)

김난옥, 2001, 《고려시대 천사, 천역양인 연구》(신서원)

안병우, 2002, 《고려전기의 재정구조》(서울대 출판부)

한영우 외, 2002, 《행촌 이암의 생애와 사상》(일지사)

박종기, 2002, 《지배와 자율의 공간, 고려의 지방사회》(푸
른역사)

한국역사연구회, 2002, 《고려의 황도 개경》(창작과 비평사)

허홍식, 2004, 《고려의 문화전통과 사회사상》(집문당)

김용선, 2004, 《고려금석문연구-돌에 새겨진 사회사》(일
조각)

박재우, 2005, 《고려 국정운영의 체계와 왕권》(신구문화사)

문철영, 2005, 《고려 유학사상사의 새로운 모색》(경세원)

안지원, 2005, 《고려의 국가불교의례와 문화》(서울대 출
판부)

한국역사연구회, 2007, 《개경의 생활사》(휴머니스트)

노명호, 2009, 《고려국가와 집단의식》(서울대 출판부)

한영우, 2010, 《한국선비지성사》(지식산업사)

노명호, 2011, 《고려 태조왕건의 동상》(지식산업사)

10. 조선 전기

김석형, 1957, 《조선봉건시대 농민의 계급구성》(북한 과학원출판사)

田川孝三, 1964, 《李朝貢納制の硏究》(東洋文庫)

田花爲雄, 1972, 《朝鮮鄕約敎化史の硏究-歷史篇》(鳴鳳社)

차문섭, 1973, 《조선시대 군제연구》(단국대출판부)

한영우, 1973, 《정도전사상의 연구》(서울대 한국문화연구소)

Wagner, Edward, 1974, The Literati Purges: Political Conflict in Early Yi Korea (East Asian Research Center, Harvard University, Cambridge)

이정동, 1974, 《퇴계의 생애와 사상》(박영사)

김재근 1976, 《조선왕조 군선연구》(서울대 한국문화연구소) [1977 (일조각)]

최승희, 1976, 《조선초기 언관·언론연구》(서울대 한국문화연구소)

김태준, 1977, 《임진란과 조선문화의 동점》(한국연구원)

이수건, 1979, 《영남 사림파의 형성》(영남대 민족문화연구소)

천관우, 1979, 《근세조선사연구》(일조각)

홍희유, 1979, 《조선중세수공업사연구》(과학백과사전종합출판사)

김길환, 1980, 《조선조유학사상연구》(일지사)

김옥근, 1980, 《한국토지제도사연구》(대왕사)

송방송, 1980, 《악장등록연구》(영남대민족문화연구소)

이성무, 1980, 《조선초기 양반연구》(일조각)

정순목, 1980, 《한국 서원교육제도연구》(영남대민족문화연구소)

田代和生, 1981, 《近世日朝通交貿易の硏究》(創文社)

한영우, 1981, 《조선전기 사학사연구》(서울대 출판부)

손인수, 1982, 《조선시대 여성교육연구》(성균관대출판부)

연정열, 1982, 《조선초기 노비법제고》(경희대 박사논문)

김태영, 1983, 《조선전기 토지제도사연구》(지식산업사)

민현구, 1983, 《조선초기의 군사제도와 정치》(한국연구원)

정두희, 1983, 《조선초기 정치지배세력연구》(일조각)

한영우, 1983, 《조선전기 사회경제연구》(을유문화사)

한영우, 1983, 《조선전기 사회사상연구》(지식산업사)

한영우, 1983, 《개정판 정도전사상의 연구》(서울대 출판부)

김옥근, 1984~1988, 《조선왕조 재정사연구》(일조각)

이병휴, 1984, 《조선전기 영남사림파연구》(일조각)

이재룡, 1984, 《조선초기 사회구조연구》(일조각)

유승원, 1986, 《조선초기 신분제연구》(을유문화사)

김영주, 1986, 《조선시대불화연구》(지식산업사)

윤국일, 1986, 《경국대전연구》(북한 과학백과사전출판사)

이경식, 1986, 《조선전기 토지제도연구》(일조각)

이태진, 1986, 《한국사회사연구》(지식산업사)

이호철, 1986, 《조선전기 농업경제사》(한길사)

Choi, Yong-ho, 1987, The Civil EXaminations and the Social Structure in Early Yi Dynasty Korea: 1392-1600(The Korean Research Center, Seoul)

長 節子, 1987, 《中世朝日關係と對馬》(吉川弘文館)

민성기, 1988, 《조선농업사연구》(일조각)

장학근, 1988, 《조선시대 해양방위사》(창미사)

김용숙, 1989, 《조선조 궁중풍속연구》(일지사)

박 주, 1989, 《조선시대 정표정책에 대한 연구》(일조각)

이수건, 1989, 《조선시대 지방행정사》(민음사)

이태진, 1989, 《조선유교사회사론》(지식산업사)

정두희, 1989, 《조선성종대의 대간연구》(한국연구원) [1994, 일조각]

홍희유, 1989, 《조선상업사》 고대·중세편, (북한 과학백과사전종합출판사)

이존희, 1990, 《조선시대 지방행정제도연구》(일지사)

이범직, 1991, 《한국중세 예사상연구》(일조각)

방상현, 1991, 《조선초기 수군제도》(민족문화사)

최정환, 1991, 《고려·조선시대 녹봉제 연구》(경북대 출판부)

Martina, Deuchler,1992, The Confucian Transformation of Korea: A Study of Society and Ideology(cambridge: Harvard University Press)

손정목, 1992, 《한국지방제도·자치사연구》(일지사)

한우근, 1993, 《유교정치와 불교》(일조각)

이태진 외, 1993, 《한국사회발전사론》(일조각)

민덕기, 1994, 《전근대 동아시아의 한일관계》(早稻田大學出版部)

지두환, 1994, 《조선전기 의례연구》(서울대 출판부)

최이돈, 1994, 《조선중기 사림정치구조연구》(일조각)

허선도, 1994, 《조선시대 화약병기사연구》(일조각)

정두희, 1994, 《조선시대 대간연구》(일조각)

고영진, 1995, 《조선중기 예학사상사》(한길사)

지승종, 1995, 《조선전기 노비신분연구》(일조각)

심정보, 1995, 《한국 읍성의 연구-충남지방을 중심으로》(학연문화사)

남문현, 1995, 《한국의 물시계》(건국대 출판부)

장병인, 1997, 《조선전기 혼인제와 성차별》(일지사)

김돈, 1997, 《조선전기 군신권력관계연구》(서울대 출판부)

한영우, 1997, 《조선시대 신분사연구》(집문당)

김용만, 1997, 《조선시대 사노비연구》(집문당)

이경식, 1998, 《조선전기 토지제도연구》(지식산업사)

김경수, 1998, 《조선시대의 사관연구》(국학자료원)

이병휴, 1999, 《조선전기 사림파의 현실인식과 대응》(일조각)

한영우, 1999, 《왕조의 설계자 정도전》(지식산업사)

한영우 외, 1999, 《우리 옛지도와 그 아름다움》(효형출판)

홍순민, 1999,《우리 궁궐 이야기》(청년사)

John B. Duncan, 2000, Origins of the Choson Dynasty(Seattle and London: University of Washington Press)

박 주, 2000,《조선시대의 효와 여성》(국학자료원)

김성우, 2001,《조선중기 국가와 사족》(역사비평사)

조원래, 2001,《임진왜란과 호남지방의 의병항쟁》(아세아문화사)

김성우, 2001,《조선중기 국가와 사족》(역사비평사)

한형주, 2002,《조선초기 국가제례연구》(일조각)

이태진, 2002,《의술과 인구 그리고 농업기술》(태학사)

최승희, 2002,《조선초기 정치사연구》(지식산업사)

임민혁, 2002,《조선시대 음관연구》(한성대 출판부)

남문현, 2002,《장영실과 자격루》(서울대학교출판부)

한영우, 2003,《창덕궁과 창경궁》(열화당, 효형출판)

최승희, 2004,《조선초기 언론사연구》(지식산업사)

한영우, 2006,《조선의 집 동궐에 들다》(열화당, 효형출판)

고동환, 2007,《조선시대 서울도시사》(태학사)

신병주, 2008,《이지함평전》(글항아리)

한영우, 2008,《조선 수성기 제갈량 양성지》(지식산업사)

한영우, 2010,《한국선비지성사》(지식산업사)

한영우, 2013,《율곡 이이평전》(민음사)

한영우, 2013,《과거, 출세의 사다리-태조~선조대》(지식산업사)

한영우, 2016,《나라에 사람이 있구나-월탄 한효순 이야기》(지식산업사)

한영우, 2016,《우계 성혼 평전》(민음사)

11. 조선 후기

김용덕, 1970,《정유 박제가연구》(중앙대출판국)

김용섭, 1970,《조선후기 농업사연구-농촌경제·사회변동》(일조각)

전석담·허종호·홍희유, 1971,《조선에서의 자본주의적 관계의 발생》(과학백과사전 종합출판사)

김용섭, 1971,《조선후기농업사연구-농업변동·농학사조》(일조각)

田花爲雄, 1972,《朝鮮鄕約敎化史の硏究-歷史篇》(鳴鳳社)

강만길, 1973,《조선후기 상업자본의 발달》(고려대출판부)

송찬식, 1973,《이조후기 수공업에 관한 연구》(서울대 한국문화연구소)

차문섭, 1973,《조선시대 군제연구》(단국대출판부)

정성철, 1974,《실학파의 철학사상과 사회정치적 견해》(북한 사회과학출판사)

원유한, 1975,《조선후기 화폐사연구》(한국연구원)

김재근, 1976,《조선왕조 군선연구》(서울대 한국문화연구소)

최완수, 1976,《김추사연구초》(지식산업사)

김옥근, 1977,《조선후기 경제사연구》(서문당)

김용덕, 1977,《조선후기 사상사연구》(을유문화사)

변인석, 1977,《사고전서조선사료의 연구》(영남대출판부)

손정목, 1977,《조선시대 도시사회연구》(일지사)

김용덕, 1978,《향청연구》(한국연구원)

원유한, 1978,《조선후기 화폐유통사》(정음사)

권병탁, 1979,《전통 도자의 생산과 수요》(영남대출판부)

천관우, 1979,《근세조선사연구》(일조각)

홍희유, 1979,《조선중세 수공업사연구》(과학백과사전종합출판사)

김길환, 1980,《조선조 유학사상연구》(일지사)

김옥근, 1980,《한국토지제도사연구》(대왕사)

송방송, 1980,《악장등록연구》(영남대 민족문화연구소)

이을호, 1980,《한국 개신유학사시론》(박영사)

정순목, 1980,《한국 서원교육제도연구》(영남대 민족문화연구소)

한우근, 1980,《성호 이익연구》(서울대 출판부)

김길환, 1981,《한국양명학연구》(일지사)

田代和生, 1981,《近世日朝通交貿易の硏究》(創文社)

김태준, 1982,《홍대용과 그의 시대》(일지사)

손인수, 1982,《조선시대 여성교육연구》(성균관대출판부)

윤남한, 1982,《조선시대의 양명학연구》(집문당)

平木實, 1982,《조선후기 노비제 연구》(지식산업사)

武田幸男, 1983,《朝鮮戶籍臺帳の基礎的硏究》(학습원대학 동양문화연구소)

유명종, 1983,《한국의 양명학》(동화출판공사)

정석종, 1983,《조선후기 사회변동연구》(일조각)

김옥근, 1984~1988,《조선왕조 재정사연구》(일조각)

강만길, 1984,《조선시대 상공업사연구》(한길사)

이태진 편, 1985,《조선시대 정치사의 재조명-사화. 당쟁편》(지식산업사)

이태진, 1985,《조선후기의 정치와 군영제변천》(한국연구원)

三品英利, 1986,《近世日朝關係史の硏究》(文獻出版)

이원순, 1986,《한국 서학사연구》(일지사)

이준걸, 1986,《조선시대 일본과 서적교류연구》(홍익재)

금장태, 1987,《한국 실학사상연구》(집문당)

김옥근, 1987,《조선왕조 재정사연구 2》(일조각)

김태준, 1987,《홍대용평전》(민음사)

손승철, 1987,《근세한일관계사》(강원대출판부)

송준호, 1987,《조선사회사연구》(일조각)

長 節子, 1987,《中世朝日關係と對馬》(吉川弘文館)

김옥근, 1988,《조선왕조 재정사연구 3》(일조각)

김용섭, 1988,《조선후기 농학사연구》(일조각)

민성기, 1988,《조선농업사연구》(일조각)

이영훈, 1988,《조선후기 사회경제사》(한길사)

이용범, 1988,《중세서양과학의 조선전래》(동국대출판부)

이은순, 1988,《조선후기 당쟁사연구》(일조각)

정옥자, 1988,《조선후기 문화운동사》(일조각)

조 광, 1988,《조선후기 천주교사연구》(고려대 민족문화 연구소)

한명기, 1988,《광해군-탁월한 외교정책을 펼친 군주》(역 사비평사)

김용숙, 1989,《조선조 궁중풍속연구》(일지사)

오 성, 1989,《조선후기 상인연구》(일조각)

이수건, 1989,《조선시대 지방행정사》(민음사)

이태진, 1989,《조선유교사회사론》(지식산업사)

전형택, 1989,《조선후기 노비신분연구》(일조각)

최승희, 1989,《한국고문서연구》(한국정신문화연구원) [1981, 지식산업사]

최완기, 1989,《조선후기 선운업사연구》(일조각)

하우봉, 1989,《조선후기실학자의 일본관연구》(일지사)

한영우, 1989,《조선후기 사학사연구》(일지사)

허종호, 1989,《조선봉건말기의 소작제연구》(한마당)

윤희면, 1990,《조선후기 향교연구》(일조각)

이존희, 1990,《조선시대 지방행정제도연구》(일지사)

이훈상, 1990,《조선후기 향리연구》(일조각)

정옥자, 1990,《조선후기 문학사상사》(서울대 출판부)

향촌사회사연구회, 1990,《조선후기 향약연구》(민음사)

한국역사연구회, 1990,《조선정치사: 1800~1863》 (청년사)

김용섭, 1991,《증보판 조선후기농업사연구 2》(일조각)

원경렬, 1991,《대동여지도의 연구》(성지문화사)

이 찬, 1991,《한국의 고지도》(범우사)

정옥자, 1991,《조선후기 지성사》(일지사)

손정목, 1992,《한국지방제도·자치사연구》(일지사)

심희기, 1992,《한국 법사연구》(영남대출판부)

한우근, 1992,《기인제연구》(일지사)

이성무 외, 1992,《조선후기 당쟁의 종합적 검토》(한국정 신문화연구원)

이준구, 1993,《조선후기 신분직역변동연구》(일조각)

정옥자, 1993,《조선후기 역사의 이해》(일지사)

이해준, 김인걸 외, 1993,《조선시기 사회사연구법》(한국 정신문화연구원)

김동철, 1994,《조선후기 공인연구》(한국연구원)

손승철, 1994,《조선시대 한일관계사연구》(지성의 샘)

須川英德, 1994,《李朝商業政策史研究》(東京大 出版部)

허선도, 1994,《조선시대 화약병기사연구》(일조각)

서울대 규장각, 1995,《해동지도-영인, 해설, 색인》(서울 대 규장각)

유봉학, 1995,《연암일파 북학사상연구》(일지사)

최홍규, 1995,《우하영의 실학사상연구》(일지사)

손승철, 1995,《조선시대 한일관계사연구》(지성의 샘)

김문식, 1996,《조선후기 경학사상연구-정조와 경기학인 을 중심으로》(일조각)

한상권, 1996,《조선후기 사회와 소원제도》(일조각)

이해준, 1996,《조선시기 촌락사회사》(민족문화사)

박인호, 1996,《조선후기 역사지리학연구》(이회문화사)

James B. Palais, 1996, Confucian Statecraft and Korean Institutions-Yu Hyongwon and the Late Choson Dynasty(University of Washington Press, Seattle and London)

JaHyun Kim Haboush, 1996, The Memoirs of Lady Hyegyong - The Autobiographical Writings of a Crown Princess of 18th-Century Korea (University of California Press, Berkeley, Los Angeles, London)

정만조, 1997,《조선시대 서원연구》(집문당)

차장섭, 1997,《조선후기 벌열연구》(일조각)

김용만, 1997,《조선시대 사노비연구》(집문당)

이성미·유송옥·강신항, 1997,《조선시대 어진관계도감의 궤 연구》(한국정신문화연구원)

유봉학, 1998,《조선후기 학계와 지식인》(신구문화사)

윤용출, 1998,《조선후기의 요역제와 고용노동》(서울대 출판부)

고석규, 1998,《19세기 조선의 향촌사회연구》(서울대 출 판부)

한영우, 1998,《정조의 화성행차 그 8일》(효형)

최완수 외, 1998,《진경시대-사상과 문화》(돌베개)

최완수 외, 1998,《진경시대-예술과 예술가들》(돌베개)

박광용, 1998,《영조와 정조의 나라》(푸른역사)

오주석, 1998,《단원 김홍도》(열화당)

이재숙 외, 1998,《조선조 궁중의례와 음악》(서울대 출판 부)

진준현, 1999,《단원 김홍도연구》(일지사)

서태원, 1999,《조선후기 지방군제연구》(혜안)

우인수, 1999,《조선후기 산림세력연구》(일조각)

한명기, 1999,《임진왜란과 한중관계》(역사비평사)

이남희, 1999,《조선후기 잡과중인 연구》(이회)

정옥자 외, 1999,《정조시대의 사상과 문화》(돌베개)

장동표, 1999,《조선후기 지방재정연구》(국학자료원)

한영우 외, 1999,《우리 옛 지도와 그 아름다움》(효형)

정옥자·유봉학·김문식·배우성·노대환, 1999,《정조시대의 사상과 문화》(돌베개)

김현영, 1999, 《조선시대의 양반과 향촌사회》(집문당)
한명기, 1999, 《임진왜란과 한중관계》
김 호, 2000, 《허준의 동의보감 연구》(일지사)
신병주, 2000, 《남명학파와 화담학파연구》(일지사)
정옥자, 2000, 《정조의 수상록 일득록연구》(일지사)
김문식, 2000, 《정조의 경학과 주자학》(문헌과 해석사)
임미선·송지원·김종수·노영구·김호, 2000, 《정조대의 예술과 과학》(문헌과 해석사)
이태진 외, 2000, 《서울상업사》(태학사)
한명기, 2000, 《광해군》(역사비평사)
강석화, 2000, 《조선후기 함경도와 북방영토의식》(경세원)
문중양, 2000, 《조선후기 수리학과 수리담론》(집문당)
방병선, 2000, 《조선후기 백자연구》(일지사)
이예성, 2000, 《현재 심사정연구》(일지사)
안휘준, 2000, 《한국회화사 연구》(시공사)
박정혜, 2000, 《조선시대 궁중기록화연구》(일지사)
이성미, 2000, 《조선시대 그림 속의 서양화법》(대원사)
김종수, 2001, 《조선시대 궁중연향과 여악연구》(민속원)
이수환, 2001, 《조선후기 서원연구》(일조각)
김준형, 2001, 《조선후기 단성 사족층 연구》(아세아문화사)
신병주, 2001, 《66세의 영조, 15세 신부를 맞이하다》(효형출판)
오수창, 2002, 《조선후기 평안도 사회발전연구》(일조각)
송찬섭, 2002, 《조선후기 환곡제 개혁연구》(서울대 출판부)
김동욱, 2002, 《실학정신으로 세운 조선의 신도시, 수원황성》(돌베개)
한영우, 2003, 《창덕궁과 창경궁》(열화당, 효형출판)
김건태, 2004, 《조선시대 양반가의 농업경영》(역사비평사)
이원명, 2004, 《조선시대 문과급제자 연구》(국학자료원)
구만옥, 2004, 《조선후기 과학사상사연구 1-주자학적 우주론의 변동》(혜안)
한영우, 2005, 《조선왕조 의궤-국가의례와 그 기록》(일지사)
조원래, 2005, 《새로운 관점의 임진왜란사 연구》(아세아문화사)
한영우, 2007, 《실학의 선구자 이수광》(경세원)
한영우 외, 2007, 《다시, 실학이란 무엇인가》(푸른역사)
이경구, 2007, 《조선후기 안동김문 연구》(일지사)
신병주, 2007, 《조선 중후기 지성사 연구》(새문사)
고동환, 2007, 《조선시대 서울도시사》(태학사)
한영우, 2007, 《꿈과 반역의 실학자 유수원》(지식산업사)
김문식, 2007, 《정조의 제왕학》(태학사)
한영우, 2008, 《문화정치의 산실 규장각》(지식산업사)
이성미, 2008, 《왕실혼례의 기록 가례도감의궤와 미술사》(소와당)
이경구, 2009, 《17세기 조선지식인지도》(푸른역사)

한영우, 2010, 《한국선비지성사》(지식산업사)
한영우, 2013, 《과거, 출세의 사다리-광해군~영조대》(지식산업사)
한영우, 2013, 《과거, 출세의 사다리-정조~철종대》(지식산업사)

12. 개항기~대한제국

오길보, 1968, 《갑오농민전쟁》(북한 로동당출판사)
이영래, 1968, 《한국근대토지제도사연구》(보문각)
이광린, 1969, 《한국개화사연구》(일조각) [1974]
팽택주, 1969 《明治初期日韓淸關係の硏究》(塙書房)
김준보, 1970·1974·1977, 《한국자본주의사연구》(일조각)
강재언, 1970, 《조선근대사연구》(일본평론사) [1892, 《한국근대사》(한울)]
한우근, 1970, 《한국개항기의 상업연구》(일조각)
Ledyard, Gari, 1971, The Dutch Come to Korea (Korea Branch of the Royal Asiatic Society)
정요섭, 1971, 《한국여성운동사-일제하의 민족운동을 중심으로》(일조각)
한우근, 1971, 《동학난 기인에 관한 연구》(서울대 한국문화연구소)
Choi, ching Young, 1972, The Rule of the Taewongun, 1864~1873 (East Asian Research Center, Harvard University, Cambridge)
Cook, Harold, 1972, Korea's 1884 Incident (Korea Branch of the Royal Asiatic Society, Seoul)
김의환, 1972, 《조선을 둘러싼 근대노일관계연구》(통문관)
조항래, 1972, 《한말사회단체사론고》(형설출판사)
신복룡, 1973, 《동학당연구》(탐구당)
이광린, 1973, 《개화당연구》(일조각)
조기준, 1973, 《한국자본주의 성립사론》(고려대출판부)
Palais, James, 1975, Politics and Policy in Traditional Korea (East Asian Research Center, Harvard University, Cambridge)
김용섭, 1975, 《한국근대 농업사연구》(일조각)
박용옥, 1975, 《한국근대 여성사》(정음사)
안병태, 1975, 《조선근대경제사연구》(일본평론사)
이현종, 1975, 《한국개항장연구》(일조각)
김원욱, 1976, 《한국개항사》(서문당)
신용하, 1976, 《독립협회연구》(일조각)
최태호, 1976, 《개항전기의 한국관세제도》(한국연구원)
한우근, 1976, 《동학농민봉기》(세종대왕기념사업회)
Deuchler, Martina, 1977, Confucian Gentleman and Barbarian Envoys: The Opening of Korea, 1975~1885

(University of Washington Press, Seatle)

백종기, 1977, 《근대 한일교섭사연구》(정음사)

유원동, 1977, 《한국근대 경제사연구》(일지사)

高嶋雅明, 1978, 《朝鮮のおける植民地金融史の研究》(雄山閣)

고병운, 1978, 《근대조선경제사의 연구》(일본 웅산각)

김원모, 1979, 《근대한미교섭사》(홍성사)

이광린, 1979, 《한국개화사상연구》(일조각)

Swarout, Robert R. Jr., 1980, Mandarins, Gunboats, and Power Politics : Owen Nikerson Denny and the International Rivalries in Korea (The University Press of Hawaii, Honolulu)

신용하, 1980, 《한국근대사와 사회변동》(문학과 지성사)

박일근, 1981, 《미국의 개국정책과 한미외교관계》(일조각)

전봉덕, 1981, 《한국근대법사상사》(박영사)

강재언 외, 1981, 《근대조선의 사회와 사상》(일본 미래사)

박종근, 1982, 《일청전쟁과 조선》(청목서점) [박영재 역, 1989, 일조각]

손정목, 1982, 《한국개항기 도시사회경제사연구》(일지사)

신복룡, 1982, 《전봉준의 생애와 사상》(양영각)

안병태, 1982, 《한국 근대경제와 일본제국주의》(백산서당)

임형택, 1982, 《한국근대문학사론》(한길사)

강재언, 1983, 《근대한국사상사연구》(한울)

한우근, 1983, 《동학과 농민봉기》[1995, 일조각]

강만길, 1984, 《한국근대사》(창작과 비평사) [고쳐쓴 한국근대사]

강재언, 1984, 《근대조선의 사상》(미래사) [1985, 한길사]

고병익, 1984, 《동아시아의 전통과 근대사》(삼지원)

김용섭, 1984, 《증보판 한국근대농업사연구(상,하)》(일조각)

김윤식, 1984, 《한국 근대문학사상사》(한길사)

박용옥, 1984, 《한국 근대여성운동사연구》(한국정신문화연구원)

윤병석, 1984, 《이상설전》(일조각)

이석륜, 1984, 《한국 화폐금융사연구》(박영사)

한국사연구회 편, 1985, 《한국근대사회와 제국주의》(삼지원)

한국정치외교사학회, 1985, 《갑신정변연구》(평민사)

강만길, 1985, 《한국민족운동사론》(한길사)

송병기, 1985, 《근대한중관계사연구》(단국대출판부)

신복룡, 1985, 《동학사상과 갑오농민혁명》(평민사)

유영렬, 1985 《개화기의 윤치호연구》(한길사)

澤村東平, 1985, 《近代朝鮮の棉作綿業》(未來社)

波形昭一, 1985, 《日本植民地金融政策史の研究》(早稻田大學 出版部)

권석봉, 1986, 《청말 대조선정책사연구》(일조각)

이현희, 1986, 《정한론의 배경과 영향》(대왕사)

천관우, 1986, 《한국근대사산책》(정음문화사)

최윤규, 1986, 《조선근대 및 현대경제사》(과학백과사전출판사) [1988, 갈무지]

고병운, 1987, 《근대조선조계사의 연구》(웅산각)

김용숙, 1987, 《조선조말기 왕실복식》(민족문화문고간행회)

森山茂德, 1987, 《近代日韓關係史硏究》(동경대출판회) [김세민 역, 1994, 현음사]

신용하, 1987, 《한국근대사회사연구》(일지사)

유동준, 1987, 《유길준전》(일조각)

권태억, 1989, 《한국 근대 면업사연구》(일조각)

김영작, 1989, 《한말 내셔널리즘연구》(청계연구소)

이광린, 1989, 《개화파와 개화사상연구》(일조각)

이병천, 1989, 《북한학계의 한국근대사논쟁》(창작과 비평사)

이완재, 1989, 《초기개화사상연구》(민족문화사)

조동걸, 1989, 《한말의병전쟁》(독립운동사연구소)

유영익, 1990, 《갑오경장연구》(일조각)

윤경로, 1990, 《105인사건과 신민회 연구》(일지사)

황공률, 1990, 《조선근대애국문화운동사》(북한 과학백과사전종합출판사)

한국역사연구회, 1991~1995, 《1894년 농민전쟁연구 1~4》(역사비평)

최문형, 1992, 《명성황후시해사건》(민음사)

천관우 외, 1993, 《위암 장지연의 사상과 활동》(민음사)

신용하, 1993, 《동학과 갑오농민전쟁연구》(일조각)

우 윤, 1993, 《전봉준과 갑오농민전쟁》(창작과 비평사)

이광린, 1993, 《개화기의 인물》(연세대 출판부)

동학농민혁명기념사업회 편, 1993, 《동학농민혁명과 사회변동》(한울)

김경태, 1994, 《한국근대경제사연구》(창작과 비평사)

김도형, 1994, 《대한제국기의 정치사상사연구》(지식산업사)

한영우, 1994, 《한국민족주의 역사학》(일조각)

홍순권, 1994, 《한말 호남지역 의병운동사 연구》(서울대 출판부)

역사학연구소, 1994, 《농민전쟁 100년의 인식과 쟁점》(거름)

한국역사연구회, 1995, 《대한제국의 토지조사사업》(민음사)

한국사연구회, 1995, 《근대국민국가와 민족문제》(지식산업사)

박경룡, 1995, 《개화기 한성부연구》(일지사)

유영익, 1998, 《동학농민봉기와 갑오경장》(일조각)

오영섭, 1999, 《화서학파의 사상과 민족운동》(국학자료원)

김원모, 1999, 《한미수교사 - 1883》(철학과 현실사)

정재정, 1999,《일제침략과 한국철도》(서울대 출판부)
송병기, 1999,《울릉도와 독도》(단국대 출판부)
이태진, 2000,《고종시대의 재조명》(태학사)
이태진 외, 2000,《서울상업사》(태학사)
권혁수, 2000,《19세기말 한중관계사 연구》(백산자료원)
김용구, 2001,《세계관 충돌과 한말외교사-1866~1882》(문학과 지성사)
금장태, 2001,《화서학파의 철학과 시대인식》(태학사)
한영우, 2001,《명성황후, 제국을 일으키다》(효형출판)
이영호, 2001,《한국근대 지세제도와 농민운동》(서울대학교 출판부)
조재곤, 2001,《한국근대사회와 보부상》(혜안)
연갑수, 2001,《대원군집권기 부국강병정책연구》(서울대학교출판부)
강창일, 2002,《근대 일본의 조선침략과 대아시아주의》(역사비평사)
서영희, 2003,《대한제국 정치사연구》(서울대 출판부)
신용하, 2003,《의병과 독립군의 무장독립운동》(지식산업사)
한영우, 2005,《조선왕조 의궤-국가의례와 그 기록》(일지사)
이태진, 2005,《동경대생들에게 들려준 한국사》(태학사)
이태진 외, 2005,《고종황제 역사청문회》(푸른역사)
한영우 외, 2006,《대한제국은 근대국가인가》(푸른역사)
연갑수, 2008,《고종대 정치변동 연구》(일지사)
강상규, 2008,《19세기 동아시아의 패러다임 변환과 한반도》(논형)
한영우, 2013,《과거, 출세의 사다리-고종대》(지식산업사)

13. 일제강점기

국사편찬위원회, 1965~1969,《한국독립운동사》
독립운동사편찬위원회, 1970~1978,《독립운동사》
사회과학원 력사연구소, 1970,《일본군국주의의 조선침략사-1910~1945》
이해창, 1971,《한국신문사연구》(성문각)
정요섭, 1971,《한국여성운동사-일제하의 민족운동을 중심으로》(일조각)
淺田喬二, 1972,《日本帝國主義下の民族革命運動》(未來社)
Nahm, Andrew, edt., 1973, Korea under Japanese Rule (The Center for Korean Studies, Western Michigan University, Kalamazoo)
박경식, 1974,《일본제국주의의 조선지배》(청목서점) [1986 청아출판사]

임중빈, 1974,《한용운일대기》(정음사)
강덕상, 1975,《관동대지진》(중앙공론사)
小林英夫, 1975,《大東亞共榮圈の形成と崩壞》(お茶の水書房)
윤병석, 1975,《삼일운동사》(정음사)
이강훈, 1975,《대한민국림시정부사》(서문당)
이강훈, 1975,《무장독립운동사》(서문당)
정세현, 1975,《항일학생민족운동사연구》(일지사)
정진석, 1975,《일제하한국언론투쟁사》(정음)
박경식, 1976,《조선삼일독립운동》(평범사)
이민수, 1976,《윤봉길전》(서문당)
최준, 1976,《한국신문사논고》(일조각)
김민수, 1977,《주시경연구》(탑출판사)
梶村秀樹, 1977,《朝鮮のおける資本主義の形成と展開》(龍溪書舍)
조선무정부주의운동사 편찬위원회, 1978,《한국 아나키즘운동사》
Lee Chong-sik, 1978, The Korean Workers Party: A Short History (Hoover Institution Press fo Stanford University)
김중렬, 1978,《항일노동투쟁사》(집현사)
박영석, 1978,《만보산사건연구》(아세아문화사)
서상철, 1978, Growth and Structual Change in the Korean Economy: 1910-1945(Harvard University)
최민지, 1978,《일제하민족언론사론》(일월서각)
강동진, 1979,《일본의 조선지배정책사연구》(동경대출판회) [1980, 한길사]
신용하, 1979,《조선토지조사사업연구》(한국연구원) [1981, 지식산업사]
이구홍, 1979,《한국이민사》(중앙일보사)
이현희, 1979,《3·1운동사론》(동방도서)
조동걸, 1979,《일제하한국농민운동사》(한길사)
최문형, 1979,《열강의 동아시아정책》(일조각)
송건호 외, 1979~2006,《해방전후사의 인식》(전6권, 한길사)
박성수, 1980,《독립운동사연구》(창작과 비평사)
한정일, 1981,《일제하 광주학생민족운동사》(전예원)
김윤환, 1982,《한국노동운동사-일제하편 1》(청사)
박영석, 1982,《한민족독립운동사연구》(일조각)
신용하, 1982,《박은식의 사회사상연구》(서울대 한국문화연구소)
이현희, 1982,《대한민국임시정부사》(집문당)
고준석, 1983,《코민테른과 조선공산당》(동경 사회평론사) [김영철 역, 1989, 공동체]
최홍규, 1983,《신채호의 민족주의사상》(단재신채호선생기념사업회)

스칼라피노 외, 1983,《신간회연구》(동녘)

송건호 외, 1983~1985,《한국민족주의론》(창작과 비평사)

강재언, 1984,《일제하 40년사》(풀빛)

역사학회 편, 1984,《일본의 침략정책사연구》(일조각)

박영석, 1984,《일제하독립운동사연구》(일조각)

신용하, 1984,《신채호의 사회사상연구》(한길사)

宮田節子, 1985,《朝鮮民衆と皇民化政策》(未來社)

金森襄作, 1985,《1920年代朝鮮の社會主義運動史》(未來社)

신용하, 1985,《한국민족독립운동사연구》(을유문화사)

임영태, 1985,《식민지시대 한국사회와 운동》(사계절)

한국근대사자료연구협의회, 1985,《獨島연구》

佐佐木春隆, 1985,《朝鮮戰爭前史としての韓國獨立運動の硏究》(國書刊行會)

川瀨俊治, 1985,《奈良·在日朝鮮人史 1910~1945》(奈良·在日朝鮮教育を考える會)

단재신채호선생 기념사업회, 1986,《신채호의 사상과 민족독립운동》

이재화, 1986,《한국근대민족해방운동사 1》(백산서당)

河合和男, 1986,《朝鮮における産米增殖計劃》(未來社)

이만열 외, 1986,《한국기독교와 민족운동》(보성)

강만길, 1987,《일제시대빈민생활사연구》(창작과 비평사)

정진석, 1987,《대한매일신보와 배설》(나남)

역사학회, 1987,《한국근대 민족주의운동사연구》(일조각)

국사편찬위원회, 1987,《한민족독립운동사》

川瀨俊治, 1987,《朝鮮人勞動者と大日本帝國》(Press Center)

임종국, 1988~1989,《일본군의 조선침략사》(일월서각)

박영석, 1988,《재만한인독립운동사연구》(일조각)

신성려, 1988,《하와이 이민약사》(고려대출판부)

신용하, 1988,《한국근대민족운동사연구》(일조각)

이우재, 1988,《한국농민운동사》(한울)

이재화, 1988,《한국근현대민족해방운동사》(백산서당)

한석희, 1988,《일본의 조선지배와 종교정책》(미래사)

Robinson, Michael, E., 1989, Cultural Nationalism in Colonial Korea, 1920~1925 (University of Washington Press, Seattle)

鈴木敬夫, 1989,《法을 통한 朝鮮植民地 支配에 관한 硏究》(고려대 民族文化硏究所)

박영석, 1989,《만주 노령지역의 독립운동》(독립운동사연구소)

방선주, 1989,《재미한인의 독립운동》(한림대 아시아문제연구소)

손정목, 1989,《일제강점기 도시계획연구》(일지사)

신용하, 1989,《3·1독립운동》(독립운동사연구소)

이배용, 1989,《한국근대광업침탈사연구》(일조각)

이정식, 1989,《만주혁명운동과 통일전선》(사계절) [허원 역]

이한구, 1989,《일제하 한국기업설립운동사》(청사)

이현희, 1989,《한민족광복투쟁사》(정음문화사)

조동걸, 1989,《한국민족주의의 성립과 독립운동사연구》(지식산업사)

조선일보사, 1989,《3·1운동과 대한민국임시정부 수립의 현대적 해석》(조선일보사)

추헌수, 1989,《대한민국임시정부사》(독립운동사연구소)

이병천 편, 1989,《북한학계의 한국근대사논쟁》(창작과 비평사)

한국역사연구회, 역사문제연구소 편, 1989,《3.1민족해방운동연구》(청년사)

동아일보사, 1989,《3·1운동과 민족통일》(동아일보사)

한국역사연구회, 1989,《3·1민족해방운동 연구》(청년사)

이현희, 1989,《임정과 이동녕연구》(일조각)

이만열, 1990,《단재신채호의 역사학연구》(문학과 지성사)

박 환, 1990,《만주한인민족운동사연구》(일조각)

윤병석, 1990,《국외한인사회와 민족운동》(일조각)

최문형, 1990,《제국주의시대의 열강과 한국》(민음사)

손정목, 1990,《일제강점기 도시계획연구》(일지사)

Carter J. Eckert, 1991, Offspring of Empire: The Kochang Kims and the Colonial Origins of Korean Capitalism 1876-1945 (University of Washington Press, Seattle and London)

강만길, 1991,《조선민족혁명당과 통일전선》(화평사)

박찬승, 1991,《한국근대정치사상사연구》(역사비평사)

박 환, 1991,《홍범도장군》(연변인민출판사)

飛田雄一, 1991,《日帝下の朝鮮農民運動》(未來社)

松本武祝, 1991,《植民地期 朝鮮水利組合事業》(未來社)

한국역사연구회, 1991,《일제하 사회주의운동사》(한길사)

김경일, 1992,《일제하 노동운동사》(창작과 비평사)

김용섭, 1992,《한국근현대 농업사연구》(일조각)

방기중, 1992,《한국근현대 사상사연구 – 1930·40년대 백남운의 학문과 정치경제사상》(역사비평사)

山本有造, 1992,《日本植民地經濟研究》(名古屋大學 出版會)

桶口雄一, 1992,《協和會》(社會評論社)

이영훈 외, 1992,《근대조선 수리조합연구》(일조각)

홍성찬, 1992,《한국근대 농촌사회의 변동과 지주층》(지식산업사)

和田春樹, 이종석 역, 1992,《김일성과 만주항일전쟁》(창작과비평사)

김기승, 1993,《배성룡의 정치경제사상연구》(신서원)

이준식, 1993,《농촌사회변동과 농민운동》(민영사)

지수걸, 1993,《일제하 농민조합운동연구》(역사비평사)

한시준, 1993,《한국 광복군 연구》(일조각)

김중섭, 1994,《형평운동연구》(민영사)

小林英夫, 1994,《植民地への企業進出-朝鮮會社令の分析》(柏書房)

이균영, 1994,《신간회연구》(역사비평사)

천경화, 1994,《한국인 민족교육운동사》(백산출판사)

김희곤, 1995,《중국관내 한국독립운동단체연구》(지식산업사)

지복영, 1995,《역사의 수레를 밀고 끌며-항일무장독립운동과 백산 지청천장군》(문학과지성사)

손정목, 1996,《일제강점기 도시사회상 연구》(일지사)

유병용 외, 1997,《한국 근대사와 민족주의》(집문당)

정재정, 1999,《일제침략과 한국철도-1892~1945》(서울대 출판부)

권희영, 1999,《한인 사회주의운동 연구》(국학자료원)

강만길 외, 2000,《한국자본주의의 역사》(역사비평사)

서중석, 2000,《우사 김규식》(한울)

이호룡, 2001,《한국의 아나키즘(사상편)》(지식산업사)

서중석, 2001,《신흥무관학교와 망명자들》(역사비평사)

신용하, 2001,《3.1운동과 독립운동의 사회사》(서울대 출판부)

신용하, 2002,《일제강점기 한국민족사(중)》(서울대 출판부)

윤대원, 2006,《상해시기 대한민국임시정부 연구》(서울대 출판부)

윤해동, 2006,《지배와 자치-식민지시기 촌락의 삼국면 구조》(역사비평사)

박찬승, 2007,《민족주의의 시대-일제하의 한국민족주의》(경인문화사)

14. 현대사(광복 이후)

김준엽, 김창순, 1967~1975,《한국공산주의운동사》(고려대 아세아문제연구소)

고려대 아세아문제연구소, 1973,《북한공산화과정연구》(아세아문제연구소)

Cummings, Bruce, 1981, The Origins of the Korean War (Princeton University Press, Princeton) [김주환 역, 1986,《한국전쟁의 기원》(靑史)]

국사편찬위원회, 1982,《한국현대사》(국사편찬위원회)

강만길, 1982,《조소앙》(한길사)

편집부 편, 1982,《한국현대사의 재조명》(돌베개)

김낙중, 1982,《한국노동운동사-해방후편》(청사)

심지연, 1982,《한국민주당연구 1》(풀빛)

Cummings, Bruce, ed., 1983, Child of Conflict: The Korean American Relationship, 1943-1953, (University of Washington Press, Seattle) [박의경 역, 1987, ≪한국전쟁과 한미관계》(靑史)]

김낙중, 1983,《한국노동운동사 2》(청사)

이재오, 1983,《한일관계사의 인식 1》(학민사)

한승주, 1983,《제2공화국과 한국의 민족주의》(종로서적)

강만길 외, 1983,《4월혁명론》(한길사)

한완상 외, 1983,《4·19혁명론》(일월서각)

편집부 편, 1984,《분단전후의 현대사》(일월서각)

강덕상, 1984,《朝鮮獨立運動の群像》(靑木書店)

강만길, 1984,《한국현대사》(創作과 비평사) [고쳐쓴 한국현대사]

김남식, 1984,《남로당연구》(돌베개)

송건호, 1984,《한국현대인물사론》(한길사)

심지연, 1984,《한국민주당연구 2》(창작과비평사)

이기형, 1984,《몽양 여운형》(실천문학사)

中尾美知子, 1984,《解放後 全平勞動運動》(春秋社)

James I. Matray, 1985, THE RELUCTANT CRUSADE: American Foreign Policy in KOREA, 1941 - 1950 (Honolulu University of Hawaii Press, 1985) [구대열 역, 1989,《한반도의 분단과 미국》(을유문화사)]

권대복, 1985,《진보당》(지양사)

김정원, 1985,《분단한국사》(동녘)

송남헌, 1985,《해방삼십년사》(까치)

최장집, 1985,《한국현대사 1》(열음사)

한국사학회, 1986,《한국현대사론》(을유문화사)

Peter Row, 1986, The Origins of the Korean War(London) [1989,《한국전쟁의 기원》(인간사랑)]

권영민, 1986,《해방직후의 민족문학운동연구》(서울대 출판부)

Bruce Cummings, 1986,《한국전쟁의 기원》(일월서각)

小此木政夫, 1986,《한국전쟁: 미국의 개입과정》(청계연구소)

송건호, 1986,《한국현대사》(두레)

한국사학회, 1986,《한국현대 인물론》(을유문화사)

최인학, 1986,《북한의 민속》(민족통일중앙협의회)

한국사학회, 1986,《한국현대사의 제문제》(을유문화사)

김학준, 1987,《이동화평전》(민음사)

김태환 외, 1987,《한국현대사를 어떻게 볼 것인가》(열음사)

심지연, 1987,《조선혁명론연구》(실천문학사)

이기형, 1987,《여운형》(창작과 비평사)

이대근, 1987,《한국전쟁과 1950년대의 자본축적》(까치)

스칼라피노, 이정식, 1986~1987,《한국공산주의운동사》[1992, 한홍구 역, 돌베개]

박세길, 1988~1989,《다시쓰는 한국현대사 1, 2》(돌베개)

D.W. Conde, 1988, An Untold History of Modern Korea

[1988, 사계절]

John Holliday and Bruce Cummings, 1988, Korea: The Unknown War(London : Viking) [1989,《한국전쟁의 전개과정》(태암)]

Suh, Dea-Sook, 1988, Kim Il Sung: The North Korean Leader(Columbia University Press, New York) [서주석 역, 1989,《김일성》(청계연구소)]

김형찬, 1988,《북한교육발달사》(한백사)

이상우 외, 1988,《북한 40년》(을유문화사)

데이비드 콘드 저, 최지원 역, 1988,《한국전쟁, 또하나의 시각》(과학과 사상사)

버쳇 저, 김남원 역, 1988,《북한현대사》(신학문사)

심지연, 1988,《조선신민당연구》(동녘)

정해구, 1988,《10월 인민항쟁연구》(열음사)

최상룡, 1988,《미군정과 한국민족주의》(나남)

대한민국사편찬위원회, 1988,《대한민국사》

한국사연구협의회, 1988,《한국현대사의 전개》(탐구당)

Eric van Ree, 1989, Socialism in One Zone: STalin's Policy in Korea, 1945~1947(Berg, Oxford)

김학준, 1989,《대한민국의 수립》(독립운동사연구소)

강정구, 1989,《좌절된 사회혁명: 미군정하의 남한·필리핀과 북한연구》(열음사)

김석영, 1989,《석오 이동녕연구》(서문당)

김성호·전경식·장상환·박석두, 1989,《한국농지개혁사연구》(한국농촌경제연구원)

김운근·이두순·조일환, 1989,《수복지구의 남북한 농지개혁에 관한 연구》(한국농촌경제연구원)

김학준, 1989,《대한민국의 수립》(독립기념관 한국독립운동사연구소)

김학준, 1989,《한국전쟁》(박영사)

한국정치외교사학회, 1989,《한국전쟁의 정치외교사적 고찰》(평민사)

노중선, 1989,《4·19와 통일논의》(사계절)

이병천 편, 1989,《북한학계의 한국근대사논쟁》(창작과 비평사)

서대숙, 1989,《북한의 지도자 김일성》(청계연구소)

심지연, 1989,《미·소공동위원회연구》(청계연구소)

이목, 1989,《한국교원노동조합운동사》(푸른나무)

동아일보사, 1988~1989,《현대사를 어떻게 볼 것인가》(동아일보사)

역사문제연구소, 1989,《해방 3년사 연구입문》(까치)

Bruce Cummings, 1990, The Origins of the Korean War: Volume 2, The Roaring of the Cataract 1947~1950 (Princeton University Press, Princeton)

김기원, 1990,《미군정기의 경제구조》(푸른산)

김학준, 1990,《한국정치론사전》(한길사)

최장집, 1990,《한국전쟁연구》(태암)

한국정치연구회, 1990,《북한정치론》(백산서당)

하영선, 1990,《한국전쟁의 새로운 접근: 전통주의와 수정주의를 넘어서》(나남)

4월혁명연구소, 1990,《한국사회변혁운동과 4월혁명》(한길사)

김철범 편, 1990,《한국전쟁을 보는 시각》(을유문화사)

한국정치연구회, 1990,《한국전쟁의 이해》(역사비평사)

안병우, 도진순 편, 1990,《북한의 한국사인식》(한길사)

서중석, 1991,《한국현대민족운동연구-해방후 민족국가 건설운동과 통일전선》(역사비평사)

심지연, 1991,《인민당연구》(경남대 출판부)

안종철, 1991,《광주·전남지방 현대사연구》(한울)

민족통일연구원 북한연구실, 1991,《북한연구의 현황과 과제》(민족통일연구원)

정태영, 1991,《조봉암과 진보당》(한길사)

한국역사연구회, 1991,《한국현대사 4》(풀빛)

홍성찬, 1992,《한국근대농촌사회의 변동과 지주층》(지식산업사)

공제욱, 1993,《1950년대 한국의 자본가연구》(백산서당)

김삼수, 1993,《한국자본주의국가의 성립과정: 1945~1953》(동경대 출판회)

염인호, 1993,《김원봉연구》(창작과비평사)

스즈키 마사유키 저, 유영구 역, 1994,《金正日과 首領制 사회주의》(중앙일보사)

이승희, 1994,《한국현대여성운동사》(백산서당)

김광운, 1995,《통일·독립의 현대사》(지성사)

박태균, 1995,《조봉암 연구》(창작과 비평사)

이종석, 1995,《조선노동당연구-지도사상과 구조변화를 중심으로》(역사비평사)

정병준, 1995,《몽양 여운형 평전》(한울)

한국정치외교사학회, 1997,《한국 현대정치사의 재조명》

도진순, 1997,《한국민족주의와 남북관계-이승만, 김구시대의 정치사》(서울대 출판부)

독도연구보전협회, 1997,《독도영유의 역사와 국제관계》(독도보전연구협회)

독도연구보전협회, 1998,《독도영유권과 영해와 해양주권》

한국정신문화연구원 현대사연구소, 1998,《한국현대사의 재인식-해방정국과 미소군정》(오름)

한국정신문화연구원 현대사연구소, 1998,《한국현대사연구》(6월호, 12월호)

김인걸 외, 1998,《한국현대사강의》(돌베개)

김중순 저, 유석춘 역, 1998,《문화민족주의자 김성수》(일조각)

서중석, 1999,《조봉암과 1950년대》(역사비평사)

서중석, 2000,《남북협상김규식의 길, 김구의 길》(한울)

강만길 외, 2000,《통일지향 우리민족 해방운동사》(역사
　　비평사)

홍석률, 2001,《통일문제와 정치사회적 갈등-1953~1961》
　　(서울대 출판부)

도진순, 2001,《분단의 내일 통일의 역사》(당대)

한홍구, 2003~2006,《대한민국사 1~4》(한겨레출판)

정용욱, 2003,《해방전후 미국의 대한정책》(서울대학교출
　　판부)

정용욱 외, 2004,《1960년대 한국 근대화와 지식인》(선인)

정병준, 2006,《한국전쟁-38선 충돌과 전쟁의 형성》(돌
　　베개)

박지향 외, 2006,《해방전후사의 재인식 1, 2》(책세상)

한영우 외, 2008,《대한민국 60년: 성찰과 전망》(지식산업사)

정병준, 2010,《독도, 1947》(돌베개)

차하순 외, 2013,《한국현대사》(세종대학교 세종연구원)

찾아보기

사진목록

주요경력 서울대학교 문리과대학 사학과 졸업
서울대학교 석사·박사
서울대학교 한국문화연구소장
미국 하버드대학 객원교수
한국사연구회 회장
서울대학교 규장각 관장
서울대학교 인문대학장
한림대 특임교수
문화재위원회 사적분과위원장
이화여대 석좌교수 겸 이화학술원 원장
현 서울대 명예교수

주요수상 한국일보사 출판문화상 저작상
치암학술상
세종문화상 학술상 (대통령)
한국일보사 출판문화상 저작상
한국간행물윤리위원회 저술상
문화유산상 학술상 (대통령)
수당학술상
경암학술상
민세안재홍상 학술상

주요저서 정도전 사상연구(1973)
조선전기 사학사 연구(1981)
개정판 정도전 사상의 연구(1983)
조선전기 사회경제 연구(1983)
조선전기 사회사상 연구(1983)
한국의 문화전통(1988)
조선후기 사학사 연구(1989)
우리역사와의 대화(1991)
한국민족주의 역사학(1994)
조선시대 신분사 연구(1997)
미래를 위한 역사의식(1997)
정조의 화성행차, 그 8일(1998)
왕조의 설계자 정도전(1999)
우리 옛지도와 그 아름다움(1999)
명성황후와 대한제국(2001)
역사학의 역사(2002)
행촌 이암의 생애와 사상(2002)
창덕궁과 창경궁(2003)
조선왕조 의궤(2005)
역사를 아는 힘(2005)
21세기 한국학 어떻게 할 것인가(2005; 공저)
대한제국은 근대국가인가(2006; 공저)
조선의 집 동궐에 들다(2006)
명성황후, 제국을 일으키다(2006)
실학의 선구자 이수광(2007)
다시 실학이란 무엇인가(2007; 공저)
반차도로 따라가는 정조의 화성행차(2007)
동궐도(2007)
꿈과 반역의 실학자, 유수원(2007)
조선 수성기 제갈량 양성지(2008)
문화정치의 산실 규장각(2008)
한국선비지성사(2010)
간추린 한국사(2011)
율곡 이이 평전(2013)
과거, 출세의 사다리(2013)
　　1권 태조~선조 대　　2권 광해군~영조 대
　　3권 정조~철종 대　　4권 고종 대
미래와 만나는 한국 선비문화(2014)
조선경국전(2014; 역주)
미래를 여는 우리 근현대사(2016)
나라에 사람이 있구나 – 월탄 한효순 이야기
　　(2016)

우계 성혼 평전(2016)
정조평전; 성군의 길(2017) 상·하권
세종평전; 대왕의 진실과 비밀(2019)

외국어 번역본

韓國社會の 歷史, 2003, 日本 明石書店
　　《다시찾는 우리역사》일본어판, 吉田光男 역
The Artistry of Early Korean Cartography,
　　2008, 미국 Tamal Vista Publications
　　《우리 옛지도와 그 아름다움》영어판, 최병현 역
A Review of Korean History, 2010, 경세원
　　《다시찾는 우리역사》영어판, 함재봉 역
Korean History, 2010, 모스크바대학 한국학
　　연구소
　　《다시찾는 우리역사》러시아판; Pak Mihail
　　외 역
朝鮮王朝儀軌 2012, 中國 浙江大學出版社
　　《조선왕조 의궤》중국어판; 金宰民, 孟春玲 역
朝鮮王朝儀軌, 2014, 日本 明石書店
　　《조선왕조 의궤》일본어판; 岩方久彦 역
An Intellectual History of Seonbi in Korea,
　　2014, 지식산업사
　　《한국선비지성사》영어판; 조윤정 역
*Mit einem Bild auf Reisen gehen--Der
　　achttagige Umzug nach Hwasong unter
　　König Chongjo(1776-1800)*, 2016, 독일
　　Ostasien Verlag
　　《반차도로 따라가는 정조의 화성행차》독일
　　어판, Barbara Wall 역
*A Unique Banchado: the Documentary Painting
　　with Commentary of King Jeongjo's Royal
　　Procession to Hwaseong in 1795*, 2016, 영
　　국 Renaissance Publishing company
　　《반차도로 따라가는 정조의 화성행차》영어
　　판, 정은선 역

다시찾는 **우리역사**—근대·현대(제3권)

1997년	3월	1일	초판	1쇄	발행
2003년	8월	15일	초판	17쇄	발행
2004년	3월	5일	전면개정판 3권	1쇄	발행
2013년	9월	10일	전면개정판 3권	6쇄	발행
2017년	10월	28일	제2전면개정판 3권	1쇄	발행
2018년	4월	20일	제2전면개정판 3권	2쇄	발행
2019년	2월	25일	제2전면개정판 3권	3쇄	발행
2020년	**10월**	**20일**	**제2전면개정판 3권**	**4쇄**	**발행**

지은이　**한 영 우**

발행인　김 영 준
발행처　경 세 원

등록일　1978. 12. 14. No.157
주　소　경기도 파주시 회동길 77-4
전　화　031) 955-7441~3
팩　스　031) 955-7444
홈페이지　www. kyongsaewon.co.kr
이메일　kyongsae@hanmail.net

ISBN 89-8341-115-0　04910
ISBN 978-89-8341-116-7(세트)

가격　17,000원

공포구성의 모양

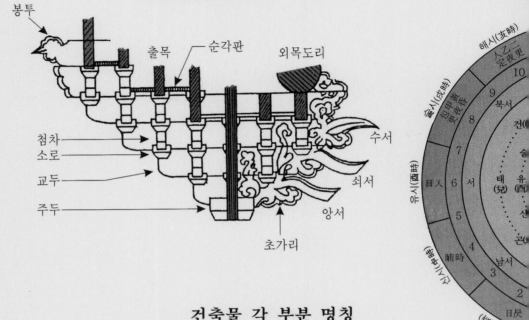

- 봉투
- 출목
- 순각판
- 외목도리
- 수서
- 첨차
- 소로
- 교두
- 주두
- 쇠서
- 앙서
- 초가리

건축물 각 부분 명칭

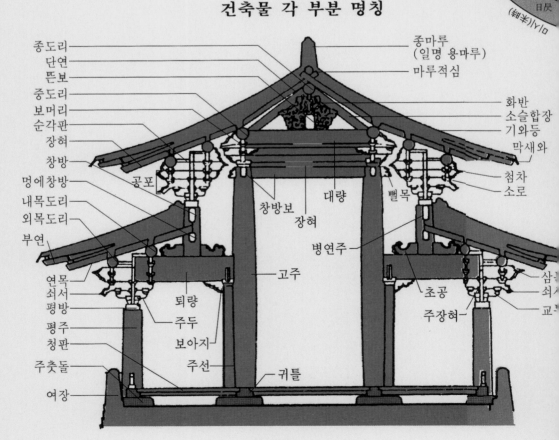

- 종도리
- 단연
- 뜬보
- 중도리
- 보머리
- 순각판
- 장혀
- 창방
- 멍에창방
- 내목도리
- 외목도리
- 부연
- 연목
- 쇠서
- 평방
- 평주
- 청판
- 주춧돌
- 여장
- 공포
- 창방보
- 퇴량
- 주두
- 보아지
- 주선
- 고주
- 대량
- 장혀
- 귀틀
- 종마루 (일명 용마루)
- 마루적심
- 화반
- 소슬합장
- 기와등
- 막새와
- 첨차
- 소로
- 뻘목
- 병연주
- 초공
- 주장혀
- 삼
- 쇠서
- 교

탑 부분 명칭

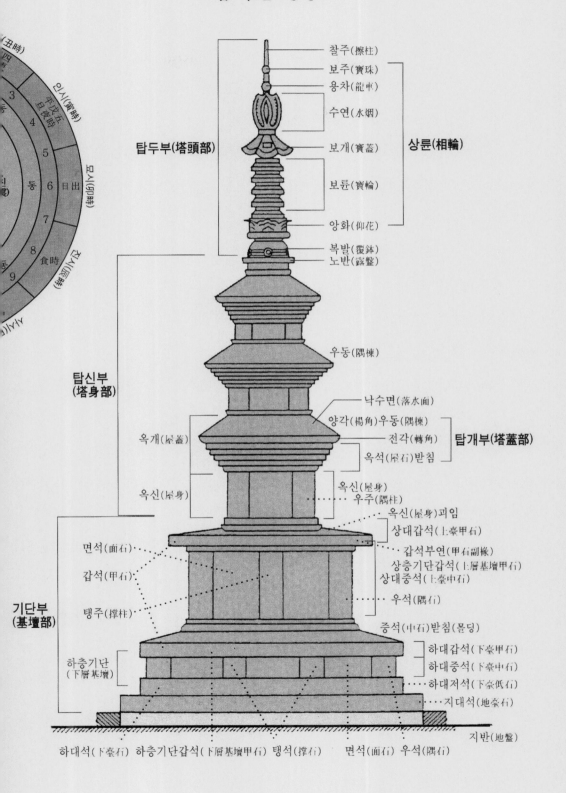

탑두부(塔頭部)

상륜(相輪)

- 찰주(擦柱)
- 보주(寶珠)
- 용차(龍車)
- 수연(水烟)
- 보개(寶蓋)
- 보륜(寶輪)
- 앙화(仰花)
- 복발(覆鉢)
- 노반(露盤)

탑신부
(塔身部)

우동(隅棟)

옥개(屋蓋)

옥신(屋身)

- 낙수면(落水面)
- 양각(楊角)우동(隅棟)
- 전각(轉角)
- 옥석(屋石)받침

탑개부(塔蓋部)

- 옥신(屋身)
- 우주(隅柱)
- 옥신(屋身)괴임
- 상대갑석(上臺甲石)
- 갑석부연(甲石副椽)
- 상층기단갑석(上層基壇甲石)
- 상대중석(上臺中石)
- 우석(隅石)
- 중석(中石)받침(몰딩)
- 하대갑석(下臺甲石)
- 하대중석(下臺中石)
- 하대저석(下臺低石)
- 지대석(地臺石)

면석(面石)

갑석(甲石)

탱주(撑柱)

기단부
(基壇部)

하층기단
(下層基壇)

지반(地盤)

하대석(下臺石) 하층기단갑석(下層基壇甲石) 탱석(撑石) 면석(面石) 우석(隅石)